TÜRKEI – LYKISCHE KÜSTE

SÜDKÜSTE VON ANTALYA BIS MARMARIS

MICHAEL BUSSMANN

INHALT

Verzeichnis der Wanderungen

Kartenverzeichnis

Zeichenerklärung für die Karten und Pläne

Autobahn	Berggipfel	Information
asphaltierte Verbindungsstraße	Aussichtspunkt	ärztliche Versorgung
asphaltierte Straße	Leuchtturm	Post
Nebenstraße	Badestrand	Parkplatz
Piste	Campingplatz	Flughafen
Fußpfad/Wanderweg	Museum	Bushaltestelle
Grünanlage	Moschee	Taxistandplatz
Bebaute Flächen		Autovermietung

Danksagung

Ein besonderer Dank für die Aktualisierung des Buches gilt Gabriele Tröger. Des Weiteren bedanken wir uns bei den Griechenlandautoren Frank Naundorf (Kastellórizo und Sými) und Hans-Peter Siebenhaar (Rhódos) für die Bereitstellung ihrer Texte sowie bei der Autovermietung Say in Antalya für ihre freundliche Unterstützung.

Ein herzlicher Dank für die vielen wertvollen Tipps gilt auch den Lesern: Aribert und Helga Besch (Marmaris), Erika Christmann (Wiesbaden), Martina Weber und Bernhard Großkopf (Bamberg), Robert Fischer und Sabine Wötzemüller (Augsburg), Stefan Heuberger (Zürich), Christine Fischer-v. Bernus (München), Rosemary Pepper, Gisela Storath, Helga Seyerle-Weiser (Esslingen), Marcus Marr, Thomas Joschko, Sebastian Klimek (Göttingen), Hermann Gärtner, Christine Kabitzke, Wolfram Sondermann und Tanja Lindner (Ludwigshafen/Rhein), Agata Monkiewicz (Bamberg), Jürgen Maass, Simone Weiß und Volkmar Schotz (Berlin), Ute und Werner Tode (Hamburg), Marlies Eisenmann (Düsseldorf), Georg Ritzer, Dr. Gerfried Gebert (Mainz), Lucia Felbermayer und Franz Willrader (Wien), Meinolf Sandmeyer (Bielefeld), Rita Hettwer (Neukirchen), Michael Billharz (St. Gallen), Fam. Janus (Hameln), Iris Homann und Andreas Kroll (Heidelberg), Ute Schulz-Jacob und Erhard Schulz (Emmendingen), Firdevs Girgin, Walter Hengl (Innsbruck), Silvia Frank, Manfred Fischer (Kraiburg), Jürgen Hübsch (Vissen), Hans Peter Roentgen, Anja Merk (Unterschleißheim), Sebastian Bolenz (Hamburg), Evgeny Zlatkovsky, Gerhard Hagen (Memmelsdorf), Margarete Schäfer, Anna Rubinowicz-Gründler und Karl Friedrich Gründler (Berlin), Bettina Hoppe, Turan Dağlayan und Aslı Soylu, Sabine und Kai Deuble (Stuttgart), Regina Hanebeck, Claus Frost, Boris Cornet und Monika (Österreich), Annette Weiß (Allmendingen), Dr. Taylan Öney (Bremen), Kadriye Acar (Köln), Bettina Moosbauer, Susanne Länger und Marcus Jegg, Jürgen Koch (Hamburg), Christine und Jürgen Eckert, Martin Douven und Andrea Holz (Köln), Hans Günter Abt, Frauke Oppenberg (Kriftel), Wolfgang Breme und Evelyn Hamer, Hatice Ayyıldız (Frankfurt), Bernd Häusler (Illerrieden), Petra Ehlers (Köln), Ursula Schneider (Hürth), Johannis Leky (Salzburg), Jean-Claude und Gabi Thiem (Worms), Markus und Doris Weinhart (Worms), Hansjörg Krämer, Günter Knöferl, Uwe Altrock, Monika Gruber (Wien), Marlies Plath, Sandra Wichmann (Schwäbisch Hall), Birgit Balzer, Andrea Hegener (Waldbronn), Lothar Schönhärl, Dieter und Elke von Schwertführer (Münster), Beatrice Mayer, Susi Müller (Heppenheim) und Regina Höfer (Fulda).

Was haben Sie entdeckt?

Trotz gründlicher Recherche kann es immer wieder passieren, dass uns etwas entgeht. Wenn Sie ein empfehlenswertes Hotel, ein neues gutes Restaurant oder einen idyllischen Strand entdeckt haben, lassen Sie es uns wissen. Auch für Kritik und Verbesserungsvorschläge sind wir dankbar.

Schreiben Sie an:

Michael Bussmann
Stichwort „Türkei – Lykische Küste"
c/o Michael Müller Verlag
Gerberei 19
91054 Erlangen
E-Mail: michael.bussmann@michael-mueller-verlag.de

Patara: einer der schönsten Strände der Türkei

Die Lykische Küste erleben

Hätte Lykien eine Flagge, ihre Farben wären Aquamarinblau oder Smaragd für das schimmernde Meer, darüber ein dünner Saum feinsten Goldes für die paradiesischen Strände, dann eine Pinien-Kieferngrün-Mischung für die duftenden Wälder und zum Abschluss ein leuchtendes Weiß für die viele Monate lang schneebedeckten Gipfel des Taurusgebirges. Den Stern im Zentrum würde die ewig strahlende Sonne ersetzen, den Halbmond daneben eine antike Säule, stellvertretend für die unzähligen Ausgrabungsstätten.

Wer über die wilde, zerklüftete Küstenregion berichtet, gerät leicht ins Schwärmen. Daran hat sich über die Jahrhunderte nichts geändert. Den Anfang machte Homer, der sich in der „Ilias" für die rauschenden Fluten des Xanthos-Flusses begeisterte. Und Mustafa Kemal Atatürk, der „Vater der Türken", bezeichnete den Küstenabschnitt gar als den schönsten der Türkei. Dichter und Politiker wissen bekanntlich, wovon sie reden.

Trotz aller Lobeshymnen blieb der dünn besiedelte Küstenstreifen lange Zeit vom Tourismus unbeachtet und diente wegen seiner Abgeschiedenheit vorübergehend sogar als Verbannungsort. Wo einst unliebsame Regimekritiker zwangsweise interniert wurden, geben sich heute jährlich Millionen von Urlaubern freiwillig ein fröhliches Stelldichein. Mit den Bau der internationalen Flughäfen Antalya und Dalaman wurde die dafür notwendige Infrastruktur geschaffen.

Die Folgen der Entwicklung des Küstenstreifens zu einer der Top-Adressen im großen Geschäft mit der schönsten Zeit des Jahres sollen aber nicht verschwiegen werden. Viele der einst idyllischen Fischerdörfer haben ihr Gesicht in den letzten Jah-

Die besten Aussichten muss man sich erarbeiten: Wanderung zwischen Turunç und İçmeler

ren massiv verändert, manche sind gar zu austauschbaren Zentren des internationalen Massentourismus geworden. Bucht für Bucht wird erschlossen – aber zum Glück stehen den Planierraupen mehrere hundert Kilometer Küste gegenüber, so dass wohl noch Jahrzehnte vergehen werden, bis die letzten idyllischen Plätze verbaut sind.

Die Lykische Küste erhielt ihren Namen übrigens von der historischen Landschaft Lykien, die sich bäuchlings zwischen Antalya und dem Köceygiz-See ins Meer vorschiebt. Wir schießen ein wenig darüber hinaus, wollten Ihnen aber so herrliche Ziele wie die weiter westlich gelegene Halbinsel Reşadiye nicht vorenthalten.

Die Highlights ...

... für Liebhaber schöner Strände

Wer Sonne, Sand und das Meer liebt, ist an der rund 450 km langen Küste zwischen Antalya und Marmaris genau richtig. Die herrlichsten Strände und die verschwiegendsten Badebuchten der Türkei erwarten Sie hier. Nahezu überall prahlt die zerklüftete Küste mit ihren Reizen. Hier ein paar Spots, die aus der Reihe fallen:

Ölüdeniz: die Traumlagune mit Südseeflair die jeder kennt, zumindest aus bunten Urlaubsprospekten. Fairerweise muss aber hinzugefügt werden, dass man im Frühjahr oder Herbst anreisen sollte, wenn man die Lagune so erleben will, wie es die Broschüren und Kataloge verheißen – andernfalls droht ein überfülltes Paradies.

Patara: einer der längsten Sandstrände der Türkei (8 km), unverbaut und mit einer faszinierenden Dünenlandschaft. Schon mehrmals wurde Patara zusammen mit Ölüdeniz von Reiseveranstaltern zum besten Strand der Türkei gewählt.

Bucht von Kaputaş: klein aber fein – türkisfarben das Meer, golden der von steilen

Felswänden umrahmte Strand. Allein der Anblick ist bezaubernd.

Olympos-Nationalpark: Die schönsten Strände im Nationalpark findet man in Adrasan, Olympos und Çıralı. Dahinter verstecken sich im Grünen kleine Pensionen oder Treehouses.

Bucht von Katrancı: halbrunde Bilderbuchbucht, dahinter ein Wäldchen mit Campingmöglichkeiten. Nahebei liegen weitere bezaubernde Buchten wie z. B. die Küçük-Kargı-Bucht.

Hayıtbükü-Bucht: ein Geheimtipp unter Seglern. Kleine geschützte Bucht mit Griechenlandflair ohne jede Spur von Massentourismus. Auf der Halbinsel Reşadiye westlich von Marmaris.

... für Archäologie- und Kulturinteressierte

Zahlreiche Ruinenstädte, darunter einige der imposantesten Kleinasiens, zeugen von der Bedeutung dieses Küstenabschnitts in der Antike. Dazu kommen die Felsengräber der rätselhaften Lykier, eine kulturgeschichtliche Besonderheit, die nur hier zu finden ist. Es gibt also jede Menge zu entdecken. Die Highlights:

Termessos: Ruinenstätte und Nationalpark zugleich. Imposante Gräber und ein Theater in grandioser Lage, das allein wegen seiner atemberaubenden Aussicht einen Besuch lohnt. Die schwer zugänglichen Zeugnisse der Antike vermitteln einen nachhaltigen Eindruck von Vergänglichkeit.

Vor der Bibliothek von Ephesus

Aspendos: besitzt das besterhaltene römische Theater Kleinasiens, noch heute finden darin jeden Sommer regelmäßig Aufführungen statt. Von Antalya auf dem Weg dahin passiert man Perge, wo man das größte antike Stadion Kleinasiens bewundern kann.

Phaselis: im Olympos-Nationalpark in einem Pinienwald am Meer – besuchenswert allein schon wegen der herrlichen Lage. Die antike Stadt besaß einst drei Häfen und eines der längsten Aquädukte des Römischen Reiches.

Arykanda: inmitten der atemberaubenden Bergwelt des Lykischen Taurus. Wer in eine längst untergegangene Welt eintauchen und seiner Phantasie freien Lauf lassen will, ist hier richtig.

Knidos: eine eindrucksvolle Kombination aus steinernen Überresten antiker Kultur und der grandiosen Natur einer schroffen, wild zerklüfteten Küste. Zwei Jahrtausende lag die Hafenstadt an der Westspitze der Halbinsel Reşadiye vergessen da. Nun hat man sie wieder entdeckt.

Rhódos: Ausflug nach Griechenland gefällig? Vom Koloss von Rhódos ist zwar nichts mehr zu sehen, dafür aber bietet die Altstadt von Rhódos einen faszinierenden Einblick in die Welt der „Ritterlichen Ordensgemeinschaft des hl. Johannes vom Spital zu Jerusalem“, die hier im Mittelalter einen souveränen Ritterstaat begründete.

Ephesus und Aphrodisias: zwei ganz heiße Tipps nicht nur für eingefleischte Archäologiefans, sind in einem Extrakapitel angehängt. Ephesus war schon Weltstadt, als

Athen noch tiefste Provinz und Rom nicht einmal gegründet war. Aphrodisias hingegen war eine der bedeutendsten Stätten des Aphroditekults in der Antike. Wer genau „hinfühlt", verspürt immer noch den Geist der Göttin der Liebe, der Schönheit und der Verführung. Für einen Besuch dieser ausgesprochen gut erhaltenen Ruinenstätten reisen Interessierte sogar aus Übersee an. Von der Lykischen Küste aus hat man es leichter, denn die Anreise ist ein Katzensprung, und geboten wird ein unvergessliches Erlebnis.

... für Landschafts- und Naturgenießer

Abseits der touristischen Zentren lassen sich noch viele unberührte Flecken entdecken. Das herbe, imposante Bergland des Lykischen Taurus mit Gipfeln weit über 3.000 m begeistert mit kargen Hochebenen, weiten Kiefernwäldern und eindrucksvollen, bis zur Küste reichenden Schluchten, die von tosenden Flüssen im Laufe der Jahrtausende ins Gestein gegraben wurden. Versteckte Buchten und weite Sandstrände laden zum Träumen ein, dazu das Meer, das in allen Malkastenfarben zwischen Tiefblau und Türkisgrün funkeln kann. Eine Auswahl der schönsten Ziele:

Olympos-Nationalpark: Rund um den mächtigen Tahtalı Dağı (2.366 m), der als Skigebiet erschlossen werden soll, bezaubern einsame Almen, gluckernde Bäche und stille Wälder. Berühmt ist der Nationalpark u. a. wegen der „Ewigen Flammen" in der Nähe von Çıralı. Diese Flammenfelder, dem Mythos nach Wohnsitz der Chimäre, lockten bereits in der Antike zahllose Besucher an. Und noch heute sind die lodernden Felsspalten ein Erlebnis, insbesondere bei Nacht.

Saklıkent: Gibt es im Reisegebiet gleich zwei, einmal als ein weiteres Skigebiet bei Antalya und einmal als grandiose Schlucht zwischen Fethiye und Kalkan. Abenteuerlich betritt man Letztere auf einem schmalen Steg über einem rauschenden Fluss, in dem Forellen tanzen und springen – direkt auf die Teller der umliegenden Restaurants.

Halbinsel Reşadiye: schroffe Berge, verträumte Buchten. Die dünn besiedelte Halbinsel, die die Ägäis vom offenen Mittelmeer trennt, bietet eine weite, unberührte Landschaft, zudem grandiose Ausblicke auf den Golf von Gökova und auf die griechische Insel Sými.

Yachten vor Göcek

Dalyan-Delta: ein Naturparadies zwischen dem Köyceğiz-See und dem Meer. Eiablegeplatz der Caretta-caretta-Meeresschildkröte und Heimat vieler Vögel – ein Paradies für Ornithologen.

Insel Kekova: Das Meer zwischen Simena und der Insel Kekova gleicht einem Binnensee mit unzähligen kleinen Inselchen dazwischen. Ein besonderes Erlebnis sind die versunkenen Städte.

Pamukkale: Auch wenn die weißen Sinterterrassen nicht unmittelbar zwischen Antalya und Marmaris liegen, so sind sie dennoch spielend in einem Tagesausflug zu erreichen. Das Bad in den Terrassen gehört zwar der Vergangenheit an, ihr Anblick ist aber noch immer etwas Besonderes.

Land und Leute unterm Halbmond – die Türkei in Fakten und Zahlen

Offizieller Name: Türkiye Cumhuriyeti (Republik Türkei).

Geographie: Mit einer Fläche von 779.452 qkm ist die Türkei gut zweimal so groß wie Deutschland. 3 % der Fläche befinden sich auf dem europäischen Kontinent, der Rest – allgemein als Anatolien bezeichnet – gehört zu Asien. Der höchste Berg ist der Ararat (5.165 m ü.d.M.) ganz im Osten des Landes. Bedingt durch tektonische Aktivitäten mit Grabenbrüchen und Verschiebungen infolge des Aneinanderdriftens der Eurasischen und der Arabischen Platte kommt es immer wieder zu Erdbeben.

Politisches System: Die Türkei ist nach der Verfassung von 1982 eine parlamentarische Demokratie. Der Präsident (seit 2000 Ahmet Necdet Sezer) wird für eine Amtszeit von 7 Jahren von der Nationalversammlung (Parlament) gewählt. Letztere ist zugleich die Legislative. Das Parlament besteht aus 550 Sitzen. Seit den letzten Wahlen 2002 stellt die regierende, konservative AKP darin 368 Abgeordnete, größte Oppositionspartei ist die sozialdemokratische CHP (175 Sitze). Die Legislaturperiode dauert 5 Jahre. Ministerpräsident ist Recep Tayyip Erdoğan (AKP, seit 2003).

Wirtschaft: Die Haushaltslage ist alles andere als gut, die Bankrotterklärung des Landes kann nur aufgrund von immer neuen Milliardenkrediten des IWFs und der Weltbank verschoben werden. Die Staatsverschuldung ist gigantisch, fast 90 % des Haushalts verschlingen Zinsen. Solange von zehn Erwerbstätigen maximal einer Steuern zahlt, wird sich daran auch kaum etwas ändern. Immerhin leitete die derzeitige AKP-Regierung lang geforderte Strukturreformen ein (z.B. Privatisierung unrentabler Staatsbetriebe, transparente Ausschreibungsverfahren, Autonomie der Zentralbank usw.), die Wirkung zeigen: Das Wirtschaftswachstum betrug 2004 rund 10 %. Die Arbeitslosigkeit lag 2004 laut OECD bei rund 9 %. Die jährliche Inflationsrate ging in den letzten Jahren stark zurück, von 54 % (2001) auf rund 12 % (2004). Für 2005 vermutet man – erstmals seit 30 Jahren – eine einstellige Jahresinflationsrate. Das Pro-Kopf-Einkommen liegt bei rund 2.800 € im Jahr, Tendenz stark steigend. Zum BIP trägt die Landwirtschaft 14,6 % bei, die Industrie 28 % und der Dienstleistungssektor 57,4 %. Die wichtigste Devisenquelle des Landes ist der Tourismus.

Militär: Die Streitkräfte zählen 639.000 Mann und gehören so zu den größten der Welt. Der Anteil der Militärausgaben am Bruttosozialprodukt liegt rund ein Drittel höher als im Weltdurchschnitt. Gründe dafür waren lange Zeit der Krieg gegen die Kurden im Osten des Landes und das Kräftemessen mit Griechenland. Die Soldaten genießen übrigens bei der Bevölkerung großen Respekt.

Bevölkerungsstruktur: 2004 hatte die Türkei annähernd 71 Mio. Einwohner (1960: 28 Mio.), das Durchschnittsalter beträgt 28 Jahre (in Deutschland 42 Jahre). Die Bevölkerungsdichte ist sehr unterschiedlich. Der Verwaltungsbezirk İstanbul steht mit knapp 1.330 Einwohnern je qkm deutlich an der Spitze. Die geringste Bevölkerungsdichte haben die unterentwickelten Provinzen in Ostanatolien mit 16 Einwohnern pro qkm.

Bevölkerungsgruppen: 85,7 % Türken, 10,6 % Kurden, 1,6 % Araber, 2,1 % Armenier, Griechen, Lasen, Tscherkessen, Georgier und muslimische Bulgaren.

Gesundheit/Soziales: Auf 1.176 Einwohner kommt 1 Arzt. Die Lebenserwartung liegt für Frauen im Durchschnitt bei 71 Jahren, für Männer bei 66 Jahren. Eine Rentenversicherungspflicht gibt es nicht, ebenso keine Arbeitslosenversicherung.

Bildung: Für die Bildung wurde in den letzten Jahrzehnten viel getan, seit 1950 wurden über 50.000 Schulen gebaut. Die Analphabetenrate schätzt man bei Frauen auf ca. 28 %, bei Männern auf ca. 8 %. Dabei herrscht jedoch ein starkes Ost-West-Gefälle: Im Westen sind vorwiegend ältere Menschen betroffen, im Osten auch Kinder; Kinderarbeit ist dort noch gang und gäbe. Es existiert seit 1997 eine 8-jährige Schulpflicht.

Religion: 99 % der türkischen Bevölkerung bekennen sich zum Islam. Den verbleibenden Rest stellen Juden sowie syrisch- und griechisch-orthodoxe Christen.

Anreise

Das Gros aller Türkeibesucher reist bequem mit dem Flugzeug an. In ungefähr drei Stunden sind Büroalltag, Verkehrschaos und die nervenden Nachbarn vergessen. Als Zielflughäfen im Reisegebiet stehen Antalya und Dalaman zur Auswahl. Abflugmöglichkeiten bestehen von allen größeren deutschen, schweizerischen und österreichischen Städten. Im Sommer ist das Angebot selbstverständlich größer als im Winter, wenn zudem fast alle Airlines Dalaman aus dem Programm nehmen. Eine Überlegung wert ist stets ein Gabelflug (z.B. hin nach Antalya, zurück von Dalaman). Bei Turkish Airlines (Türk Hava Yolları), kurz THY, sind solche Flüge jedoch meist mit einem Umsteigen in İstanbul verbunden. Welche Dokumente Sie für die Einreise in die Türkei benötigen, erfahren Sie unter „Wissenswertes von A bis Z/Reisepapiere" auf Seite 49.

Airlines im Internet

Air-Berlin: www.airberlin.de, **Aero Flight**: www.flyaeroflight.de, **Austrian Airlines/Lauda Air**: www.aua.com, **Condor (Thomas Cook)**: www.condor. de, **Freebird**: www.freebirdairlines.com, **Hamburg International**: www.hamburg international.de, **Hapag Lloyd**: www.hlf.de, **LTU**: www.ltu.de, **Öger Türk-Tur**: www.oegertur.de u. www.4440102.com, **Onur Air**: www.onurair.de, **Pegasus**: www.pegasusairlines.com, **Sun Express**: www.sunexpress.de, **Swiss**: www. swiss.com, **THY**: www.turkishairlines.com.

Unter **www.michael-mueller-verlag.de/verlag/links/index.html** finden Sie weitere Links zur Anreise, Last-Minute-Anbieter usw.

Nur-Flug-Angebote: ideal für alle, die individuell und auf eigene Faust unterwegs sein wollen. Um nicht nur zu erfahren, was wann, wie und wo angeboten wird, sondern auch noch, was am preiswertesten ist, kommt man um einen Gang ins Reisebüro und (!) einen Blick ins Internet kaum herum. Es lohnt zu vergleichen: Nicht jedes Angebot, das Sie im Internet finden, können Sie auch über ein Reisebüro buchen, den umgekehrten Sachverhalt gibt es aber auch, und das sehr oft. Zuweilen recht preiswert sind auch sog. Fly & Drive-Angebote, bei denen man für einen Aufpreis noch einen Mietwagen am Flughafen bekommt.

• *Preise* Flüge, die keine Mindestaufenthaltsdauer und keine Aufschläge bei einer Reisedauer von mehr als 4 Wochen beinhalten und gegen Gebühr umbuchbar sind, werden je nach Saison und Abflughafen für 275–450 € angeboten. Es gibt aber auch preiswertere Tickets für 200–350 €. Diese sind jedoch mit diversen Auflagen verknüpft. So sind Umbuchungen gar nicht oder nur gegen saftige Gebühren möglich, zudem wird ein gewisser Mindestaufenthalt im Reiseland gefordert, und die maximale Aufenthaltsdauer ist beschränkt. Last-Minute-Tickets bekommt man mit Glück ab 100 €.

Informationen zu den Flughäfen im Reisegebiet (Geldwechselmöglichkeiten, Transfer, Autoverleiher usw.) finden Sie für Antalya auf S. 62, für Dalaman auf S. 173.

Pauschalangebote: Um im Dschungel der Saison- und Sonderarrangements die besonders günstigen zu erhaschen, sollte man sich ebenfalls möglichst vielseitig informieren – die Veranstalter haben für ein und dieselbe Leistung zum Teil erheblich unterschiedliche Preise. Im Reisegebiet werden in erster Linie die großen All-

Abseits der Küstenorte gibt es viel zu entdecken

inclusive-Anlagen rund um Kemer, Fethiye und Marmaris vermittelt. Gleich mitbuchen kann man Rundreisen nach Pamukkale oder Ephesus. Angeboten werden ferner Segeltörns entlang der Küste, sog. „Blaue Reisen“ (→ S. 20), Golfreisen (bei Belek), Kreuzfahrten und Rundreisen. Die Türkeispezialisten haben auch Tauch- und Wanderreisen im Programm, zudem offerieren sie kleine Hotels, z.B. in Dalyan, Kaş oder Kalkan. Wenn Sie sich für ein Last-Minute-Pauschalarrangement entscheiden, lassen Sie sich am besten den Katalog mit dem regulären Angebot zeigen – einige findige Geschäftemacher bieten nämlich reguläre Reisen als „Last-Minute-Schnäppchen“ an.

Transport von Gepäck und Sportgeräten: Die Freigepäckgrenze für Flüge in die Türkei liegt für gewöhnlich bei 20 kg pro Person und ist auf dem Flugschein vermerkt. Wer jedoch Business anstatt Tourist Class fliegt, länger als 28 Tage vor Ort bleibt oder im Besitz einer Kundenkarte der Airline ist, darf meist 30 kg mitnehmen. Für Übergepäck werden bei den meisten Airlines ca. 5 € pro Kilo berechnet (bei kleinen Überschreitungen wird in der Regel ein Auge zugedrückt).

Die Gebühren und Freigewichtsgrenzen für Sportgeräte unterscheiden sich von Gesellschaft zu Gesellschaft z. T. erheblich. Golf- und Tauchausrüstungen bis 30 kg gehen bei den meisten Airlines umsonst mit, teils werden sie als Übergepäck oder mit Pauschalsätzen zwischen 25 und 30 € abgerechnet. Für die Mitnahme eines Fahrrads oder Flugdrachens muss man mit 25 bis 50 € rechnen, für ein Surfbrett mit 40 bis 150 €. Rechtzeitige Anmeldung und sachgerechte Verpackung sind obligatorisch.

Rail & Fly: Egal ob Sie ein Nur-Flug-Angebot wahrnehmen oder ein Pauschalarrangement, oft ist das Zugticket zum Airport bereits inbegriffen oder gegen ein geringes Aufgeld erhältlich.

> Ausführliche Informationen dazu, wie Sie mit Bus, Bahn oder dem eigenen Fahrzeug über den Balkan oder über Italien (und weiter mit der Fähre) in die Türkei gelangen, finden Sie in den Reisehandbüchern **„Türkei“** und **„Türkei Mittelmeerküste“** (Michael Bussmann & Gabriele Tröger) des Michael Müller Verlags.

Unterwegs zwischen Antalya und Marmaris

Mit dem Auto oder Motorrad

Ein eigenes Fahrzeug, egal, ob geliehen oder mitgebracht, macht das Reisen entlang der Lykischen Küste unkompliziert. Vorsicht ist jedoch geboten. Denn so kämpferisch und stolz, wie die Türken einst auf ihren Steppenpferden bis nach Wien jagten, so selbstbewusst geben sich ihre Ur-Ur-Ur-Enkel heute im Straßenverkehr. Nur der Kampfschrei wird durch die Hupe ersetzt. Doch trotz der leicht chaotischen Verhältnisse auf türkischen Straßen – Sorgen brauchen Sie keine zu haben und mit etwas Selbstvertrauen werden Sie die Sache meistern. Türkeineuligen empfehlen wird jedoch, nicht unmittelbar nach der Ankunft am Flughafen von Antalya mit dem Mietwagen im engen Gassenwirrwarr der Altstadt auf Zimmersuche zu gehen. Nehmen Sie besser ein Taxi und lassen Sie sich die Wagenschlüssel einen Tag später aushändigen.

Mietfahrzeuge: Pkws kann man in den Touristenzentren fast an jeder Ecke mieten, das Angebot an Mopeds, Motorrädern und Fahrrädern ist dagegen bescheiden. Wer ein Fahrzeug mieten will, muss seinen Führerschein und Pass oder Personalausweis vorlegen. Manche Anbieter setzen voraus, dass der Fahrer mindestens 21 oder sogar 23 Jahre alt ist und seit mindestens einem Jahr den Führerschein besitzt. Der billigste und zugleich durstigste Leihwagen ist der Fiat 131, der in der Türkei *Şahin* heißt. Die großen, international operierenden Verleiher untersagen in der Regel das Verlassen von asphaltierten Straßen, d.h. viele Buchten und Ausgrabungsstätten dürfen Sie theoretisch nicht ansteuern.

Besondere Hinweise

- Von **Nachtfahrten** sollte man absehen. Gefahr droht durch mangelhaft beleuchtete Lkws und Pkws sowie gänzlich unbeleuchtete Ochsenkarren, mit denen (dunkel gekleidete) Bauern von der Arbeit kommen. Erhöht wird das Unfallrisiko in der Dunkelheit durch unvorhersehbare Schlaglöcher und nur mit Steinen abgesicherte Baustellen. Dazu kommen allzu sorglose Fußgänger jeden Alters.
- Stehen Sie an einer roten **Ampel** in der ersten Reihe, schauen Sie unbedingt nochmals nach rechts und links, wenn das Licht auf Grün springt. Nicht alle Verkehrsteilnehmer interessieren sich für das Farbenspiel.
- In der Türkei ist es auf unübersichtlichen Strecken üblich, vor einer Kurve zu **hupen**. Hört der Entgegenkommende nichts, geht er davon aus, dass die Straße frei ist – und das kann fatal enden. Auch beim Überholen wird gehupt!
- Vorsicht vor **Rollsplitt** insbesondere auf Neubaustrecken. Tausende von Frontscheiben gehen dadurch jährlich zu Bruch. Halten Sie hier zu Lkws einen großen Abstand!
- Um die Raserei einzudämmen, werden häufig **Radarkontrollen** durchgeführt (Mindeststrafe 50 €), zudem wurden in den letzten Jahren an Ortseinfahrten und in Wohngebieten vielfach **Bodenwellen** geschaffen. Für Ortsunkundige sind sie oft heimtückisch, denn in der Regel macht weder ein Schild auf sie aufmerksam, noch sind sie – bis auf größere Ölflecken – farblich markiert.

- *Verkehrsvorschriften* **Höchstgeschwindigkeit** in Ortschaften 50 km/h (mit Anhänger 40 km/h), außerhalb 90 km/h (mit Anhänger 70 km/h), Motorräder 70 km/h. Auf Autobahnen für Pkw und Motorräder 120 km/h. Die **Promillegrenze** für Fahrer von Pkws ohne Anhänger liegt bei 0,5, ansonsten herrscht absolutes Alkoholverbot (auch für Motorradfahrer). **Mobiltelefone** dürfen während der Fahrt nur mit einer Freisprechanlage benutzt werden.
- *Verkehrsschilder – Was heißt was?* **Bozuk satıh** – schlechte Wegstrecke; **Dikkat** – Achtung bzw. Vorsicht; **Dur** – Stop; **Düşük banket** – unbefestigte Straße; **Kaygan yol** – glatte Fahrbahn; **Park (yeri)** – Parkplatz; **Park yapılmaz** – Parken verboten; **Şehir merkezi** – Stadtmitte; **Tamirat** – Straßenarbeiten; **Taşıt geçemez** – Durchfahrt verboten; **Yavaş** – langsam fahren; **Yasak** – verboten.
- *Tanken* Die Oktanzahl des türkischen Superbenzins entspricht in etwa der des deutschen Normalbenzins. Bleifrei (türk. *kurşunsuz*) zu tanken ist kein Problem. Die Benzinpreise sind in der Türkei nur unwesentlich billiger als in Deutschland, ein Liter Superbenzin kostet ca. 1 €.
- *Preise für Mietfahrzeuge* Die lokalen Verleiher sind in der Regel erheblich billiger als die großen internationalen Ketten. Je nach Saison bezahlen Sie bei den Kleinanbietern 20–40 € pro Tag. Den Preisvorteil erzielen diese Firmen durch einen älteren und meist weniger gepflegten Fuhrpark. Die Preise der renommierten Verleiher unterscheiden sich wenig, je nach Saison muss man pro Tag mit ca. 50–80 € für das günstigste Modell rechnen. Egal wo, in der Regel sind alle Kilometer frei. Etwas preiswerter ist es, wenn man bereits von zu Hause aus wochenweise bucht, eventuell gleich in Verbindung mit dem Flugticket. Die Preise für **Motorräder** beginnen ab ca. 30 €/Tag, für **Motorroller** ab 20 €/Tag und für **Mopeds** ab 15 €/Tag.

Ein empfehlenswerter Autoverleiher ist die **Agentur Say** mit Hauptsitz in Antalya (→ S. 63). 1a-Service (deutschsprachig und deutschsprachige Verträge), gepflegter Fuhrpark, sehr gute Versicherungsleistungen, Kindersitze, Übergabe des Fahrzeuges auch am Flughafen möglich oder kostenloser Flughafentransfer. Büro in der Altstadt von Antalya, Mescit Sok. 29, ✆ 2430923 (24-Std.-Service unter ✆ 0532/2645054), www.say-autovermietung.de. Dazu Partneragenturen an der gesamten Südküste und Buchungsmöglichkeit in Deutschland (Info und Reservierung in Nürnberg, ✆/℻ 0911/686266).

• *Kleingedrucktes* Achten sollte man auf den vertraglich festgelegten **Versicherungsschutz,** insbesondere auf den Eigenanteil im Schadensfall. Auch bei Vollkasko sind in der Regel Unterbodenschäden und Reifenpannen nicht mitversichert Bei diversen Anbietern kann man mit Kreditkarte bezahlen, die goldenen Exemplare bieten z. T. einen zusätzlichen Versicherungsschutz, der den Abschluss von Insassenversicherungen oder Ähnlichem überflüssig macht. Erkundigen Sie sich bei Ihrem Kreditinstitut.

• *Unfall* Sollten Sie in einen Unfall verwickelt werden, muss die Polizei gerufen werden (für die Schadensklärung ist ein Polizeiprotokoll erforderlich). Unterschrelben Sie keine Protokolle, die Sie nicht lesen können, oder vermerken Sie auf dem Protokoll, dass Sie es nicht lesen konnten. Der gelegentlich zu hörende gut gemeinte Rat, nach einem Unfall mit Personenschaden nicht zu halten, sondern wegen drohender Lynchjustiz Gas zu geben bis zur nächsten Polizeistation, ist schlichtweg Quatsch. Das wäre Fahrerflucht und unterlassene Hilfeleistung, und das hat schlimmere Folgen als die Unannehmlichkeiten am Unfallort.

• *Pannenhilfe* Keine Sorge, man lässt Sie nicht im Regen stehen, die Türken sind sehr hilfsbereit. Fragen Sie nach dem **Oto Sanayi**, eine Ansammlung von Werkstätten, meist an den Ein- oder Ausfallstraßen der größeren Ortschaften.

Entfernungstabelle **(in km, K = Küstenroute, I = Inlandroute)**

	Antalya	*Kaş*	*Fethiye*	*Dalaman*	*Marmaris*	*Datça*	*Selçuk*	*Pamukkale*
Antalya		120	212 (I) 298 (K)	262 (I) 348 (K)	347 (I) 433 (K)	423 (I) 509 (K)	403	294
Kaş	120		105	155	240	315	397	333
Fethiye	212 (I) 298 (K)	105		50	135	209	292	251
Dalaman	262 (I) 348 (K)	155	50		85	160	236	242
Marmaris	347 (I) 433 (K)	240	135	85		76	203	243
Datça	423 (I) 509 (K)	315	209	160	76		279	319
Selçuk	403	397	292	236	203	279		195
Pamukkale	294	333	251	242	243	319	195	

Selbstfahrer können auf diesen Strecken mit einer Durchschnittsgeschwindigkeit von 70 km/h rechnen. Wer den Bus wählt, kommt im Schnitt mit 40–60 km/h voran, je nachdem, wie oft man umsteigen muss und in wie vielen Städten unterwegs gehalten wird.

Mit dem Bus

Der Bus ist der König des Überlandverkehrs. Die Zahl der Gesellschaften, die das im ganzen Land dichte Netz bedienen, ist nahezu unüberschaubar, die preislichen Unterschiede sind gering.

Bei den meisten Gefährten handelt es sich um moderne Mercedes- oder Mitsubishibusse, die in der Türkei in Lizenz hergestellt werden. Zum Standard gehören Klimaanlage (Pulli mit in den Bus nehmen!) und Video, das Gros der Busse verfügt auch über Toiletten, getönte Scheiben, besondere Sitzkissen usw. Renommierte

Unternehmen sind *Metro, Ulusoy, Kamil Koç, Pamukkale* und *Varan.* Bei den besseren Busgesellschaften bekommen Sie für Ihr verstautes Gepäck einen Jeton, mit dem Sie es am Ende der Fahrt wieder einlösen können, eine im Ganzen recht zuverlässige Sache. Unterwegs betreut ein meist jugendlicher Steward die Passagiere. Kostenlos verteilt werden Kekse und Getränke sowie eine türkische Kölnischwasser-Variante *(kolonya)* für verschwitzte und verklebte Handflächen. Rauchen ist in den Bussen verboten, im Abstand von ungefähr zwei Stunden wird jedoch eine Pause eingelegt. Die im Reiseteil angegebenen Fahrtzeiten dienen nur der groben Orientierung und beziehen sich auf die Angaben der größeren Busunternehmen. Kleinere, oft lokale Busgesellschaften, die einer Bummelbahn gleich in unzähligen Orten unterwegs halten, brauchen in der Regel länger. Weitere Informationen zum Reisen mit dem Bus finden Sie unter „Verbindungen" bei den jeweiligen Städten.

• *Preise* Durchschnittlich werden pro km 3–4 Cent gezahlt, bei Nobelfirmen etwas mehr. Eine Fahrt von Fethiye nach Antalya kommt demnach auf ca. 8 €. Mit der Buchung ist eine Platzreservierung verbunden, auf die Sie Einfluss nehmen können, indem Sie auf dem Plan den gewünschten Sitz bestimmen – die vorderen sind in der Regel die besseren, jedoch auch meist dem Zigarettenrauch der Busfahrer (er ist der einzige, der rauchen darf) ausgesetzt!

Achtung, Abfahrt: Gestartet wird pünktlich bis 5 Min. zu früh!

• *Busbahnhöfe* Die türkischen Busbahnhöfe *(otogar, terminal oder garaj)* entsprechen in Funktion und Ausstattung (WC, Wartesäle, Kioske, Restaurants, Geschäfte) unseren Zugbahnhöfen. Falls es keine offizielle Gepäckaufbewahrung gibt, können Sie Ihre Siebensachen in der Regel am Schalter Ihrer Busgesellschaft abstellen. Meist liegen die Busbahnhöfe einige Kilometer außerhalb des Zentrums, sind jedoch gewöhnlich mit öffentlichen Stadtbussen oder Dolmuşen erreichbar. Renommierte und vor Ort ansässige Busgesellschaften bieten zudem in der Regel einen Zubringerservice mit Kleinbussen ins Zentrum. Kleinere Orte verfügen häufig nur über eine Ansammlung von schlichten Büros in der Nähe des Marktplatzes. In diesen Fällen gehen die Busse von dort ab oder halten kurz an der Umgehungsstraße.

• *Hinweis* An größeren Busbahnhöfen arbeiten Schlepper für diverse Busgesellschaften und werden versuchen, Sie mit irgendwelchen Argumenten an den einen oder anderen Schalter zu führen. Gehen Sie nicht darauf ein! Vergleichen Sie in Ruhe Abfahrtszeiten und Preise!

• *Fez Bus* Der Fez Bus ist eine Art Transportservice für faule Backpacker. Von Ende April bis Ende Okt. startet alle 2 Tage ein Fez Bus von İstanbul und fährt auf mehreren Routen durch die halbe Türkei und dann wieder zurück an den Bosporus. Mit einem Ticket kann man auf der gebuchten Route so oft aus- und zusteigen, wie man will. Der *Southern Zone Pass* mit der groben Route İstanbul – Pamukkale – Köyceğiz – Ölüdeniz – Kaş – Olympos – Antalya – Konya – Aphrodisias – İstanbul kostet z.B. rund 120 €, englischsprachiger Busbegleiter und viele neue Bekanntschaften inklusive. Näheres unter www.feztravel.com o. www.fezbus.com.

Mit dem Dolmuş (Sammeltaxi)

Das Sammeltaxi zählt im innerstädtischen Verkehr, aber auch auf Fahrten zwischen den Orten zu den wichtigsten Verkehrsmitteln. Dolmuş heißt auf Deutsch so viel wie „voll besetzt" – wesentliches Kennzeichen der Sammeltaxis, denn ein Dolmuş fährt in aller Regel erst dann ab, wenn alle Plätze belegt sind. Als Dolmuş verkehrt meist ein Kleinbus. Zu erkennen sind Dolmuşe an ihrem Schild auf dem Dach oder an einer Tafel hinter der Windschutzscheibe, die das Fahrtziel angibt. In Städten gibt es separate Dolmuş-Bahnhöfe für Verbindungen in die Region, ansonsten fahren sie vom Marktplatz ab. In großen Gemeinden werden bestimmte Routen bedient, an denen entlang es Haltestellen gibt. Man kann ein Dolmuş aber auch per Handzeichen stoppen und irgendwo unterwegs zusteigen.

• *Preise* Die Preise (von den Stadtverwaltungen festgelegt) liegen im Stadtverkehr etwas höher als bei den Bussen, auf längeren Strecken etwas darunter. Bezahlt wird in der Regel während der Fahrt. Es ist ratsam, sich an den Beträgen der Mitreisenden zu orientieren, wenn man keinen „Touristenzuschlag" zahlen will. Längere Routen sind in Teilstücke gegliedert. Sie zahlen nur den Abschnitt, den Sie mitgefahren sind.

Wanderung in der Saklıkent-Schlucht

Weitere Verkehrsmittel

Taxi: Ein *Taksi* findet man in den Touristenzentren an jeder Ecke. Die Tarife für längere Fahren zu den umliegenden Sehenswürdigkeiten sind meist in verschiedenen harten Währungen auf einer Tafel angeschrieben. Für Fahrten innerhalb der Städte wählt man am besten ein Taxi mit Taxameter oder handelt den Preis im Voraus aus.

Achtung Manchmal drücken Taxifahrer „versehentlich" beim Taxameter auf den Knopf, der zum teureren Nachttarif abrechnet. Tagsüber muss auf dem Display *gündüz* erscheinen (*gün* = Tag, *gündüz* = tagsüber; *gece* = Nacht).

Bahn: Die Eisenbahn hatte in der Türkei noch nie eine größere Bedeutung. Entlang der Lykischen Küste verkehren gar keine Züge. Für die in diesem Buch angesprochenen Reiseziele bietet sich einzig und allein eine Zugfahrt von Selçuk (Ephesus) nach Denizli nahe Pamukkale an (→ „Ausflüge nach Pamukkale, Aphrodisias und Ephesus", S. 244).

Schiff: Es verkehren keine Schiffe mehr entlang der West- und Südküste der Türkei. Regelmäßige Fährverbindungen bestehen nur von Marmaris und Fethiye nach Rhódos. Zu allen anderen griechischen Inseln vor der Küste tuckern Ausflugsboote.

Fahrrad: Gibt es nicht allzu oft zu leihen – und wenn doch, dann meist in Kaufhausqualität. Wer Touren zwischen Antalya und Marmaris plant, bringt am besten sein eigenes Bike mit, und dazu einen Helm (unglaublich aber wahr: Pflicht!), denn der Radsport steckt hier noch in den Kinderschuhen. Bei Pannen helfen kombinierte Moped-Fahrrad-Werkstätten weiter (sofern keine exotischen Ersatzteile beigeschafft werden müssen).

Trampen ist aufgrund der niedrigen Preise für öffentliche Verkehrsmittel nicht verbreitet, aber grundsätzlich überall möglich. Allein reisende Frauen sollten davon absehen.

Unter Segel

Die Lykische Küste und die Südägäis zählen zu den beliebtesten Segelrevieren des Mittelmeeres, Boote mit und ohne Skipper lassen sich vor Ort und von Deutschland aus chartern, ein Blick in die bekannten, überall erhältlichen Seglermagazine genügt. Zentren des Yachttourismus sind im Reisegebiet u.a. Finike, Göcek, Marmaris und Fethiye; aber auch fast alle anderen größeren Urlaubsorte verfügen über eine Marina. Zudem lässt es sich in vielen abgeschiedenen Häfen und Buchten herrlich ankern. Wer mit dem eigenen Schiff unterwegs ist oder ein Boot ohne Skipper chartert, dem seien die Segelhandbücher „Türkische Küste. Vom Bosporus bis Antalya“ (28 €) und „Türkische Küste, Ostgriechische Inseln“ (45 €) empfohlen, beide im Delius Klasing Verlag erschienen. Die beste Zeit für einen Törn ist von Mai bis September.

Blau reisen – Segeltörns entlang der Küste

Einen wahren Boom erleben an der lykischen und südägäischen Küste die sog. „Blauen Reisen.“ Dabei handelt es sich um eine Art All-inclusive-Urlaub auf einer *Gulet*, einer schönen, aus Holz gezimmerten, dickbäuchigen Yacht. Die Schiffe haben Masten und Segel, fahren aber meist unter Maschine. Das einzige Segel, das so gut wie immer gesetzt ist, ist das Schatten spendende Sonnensegel. Die Schiffe sind im Unterschied zu reinen Segelyachten nicht nur praktisch, sondern in der Regel sehr komfortabel ausgestattet, denn bei der „Blauen Reise“ steht nicht das sportlich ambitionierte Segeln im Vordergrund, vielmehr das Genießen der Küste von Boot aus, das Baden in einsamen Buchten und die gemeinsame Unterhaltung an Bord. Letzteres ist der Risikofaktor eines solchen Törns. Denn den engem Raum mit Spießern oder Kiffern zu teilen, kann je nach Einstellung Freude ins Gegenteil kehren. Daher empfiehlt es sich, eine solche Reise gleich als Gruppe zu buchen und am besten ein ganzes Schiff zu chartern.

Namensgebend für derartige Törns waren die Schiffsreisen eines illustren Philosophenzirkels um den Journalisten und Bohemien Cevat Şakir Kabaağaçlı. Der türkische Jean-Paul Sartre publizierte ab 1925 unter dem Pseudonym „Der Fischer von Halikarnas“, nachdem er wegen seiner antimilitaristischen Gesinnung nach Bodrum verbannt worden war. Die jungen Intellektuellen, die sich um ihn sammelten, schipperten auf Schwammtaucherbooten die Ägäisküste entlang, ernährten sich in erster Linie von Fisch und Rakı und nannten ihre Seelenreinigungstrips *Mavi Yolculuk*, „Blaue Reise“.

Organisierte Ausflüge

Per Helikopter nach Pamukkale, mit dem Bus nach Ephesus oder mit dem Ausflugsboot zur versunkenen Stadt bei Kekova – zu Luft, zu Land und zu Wasser werden in allen touristischen Zentren unzählige Halbtages-, Tages- und Zweitagestouren zu den Sehenswürdigkeiten der näheren und weiteren Umgebung angeboten. Für alle, die die Planung und Durchführung eines Ausflugs nicht selbst in die Hand nehmen wollen, eine bequeme Art, mehr von der Türkei kennen zu lernen. Preislich rechnen sich solche Touren insbesondere für Alleinreisende, zu zweit

Unterwegs im lykischen Hinterland

kann man für das gleiche Geld schon oft einen Mietwagen nehmen. Lohnenswert sind insbesondere Bootsfahrten zu einsamen Buchten, die auf eigene Faust nicht zu erreichen sind.

Der große Haken vieler Bustouren oder Bootsausflüge: Die Routen der meisten Veranstalter sind annähernd identisch, und so erleben viele Buchten oder Sehenswürdigkeiten für ein paar Stunden am Tag einen herdenartigen Ansturm. Was wo angeboten wird, erfahren Sie im Reiseteil unter den Stichworten „Organisierte Touren" und „Bootsausflüge".

• *Preise* Große Preisunterschiede gibt es zwischen den meisten Veranstaltern nicht. Sollte jedoch eine Tour erheblich preiswerter angeboten werden als beim Gros der Veranstalter, dann sind unter Garantie weitaus mehr Shoppingpausen mit Teppichknüpfvorführungen im Programm als sonst. Bei allem, was Sie kaufen, verdienen die Tourenanbieter mit.

Wandern

Im Frühjahr und Herbst gibt es kaum eine schönere Art, die Lykische Küste zu entdecken. Im Sommer dagegen ist Wandern aufgrund der hohen Temperaturen fast unmöglich. Ein eindrucksvolles Trekkingerlebnis verspricht der mittlerweile gut markierte *Lykische Weg* (→ Kasten, S. 22). Ansonsten findet man kaum ausgeschilderte Wanderwege, dafür aber unzählige Pfade, die fast alle ein Ziel haben. Etwas Erfahrung und ein guter Orientierungssinn ist bei allen Touren vonnöten. Exakte topographische Karten gibt es nämlich nicht und viele Pfade sind nur schwer zu finden. Bringt man aber guten Willen, Ausdauer und Kondition mit, dann wird man mit einer Fülle von Naturschönheiten belohnt, seien es kleine versteckte Fjorde, tiefe Schluchten mit tosenden Flüssen oder auch ausgedehnte Blumenteppiche, auf die man vor allem im Frühjahr stößt.

• *Basisausrüstung* Viele Wegstrecken sind steinig und steil, daher sind knöchelhohe und gut eingelaufene Wanderschuhe mit fester Profilsohle dringend zu empfehlen. Kniestrümpfe oder lange Hosen aus festem Stoff vermeiden bei Wegen durch stachliges Gebüsch böse Kratzer. Nicht zu vergessen: ausreichend Wasser, Sonnenschutzmittel, Sonnenbrille und eine Kopfbedeckung. Gehen Sie möglichst nicht alleine. Wenn doch, nehmen Sie eine Trillerpfeife als Notsignal mit und informieren Sie Ihre Hotelrezeption über die Route.

• *Gefahren am Wegesrand* Vor Hunden braucht man keine Angst zu haben, die Türken halten in der Regel keine und die vereinzelten Hirtenhunde sind harmlos. Achten Sie jedoch auf Schlangen. Die meisten sind zwar harmlos und flüchten, wenn sich ein Mensch nähert, es gibt aber auch Vipern und die Taurische Bergotter, deren Biss gefährlich werden könnte (falls Sie die Schlange nicht identifizieren können, am besten töten und mitnehmen!). Im Unglücksfall sollten Sie unbedingt einen Arzt aufsuchen. Skorpionsstiche sind dagegen zwar schmerzhaft, aber in der Regel nicht lebensgefährlich. Um Bienenkästen sollte man stets einen großen Bogen machen. Ein Problem können ferner Zecken sein, diverse Anti-Mückenmittel schützen auch vor ihnen.

• *Wandervorschläge im Buch* In diesem Buch finden Sie eine Reihe von Wanderbeschreibungen inklusive Routenskizzen, die natürlich keine Wanderkarten ersetzen können. Die Wegbeschreibungen sind so detailliert, wie das im Rahmen eines Reiseführers möglich ist. Dabei wird nicht immer der direkte Weg angegeben, sondern der, der sich unserer Meinung nach am einfachsten nachvollziehen lässt. Schwierige Passagen werden besonders ausführlich beschrieben – wenn Sie über ein wenig Orientierungssinn und Übung verfügen, dürften Sie keine größeren Probleme haben. Zu beachten bleibt allerdings, dass manche Wege und Pfade je nach Jahreszeit unterschiedlich gut zu finden sind.

Likya Yolu – der Lykische Weg

Der 509 km lange Fernwanderweg führt von Fethiye (Ölüdeniz) entlang der Küste und durch das schroffe Taurusgebirge bis in die Nähe von Antalya. Die englische „Sunday Times“ erklärte ihn zu einem der schönsten Wanderwege der Welt. Unterwegs passiert man etliche antike Stätten und herrliche Buchten. Rund fünf Wochen sollte man für die Tour als Ganze einplanen – und ein paar Monate Training davor. Damit aber nicht der komplette Jahresurlaub dafür in Anspruch genommen werden muss, können Sie auch einzelne Abschnitte des Weges gehen, z. B. von Kalkan nach Patara. Halten Sie für den Einstieg in den lykischen Wanderweg entlang der Küste einfach nach den gelben Wegweisern mit der Aufschrift „Likya Yolu“ Ausschau. Der Wegverlauf ist durchgehend weiß-rot markiert, ein rotes Kreuz bedeutet „falscher Weg“. Wer sich die gesamte Wandertour zum Ziel setzt, dem sei folgende Literatur empfohlen: Turkey's First Long Distance Walk, The Lycian Way. Kate Clow, Upcountry (Verlag), ISBN 0–9539218-0–8.

Übernachten

Das Angebot an Übernachtungsmöglichkeiten zwischen Marmaris und Antalya ist vielseitig. Von Clubanlagen, bei denen im Whirlpool die Caipirinha gereicht wird, bis zu Absteigen, deren Toiletten man ohne Badeschuhe in seinem Leben nie betreten würde, ist alles vorhanden.

Die meisten Hotels und Pensionen findet man erwartungsgemäß entlang der Küste. Begrüßenswert ist die wachsende Anzahl sog. „Boutique-Hotels" – kleine stilvolle Unterkünfte (oft auch als Pensionen vermarktet), die nicht selten in alten, restaurierten Natursteinhäusern untergebracht sind. Bei der Unterkunftsauswahl für dieses Buch wurde ein besonderes Augenmerk darauf gelegt.

Der Standard der meisten Hotels ist im Vergleich zum Preis mehr als nur zufrieden stellend – bei den Übernachtungen zeigt sich die Türkei noch immer als Billigreiseland. Zur türkischen Ferienzeit im Juli und August empfiehlt sich eine Reservierung, vor allem in den großen Touristenzentren. Ansonsten hat man bei der Zimmersuche kaum Probleme (wegen des großen Angebots eher schon die Qual der Wahl). Handeln ist in kleinen Billighotels und Pensionen prinzipiell möglich, wird aber gewöhnlich nicht gerne gesehen. (Ebenfalls nicht gerne gesehen – aber leider mancherorts vorhanden – sind Kakerlaken.)

All-inclusive-Anlagen: Das Gros der All-inclusive-Anlagen im Reisegebiet findet man um Marmaris, Fethiye, Antalya und an der Kemerküste. Die oft wie Hochsicherheitstrakte abgeriegelten Ferienanlagen, teils mit Kapazitäten von bis zu 2.500 Betten, sind auf Individualreisende nicht eingestellt und daher vor Ort entweder gar nicht oder nur mit viel Aufwand buchbar. Die Walk-in-rate liegt nicht selten weit über dem Doppelten des Preises, den man bezahlt, wenn man pauschal aus dem Katalog bucht. Der Begriff „all inclusive" ist übrigens nicht eindeutig definiert, und so manches Hotel führt diese Bezeichnung, ohne sie eigentlich zu verdienen. Erkundigen Sie sich daher im Voraus, ob das angebotene Sportprogramm oder alle Getränke im Preis inbegriffen sind. Bei vielen Hotels, bei denen das nicht der Fall ist, wird von der Reiseleitung darauf hingewiesen, dass man besser nie außer Haus etwas essen oder trinken sollte, um Magenproblemen vorzubeugen oder um nicht überfallen zu werden. Das ist Humbug! Man will Sie mit solchen Aussagen nur an die Hotelbar binden, wo die Bierpreise nicht selten um das Vier- oder Fünffache höher sind als außerhalb der Anlage.

Preise je nach Ausstattung, Service, Umfang des Büfetts, Sportangebot, Anzahl der Animateure 75–250 € pro Nacht und DZ.

Hotels: Kategorien zugeordnet sind all jene Hotels, die beim Ministerium für Kultur und Fremdenverkehr registriert sind. Wer seine Unterkunft nach der Anzahl der Sterne wählt, sollte allerdings bedenken, dass sich die Rubrizierung an der Ausstattung der Unterkünfte (Minibar, Fernseher, Aufzug, Restaurant, Klimaanlage usw.) orientiert und Kriterien wie Lage, Architektur, Freundlichkeit des Personals usw. unberücksichtigt lässt. Hinzu kommt, dass die Kategorisierung bisweilen längst nicht mehr den aktuellen Verhältnissen entspricht, denn viele türkische Hotels sind aufgrund ihrer billigen Bauweise und Ausstattung oft schneller abgewohnt und daher erheblich im Wert gemindert, als die Rückstufung erfolgt. Das gilt insbesondere für Drei-Sterne-Hotels. Luxuriöse Boutique-Hotels werden nicht nach Sternen kategorisiert. In Hotels der unteren Preisklasse und in vielen Pensionen müssen Sie sich darauf einstellen, dass es nicht immer heißes Wasser gibt und die Armaturen oft nicht zuverlässig funktionieren.

• *Preise für Hotels* Größere Hotels oder Hotelketten nehmen in der Hauptreisezeit pro DZ 40 € aufwärts. In den Monaten zwischen September und Mai werden die Preise gesenkt. Kleine Hotels bieten DZ mit Dusche oder Bad ab ca. 25 €. Ein Zimmer in Billigabsteigen ohne Bad und WC bekommt man pro Person ab 8 €.

Pensionen: Im Vergleich zwischen einfacheren Hotels und kleinen Pensionen sind Letztere meist die bessere Wahl, da ihre Betreiber sich in der Regel mehr um das Wohl der Gäste kümmern. Auch gegenüber manch vornehmem Hotel macht die Freundlichkeit vieler Pensionsbesitzer den fehlenden, nicht selten überflüssigen Luxus wett. Orte mit einer Vielzahl gemütlicher Pensionen findet man entlang der lykischen Küste in Antalya, Çıralı, Adrasan, Kekova, Kaş, Kalkan, Patara und Dalyan. Spartanisch ausgestattete, aber meist recht schön gelegene Zimmer, z.T. in Bungalows, vermieten zudem viele Campingplätze (s.u.).

Preise für Pensionen Ein DZ mit Du/WC bekommt man für 15–25 €. Singles erhalten meist ein DZ zum ermäßigten Preis.

Aparthotels: Ihre Zahl steigt in den letzten Jahren ständig. Zur Grundausstattung gehören Küchenzeile oder kleine Küche, Salon mit Couch und TV und – je nach Größe – ein oder mehrere Schlafräume.

Preise Die Preise der Aparthotels variieren naturgemäß nach Größe, Ausstattung und Ort erheblich. Ein ordentliches Apartment für 4 Personen bekommt man ab ca. 40 €/Tag.

Jugendherbergen: In der gesamten Türkei gibt es nur sehr wenige Jugendherbergen, nicht zuletzt deswegen, weil viele private Pensionen preiswerte Zimmer anbieten. Die einzige Jugendherberge des hier beschriebenen Reisegebiets liegt in Marmaris (→ S. 194).

Treehouses: Dabei handelt es sich um windschiefe Hütten auf Stelzen oder an bzw. auf Bäumen errichtet. Auch simpelste Bungalows werden gerne als Treehouses verkauft. Komfort bieten sie keinen, dafür wildromantische Nächte ab 5 € pro Person. Treehouses findet man insbesondere in Olympos und in Kabak nahe Ölüdeniz. Sie sind Treffpunkte der internationalen Backpackerszene.

Campingplätze: Die offiziellen, lizenzierten Campingplätze unterstehen der Kontrolle des Ministeriums für Kultur und Fremdenverkehr. Duschen (nicht immer warm), Camperküchen und Stromanschlüsse, Restaurants und meist auch Supermärkte gehören zur üblichen Ausstattung. Sehr schöne Plätze finden Sie u. a. auf der Halbinsel Reşadiye. Preislich liegen sie nicht selten um etwa das Doppelte über den nicht lizenzierten Campingplätzen, deren sanitäre Einrichtungen häufig stark zu wünschen übrig lassen.

Viele Campingplätze vermieten neben Stellplätzen für Zelt und Wohnmobil auch **Bungalows**. Dabei handelt es sich meist um einfache Holzhütten ohne jeden Komfort; z. T. sind sie aber auch mit gefliestem Boden, Bad und WC, Terrasse usw. ausgestattet.

Wildcampen ist in der Türkei verboten. Eine Ausnahme bilden die Picknickplätze in den Nationalparks, die mit Abfallkörben und Tischen und häufig auch mit bescheidenen Grillmöglichkeiten sowie Toiletten ausgestattet sind.

• *Preise* Wer zeltet, sollte für 2 Personen mit Zelt 6–12 € rechnen, egal ob mit Zelt oder Wohnmobil.

• *Öffnungszeiten* Viele Campingplätze haben nur von Mai bis Oktober geöffnet. Großer Andrang herrscht lediglich im Hochsommer. Bereits Ende September kann es Ihnen passieren, dass Sie der einzige Gast auf dem Campingplatz sind und daher auch Bar, Restaurant und Supermarkt geschlossen vorfinden.

Warten auf Kundschaft: Restaurant an der Beymelek-Lagune bei Kale

Essen und Trinken

„Der Imam ist in Ohnmacht gefallen", als er „Frauenschenkel" und den „Nabel der Dame" probieren sollte. „Dem Herrscher hat's gefallen", als man ihm den „Finger des Wesirs" servierte – mit den Namen türkischer Gerichte lassen sich ganze Dramen inszenieren. Sie deuten aber auch an, auf welche Tradition die Küche zurückgreift und mit wie viel Phantasie die Köche bei der Arbeit sind.

„Leben kommt aus dem Magen" heißt ein türkisches Sprichwort. Dementsprechend besitzt die türkische Küche ein ähnlich hohes Niveau wie die französische. Grundlage der Gerichte ist in der Regel frisches Gemüse, darunter Sorten, die in Mitteleuropa eher unbekannt oder vergessen sind (z. B. Kichererbsen, Erdbirnen, Saubohnen, Okraschoten, Rauke und Portulak). Anders bei den Gewürzen: Verwendet werden keinesfalls geheimnisvolle orientalische Exoten, sondern in erster Linie die uns vertrauten Klassiker wie Pfeffer, Paprika oder Petersilie. Auch Knoblauch kommt zum Zuge, aber bei weitem nicht in dem Maß, wie es sich mancher vorstellt.

Wo isst man

In den großen Touristenzentren gibt es vom Chinarestaurant über die italienische Pizzeria bis zum bayerischen Biergarten alle erdenklichen Lokalitäten. Bei den türkischen Speiselokalen unterscheidet man vornehmlich zwischen Lokanta und Restoran.

Lokanta: Hier isst man, um satt zu werden, nicht um seine Verlobte auszuführen. Lokantas sind – machen Sie nicht gerade in Kemer Urlaub – an jeder Ecke zu finden, sind einfach, gut und günstig: Ab 2 € is(s)t man dabei. Die Innenausstattung gibt sich mit gekachelten Wänden und kaltem Neonlicht äußerst spartanisch. Das vorgekochte Essen wird in Vitrinen warm gehalten, Sie können wählen zwischen Fleisch- und Gemüsegerichten, Suppen und Eintöpfen. Je besser die Lokanta besucht ist, desto frischer sind in der Regel die Speisen. Lokanta-Varianten gibt es viele: Je nachdem, worauf sich eine Lokanta spezialisiert hat, heißt sie auch *kebapçı*, *köfteci* oder *pideci*. Beim *işkembeci* bekommt man Kuttelflecksuppe und andere Innereien. Die meisten Lokantas haben keine Alkohollizenz.

Restoran/Restaurant: Restaurants haben i.d.R. eine Alkohollizenz, die gediegenere Innenausstattung, den besseren Service und so auch die höheren Preise. Nur die Küche unterscheidet sich nicht immer von jener der einfachen Lokantas, das gilt insbesondere für Mittelklasserestaurants. Eine volle Mahlzeit mit einem Getränk beginnt dort bei ca. 6 €. Nach oben sind keine Grenzen gesetzt: Wer sein Candlelight-Dinner in einem eleganten Lokal am Meer genießt, bezahlt schnell 20 € und mehr pro Person (ohne Wein). Auch Fischlokale gehören zu den gehobeneren Restaurants, für ein komplettes Menü sollte man mit 20–30 € pro Person rechnen.

Tipping-Tipps: In einfachen Lokantas wird kein Trinkgeld erwartet, wohl aber in Restaurants. Ist der Service noch nicht in der Endsumme verrechnet, was in gehobeneren Restaurants und Touristenlokalen durchaus vorkommt, gibt man etwa 10 Prozent. In Lokalen, die keine Speisekarten haben und in denen auch die Preise nicht aushängen, ist es ratsam, sich vor dem Bestellen nach den Preisen zu erkundigen – Schlitzohren unter den Kellnern gibt es einige.

Was isst man

Frühstück: Zu einem traditionellen türkischen Frühstück *(kahvaltı)* wird frisches Weißbrot, Marmelade, Ei (meist hartgekocht), Oliven, Gurken, Tomaten, Butter und Schafskäse gereicht. Letzteren genießen Türken zusammen mit Honig auf dem Brot. Dazu trinkt man Tee. Filterkaffee ist nicht üblich, wer will, kriegt Nescafé oder verwandte Surrogate. Türken essen als Brotaufstrich auch *Pekmez* (eingedickter Traubensaft) mit *Tahin* (Sesammus) zum Frühstück – sehr empfehlenswert! In den großen Hotels der Touristengebiete wird heute fast nur noch europäisches Frühstück gereicht – je nach Hotelkategorie als üppiges Büfett oder in der Magervariante mit Kaffee, Konfitüre, Schmelzkäse und Ei.

Vorspeisen: Wählen Sie zwischen pikanten Joghurtcremes *(haydari)*, würzigen Gemüsepürees *(ezme)*, kaltem Gemüse in viel Olivenöl *(zeytinyağlı)*, gefüllten Weinblättern *(yaprak dolması)*, Melone mit Schafskäse (*peynirli karpuz*) und ähnlichen Köstlichkeiten. *Meze* nennen die Türken solche Vorspeisen, die in Vitrinen zur Auswahl stehen. Sie können auch auf den Hauptgang verzichten und nur Vorspeisen wählen; in vielen Restaurants ist das kein Problem. Dazu wird stets frisches Weißbrot *(ekmek)* gereicht.

Suppen nehmen die Türken als Vorspeise eher selten zu sich. Man isst sie als Frühstücksersatz, zwischendurch oder nach durchzechten Nächten. Viele Schnapsnasen schwören auf die Alka-Seltzer-Wirkung von Kuttelflecksuppe *(işkembe çorbası)* – sicher nicht jedermanns Geschmack. Wer dennoch als Vorspeise eine warme Suppe vorzieht, sollte die herzhafte Linsensuppe *(merçimek çorbası)* probieren.

Achtung: Verzichten Sie auf Vorspeisen in kleinen Strandrestaurants, die nicht an das Stromnetz angeschlossen sind. Gerichte mit Fisch und Majonäse, die den Tag lang in der Sonne stehen, haben dort gelegentlich durchschlagenden Erfolg.

Fleischgerichte: Am beliebtesten sind *kebap* und *köfte*. *Kebap* ist der Oberbegriff für Fleischgerichte jeglicher Couleur (in der Regel Lamm, manchmal auch Geflü-

„Bescheidenheit ist eine Zier"

gel), die gegrillt, gebraten oder gebacken sein können. Zu *döner kebap* braucht wohl nichts mehr gesagt zu werden. Beim *şiş kebap* handelt es sich um einen zarten, auf Holzkohleglut gerösteten Fleischspieß, zu dem als Beilage gewöhnlich Reis oder Bulgur (Weizengrütze) gegessen wird. Beim *patlıcan kebap* wird der Spieß mit Hackfleisch und Auberginen bestückt. *Bursa kebap* (oft auch *İskender kebap* genannt) verdient seinen Namen nur dann, wenn das Fleisch zusammen mit Joghurt und Tomatensoße auf geröstetem Fladenbrot angerichtet wird. Kosten Sie auch den *Adana kebap*, einen scharf gewürzten Hackfleischspieß. Oder *güveç*, zartes Schmorfleisch mit Gemüse im Tontopf.

Unter die Bezeichnung *köfte* fallen frikadellenähnliche Hackfleischgerichte aus Hammel, Lamm oder Rind (gebraten oder gegrillt). Die leckeren „Frauenschenkel" *(kadınbudu)*, die mit Reis verfeinert und anschließend paniert werden, haben ihren Namen übrigens von der Form der Frikadelle.

Türken lieben zudem Innereien wie z. B. gebratene Leber *(ciğer)* oder Nieren *(böbrek)*. Als Innereiensnack wird an vielen Straßenecken *kokoreç* angeboten: gegrillte Därme, die mit Zwiebel und Tomate ins Brot kommen. Nebenbei haben Sie auch noch die Möglichkeit, eine Vielzahl anderer Kuriositäten zu probieren, z. B. gegrillte Schafshoden *(koç yumurtası)*, gedünstete Schafsköpfe *(kelle)* oder gekochte Hammelfüße *(paça)*.

Gemüsegerichte: Gemüse *(sebze)* ist weniger Beilage als vielmehr die Grundlage türkischer Gerichte. Die Auswahl an Schmortöpfen, Aufläufen und Eintöpfen ist riesig. Beliebt sind insbesondere die Dolma-Gerichte. Dabei handelt es sich um gefülltes Gemüse, z. B. gefüllte Zucchini *(kabak dolması)* oder Auberginen *(karnıyarık)*, das zusammen mit Hackfleisch oder mundgerechten Lammfleischstückchen serviert wird. In der Regel wird dazu Joghurt gegessen. Ebenfalls schmackhaft sind diverse Eintöpfe wie *kıymalı ıspanak* (Spinat mit Hackfleisch). Ein Genuss sind aber auch Kichererbsen *(etli nohut)* oder Okraschoten mit Lamm *(etli bamya)*.

Achtung: Vielfach schwimmt das Essen in Olivenöl – auf Mägen, die dergleichen nicht gewöhnt sind, hat dies die gleiche Wirkung wie eine gehörige Dosis Rizinusöl.

Fischgerichte: An Meeresfischen werden häufig Seebarsch *(levrek)*, Steinbutt *(kalkan)*, Mittelmeermakrele *(kolyos)*, Scholle *(pisi balığı)*, Makrele *(uskumru)* und fangfrische Sardinen *(sardalya)* angeboten. Auch Tunfisch *(palamut)* kann in verschiedenen Zubereitungsarten genossen werden. Unter den Süßwasserfischen ist insbesondere die Forelle sehr beliebt, im Hinterland findet man viele auf Forellen spezialisierte Restaurants.

Süßspeisen und Obst: Eine der beliebtesten Süßspeisen *(tatlı)* ist *baklava*, ein Gebäck aus mehreren Teigschichten, zwischen die Mandeln und Pistazien eingestreut sind. Die kleinen Rechtecke werden mit einem Sirup aus Zucker, Zitronensaft und Honig übergossen. Genauso süß und klebrig ist *helva*, eine Kalorienbombe aus Weizenmehl, Sesamöl, Honig und Zucker. Unserem Geschmack vertrauter sind Mandelpudding *(keşkül)* oder Milchreis *(sütlaç)*. Experimentierfreudige sollten einmal *aşure* probieren, eine gallertartige Süßspeise, die, in bester Qualität zubereitet, mehr als 40 Zutaten enthalten muss, darunter Rosenwasser, Nüsse, Zimt und sogar Bohnen. Der Legende nach wurde sie auf der Arche Noah kreiert – man schüttete alle Speisereste zusammen und kochte sie auf. Ähnlich seltsam liest sich die Zusammensetzung von *tavuk göğüsü:* Hier werden klein gehackte Hühnerbrust, Reismehl, Milch und Zucker verarbeitet. All das und noch viel mehr bietet der *muhallebici* an, eine Art Süßspeisenschnellimbiss.

Auch mit Obst *(meyve)* schließt man gerne eine Mahlzeit ab. Je nach Jahreszeit werden Melonen, Feigen, Trauben, Pfirsiche, Kirschen, Erdbeeren, Granatäpfel oder Zitrusfrüchte serviert. Gründlich waschen ist gut, schälen ist besser!

Die Türkei für Vegetarier

Ein müdes Lächeln ist alles, was der gewöhnliche Türke einem Vegetarier entgegenbringt: Denn wer freiwillig auf so leckere Dinge wie *şiş kebap, köfte* oder Kuttelflecksuppe verzichtet, muss krank sein – oder verrückt. Doch keine Sorge: Auch ohne Fleisch kann man in der Türkei Köstlichkeiten genießen. Das Gros der Vorspeisen ist rein vegetarisch, zudem warten schmackhafte Gemüseeintöpfe, sämige Suppen, Salate und gefüllte Teiggerichte auf ihre Entdeckung. Um keine bösen Überraschungen zu erleben, vergewissern Sie sich am besten mit „Etsiz mi?“ („Ist das ohne Fleisch?“, gesprochen: „Ätsis mi?“) und bekräftigen Ihre Frage mit „Et yemiyorum“ („Ich esse kein Fleisch“, gesprochen: „Ät jämijorum“).

Snacks: Nahezu eine komplette Mahlzeit ersetzt *börek*, eine blätterteigähnliche Strudelspezialität, die mit Hackfleisch, Spinat oder Schafskäse gefüllt wird. Ähnlich leckere Füllungen verstecken sich im *pide*, einem knusprigen Teigschiffchen. Eine Kostprobe wert ist auch *lahmacun*, die türkische Pizza mit Hackfleisch und Kräutern. *Mantı* nennen sich die türkischen Ravioli, die so klein sein sollen, dass 30 davon auf einen Löffel passen. Man isst sie mit Knoblauchjoghurt, zerlassener Paprikabutter und Minze. Unübersehbar sind die *Simit*-Verkäufer; ihre Sesamkringel sind in der Früh am knusprigsten. Oft sieht man zudem ländlich gekleidete Frauen *gözleme* zubereiten, eine Art Pfannkuchen, der auf verschiedene Arten süß oder herzhaft gefüllt wird. Und: Kosten Sie *kumpir*, wenn sich die Möglichkeit ergibt. Die gefüllten Riesenkartoffeln stopfen für etliche Stunden.

Was trinkt man

Softdrinks: Ob Pepsi oder Coke, überall werden die auch bei uns bekannten Marken angeboten. Zum Essen wird oft Wasser *(su)* auf den Tisch gestellt. Kommt es aus der Leitung, sollten Sie darauf verzichten. Empfehlenswert sind frisch gepresste Fruchtsäfte *(meyve suyu)*. Auch in der Dose werden überall leckere Fruchtsäfte verkauft. *Ayran* ist ein erfrischendes Mixgetränk aus Joghurt, Salz und kaltem Wasser, das ein wenig an Buttermilch erinnert.

Heißgetränke: Das türkische Nationalgetränk ist der *çay*. Der gute schwarze Tee aus den Plantagen der Schwarzmeerküste wird zu jeder Gelegenheit getrunken. Ob beim Frühstück, bei Geschäftsbesprechungen, im Teppichladen oder beim Friseur – nirgends fehlen die kleinen bauchigen Gläser. Für Nachschub wird stets gesorgt. *Elma çayı* nennt sich der unter Touristen sehr beliebte Apfeltee. Türkischen Mokka *(Türk kahvesi)*, den man entweder süß *(şekerli)*, mittelsüß *(orta şekerli)* oder ohne Zucker *(sade)* bestellt, trinkt man für gewöhnlich nach einem üppigen Essen. Wer auf Krümel zwischen den Zähnen wenig Wert legt, bestellt *Neskafe*. In schickeren Cafés bekommen Sie auch Cappuccino, Espresso oder Latte Macchiato.

Candlelight-Dinner in der Hayıtbükü-Bucht

Alkohol: Beliebt ist vor allem der Rakı, ein ca. 45-prozentiger Anisschnaps, der geschmacklich dem griechischen Ouzo ähnelt. Am liebsten trinken ihn die Türken mit Eis und Wasser verdünnt aus schmalen, hohen 0,2-Liter-Gläsern. Er erhält dann eine milchig-trübe Färbung und wird nicht zuletzt deswegen auch „Löwenmilch" genannt. Rakı gilt als Magenelixier und Heilmittelchen gegen alle möglichen Beschwerden – zum Wohle des Landes werden daher jährlich 70 Millionen Liter abgefüllt. Hochgeschätzt ist die Marke „Tekirdağ". Guter Rakı unterscheidet sich von minderwertigem dadurch, dass er am Glasrand einen Film zieht.

Neben Rakı wird auch gerne ein Bier *(bira)* zum Essen getrunken, am weitesten verbreitet ist das *Efes*. Daneben bekommt man auch das dänische – aber in der Türkei gebraute – *Tuborg*, das etwas herber als *Efes* schmeckt.

Vielen unbekannt ist türkischer Wein *(şarap)*. Die besseren Sorten können sich jedoch durchaus sehen lassen. Dazu gehören insbesondere Weine der Kellereien „Doluca" und „Kavaklıdere". Türkische Weine sind aufgrund ihres geringen Säuregehaltes ausgesprochen magenfreundlich. Ein Paradies für Weinfreunde ist Kappadokien.

Wissenswertes von A bis Z

Ärztliche Versorgung

Auch wenn zwischen Ihrem Land (Deutschland, Österreich oder Schweiz) und der Türkei ein Sozialversicherungsabkommen besteht, ist der Abschluss einer privaten **Auslandskrankenversicherung** (Formulare liegen z. B. in Banken aus) dringend zu empfehlen: Die privaten Krankenhäuser sind besser ausgestattet als die staatlichen, zudem gewährleistet eine private Auslandskrankenversicherung i.d.R. auch den Krankenrücktransport. Das vorgestreckte Geld für Behandlung und Medikamente wird in der Heimat nach Vorlage einer Quittung mit Stempel, Datum und Unterschrift des türkischen Arztes bzw. Apothekers erstattet.

Für kleinere Fälle reicht es häufig auch aus, wenn Sie eine der zahlreichen Apotheken aufsuchen und dem Apotheker irgendwie Ihr Leid verdeutlichen. Dieser beherrscht zwar häufig keine Fremdsprache, die Mittelchen gegen die gängigsten Touristenleiden hat er aber schon unzählige Male über den Ladentisch gereicht. Bei Durchfall hilft oft auch schon, einen kleinen Löffel Teeblätter und/oder gesalzenen Schwarzen Tee herunterwürgen.

Deutschsprachige Ärzte und das jeweils nächstgelegene Krankenhaus sind im Reiseteil unter der Rubrik „Adressen“ aufgeführt. Auch die Konsulate und Botschaften des Heimatlandes erteilen Auskünfte über deutschsprachige Ärzte. In schweren Fällen ist es ratsam, das Deutsche Krankenhaus in Istanbul aufzusuchen (Alman Hastanesi, Sıraselviler Cad. 119, Taksim, ✆ 0212/2932150).

Apotheken In türkischen Apotheken (*ezcane*, Mo–Sa 9–19 Uhr geöffnet) gibt es kaum etwas, was es bei uns nicht gibt, vieles jedoch unter einem anderen Namen, zudem rezeptfrei und preiswerter. Im Schaufenster ist der nächstgelegene Notdienst (*nöbetçi*) vermerkt.

Schutzimpfungen sind nicht vorgeschrieben. Es wird jedoch geraten, sich vor Reiseantritt gegen Tetanus, Diphtherie und

Gelbsucht (Hepatitis A) impfen zu lassen. Eine Malariaprophylaxe ist für Reisen zwischen Antalya und Marmaris nicht notwendig. Informieren Sie sich über aktuelle Entwicklungen bei den Gesundheitsämtern oder den Tropeninstituten.

Falls Sie während Ihres Aufenthaltes ein Schnupfen plagt: Öffentliches Naseputzen gilt in der Türkei als sehr unfein!

Ausgrabungsstätten und Museen

Ephesus, Aphrodisias, Xanthos oder Aspendos sind antike Ausgrabungstätten von Weltrang. Im Reisegebiet stoßen Sie aber auf eine Vielzahl weiterer Ausgrabungsstätten, braune Schilder machen auf sie aufmerksam. Die bedeutendsten und sehenswertesten sind im Reiseteil beschrieben. Was in der Beschreibung fehlt, lohnt unseres Erachtens nicht, außer man hat Gefallen an langen, schweißtreibenden Fußwegen durchs Dickicht, um ein paar verwitterten Steinen gegenüber zu stehen.

Die Eintrittspreise für antike Stätten und Museen sind nicht einheitlich und werden jährlich neu festgesetzt. Dabei kann es hier und dort zu extremen Preissprüngen von 30–50 % (nach oben oder unten) kommen. Grundsätzlich gilt: Je berühmter die Stätte, desto teurer – bis zu 10 € Eintritt werden verlangt. Ermäßigungen für Studenten mit einer ISIC-Karte gab es 2004 nur noch selten – das kann sich jedoch wieder ändern. Fotografieren oder Filmen (Video) kostet gelegentlich extra und dann meist nicht wenig (bis zu 10 €). Es gibt aber auch eine Vielzahl von Ausgrabungen, die frei und kostenlos zugänglich sind. Nicht selten versuchen dort allerdings selbsternannte Aufseher dem Touristen ein paar Lira abzuknöpfen. Lassen Sie sich nicht übers Ohr hauen – wer von offizieller Seite dazu befugt ist, kann Ihnen eine Eintrittskarte aushändigen.

Nekropole des antiken Simena (Kekova)

Antike Stätten – die wichtigsten Begriffe

Agora: Markt und Versammlungsplatz in der griechischen Antike; meist von einem Säulengang mit Geschäften umringt.

Akropolis: Burgberg, auch Oberstadt.

Architrav: auf Säulen ruhender Hauptbalken (meist aus Stein).

Basilika: zentrale römische Halle, bei der die Seitenschiffe niedriger als das Hauptschiff liegen, erst später für Kirchen verwendet.

Bouleuterion: Ratssaal des Senats in hellenistischer und römischer Zeit.

Cavea: Zuschauerraum des antiken Theaters, in römischer Zeit meist halbkreisförmig, in griechischer meist darüber hinausgehend.

Cella: Hauptraum eines Tempels, meist mit einer oder mehreren Kultstatuen.

Gymnasion: Zentrum für athletisches Training, ursprünglich Teil einer Schule.

Heroon: Kultbau zu Ehren eines Helden oder Würdeträgers.

Kapitell: oberster Abschluss einer Säule.

Nekropole: Gräberfeld.

Nymphäum: Brunnenanlage.

Odeion: theaterähnliches Gebäude für kleinere kulturelle Veranstaltungen.

Orchestra: Spielfläche des Theaters.

Pantheon: Tempel für alle Götter.

Peristyl: Säulenhalle um einen Hof.

Propylon: Torbau.

Stoa: Säulenhalle.

Baden

Die Sehnsucht nach Sonne, Strand und Meer lockt jährlich Millionen an die Küste zwischen Marmaris und Antalya. Nicht ohne Grund, denn einige der schönsten und bekanntesten Strände der Türkei liegen hier, man denke nur an Ölüdeniz oder Patara. Aber auch abseits dieser Paradeexemplare findet man herrliche Strände und eine Vielzahl idyllischer Buchten.

Durchschnittliche Wassertemperatur in °C

Januar	*Februar*	*März*	*April*	*Mai*	*Juni*
15	14	15	16	18	21
Juli	*August*	*September*	*Oktober*	*November*	*Dezember*
24	25	24	22	19	17

Nacktbaden ist in der Türkei verboten. Auch das Baden in der Unterhose – für viele türkische Männer ist es gleichwohl gang und gäbe. Deswegen gab es gar schon groß angelegte Strandrazzien. Oben ohne wird vor den Clubhotels der touristischen Zentren praktiziert, gern gesehen aber nur von schnauzbärtigen Spannern aus dem Hinterland.

Diplomatische Vertretungen

Die Botschaften Deutschlands, Österreichs und der Schweiz befinden sich in Ankara. Alle drei sind jedoch durch Konsulate im Reisegebiet vertreten. Als Anlaufstellen stehen sie aber nur in extremen Notfällen zur Verfügung.

Traumstrand bei Kalkan

Beliebte Mitbringsel

• *Türkische Botschaften* **Deutschland**, Rungestr. 9, 10179 Berlin, ✆ 030/275850, www.tuerkischebotschaft.de.
Österreich, Prinz-Eugen-Str. 40, 1040 Wien, ✆ 01/ 5057338-0, 📠 5053660.
Schweiz, Lombachweg 33, 3000 Bern 15, ✆ 031/3597070, www.tr-botschaft.ch.
• *Botschaften in der Türkei* **Deutsche Botschaft**, Atatürk Bul. 114, 06540 Ankara, ✆ 0312/4555100, www.ankara.diplo.de.
Österreichische Botschaft, Atatürk Bul. 189, 06680 Ankara, ✆ 0312/4190431, ankara-ob@bmaa.gv.at.
Schweizer Botschaft, Atatürk Bul. 247, 06692 Ankara, ✆ 0312/4675555, www.eda.admin.ch/ankara.
• *Konsulate im Reisegebiet* → Antalya „Adressen", S. 64.

Ein- und Ausfuhrbestimmungen

Zollfrei in die Türkei eingeführt werden dürfen neben Gegenständen des persönlichen Gebrauchs 200 Zigaretten bzw. 50 Zigarren oder 200 g Tabak, 0,7 l Spirituosen, sowie Geschenke im Wert bis 250 €. Überaus teuere Wertgegenstände (wie z. B. hochkarätiger Brillantschmuck) muss man bei der Einreise vom türkischen Zoll in den Reisepass eintragen lassen.

Ein Hinweis für Raucher: Zigaretten sind in der Türkei billiger als in Deutschland oder in den Duty-free-Geschäften am Abflughafen.

Für die Ausfuhr antiker Gegenstände aus der Türkei benötigt man die schriftliche Genehmigung eines Museumsdirektors. Das gilt auch für alte Siegel, Orden, Teppiche usw. Bei Zuwiderhandlung drohen hohe Strafen. Die Mitnahme von Mineralien bedarf ebenfalls einer schriftlichen Bestätigung (zuständig dafür MTA in Ankara, ✆ 0312/2873430). Bei der Ausfuhr von Teppichen muss eine Quittung vorgelegt werden. Auf der Rückreise dürfen für den privaten Gebrauch gekaufte Waren (wie

z. B. Kleidung) nach Deutschland und Österreich bis zu einem Wert von 175 € zollfrei eingeführt werden, für Schweizer gilt die Obergrenze von 300 sfr. Die Obergrenze für Rauchwaren ist die gleiche wie bei der Einfuhr in die Türkei.

Einkaufen und Handeln

Lederwaren, Teppiche, Goldschmuck, Keramik, Tee, Gewürze, Onyxprodukte und alle Dinge, die einen Hauch von Orient erwecken, zählen zu den beliebtesten Souvenirs. Hoch im Kurs stehen zudem T-Shirts, Jacken und Hosen mit dem Schriftzug bekannter Designer. Das sind Imitate, die zumindest ihren Zweck erfüllen: Man kann sie tragen. Achtung aber vor den täuschend echt verpackten Parfüms – sie stinken mehr als dass sie riechen.

Am besten kauft man in Boutiquen und Einkaufszentren der größeren Städte, wo die Waren mit Preisen versehen sind und sich so auch Preisvergleiche durchführen lassen. Wo es keine Festpreise gibt, müssen Sie handeln. Um aber gut handeln zu können, sollten Sie den Wert und die Echtheit einer Ware einschätzen können.

Hinweise zum Teppichkauf

Die Türkei ist bekannt als ein Land, in dem man preiswert Teppiche kaufen kann. Das setzt aber voraus, dass man sich mit der Materie auskennt und genau weiß, was man will. Nur dann wird der Teppich zum Schnäppchen. Das Gros der Urlauber jedoch, das sich spontan zu einem Kauf hat überreden lassen, bringt in der Regel einen überteuerten und dazu noch einen viel zu großen oder viel zu kleinen Teppich mit nach Hause, der zudem oft farblich nicht einmal in die Wohnung passt.

Um einen guten Preis aushandeln zu können, sollten Sie in der Lage sein, Qualität von Billigware zu unterscheiden. Vergessen Sie den Ratschlag, ein Produkt um ein Drittel herunterzuhandeln, um einen guten Preis zu erzielen. Das gelingt jedem beim zehnten Tee. Auch die Händler kennen diesen Ratschlag, und wer sagt Ihnen, dass diese nicht bei einem hundertfach höheren Preis anfangen?

Daher unser Tipp für alle, die keine Ahnung von Teppichen haben: Kaufen Sie wenn überhaupt ein billiges Stück als Souvenir, das notfalls in einer Kiste auf dem Dachboden die Motten ernährt, oder gehen Sie zu Hause in ein Fachgeschäft. Dort dürfen Sie den Teppich gegen Pfand mitnehmen und können ihn einmal in Ihren vier Wänden zur Probe auslegen.

Wer dennoch als Ahnungsloser sein Glück versuchen will, sollte wenigstens den Eindruck eines Teppichexperten erwecken. Dazu gehört der fachmännische Blick auf die Dicke der Knoten sowie die Frage nach der Anzahl der Knoten je Quadratzentimeter. Hantieren Sie mit dem Stück unter freiem Himmel etwas herum, teilen Sie gar den Flor mit den Fingern, um die Farbechtheit zu testen. Passen Sie auf, dass Sie beim berüchtigten Gewebetest mit dem Feuerzeug kein Loch in den Teppich brennen, sonst sind Sie unten durch. Fragen Sie zudem, ob der Teppich fliegen kann. Wenn nicht, drücken Sie sofort den Preis um 50 %. Beherzigen Sie die Ratschläge, dann weiß der Händler, dass Sie zumindest gewisse Grundkenntnisse besitzen. Und noch etwas: Lassen Sie sich niemals aus Bequemlichkeit auf das Angebot des Händlers ein, dass er Ihnen den Teppich mit der Post nach Hause schickt!

Simit-Verkäufer in Olympos

Türkische Händler sind leider, ohne es böse zu meinen, fast durch die Bank Schlitzohren. Lassen Sie sich also kein Schweinsleder als Nappa verkaufen und glauben Sie nur einen Bruchteil von dem, was Ihnen erzählt wird... Falls Sie schon vor der Abreise wissen, dass Sie sich für Goldschmuck oder einen Teppich interessieren, so machen Sie sich am besten im Heimatland mit den Produkten und deren Preisen vertraut.

Unter **pazar** verstehen die Türken übrigens einen Wochenmarkt mit Gemüse-, Käse-, Klamotten- und Schuhständen. Feste Einrichtungen wie den Basar von Antalya oder Marktviertel mit richtigen Läden nennt man in der Türkei hingegen **çarşı**.

Mehrwertsteuerrückerstattung: Wer in Geschäften und Boutiquen mit dem Tax-free-Symbol am Schaufenster Waren im Wert von umgerechnet ca. 90 € und mehr einkauft, kann sich bei der Ausreise an sog. „Cash Refund Offices" (im Flughafen Antalya z.B. befindet sich der Schalter in der Check-in-Halle) die Mehrwertsteuer von 12 % zurückerstatten lassen. Dafür bedarf es eines vollständig ausgefüllten Tax-free-Schecks vom Verkäufer.

Einladungen

Die Türken sind überaus gastfreundlich. Wer sich unter die Leute mischt, mit dem Bus reist oder einfache Restaurants besucht, wird häufig spontan angesprochen oder sogar zum Tee eingeladen. Einladungen nach Hause, beispielsweise zum Abendessen, werden dagegen viel seltener ausgesprochen, da die Familie einen nahezu sakralen Wert hat. Sollten Sie trotzdem in den Genuss kommen, können Sie dies als Zeichen besonderer Wertschätzung ansehen. Die folgenden Hinweise sollen Ihnen helfen, ein wenig auf die Sitten und Konventionen Ihrer Gastgeber einzugehen (kleine Fehler gegen die Etikette werden selbstverständlich verziehen):

- Gastgeschenke sind üblich. Nichts Aufwendiges, einfach eine Kleinigkeit, die Freude macht.
- Am Wohnungseingang werden die Schuhe ausgezogen. Stehen keine Hausschuhe bereit, tun's die Strümpfe.
- Zur herzlichen Begrüßung wird der traditionelle Doppelkuss ausgetauscht (Backe rechts, Backe links). Unter Männern bzw. Frauen ist er üblicher als zwischen den Geschlechtern. Wer sich nicht sicher ist: Die Hand zu geben ist auf jeden Fall höflich – bevor man ins Fettnäpfchen tritt, lässt man lieber dem türkischen Gegenüber die Initiative.
- In Gegenwart älterer Menschen gilt lautes Reden als rüpelhaft. Senioren werden sehr zuvorkommend behandelt. Erscheint in traditionellen Familien das Familienoberhaupt, ist es sogar üblich aufzustehen.
- Etwas Angebotenes abzulehnen, gilt als unhöflich. Die Gastgeber haben sich nämlich auf jeden Fall viel Mühe gemacht und eventuell Ausgaben weit über ihre Verhältnisse hinaus getätigt.

Elektrizität

Die elektrische Spannung beträgt 230 Volt. Am gebräuchlichsten sind dünne, zweipolige, runde Stecker. In der Regel benötigt man für mitgebrachte Geräte keine Adapter. Zur Sicherheit sollte man dennoch einen für Südosteuropa im Gepäck haben.

Feste und Feiertage

Von vielen Feiertagen bekommt man in den Touristenzentren an der Küste nur wenig mit. Dort herrscht nämlich stets Festtagsstimmung – allerdings nur unter den Touristen.

1. Januar: Neujahr

10–13.01.2006 u. 20–23.12.2007: Opferfest (Kurban Bayramı), → S. 44.

23. April: Unabhängigkeitstag – am 23.4.1920 versammelte sich das Parlament in Ankara zu seiner ersten Sitzung. Wird heute auch als „Tag der Kinder" gefeiert.

1. Mai: Frühlingsfest (inoffizieller Feiertag, Ersatz für den ehemaligen Tag der Arbeit).

19. Mai: Beginn des nationalen Befreiungskriegs (1919). Heute Tag der Jugend und des Sports.

30. August: Tag des Gedenkens an den Sieg über die Griechen im Jahre 1922.

29. Oktober: Tag der Republik – am 29.10.1923 wurde die Türkische Republik ausgerufen. Aufmärsche begleiten das Fest.

31.10.2005, 21.10.2006 u. 10.10.2007: Nacht der Kraft (Kadir Gecesi), → S. 44.

3.–5.11.2005, 24.–.26.10.2006 u. 13.–15.10.2007: Zuckerfest (Şeker Bayramı), → S. 44.

10. November: Todestag Atatürks (1938) – quasi ein halbamtlicher Feiertag, aber nicht gesetzlich verankert. Ein Großteil der Bevölkerung gedenkt des Gründers der Türkischen Republik und bleibt der Arbeit fern.

Flora und Fauna

Eine typisch mediterrane Vegetation mit Pinien- und Zypressenwälder sowie gestrüppartige Macchia, bestehend aus Oleander, Stechpalme, Kermeseiche, Buchsbaum, Myrte, Lavendel, Johannisbrotbaum usw., prägen die lykische Küste. In höheren Lagen ist die Brutische Kiefer die vorherrschende Baumart, vereinzelt finden sich dort auch Tannen, Schwarzföhren und die Libanonzeder. Den Holzreichtum des Taurus schätzte man übrigens schon in der Antike, bis nach Ägypten exportierte man Stämme für den Bootsbau. Zu Füßen des Taurusgebirges, das die Küste vom zentralantolischen Hochland abschirmt, erstrecken sich Olivenhaine und Baumwollfelder, dazu dominieren Gewächshäuser für den Gemüseanbau. Geerntet wird von der Tomate bis zur Melone alles, auch Bananen, Weintrauben, Feigen, Zitrusfrüchte usw.

Unkontrollierte Jagd auf jegliches Wild haben dazu geführt, dass sich die Tierbestände in freier Natur stark dezimiert haben. In den Tauruswäldern tummelten sich einst Rehe und Hirsche, heute sieht man sie nur noch selten. Mit etwas Glück begegnet man jedoch noch Füchsen, Wildschweinen, Dachsen, Iltissen, Baum- und Steinmardern, den vom Aussterben bedrohten Stachelschweinen oder Nagetieren wie dem putzigen Ziesel. Wölfe und Bären kommen nur noch in den abgeschiedensten Regionen des Taurus vor, Schakale und Leoparden nur noch äußerst selten im fernen Osten der Türkei. Die Löwen starben in der Türkei im 19. Jh. aus.

Am Boden kriechen Eidechsen, Geckos und Schildkröten (Letztere gibt's zu Land und zu Wasser). Bei Wanderungen sieht man gelegentlich auch Schlangen, von den 37 in der Türkei vorkommenden Arten gehören die meisten zu den Familien der Nattern, Vipern und Ottern, und sind größtenteils ungiftig. Nicht selten sind ferner Chamäleons – allerdings fallen sie naturgemäß wenig auf.

Unter den Vögeln faszinieren Störche, die in der Türkei nicht gejagt werden dürfen, zudem gibt es viele Raubvögel wie Adler, Falken und Bussarde. Ornithologen können sich am Strand von Patara und im Dalyan-Delta zudem auf Grau- und Purpurreiher, Eisvögel, Weißstörche, Cistensänger, Nachtschwalben und viel Federvieh mehr freuen.
Zum Schluss noch ein Hinweis in Sachen „tierische Quälgeister“: Moskitos, Flöhe und Kakerlaken sehen nicht nur die Wälder als ihre Heimat an!

Frauen

Die Stellung der Frau in der modernen Türkei ist dank Atatürks Reformen aus den 1920ern und aufgrund der EU-Ambitionen des Landes nicht mit der der Frauen in vielen arabischen Staaten gleichzusetzen. Zwischen ihren Rechten und den von der männlichen Gesellschaft auferlegten Zwängen herrscht jedoch, je nachdem, wo man sich in der Türkei aufhält, eine große Diskrepanz. Das Emanzipationsgefälle in der Türkei hat wesentlich mit der Ausbildung der Frauen zu tun. Während an der Mittelmeerküste und in den modernen Städten des Landes über 50 % der weibli-

chen Arbeitskräfte eine Ausbildung besitzen, die über das Grundschulniveau hinausgeht (ein Drittel aller Hochschulabsolventen sind übrigens Frauen), sind es auf dem Lande gerade 5 % – mehr als jede zweite Frau dort ist Analphabetin. Ganz nebenbei: An der İstanbuler Börse arbeiten im Gegensatz zu Frankfurt mehr Frauen als Männer.

• *Allein reisende Frauen* Es ist kein Problem, als Frau alleine die lykische Küste zu bereisen. In touristischen Zentren oder westlich orientierten Städten wie Antalya, wo auch Türkinnen mit hohen Absätzen und Minirock über die Gehwege flanieren, fällt die Anmache – wenn überhaupt – nicht anders aus als in Italien oder Spanien. Um prinzipiell Unannehmlichkeiten vorzubeugen, ist es ratsam, dezente Kleidung zu tragen und dazu einen Ehering (auch wenn er aus dem Automaten ist). Zu einer ehrbaren, unantastbaren Frau werden Sie auch, wenn Sie Fotos von Ihrem Mann und Kind mitbringen (falls Sie beides nicht haben, tut's auch ein Bild mit dem Schwager und dessen Kindern). Spricht man Sie an, bleiben Sie formell und höflich, aber vermeiden Sie übertriebene Freundlichkeit und Augenkontakt, beides wird gerne fehlinterpretiert. Wandernde Hände im überfüllten Dolmuş oder Ähnliches (passiert selten) kommentiert man lautstark, egal in welcher Sprache. Die Schande für den Betroffenen wird groß und die Empörung der Umgebung offensichtlich sein. Auch in gehobenen Bars und Diskotheken brauchen Touristinnen ohne männliche Begleitung keine Rüpeleien zu befürchten, dafür sorgen Türsteher. Den nächtlichen Heimweg sollte man am besten in einem Taxi zurücklegen.

Geld

Gesetzliches Zahlungsmittel ist bis Ende 2005 die alte Türkische Lira (Türk Lirası, kurz TL) und seit Januar 2005 die neue Türkische Lira (Yeni Türk Lirası, kurz YTL). D.h. im Übergangsjahr 2005 werden zwei Landeswährungen akzeptiert. Von der alten Türkischen Lira sind bis Ende 2005 Liramünzen im Wert von 50.000, 100.000, 250.000 und 500.000 TL sowie Banknoten im Wert von 250.000, 500.000, 1 Mio., 5 Mio., 10 Mio. und 20 Mio. TL im Umlauf. Der neuen Türkischen Lira, dank derer die Anzahl der Millionäre im Land wieder auf eine überschaubare Zahl reduziert wird, fehlen sechs Nullen, d.h. 20.000.000 TL entsprechen 20 YTL. Von der neuen türkischen Lira sind Banknoten im Wert von 1, 5, 10, 20, 50 und 100 YTL im Umlauf, zudem Münzen zu 1 YTL sowie zu 1, 5, 10, 25 und 50 Yeni Kuruş (YKR, 100 YKR = 1 YTL).

1 € entsprach im März 2005 ca. 1,71 Mio. TL bzw. 1,71 YTL

Devisenvorschriften: Bargeldbeträge im Gegenwert von über 5.000 US-Dollar müssen bei der Ein- und Ausreise deklariert werden.

Geldwechsel: Banken (i.d.R. Mo–Fr 9–12 u. 13.30–18 Uhr geöffnet) und Wechselstuben gibt es en masse, zumal auch die Türken ihr Erspartes in harten Devisen anlegen. Die Kursunterschiede sind insgesamt gering. Lassen Sie sich immer einen Beleg geben, als Nachweis, dass Sie Ihr Geld legal umgetauscht haben.

Bankomaten sind weit verbreitet. Der Kurs beim Abheben größerer Beträge mit der Maestro-Karte ist im Endeffekt meist besser als beim Barumtausch.

Kreditkarten werden in allen besseren Restaurants, Hotels und Geschäften akzeptiert.

Reiseschecks: Nicht jede Bankfiliale ist dazu autorisiert, Schecks einzulösen. *American-Express-Cheques* können – sofern das Personal davon unterrichtet wurde – bei den Filialen der *Akbank* provisionsfrei eingelöst werden.

Bei Verlust der Kredit- oder Maestro-Karte wählen Sie abhängig vom Ausstellungsland der Karte folgende Sperrnummern: Für **American Express**: ✆ 0049-69-97971000 (D/A), ✆ 0041-1-3846333 (CH). **Diners Club**: ✆ 0049-5921-861818 (D), ✆ 0041-1-8354545 (CH), ✆ 0043-1-501355 (A). **Visa**: ✆ 0049-69-79331910

(D), ✆ 0043-1-71111-770 (A), ✆ 0041-1-8283501 (CH). **Master/Eurocard**: ✆ 0049-69-79331910 (D), ✆ 0043-1-717014500 (A), ✆ 0041-1-3846333 (CH). **Maestro-Karte**: ✆ 0049-1805021021 (D), ✆ 0043-1-2048800 (A), ✆ 0041-800800488 (Credit Suisse), ✆ 0041-800811000 (UBS).

Im Laufe des Jahres 2005 soll die Sperrung aller in Deutschland ausgegebenen Geld- und Kreditkarten über die zentrale Rufnummer 116 116 möglich werden.

Trinkgeld: In Restaurants (→ "Tipping-Tipps", S. 26) gibt man in der Regel 10 Prozent, Masseuren, Zimmermädchen oder Friseuren rund einen Euro. Lediglich Taxifahrer gehen in der Türkei leer aus.

Ermäßigungen für Studenten → „Ausgrabungsstätten und Museen", S. 31.

Preisschwankungen: Die im Buch angegebenen Preise entsprechen dem Stand der letzten Recherche (2004). Diese können sich von den Preisen, die Sie vor Ort erfahren, erheblich unterscheiden. Das hängt zum einen mit extremen Wechselkursschwankungen zusammen, zum anderen auch damit, dass in der Türkei die Preise vielfach nicht linear zur Inflationsrate angepasst werden, sondern nach einer längeren stabilen Preisetappe um einen umso größeren Schritt. Auch wird befürchtet, dass es infolge der Währungsreform zu Preiserhöhungen kommen wird.

Haustiere

Für 99 % aller Hotels gilt: Reisende mit Hunden oder Katzen müssen draußen bleiben. Bei Bus- oder Dolmuşfahrten fahren die Tiere im Gepäckraum mit, bei der Anreise mit dem Flugzeug i.d.R. in einer Transportbox – vor dieser qualvollen Gefangenschaft warnen Tierschützer ausdrücklich. Lassen Sie also Bello oder Mieze besser bei Freunden oder engagieren Sie einen Tiersitter. Das Halten von Hunden und Katzen ist in der Türkei nicht sehr populär, lediglich die Oberschicht schafft sich schicke Rassehunde als Vorzeigeobjekte an.

In jedem Fall benötigen Hunde und Katzen den EU-Heimtierausweis bzw. das schweizerische Pendant, in welchem vermerkt ist, dass Katzen mindestens 15 Tage vor der Einreise gegen Tollwut, Hunde zusätzlich noch gegen Parvovirose, Distember, Hepatitis und Leptospirose geimpft sind.

Information

Die ausländischen Filialen des **türkischen Fremdenverkehrsamtes** (www.reiseland-tuerkei.info) halten diverses Informationsmaterial bereit, das auf Wunsch gerne verschickt wird – Anruf genügt.

Baseler Str. 37, 60329 **Frankfurt/M.**, ✆ 069/233081.

Tauentzienstr. 9–12, 10789 **Berlin**, ✆ 030/2143752.

Singerstr. 2/8, 1010 **Wien**, ✆ 01/5122128.

Stockerstraße 55, 8001 **Zürich**, ✆ 01/2210810.

Sofern vorhanden bzw. mit Gewinn zu nutzen, sind die Internetadressen diverser Einrichtungen wie Hotels oder Fluggesellschaften im Buch angegeben. Nur äußerst wenige Touristeninformationen vor Ort unterhalten bislang offizielle Webseiten. Allgemeine Informationen zum Land und zum Reiseziel finden Sie u.a. unter www.tuerkei-netz.de, www.istanbulpost.net (deutschsprachig) und www.antalya.de.

Interessante Links und aktuelle Informationen zu diesem Buch finden Sie auch im Internet auf den Seiten des Michael Müller Verlages unter der Adresse: www.michael-mueller-verlag.de.

Internetzugang

Wer während seines Türkei-Aufenthaltes im Netz surfen oder Mails verschicken will, kann dies in zahlreichen **Internet-Cafés** tun. Je schicker das Café, desto teuerer der Ausflug in den Cyberspace: eine halbe Stunde kostet 0,70–1,20 €. Internet-Cafés sind nicht im Reiseteil aufgeführt, da sich deren Adressen erfahrungsgemäß ständig ändern. Einen Internetzugang bieten auch viele Hotels und Pensionen.

Islam

Der Islam (arab. = Unterwerfung, Hingabe), die jüngste der großen Weltreligionen, ist ebenso wie das Judentum und das Christentum eine streng monotheistische Religion, d. h. seine Anhänger glauben an den einen allmächtigen Gott. Nach islamischer Auffassung ist Allah Schöpfer und Bewahrer aller Dinge und allen Lebens. Er versorgt, führt und richtet die Menschen, wobei sich das Richten auf den

Laizismus – Trennung von Religion und Staat

„Der Islam wird eines Tages die Türkei regieren, die Frage ist nur, ob der Übergang weich oder hart, süß oder blutig sein wird." Solche und ähnliche Äußerungen des ehemaligen Parteichefs Necmettin Erbakan waren eine der Ursachen für das Verbot der islamistischen Wohlfahrtspartei (1998) und deren Auffangbecken, der Tugendpartei (2001). Aus den Scherben Letzterer ging die Partei für Gerechtigkeit und Entwicklung (AKP) hervor, der Sieger der Parlamentswahlen 2002. Begründet wurden die Parteiverbote mit dem seit Atatürk insbesondere vom Militär und westlich orientierten Politikern vertretenen Kurs einer strikten Trennung von Staat und Religion, dem Laizismus. Für den Staatsgründer war der Islam das größte Hindernis bei der Modernisierung des Landes („Der Politiker, der zum Regieren die Hilfe der Religion braucht, ist nichts anderes als ein Schwachkopf"), er verwarf die islamische Jahresrechnung und hob die Stellung des Islam als Staatsreligion auf. Das türkische Experiment war damit das erste und bisher erfolgreichste Beispiel der Welt, einen islamischen Staat zu säkularisieren. Dass es noch lange nicht vollendet und noch vielen Gefahren ausgesetzt ist, stellte schon der ehemalige türkische Staatspräsident Süleyman Demirel (1993–2000) fest: „Unser Staat ist laizistisch, nicht aber seine Bevölkerung."

Ein ständiges Konfliktpotenzial birgt der laizistische Kurs insofern, als der islamischen Sozialphilosophie prinzipiell die Auffassung zugrunde liegt, dass alle Lebenssphären, ob spirituelle, soziale, politische oder ökonomische, eine untrennbare Einheit bilden. Während radikale Kräfte daraus die Forderung nach einem theokratisch organisierten Staatsgebilde ableiten, suchen gemäßigtere Kräfte nach Wegen, die traditionellen islamischen Werte für die heutige säkularisierte Welt nutzbar zu machen und beide Sphären nicht gegeneinander auszuspielen. Ein populärer Verfechter dieses Ansatzes ist Yaşar Nuri Öztürk, Dekan der islamischen Fakultät der Universität İstanbul. Dessen Veröffentlichungen zählen zu den türkischen Bestsellern. In deutscher Sprache hat der Grupello Verlag Düsseldorf sein Werk „400 Fragen zum Islam. 400 Antworten. Ein Handbuch" herausgegeben.

Tag des Jüngsten Gerichts bezieht, an dem die „Geretteten" ins Paradies eingehen, während die „Verdammten" in die Hölle absteigen.

Religionsstifter war Mohammed (um 570–632), der als Waisenkind in ärmlichen Verhältnissen in Mekka aufwuchs. Sein religiöses und politisches Wirken begann um 610, nachdem ihm in einer Vision der Erzengel Gabriel erschienen war. In seiner Geburtsstadt stand man seinen öffentlichen Auftritten zunächst sehr skeptisch gegenüber. Erst in Medina, wohin er 622, dem Beginn der islamischen Zeitrechnung, abgewandert war, verschaffte sich Mohammed weltliche und geistliche Autorität und wurde als Gesetzgeber und Prophet allgemein akzeptiert. Einige der von ihm verbreiteten Botschaften hatten für die damalige Zeit geradezu revolutionäre Inhalte, z. B. die Verdammung der Sklaverei im Namen Gottes.

Die Rolle, die der islamische Glaube in der Türkei einnimmt, ist von Region zu Region verschieden. Für viele Bewohner der unbeschwerten, westlich orientierten Küstenstädte, tendiert er gar gegen Null. Dem Staat sind religiös-fundamentalistische Strömungen ein Dorn im Auge. Doch so vehement er auch gegen sie vorgeht, in den letzten Jahren erlebten sie einen enormen Aufschwung, angefacht durch Perspektivlosigkeit und Unzufriedenheit mit der wirtschaftlichen und politischen Situation des Landes.

Koran und Sunna sind die grundlegenden Quellen der islamischen Glaubenslehre. Dabei wird der Koran, der aus 114 Suren (Kapitel) besteht, als das authentische Wort Gottes verstanden, das Mohammed durch den Erzengel Gabriel übermittelt wurde. Daraus erklärt sich der Unfehlbarkeitsanspruch, der dem Koran zugeschrieben wird. Die Sunna (arab. = Gewohnheit), die im Hadith, einer Textsammlung aus dem 9. Jh., enthalten ist, überliefert hingegen exemplarisches Handeln des Propheten und wird im Unterschied zum Koran nicht für unfehlbar gehalten.

Propheten: Da die Menschen moralisch schwach und fehlbar sind, schickt Gott ihnen Propheten, welche die göttliche Botschaft verbreiten, an der sich das Handeln der Menschen orientieren soll. Zu diesen Propheten zählt im Islam neben Abraham und Moses auch Jesus. Die christliche Auffassung, nach der es sich bei Jesus um den Sohn Gottes handelt, wird vom Islam nicht geteilt. Die Muslime glauben dagegen, dass sich das Prophetentum mit Mohammed vollendet hat und der Koran die letztgültige und vollkommenste Offenbarung Gottes ist.

Islamische Gruppierungen: Streitigkeiten um die Nachfolge des Propheten führten nach Mohammeds Tod zu einer Spaltung der Muslime in zwei Hauptgruppen: Sunniten und Schiiten. Über 70 Prozent der Türken sind Sunniten. Die Sunniten sahen im Kalifen den rechtmäßigen Nachfolger Mohammeds und das Oberhaupt der muslimischen Welt. Für die Schiiten (ihr Name leitet sich vom arabischen Wort *Schia* für „Partei" ab) hingegen konnte diesen Führungsanspruch nur ein Blutsverwandter des Propheten wahrnehmen. Da dieser aber keine überlebenden Söhne hinterlassen hatte, sahen die Schiiten in Ali, Vetter und Schwiegersohn Mohammeds, und seinen Nachkommen die legitimen Nachfolger (Imame).

Rund 25 Prozent der Türken sind Aleviten (darunter viele Kurden), die der Schia zugerechnet werden. Mit der Schia iranischer Prägung hat der Alevismus nur die Nachfolgeregel gemein, lehnt als libertäre Glaubensrichtung jedoch z. B. die Scharia ab. Dieses antiquierte islamische Rechtssystem beruht auf einer über 1000 Jahre alten, nahezu unveränderten Auslegungsvariante des Korans und der Sunna und beschreibt die Rechte und Pflichten des Einzelnen in der Gemeinschaft.

Abendstimmung in der Bucht von Kalkan

Die fünf Säulen des Islam: Die als die fünf Säulen des Islam bekannten Pflichten werden als zentrale Bestandteile im Leben eines jeden Muslims angesehen. Die erste Pflicht ist das Glaubensbekenntnis *(kelimei şahadet:* „Ich bezeuge, dass es keinen Gott gibt außer Allah, und Mohammed ist sein Prophet ..."), die zweite sind die fünf täglichen Gebete *(namaz)* mit den vorgeschriebenen Waschungen, die dritte ist die Almosengabe an Bedürftige *(zekat)*, die vierte das Einhalten des Fastenmonats Ramadan *(oruç)* und die fünfte die Pilgerfahrt nach Mekka *(hac)*. Bei einigen Geboten gibt es etwas Spielraum. So braucht der Muslim seine Pilgerfahrt nur dann durchzuführen, wenn er gesund ist und es ihm (finanziell) möglich ist. Die Waschungen können notfalls ohne Wasser, d. h. als bloßes Ritual, ausgeführt werden, und schwangere Frauen können aus gegebenem Anlass die Fastenzeit verschieben.

Moschee: Moscheen (türk. *Cami*) sind die islamischen Sakralbauten, in denen nicht nur gebetet wird, sondern auch Gemeindeversammlungen und theologische Unterrichtsstunden abgehalten werden. Darüber hinaus dienen sie traditionell als Stätte der persönlichen Andacht, aber auch als Ort für politische Versammlungen und als temporäre Unterkunft für Pilger und Obdachlose. Für gewöhnlich betritt man eine Moschee über einen Vorhof *(avlu)*, wo am Reinigungsbrunnen *(şadırvan)* die rituellen Waschungen vor dem Gebet vorgenommen werden. Zur Grundausstattung des mit Teppichen ausgelegten Gebetssaals gehören eine Gebetsnische *(mihrab)*, die stets in Richtung Mekka weist, eine Kanzel für die Freitagspredigt *(minbar)* und ein Stuhl oder eine Art Thron *(kürsü)*, von dem der Vorbeter *(İmam)* Passagen aus dem Koran verliest. Männer und Frauen beten getrennt, stets jedoch Richtung Mekka. Indem man kniet und den Kopf zu Boden neigt, zeigt man Allah Demut und Respekt. Zum Gebet ruft fünfmal am Tag der Muezzin vom Minarett der Moschee. Die Minarette kamen übrigens erst im 8. Jh. auf, zuvor kletterten die

Muezzins dazu aufs Dach. Heute ertönt der für Europäer so verheißungsvoll und orientalisch klingende Gebetsruf meist nur noch aus dem Lautsprecher.

Hinweis: Türkische Moscheen können von Nichtmuslimen jederzeit besucht werden – nur zur Gebetszeit werden Touristen oft abgewiesen. Beachten Sie die Kleidervorschriften: Herrenbeine und -arme dürfen nicht entblößt sein, der Rock der Dame sollte mindestens knielang sein, ihr Kopf (Kopftuch!) und die Oberarme bedeckt. Vor dem Betreten der Moschee zieht man die Schuhe aus. Betende sollten nicht fotografiert werden.

Religiöse Feiertage: Die genaue Terminierung wird Jahr für Jahr nach dem islamischen Mondkalender neu bestimmt (→ „Wissenswertes von A bis Z/Feiertage", S. 37). Nach islamischer Konvention beginnt ein Feiertag jedoch bereits mit dem Sonnenuntergang am Vortag, bei großen religiösen Festen sind sogar ab Mittag des Vortages alle Läden, Büros usw. geschlossen. Besonders hervorzuheben sind:

Kadir Gecesi („Nacht der Kraft"): In der 27. Nacht des Fastenmonats Ramadan wird die Offenbarung des Koran gefeiert. Mohammed soll in dieser Nacht durch den Erzengel Gabriel zum Boten Gottes ernannt worden sein. Nach dem Volksglauben gehen Wünsche und Gebete, die in dieser Nacht ausgesprochen werden, in Erfüllung.

Şeker Bayramı (Zuckerfest): Es bildet den Abschluss des Fastenmonats Ramadan. Man besucht Verwandte, und die Kinder ziehen von Haus zu Haus und bitten um Süßigkeiten. Daher rührt auch der Name der dreitägigen Feierlichkeiten, bei denen Behörden, Banken und Geschäfte geschlossen bleiben.

Kurban Bayramı (Opferfest): Das höchste Fest des Islam dauert vier Tage. Hintergrund des Opferfestes ist die (auch biblische) Geschichte von Abraham, der, um Gott seine Treue zu beweisen, seinen Sohn Isaak opfern will. Das Fest ist gesetzlich verankert, sodass alle öffentlichen Einrichtungen geschlossen bleiben.

Der Ramazan

So nennen die Türken den islamischen Fastenmonat, der in den meisten anderen islamischen Ländern Ramadan heißt. 30 Tage lang darf der Gläubige zwischen Sonnenauf- und -untergang nicht essen, trinken, rauchen oder Geschlechtsverkehr haben. Nach Anbruch der Dunkelheit wird jedoch alles ausgiebig nachgeholt. In den konservativen ländlichen Gegenden sind während der Fastenzeit viele Lokale geschlossen. In den Ferienzentren an der Küste merkt man kaum einen Unterschied zu den restlichen Monaten.

Kinder

Die Türkei ist ein wahres Paradies für Reisen mit Kindern: Ob Ihr Nachwuchs im Restaurant Tellersegeln spielt oder längere Zeit im Bus seinen Weltschmerz hinausschreit: Niemand wird sich darüber aufregen, die Scherben werden lächelnd beseitigt, das Kind wird allseits getröstet und mit Bonbons versorgt. Egal ob Sie sich für eine einfache Pension oder ein Luxushotel entscheiden – überall sind Sie mit Kindern willkommen. Letztere bieten zum Teil Mini-Clubs mit Animateuren, die ein buntes Kinderprogramm zusammenstellen, erstere eine oft unglaubliche Herzlichkeit, wo der Hausherr die Kleinen auch einmal mit auf sein Boot zum Fischen nimmt. Für Abwechslung zum Sandburgenbau sorgen Kamelritte am Strand, Aquaparks mit Riesenrutschen, Delphinshows usw. Die beste Windelmarke soll übrigens *Ultra Prima* sein, erhältlich in Apotheken.

Kleidung

Abseits der Ferienorte wird in der Türkei großer Wert auf ein korrektes, sauberes und gesittetes Erscheinungsbild gelegt. Fürs Kofferpacken orientieren Sie sich am besten an der Klimatabelle. Für einen Badeurlaub an der Küste reicht insgesamt leichte Kleidung, möglichst aus Baumwolle. Bedenken Sie, dass im Frühjahr abends von See her noch eine kühle Brise weht. Für den Besuch von Moscheen → „Islam/Moscheen".

Klima

Die Bergkette des Taurus (mit Höhen von über 3.000 m ü.d.M.) verhindert bis in den Spätherbst das Vordringen kühler Luftmassen vom anatolischen Hochland an die Südküste. So wechseln zwischen Antalya und Marmaris lange, heiße Sommer mit kurzen, milden Wintern ab. Die heiße Jahreszeit ist ausgesprochen niederschlagsarm, während die Wintermonate verregnet sind.

Monat	Durchschnittliche Lufttemperaturen in °C (Min./Max.- Ø in °C)	Sonnenstunden	Regentage
Januar	10 (7/16)	5	11
Februar	11 (7/17)	6	10
März	13 (8/18)	7	7
April	16 (11/21)	8,5	4
Mai	20 (15/25)	10	3
Juni	25 (19/30)	12	0
Juli	28 (23/34)	13	0
August	28 (23/34)	12	0
September	25 (19/31)	10	1
Oktober	20 (15/26)	8,5	5
November	15 (11/21)	6	7
Dezember	12 (8/18)	4,5	11

Reisezeit: Die Badesaison reicht um Marmaris und Fethiye von April bis Oktober, außerhalb dieser Zeit sind viele Hotels geschlossen. Um Antalya kann man von März bis November baden, hier haben viele Hotels auch ganzjährig geöffnet. Die Monate April, Mai und Oktober sind für Besichtigungen am besten geeignet, die Tageshöchsttemperaturen übersteigen dann nur selten 30 °C.

Kriminalität

Delikte wie Diebstahl oder Raub treten in der Türkei verhältnismäßig selten auf. Korruption nennt sich das Übel des Landes, aber die tut dem Touristen nicht weh. In Großstädten und Touristenzentren müssen Urlauber jedoch wie überall auf der Welt damit rechnen, dass Betrüger und Trickdiebe die Reisekasse plündern wollen. Im Notfall wenden Sie sich an die Polizei oder an die Touristeninformation. Man wird Ihnen auf jeden Fall helfen, denn als Tourist genießen Sie großes Ansehen.

Achtung: Wenn Sie gebeten werden, ein Päckchen nach Deutschland mitzunehmen, schauen Sie sich den Inhalt sorgfältig an.

- *Drogen* An illegalen Drogen werden in der Türkei Marihuana, Haschisch, Opium und Heroin gehandelt und konsumiert. Die Strafen für die Ein- und Ausfuhr oder den

Genuss von Drogen sind sehr drastisch und die türkischen Gefängnisse international für ihre miserablen Zustände bekannt. Übrigens arbeiten viele Rauschgifthändler eng mit der Polizei zusammen.

Literaturtipps

Zur Kulturgeschichte Lykiens *Scholl, Dietmar und Holger: Türkei Südküste.* Reisebuchverlag U. Bardorf, München 1991. Vorlage für jeden später erschienenen Reiseführer. Ein detailliert recherchierter kunst- und kulturgeschichtlicher Führer, der fast jeden Stein zwischen Marmaris und dem Hatay umdreht. Leider nur noch antiquarisch zu bekommen.

Zu Land und Leuten *Erzeren, Ömer: Der lange Abschied von Atatürk.* ID-Verlag, Berlin 1997. Ein Buch voller erstklassige Reportagen.

Koydl, Wolfgang: Gelobt sei der Hl. Staat. Türkische Tragikomödien. Picus Verlag, Wien 2001. Authentische, unterhaltsame Features aus der ganzen Türkei, vom ehemaligen SZ-Korrespondent in İstanbul.

Alanyalı, Iris: Gebrauchsanweisung für die Türkei. Piper Verlag, München 2004. Humorige Einblicke in den türkischen Alltag.

Seufert, Günter: Café Istanbul. C.H. Beck Verlag, München 1999. Eine brillante Analyse der Türkei in all ihren Widersprüchen. 2004 erschien von Seufert in Zusammenarbeit mit Christopher Kubaseck im gleichen Verlag der Titel: *Die Türkei.* Ebenfalls lesenswert für alle, die mehr über Politik, Wirtschaft, Gesellschaft und Kultur des Landes wissen wollen.

Belletristik *Fait, Saik: Ein Lastkahn namens Leben.* Unionsverlag, Zürich 1996. Eine Anthologie des lange Zeit vergessenen türkischen Erzählers.

Özdamar, Emine Sevgi: Die Brücke vom Goldenen Horn. Kiepenheuer & Witsch, Köln 1999. Die Geschichte einer jungen Türkin zwischen İstanbul und Berlin.

Kemal, Yaşar: Memed, mein Falke. Unionsverlag, Zürich 1990. In 40 Sprachen übersetzter Roman über den Kampf eines türkischen Robin Hood gegen Hass und Unterdrückung.

Was türkische Namen aussagen können

Stellen Sie sich vor, Ihr Metzger würde *Etyemez* („Er isst kein Fleisch") heißen oder der Getränkehändler ums Eck *Suiçmez* („Er trinkt kein Wasser"). In der Türkei kann das vorkommen. Die Fülle lustig-blumiger Familiennamen geht auf ein Gesetz von 1934 zurück. Im Zuge von Atatürks Reformen mussten sich nämlich die bis dato nachnamenlosen Türken einen solchen zulegen. Teils konnten sie den Namen selbst wählen, teils wurde ihnen einer zugewiesen. Manche trafen zum damaligen Zeitpunkt vielleicht eine passende Wahl, bedachten aber nicht, dass der Name an ihre Söhne und Töchter weitervererbt würde. Und so kann der Klavierspieler an der Hotelbar auch *Parmaksız* („Ohne Finger") heißen ...

Heute bleibt leider nur noch die Wahl der Vornamen übrig, aber auch diese stehen den Nachnamen an Einfallsreichtum kaum nach: Der Freude über die Geburt des ersten Kindes wird z. B. gerne mit Namen wie *Devletgeldi* („Das Glück ist gekommen") oder *Gündoğu* („Die Sonne ist aufgegangen") Ausdruck verliehen. Wem die Familie irgendwann aber zu groß ist, hofft, mit Namen wie *Yeter* („Es reicht") oder *Dursun* („Es soll aufhören") den Kindersegen stoppen zu können – relativ egal, ob gerade ein Männlein oder ein Weiblein das Licht der Welt erblickt hat.

Medien

Deutsche Zeitungen und Zeitschriften bekommt man überall, wo sich deutsche Urlauber tummeln, die aktuelle Tagesausgabe erhält man in der Regel schon am Nachmittag. Die englischsprachige *Turkish Daily News* bietet Hintergrundinfor-

Play it again, Kemal!

mationen und Aktuelles zu Politik, Wirtschaft, Sport und Kultur. Die bekannten Vorabendserien von Zuhause können über Satellit in allen besseren Hotels gesehen werden. Will man im Radio die Bundesliga live miterleben, ist ein Weltempfänger Voraussetzung. Frequenzpläne und Programmhefte erhalten Sie unter folgenden Anschriften:

Deutsche Welle (DW), Deutsches Programm, 53110 Bonn, ✆ 0228/429–0, www.dw-world.de.

Schweizer Radio International (SRI), Giacomettistr. 1, Postfach, 3000 Bern, ✆ 031/3509222, www.swissinfo.org.

Radio Österreich International (RÖI), 1040 Wien, ✆ 01/5001010, http://roe.ors.at.

Musik und Bauchtanz

Auch wenn sich für das mitteleuropäische Ohr alles ziemlich gleich anhört – türkische Musik unterteilt sich in unterschiedliche Stilrichtungen.

Volksmusik: Bei der traditionellen türkischen Volksmusik *(Halk müziği)*, die auch *Türkü* genannt wird, steht die *saz*, eine Laute mit meist drei Saiten, im Vordergrund. Alleinunterhalter oder kleine Combos besingen dabei Themen aus dem Leben des einfachen Landvolkes: Geburt, Tod, Liebe. Nach Jahrzehnten der Absenz ist auch kurdische Volksmusik wieder im Kommen. Die Musik hört man vorrangig in gemütlich-orientalischen Kneipen, fragen Sie nach einer „Türkü-Bar".

Klassische Kunstmusik: Im Gegensatz zur Volksmusik wird die auch *Fasıl* genannte Kunstmusik in Restaurants präsentiert. Die schwer zu definierende, anspruchsvolle Musik hat ihre Ursprünge in der osmanischen Palastmusik, doch haben auch modernere Einflüsse Spuren hinterlassen. Folgende Instrumente begleiten meist den Gesang: *kanun* (Zither), *darbuka* (Handtrommel), *tef* (Tamburin) und *ud* (Laute). Eine der erfolgreichsten Interpretinnen der klassisch-türkischen Kunstmusik ist Bülent Ersoy: Die prallbusige, grell geschminkte und mit Nerzen und Glitterkleidung wie eine korpulente Barbie geschmückte Mittfünfzigerin war bis 1979 ein Mann.

Popmusik: Die türkische Popmusik spricht in ihren Liedern das gleiche Thema an wie deutsche Schlager: Liebe. Türkpop vermischt traditionell-türkische Melodien mit modernen Einflüssen. Die Interpretenpalette reicht dabei von niveauvollen Songwriterinnen wie Sezen Aksu (die „Madonna vom Bosporus") über trendige Teeniestars wie Tarkan (der „türkische Ricky Martin") bis hin zu Schnulziers wie İbrahim Tatlıses oder Mahsun Kırmızıgül (jeder Vergleich wäre eine Beleidigung).

Arabeske Musik: Die arabeske Musik, die (wie der Name schon sagt) Einflüsse aus Arabien aufweist, hat die ausweglose Liebe zum Thema. Die singsangartigen, orientalisierenden Trauergesänge hört man für gewöhnlich im Fernsehen *TRTint* oder im Dolmuş. Als Idol schlechthin gilt Müslüm Gürses, der aussieht wie „ein liebeskranker Dackel auf Entzug" (so Wolfgang Koydl in „Gelobt sei der Hl. Staat", → Literaturtipps, S. 46). Berühmt-berüchtigt sind die aufwühlenden Konzerte des meist bekifften Mittfünfzigers, bei denen das Publikum in kreischend heulende Ekstase verfällt und sich dabei mit Rasierklingen Schnittwunden beibringt.

Bauchtanz: Der Bauchtanz gilt für viele Europäer als Inbegriff türkisch-orientalischer Sinneslust. Dabei hat diese Kunst in der Türkei bis heute etwas Anrüchiges, das man gerne anderen Kulturen in die Schuhe schiebt. So behaupten konservative Türken, die erotisierend klimpernde Nabelschau stamme aus Ägypten, während die Araber davon überzeugt sind, die osmanischen Besatzer hätten den Tanz eingeschleppt. Zu sehen ist Bauchtanz heute in erster Linie als Touristenspektakel.

Rock und elektronische Beats: Einprägsamen Gitarrensound liefern die Schrammlerinnen Özlem Tekin und Şebnem Ferah, der Solist Teoman oder das Trio Duman. Eher punkig ist die Musik von Rashit. Und für türkischen Ska steht, das wissen seit dem *Eurovision Song Contest 2004* Gott und die Welt: Athena. Zu den populärsten DJs des Landes zählen Yunus Güvenen (legt von Athen bis New York auf), Emre und Soulsonik. Eine skurrile Mischung aus Ambient und traditioneller Sufi-Musik produziert der experimentierfreudige, im Ausland lebende DJ Arkın Allen, der auch unter seinem Zweitnamen Mercan Dede bekannt ist.

Notrufnummern → S. 51.

Öffnungszeiten

Der islamische Ruhetag ist der Freitag, der gesetzliche Ruhetag in der Türkei seit Atatürks Reformen jedoch der Sonntag.

Banken: → S. 39.

Behörden: Mo–Fr 8.30–12 und 13–17.30 Uhr, Sa/So geschlossen.

Geschäfte: Für den Einzelhandel gibt es keine einheitlichen Öffnungszeiten. Für gewöhnlich öffnen die Geschäfte Mo–Fr 9–13 und 14–19 Uhr, Sa nur 9–13 Uhr, So sind sie dicht. In Touristenzentren liegt der Sachverhalt jedoch anders, dort ist jeder Tag ein Verkaufstag. Auch große Shoppingcenter haben meist täglich bis spät in den Abend geöffnet.

Post: Mo–Fr 8–12 und 13–17 Uhr, Sa/So geschlossen. In den größeren Städten und in manchen Touristenzentren sind Postämter für Teilbereiche (z. B. Telefon) auch bis 24 Uhr und So 9–19 Uhr geöffnet.

Museen: → Reiseteil. In der Regel Mo geschlossen.

Restaurants: In der Regel tägl. ab 11 Uhr bis mind. 23 Uhr. Kleine Lokantas schließen oft schon früh am Abend.

Polizei

Die türkische Polizei ist überall präsent. So schlecht, wie sie bezahlt ist, so schlecht ist sie meist auch gelaunt. Gegenüber Touristen verhält sie sich jedoch in der Regel korrekt und überaus zuvorkommend. Ferner sorgt die **Jandarma,** eine militärische Einheit in grünen Uniformen, für Ordnung und Sicherheit.

Post

Postämter (und Briefkästen) erkennt man an den gelben Schildern mit den drei schwarzen Buchstaben PTT *(Posta, Telefon, Telegraf)*. Das Hauptpostamt, das sich

Merkez Postane nennt, liegt in großen Städten meist in der Nähe des Hauptplatzes oder des Banken- bzw. Einkaufsviertels. Bis eine Postkarte in der Heimat angekommen ist, vergeht ungefähr eine Woche (zum Telefonieren → S. 51).

- Postgebühren Egal ob die Grüße nach Deutschland, Österreich oder in die Schweiz gehen, Luftpostansichtskarten kosten ca. 0,45 €, Briefe bis 20 g ca. 0,50 €.
- Poste Restante An die Hauptpostämter können Sie sich postlagernd Briefe senden lassen. Sie können dort nur gegen Vorlage eines Ausweises abgeholt werden. Adressierbeispiel: *Müller, Michaela – poste restante – Merkez Postane – Stadtname – Turkey.*

Preise

Im Vergleich zu Deutschland, Österreich oder der Schweiz ist die Türkei immer noch ein günstiges Reiseziel, auch wenn die Preise in den letzten Jahren angezogen haben und in den internationalen Ferienorten weit über dem Landesdurchschnitt liegen. Selbstverständlich korrelieren die Kosten einer Reise mit den Ansprüchen des Urlaubers, das breit gefächerte Angebot an touristischen Leistungen hält aber für fast jeden Geldbeutel etwas parat. Wer mit einem Minimum an Komfort zufrieden ist, benötigt pro Tag – Übernachtung inklusive – keine 25 €.

Reisepapiere

Für Deutsche und Schweizer Urlauber genügt bei der Einreise auf dem Luftweg in die Türkei der Personalausweis bzw. die Identitätskarte. Empfehlenswert ist dennoch die Mitnahme des Reisepasses, da manche Beamte (z.B. bei Verkehrskontrollen) darüber nicht informiert sind. Österreicher brauchen ein Visum, das man an der Grenze bzw. am Flughafen zum Preis von ca. 15 € erhält. Türkische Staatsangehörige dürfen mit einem von deutschen, österreichischen oder Schweizer Behörden ausgestellten Reisedokument nicht einreisen. Kinder benötigen ab dem 10. Lebensjahr einen Kinderausweis mit Lichtbild, davor genügt der Eintrag der Kinder in den Reisepass der Eltern. Alle, die länger als drei Monate am Stück im Land verweilen möchten, benötigen in jedem Fall ein Visum. Führen Sie Ihren Ausweis stets bei sich. Bei Kontrollen kann es sonst gehörig Ärger geben.

Einreise mit Haustieren: → „Haustiere", S. 40.

Visitenkarten sind in der Türkei sehr beliebt: Oft bekommt man eine gereicht oder wird nach der eigenen gefragt. Bevor Türken ihre Karten aushändigen, pflegen sie diese auf der Rückseite mit einem Kringel zu versehen. Damit „entwerten" sie die Karte. Früher nämlich konnte man mit einer unentwerteten Karte essen oder einkaufen gehen, der Name darauf hatte für die Rechnung aufkommen.

Schwule und Lesben

Homosexualität ist in der Türkei verpönt, ein Outing führt zu gnadenloser Diskriminierung. Ein Erlass des Innenministeriums verbietet sogar die Präsenz organisierter Homosexuellengruppen auf türkischen Straßen. Dies durften schon über 800 Teilnehmer einer Schwulenkreuzfahrt erfahren, denen in der ägäischen Hafenstadt Kuşadası der Landgang schlichtweg untersagt wurde. Ausweichen können türkische Schwule und Lesben lediglich in die Anonymität der Millionenstadt İstanbul. So findet sich dort eine Vielfalt an Clubs und Kneipen, die europaweit ihresgleichen suchen kann.

Wer sich nicht rasiert, verliert

Buschig und prächtig oder eher spärlich und zierlich, immer jedoch gepflegt: Erst der Schnurrbart macht den Türken zum richtigen Mann – zumindest in der anatolischen Provinz und in konservativen Kreisen. Noch heute wachen in vielen Dörfern altgediente Schnurrbartträger darüber, dass keinem jungen Bengel vor dem „schnauzerwürdigen“ Alter ein solches Exemplar wächst.

In vielen Orten der Südküste will man von solchen antiquierten Traditionen aber nichts mehr wissen. Die Jugend zeigt sich glatt rasiert oder im schicken Dreitagesbart. Die klassischen Schnauzerträger mit grauem Kaufhaus-Standard-Jackett haben dort den Status eines Dorftrottels aus Hinteranatolien. Als schmierige Anmacher, als *Röntgenci* (Glotzer mit Röntgenaugen), sind sie unter jungen Frauen verpönt. In manchen trendigen Clubs sorgen gar Türsteher dafür, dass „Schnauzer“ draußen bleiben. Draußen bleiben, zumindest aus öffentlichen Ämtern und Universitäten, müssen auch Vollbartträger. In der laizistischen Türkei wird der Vollbart als ein islamistisches Bekenntnis gewertet, ähnlich wie das Kopftuch bei Frauen.

Sport und Freizeit

Wo Türken Urlaub machen, tendiert das Sportangebot traditionell gegen Null – schließlich sind die kostbaren Erholungswochen zum Nichtstun da. In den internationalen Touristenzentren jedoch geht der Trend hin zum Aktivurlaub europäischer Prägung. Immer mehr Tourenveranstalter bieten neben den obligatorischen Ausflugsfahrten ein Freizeit- und Sportprogramm an. An der Küste dominiert ganz klar der Wassersport.

Golf: Zwischen Antalya und Marmaris sind Golfplätze Fehlanzeige. Etwa 45 km östlich von Antalya liegt jedoch **Belek**, eine Ansammlung von All-inclusive-Anlagen und zugleich *das* Golfzentrum der Türkei. Wer keine preiswerten Pauschalpakete gebucht hat, muss für ein Greenfee 35–80 € bezahlen. Die Top-Plätze sind der **Gloria Golf Club** (4 Seeüberspielungen), Handicap H 28, D 36, 18 Loch, Par 72. ✆ 0242/7151520. **Nobilis Golf Club**, (anspruchsvoll, ebenfalls mit Seeüberspielungen), Handicap H 28, D 36, 18 Loch, Par 72, 5.877 m. ✆ 0242/7152900. **National Golf Club** (englischer Spielcharakter), Handicap H 28, D 36, 18 Loch, Par 72, 6.109 m. ✆ 0242/7254620. **TAT Golf Belek International Golf Club** (windiger Platz zwischen Dünen und Seen), Handicap H 28, D 36, 27 Loch. TAT Par 36 (3.107 m), Belek Par 36 (3.008 m), International Par 36 (3.191 m). ✆ 0242/7255303.

Paragliding: Internationaler Treffpunkt der Flieger ist der Baba Dağı (1.900 m) über der Lagune von **Ölüdeniz** (→ S. 165). Tandemflüge werden angeboten, wer alleine startet, sollte erfahren sein! Des Weiteren können Sie auch vom Asaz Dağı bei **Kaş** (→ S. 128) fliegen.

Reiten: In der Nähe der größeren Touristenzentren liegen Reiterhöfe, die Ausritte ins Hinterland anbieten; auch über Tourenveranstalter vor Ort buchbar.

Skifahren: Einen Lift bietet das Skigebiet **Saklıkent** bei Antalya (→ S. 83). Schneesicher ist es jedoch selbst im Winter nicht. Auch soll bis 2006 ein Skigebiet auf dem **Tahtalı Dağı** bei Kemer entstehen (→ S. 97).

Tennis: Viele größere Hotelanlagen verfügen über Tennisplätze, auf denen auch Nichtgäste gegen ein Entgelt spielen können.

Wandern: → „Wandern“, S. 21.

Segeln: → „Unter Segel“, S. 20.

Tauchen: Nahezu an allen Küstenabschnitten darf getaucht werden. Das Auflesen und die Mitnahme historischer bzw. antiker Gegenstände und die Unterwasserjagd sind strengstens verboten. Das Tauchzentrum an der lykischen Küste ist **Kaş**.

Surfen: In den Touristenzentren bieten Surfschulen Kurse an und organisieren den Brettlverleih. Cracks jedoch fahren nicht an den Küstenabschnitt zwischen Marmaris und Antalya – bessere Surfreviere sind die Halbinseln von Çeşme und Bodrum.

Kajak/Rafting: Diverse Tourenveranstalter haben das Paddelerlebnis im Programm. Entsprechende Möglichkeiten bieten u. a. der **Dalaman-Fluss** zwischen Dalyan und Fethiye (allerdings meist nur bis in den Frühsommer) und der **Köprü-Fluss** zwischen Antalya und Side.

Sonstiger Wassersport: In den internationalen Touristenorten an der Küste werden diverse Fun-Sportarten auf dem Wasser angeboten, z. B. Wasserski, Bananaboat, Speedboat, Gleitschirmfliegen übers Wasser usw. Die Veranstalter finden sich in der Regel an den Stränden.

Der Olympionike von morgen

Telefonieren

Das Telefonieren mit dem **Handy** ist problemlos fast im gesamten Reisegebiet möglich, aber teuer. Wer keines hat oder Geld sparen will, telefoniert am einfachsten von **Kartentelefonen.** Darüber hinaus kann man vom Postamt aus telefonieren (man lässt sich eine Kabine zuweisen und zahlt dann nach Zählerstand am Schalter), von Kiosken oder von Geschäften mit dem Hinweisschild *kontörlü telefon* (Telefon mit Zähler).

Internationale Vorwahlnummern: nach Deutschland ✆ 0049, nach Österreich ✆ 0043, in die Schweiz ✆ 0041. Danach wählt man die Ortsvorwahl ohne die Null am Anfang, dann die Rufnummer.

Gespräche in die Türkei: Wer in die Türkei telefonieren möchte, wählt ✆ 0090 als Landesvorwahl und lässt die Null der Regionalvorwahlnummer weg.

Telefonkarten (telefon kartı) gibt es in Postämtern, an Kiosken und kleinen Verkaufsständen an der Straße. 100 Einheiten (ca. 5 €) reichen für ein etwa vierminütiges Gespräch nach Deutschland. Bestehen Sie beim Kauf darauf, dass die Karte auf ihre Funktionsfähigkeit geprüft wird.

Call-by-Call: Den günstigsten Anbieter von Deutschland in die Türkei erfahren Sie z.B. unter www.billiger-telefonieren.de.

Mobiltelefon: Die Netzbetreiber TLSIM oder TCELL unterscheiden sich in ihren Tarifen kaum.

Notrufnummern

Polizei	✆ 155
Touristenpolizei	✆ 0242/2470336 (Antalya)
Verkehrspolizei	✆ 154
Ambulanz	✆ 112
Feuerwehr	✆ 110

Toiletten

Männer finden das stille Örtchen hinter Türen mit der Aufschrift *Bay,* Frauen achten auf *Bayan*. In Touristenzentren haben die Toiletten in der Regel mitteleuropäischen Standard, abseits der Urlaubsorte ist das Stehklo noch weit verbreitet. Papier gibt es auf diesen stillen Örtchen nicht immer; ein eigener kleiner Vorrat ist daher dringend angeraten. Steht in der Toilette ein kleiner Eimer, dann werfen Sie das Papier dort hinein und spülen es bitte nicht runter. Die zu dünnen Abwasserrohre verstopfen schnell, zudem verzögert das Toilettenpapier in den Sickergruben den Zersetzungsvorgang.

Hinweis Wenn Sie das dringende Bedürfnis bei einer Stadtbesichtigung ereilt – Toiletten finden Sie immer bei einer Moschee.

Wo Körper und Seele ein Bad nehmen – Erholung im Hamam

In den Hamams, so sagt man, sei die osmanische Vergangenheit noch lebendig. Und wer eines der historischen Dampfbäder besucht, glaubt in eine andere Welt einzutauchen. Man spürt die Schwere der heißnassen Luft, atmet den Geruch von Seife, vernimmt das Geplätscher des Wassers und lauscht dem Gemurmel von glänzend nackten Körpern, die in geheimnisvollem Licht auf marmornen Steinen liegen.

Ein Hamam ist in drei Bereiche gegliedert. Den *camekân,* den Eingangsbereich, schmückt meist ein ausladender Brunnen. Drum herum befinden sich die Rezeption und die Umkleidekabinen. *Soğukluk* heißt der Durchgang in den Schwitzbereich und Hauptteil des Hamams, den *hararet.* Die große, von unten erwärmte Marmorplattform in der Mitte nennt sich *göbek taşı,* Nabelstein. Auf ihn legt man sich zum Schwitzen und zur Massage. Bei den Frauen verrichten die Tätigkeit in der Regel schwergewichtige Masseurinnen, bei den Männern drahtig-muskulöse Meister ihres Faches. Bevor die Massage beginnt, werden Sie mit einem rauen Lappen kräftig abgerieben, *kese* heißt diese Prozedur. Auch wenn Sie bei der anschließenden Massage malträtiert werden wie ein Wiener Schnitzel vorm Panieren – hinterher fühlen Sie sich gut und entspannt.

Die meisten Hamams besitzen separate Abteilungen für Männer *(erkekler)* und Frauen *(kadınlar).* Bei kleineren Bädern baden die Geschlechter zu unterschiedlichen Zeiten oder an unterschiedlichen Tagen. In touristischen Zentren ist z.T. auch ein gemeinsames Bad möglich. Übrigens tragen Männer ein Tuch um die Lenden, Frauen baden nackt. Handtücher braucht man nirgendwo mitzubringen.

Verständigung

In den Touristenzentren an der Küste kommt man mit Englisch oder Deutsch recht gut durch. Deutsch ist übrigens in der Türkei vor Englisch die führende Fremdsprache. Viele türkische Arbeiter haben im deutschsprachigen Ausland ihr Geld verdient, selbst in den entlegensten Ortschaften wohnt jemand, der bei Verständigungsproblemen zu Hilfe gerufen werden kann.

Zeit

Gegenüber der Mitteleuropäischen Zeit (MEZ) besteht eine Stunde Zeitunterschied. Das heißt, bei Ankunft die Uhr eine Stunde vorstellen, egal ob im Sommer oder Winter (12 Uhr Frankfurt = 13 Uhr Antalya)! Die Umstellung von Sommerzeit auf Winterzeit erfolgt in der Türkei am gleichen Tag wie in Deutschland.

Atatürk – Vater der Türken

Geschichte im Abriss

ab 150.000 v. Chr. Höhlenfunde wie z.B. aus der Karain-Höhle nahe Antalya (→ S. 84) bezeugen, dass nomadisierende Jäger und Sammler bereits im Paläolithikum die türkische Mittelmeerküste durchstreifen.

8.000–5500 v. Chr. Aus der Zeit des Neolithikums stammen die Höhlenmalereien von Beldibi, ebenfalls nahe Antalya (→ S. 83). Im Landesinnern entstehen aber schon erste stadtähnliche Siedlungen – sie zählen heute zu den ältesten „Städten" der Welt. Für den Bau von Behausungen wird Lehm verwendet, damit einhergehend entwickelt sich die Töpferei. Bei Grabungen nahe Konya entdeckten Archäologen u.a. Kleinplastiken wie schwerbrüstige Göttinnen als Symbole der Fruchtbarkeit. Mit der Sesshaftwerdung beginnen auch Ackerbau und Viehzucht.

5500–3200 v. Chr. Chalkolithikum (Kupfersteinzeit). Feiner gearbeitete Töpferwaren und einfache Werkzeuge aus Kupfer brachten z.B. die Ausgrabungen von Hacılar bei Burdur, rund 150 km nördlich von Antalya, zu Tage.

ab 3200–2000 v. Chr. Frühe Bronzezeit. Die Spinnerei und Weberei breitet sich aus, zudem wird Schmuck aus Bronze gearbeitet. Eigene regionale Kulturen entstehen, im Westen z.B. Troja. Händler aus Assur (am Tigris im heutigen Nordirak) treten mit den Kulturen Zentral- und Ostanatoliens in Kontakt und bringen die Schrift nach Anatolien.

2000–1200 v. Chr. Mit dem Vordringen der Hethiter über den Kaukasus wird Zentralanatolien Teil des Althethitischen Reiches, aus dem später das Großhethitische Reich hervorgeht. Zu ihrem Zentrum machen sie Hattuşa (ca. 170 km östlich von Ankara). Gleichzeitig dehnen die Mykener (frühe Griechen) ihr Herrschaftsgebiet über die Ägäis hinweg bis zum minoischen Kreta aus. Troja entwickelt sich infolgedessen zu einer mächtigen Handelsstadt.

um 1200 v. Chr. Die sog. Seevölker, über die nur wenig bekannt ist, fallen von Norden her über Thrakien ein. Darunter sind auch die Phryger, die einen wesentlichen Anteil an der Zerstörung Trojas haben sollen. Sie beenden auch die Vormachtstellung der Hethiter und Mykener.

1200–700 v. Chr. Nach dem Untergang Trojas ziehen griechische Stämme von der Westküste unter Führung der Seher Mopsos, Kalchas und Amphilochos durch Kleinasien an die Südküste und gründen dort Städte wie z.B. Perge und Sillyon. So überliefern es antike Quellen, die in der Wissenschaft allerdings umstritten sind. Tatsache ist auf jeden Fall, dass sich ab dem 11. Jh. v. Chr. vermehrt griechische Kolonisten (Äolier, Ioner und Dorer) an den Mittelmeerküsten Kleinasiens niederlassen. Sie treten in Konkurrenz zu den heimischen Stämmen der Leleger, Karer, Lykier, Lyder u.a. Bereits im 9. Jh. sind viele dieser griechischen Siedlungen zu ansehnlichen Hafenstädten angewachsen.

690–550 v. Chr. Im Westen Kleinasiens gründen die Lyder ein großes Reich mit Sardes als Hauptstadt (ca. 90 km östlich von İzmir). Legendär wird ihr König Krösus. Sie unterwerfen auch weite Teile der Südküste. Kunst, Kultur und Wissenschaft beginnen in den Städten zu blühen.

ab 545 v. Chr. Unter Kyros dem Großen dringen die Perser bis nach Westanatolien vor und zerstören das Lyderreich. Zur Verwaltung Kleinasiens setzen sie Satrapen (Provinzregenten) ein. Immer wieder kommt es zu Aufständen gegen die Perser.

ab 479 v. Chr. Die Perser ziehen sich von der Ägäisküste zurück. Vorübergehend können sich Stadt- und Kleinstaaten bilden.

334/333 v. Chr. Alexander der Große erobert Kleinasien, er selbst verbringt den Winter in Phaselis (→ S. 98). Es beginnt die sog. Hellenistische Zeit, die bis zur römischen Kaiserzeit andauert und gewaltige Kulturleistungen hervorbringt.

ab 323 v. Chr. Nach Alexanders Tod zerfällt das Makedonische Reich. Seine Heerführer teilen es unter sich auf. Zu den bedeutendsten dieser Diadochenreiche zählen das der Ptolemäer (in Ägypten), zu dem auch Lykien und weite Teile der Südküste gehören, ferner das der Attaliden (Pergamenisches Reich in Westanatolien) und das der Seleukiden (das von Babylon ausgehend den größten Teil des einstigen Alexanderreiches umfasst).

197 v. Chr. Unter Antiochus III. erobern die Seleukiden Lykien.

190 v Chr. Die Attaliden schlagen mit Unterstützung von Rom und Rhódos die Seleukiden in der Schlacht von Magnesia (dem heutigen Manisa). Damit geht fast das gesamte Seleukidenreich im mit Rom verbündeten Pergamenischen Reich auf. Lediglich Lykien fällt an Rhódos.

Ab 167 v. Chr. Die lykischen Städte lösen sich von Rhódos und bilden einen Bund, der aufgrund einer geschickten, romfreundlichen Diplomatie für rund zwei Jahrhunderte seine Unabhängigkeit bewahren kann.

ab 133 v. Chr. Mit dem Tod Attalos III. fällt Pergamon testamentarisch an Rom. Das Pergamenische Reich bildet fortan die Provinz Asia. Mehrere Städte der Südküste interessieren sich für die Gesetze Roms jedoch wenig und frönen der Piraterie.

63–67 v. Chr. Der römische Feldherr Pompeius setzt der Piraterie ein Ende. Vier Jahre später gründet er die römische Provinz Syrien.

42 v. Chr. Mit der Ermordung Cäsars fällt der Osten des römischen Imperiums an Mark Anton.

31 v. Chr. Mit dem Sieg Oktavians, des späteren Kaisers Augustus, über die Flotte Mark Antons in der Schlacht von Actium beginnt eine fast 250 Jahre währende Friedensepoche im Römischen Reich. Während der *Pax Romana* durchdringt die römische Kultur alle Städte Kleinasiens. Tempel, Prachtstraßen, Theater, Aquädukte usw. zeugen noch heute von dem Glanz dieser Epoche.

43 n. Chr. Lykien wird mit Pamphilien zu einer römischen Provinz zusammengefasst, der Lykische Bund besteht aber selbst noch unter den Römern weiter.

45–60 n. Chr. Missionsreisen des Apostels Paulus, der in verschiedenen Städten an der lykischen Küste Station macht. Die ersten Christengemeinden entstehen.

um 290 In Patara wird ein Kind geboren, das später als der Hl. Nikolaus weltberühmt wird.

330 Konstantin der Große ernennt das ehemalige Byzantion (heute İstanbul) unter dem Namen *Nea Roma* (Neues Rom) zur neuen Hauptstadt des Römischen Reiches. Schon bald nach dem Tod des Kaisers setzt sich der Name Konstantinopel durch.

380 Das Christentum wird Staatsreligion, alle heidnischen Kulte werden verboten.

395 Endgültige Teilung des Imperiums in West- und Oströmisches Reich. Letzteres, später Byzantinisches Reich genannt, wird Kerngebiet des Christentums mit römischem Recht und griechischer Sprache.

527–565 Unter Kaiser Justinian I. erreicht das Byzantinische Reich seine größte Ausdehnung und Blüte. Es erstreckt sich von Süditalien über die Balkanhalbinsel und ganz Kleinasien bis zum Rand des iranischen Hochlands. Jegliche Bautätigkeit konzentriert sich auf Konstantinopel. Die Küstenstädte spielen fortan eine untergeordnete Rolle, auch wenn viele von ihnen zu Bischofssitzen erhoben werden.

622 Mit der Hedschra, Mohammeds Flucht nach Medina, beginnt das erste Jahr islamischer Zeitrechnung.

ab 636 Der Osten des Byzantinischen Reiches wird von den Arabern erobert. Angeleitet von syrischen Seeleuten wagen sich die Wüstensöhne aufs Meer und plündern mit ihren

Flotten die byzantinischen Küstenstädte. Zum Schutz werden Festungen verstärkt oder neu errichtet – nicht selten muss dafür antikes Baumaterial herhalten.

860 Die Araber besetzen Antalya.

1054 Bruch zwischen der römisch-katholischen und der griechisch-orthodoxen Kirche.

ab 1071 Die Seldschuken, ein Turkmenenstamm, der von den kirgisischen Steppen nach Westen vordringt, schlagen die Truppen von Byzanz in der Schlacht von Manzikert. Sie bringen den Islam mit, breiten sich in Zentralanatolien aus, machen Konya zu ihrer Hauptstadt und halten den noch verbliebenen Rest des Byzantinischen Reiches in Angst und Schrecken.

ab 1096 Hilfe für Byzanz kommt aus dem Abendland, das in der Folgezeit Kreuzzüge unternimmt, um die verlorenen heiligen Stätten von islamischer Herrschaft zu befreien.

1204–1261 Der 4. Kreuzzug richtet sich gegen Konstantinopel selbst, und zwar mit der Absicht, den römisch-katholischen Glauben wiederzubeleben. Nach der Einnahme der Stadt etablieren die Ritter dort das Lateinische (katholische) Kaiserreich. Die griechischen Byzantiner ziehen sich nach Nikaia (İznik) zurück und können erst 1261 unter Michael VIII. Paläologos die Lateiner wieder aus Konstantinopel vertreiben.

1226 Die Seldschuken erobern weite Teile der Küstenregion. Venezianer und Genueser erhalten in der Folgezeit die Erlaubnis, Handelsniederlassungen zu errichten.

ab 1243 Das Seldschukenreich zerfällt unter dem Ansturm der Mongolen. An seine Stelle treten in Anatolien mehrere kleine Fürstentümer turkmenischer Dynastien.

ab 1309 Der Johanniterorden begründet auf Rhódos einen Ritterstaat, und lässt in den folgenden Jahren diverse Festungen in der Ägäis errichten.

1326 Osman (1281–1326), Heerführer und Emir eines turkmenischen Stammes, erobert die westanatolische Stadt Bursa, die daher gerne als die Wiege des Osmanischen Reiches bezeichnet wird. Da der Osten von mongolischen Reiterheeren beherrscht wird, orientieren sich Osmans Nachfolger nach Norden und Westen.

1354 Die Osmanen betreten erstmals europäischen Boden.

1402–1406 Der Tatarenherrscher Timur Lenk (1365–1405), auch Tamerlan genannt, gibt ein kurzes und blutiges Gastspiel in Anatolien. Zurück bleiben unzählige verwüstete Städte. Dem Aufstieg des Osmanischen Reiches tut dies aber keinen Abbruch.

1453 Die Osmanen erobern Konstantinopel und löschen damit das Byzantinische Reich von der Landkarte, das an seinem Ende aus nichts mehr anderem als seiner Hauptstadt bestanden hatte. Von nun an ist *Konstantiniya*, das künftige Istanbul, Hauptstadt des Osmanischen Reiches, dessen Machtbereich in der Folgezeit beständig wächst. Keine 20 Jahre später ist die türkische Südküste eingenommen.

1517 Selim I. (1512–1520) erobert Syrien und Ägypten. Damit kommt das Kalifat an den Bosporus.

Das Sultanat der Frauen

Mit Süleyman dem Prächtigen (1520–1566) und seiner Hauptfrau Roxelane begann das sog. „Sultanat der Frauen", eine Umschreibung und Erklärung für den langsamen, über drei Jahrhunderte dauernden Niedergang des Osmanischen Reiches. Durch Intrigen und Anstiftung zum Mord brachte Roxelane ihren Sohn Selim II. (1566–1574) auf den Thron. Als „Selim der Säufer" ging er in die Geschichte ein. Noch bevor dieser beschwipst in der Badewanne ausrutschte und ertrank, verlor das Osmanische Reich seine Flotte. Fünf Söhne hatte Selim II., vier davon ließ seine Frau Nurbanu umbringen, damit ihr eigener Sprössling als Sultan Murat III. (1574–1595) den Thron besteigen konnte. Dieser zeigte sich, wie so viele Sultane, im Harem reger als in der Politik. Er brachte es auf über 100 Kinder, von denen allein seine Frau Safiye 19 ermorden ließ, damit ihr Sohn als Sultan Mehmet III. (1595–1603) den Thron ...

Die Geschichte der weiblichen Einflussnahme auf die Thronfolge könnte man noch lange weiterführen. Und die Tatsache, dass die angehenden Sultane verhätschelt und verwöhnt in der realitätsfernen Welt des Harems heranwuchsen, umschmeichelt von intriganten Höflingen, die nur ihre eigenen Interessen befriedigt sehen wollten, führte dazu, dass überwiegend unfähige Regenten nachkamen. Viele von ihnen waren nicht einmal stark genug, bis ans natürliche Ende ihres Lebens zu regieren. Schon vorher wurden sie erdrosselt, vergiftet oder wegen Geistesschwäche abgesetzt.

1520–1566 Süleyman I., genannt der Prächtige, erobert Bagdad, Belgrad, Rhódos, Ungarn, Georgien, Aserbeidschan und Gebiete Nordafrikas. 1529 wird Wien erstmals belagert. Er führt das Osmanische Reich an den Zenit seiner Macht – 75 Minuten braucht nun die Sonne, um über dem Imperium unterzugehen. Für die Entwicklung in den Küstenstädten Kleinasiens zeigt Süleyman wie seine Nachfolger wenig Interesse.

ab 1683 Die Niederlage bei der zweiten Belagerung Wiens bedeutet das Ende der Expansion und läutet den allmählichen Niedergang des Reiches ein. Peu à peu schrumpft es in den nächsten Jahrhunderten zusammen, zudem flammen immer wieder innenpolitische Unruhen auf.

ab 1808 Unter Mahmut II. (1808–1839) erfolgen die ersten Versuche, das Reich schrittweise zu reformieren. Mit einem Massaker löst er z.B. die Janitscharen (militärische Eliteeinheit) auf, die gegen alle fortschrittlichen Strömungen gekämpft hatten. Er verbietet auch den Turban und führt dafür den Fez ein.

1853–1856 Krimkrieg. Rückeroberung der russisch besetzten Gebiete.

1875 Der „kranke Mann am Bosporus" bekommt die Quittung für den verpassten Anschluss an die industrielle Revolution und die vielen kostspieligen Kriege. Frankreich und England streichen die notwendigen Kredite. Die Folge ist der Staatsbankrott.

1908 Mit der Jungtürkischen Revolution erzwingen Offiziere die Abdankung von Sultan Abdül Hamit II. zugunsten seines Bruders. Die tatsächliche Macht liegt nun in den Händen des Militärs.

1912/13	In den Balkankriegen verliert das Osmanische Reich den größten Teil der ihm noch verbliebenen europäischen Gebiete.
1914–1918	Im Ersten Weltkrieg schlagen sich die Türken auf die Seite der Deutschen und verlieren. Die Siegermächte verteilen die Beute: Griechische Truppen marschieren auf Ankara zu, Italien besetzt den Küstenstreifen um Antalya, Frankreich Kilikien, englische Truppen kontrollieren den Bosporus. Das Osmanische Reich besteht nur noch aus Inneranatolien.
1919/20	Der für das Osmanische Reich schikanöse Friedensvertrag von Sèvres wird zwar von İstanbul notgedrungen akzeptiert, nicht jedoch von den Nationalisten. In Ankara konstituiert sich die Große Nationalversammlung und setzt eine neue Regierung unter Mustafa Kemal, dem späteren Atatürk (→ Kasten), ein. Dieser organisiert den militärischen Widerstand.
1921/22	Kemals Truppen schlagen die griechische Armee am Sakarya-Fluss. Die Italiener und Franzosen bekommen es mit der Angst zu tun und ziehen freiwillig ab.
1923	Mit dem Vertrag von Lausanne erkennen die Alliierten die Unabhängigkeit und Souveränität der neuen Türkei an. In Ankara als neuer Hauptstadt proklamiert die Nationalversammlung die Republik und wählt Mustafa Kemal zum Staatspräsidenten. Noch im gleichen Jahr schlägt Völkerbundskommissar Fritjof Nansen einen Bevölkerungsaustausch zwischen Griechen und Türken vor. Ankara stimmt sofort zu. Damit endet die dreitausendjährige Geschichte des kleinasiatischen Griechentums (→ Kasten „Griechen und Türken...", S. 168).
1924	Eine neue Verfassung tritt in Kraft, die u. a. die Trennung von Staat und Religion vorsieht. Das islamische Recht, basierend auf dem Islam, wird vom Schweizer Zivilrecht, italienischen Strafrecht und deutschen Handelsrecht abgelöst.
1925–1938	Bis zu Atatürks Tod werden zahlreiche Reformen durchgeführt, um die Türkei zu europäisieren: Bildungs- und Schriftreform (Übergang zum lateinischen Alphabet), Einführung von Familiennamen, Umstellung des Ruhetags von Freitag auf Sonntag usw.
1945	Die Türkei erklärt Deutschland den Krieg. Im selben Jahr wird sie Gründungsmitglied der UNO.
1952	Die Türkei tritt der NATO bei.
ab 1960	Längere Phasen politischer und wirtschaftlicher Kontinuität bleiben aus. Mehrere Male greift das Militär korrigierend in die Politik des Landes ein. 1960 putschen kemalistische Offiziere und lassen den Ministerpräsidenten Adnan Menderes hinrichten. 1971 wird das Kabinett zum Rücktritt gezwungen. 1980 übernimmt abermals das Militär die Macht und löst das Parlament auf. Bis heute sieht sich das Militär als Hüter des Laizismus (Trennung von Religion und Staat) und als Verwalter von Atatürks geistigem Erbe. Es steht in klarer Gegnerschaft zu islamischen Fundamentalisten und linksradikalen Gruppierungen.

Atatürk, Vater der Türken

Atatürks Konterfei grüßt in jedem Büro, Geschäft und Restaurant, verabschiedet sich mit jeder Note beim Bezahlen – und lähmt den Einfallsreichtum der türkischen Bildhauer, denn außer für Atatürk-Statuen werden nur selten öffentliche Aufträge vergeben. Kaum einem anderen Staatsmann wird posthum noch solch ein Personenkult zuteil. Als Mustafa Kemal (geb. um 1881) wurde er 1923 zum ersten Präsidenten der Türkischen Republik gewählt. Er säkularisierte und europäisierte den neuen Staat in einem gewaltigen Kraftakt. Für seine Verdienste verlieh ihm das Parlament 1934 den Namen Atatürk, „Vater der Türken". Vier Jahre später starb er an Leberzirrhose in İstanbul. Seine Gebeine ruhen im Atatürk-Mausoleum in Ankara.

1974 Türkische Truppen besetzen den Norden Zyperns.

1984–1999 Der gewaltsame Kampf der türkischen Kurden für einen eigenen Staat fordert im Osten und Südosten des Landes schätzungsweise 25.000 Todesopfer. Mit der Verhaftung des PKK-Chefs Abdullah Öcalan im Februar 1999 entspannt sich die Lage erstmals.

1999 Am 17. August trifft ein schweres Erdbeben den Nordwesten der Türkei, rund 18.000 Menschen sterben.

2001 Auch die makroökonomische Stabilität des Landes ist nun erschüttert, die Türkei steckt in einer ihrer schwersten Finanzkrisen. Ohne Milliardenkredite des Internationalen Währungsfonds stünde sie vor dem Bankrott. Allein im Februar verliert die Türkische Lira 40 % an Wert. Gründe für die wirtschaftliche Misere sind u.a. Korruption und Vetternwirtschaft.

ab 2002 Aus den Regierungswahlen, bei der viele kleine Parteien aufgrund einer 10%-Hürde den Einzug ins Parlament verfehlen, geht die AKP als klarer Sieger hervor. Parteiführer Recep Tayyip Erdoğan wird ein Jahr später Regierungschef. Die Bemühungen um eine Annäherung an Europa laufen von nun an auf Hochtouren, unzählige Reformgesetze werden verabschiedet, um EU-Beitrittsverhandlungen zu ermöglichen

2005 und Ausblick Wie am 17. Dezember 2004 in Brüssel vereinbart, sollen diese 2005 beginnen. Der Weg bis zur Mitgliedschaft ist jedoch noch weit, der Beitritt selbst wird – wenn überhaupt – nicht vor 2015 erwartet. Denn mittlerweile steht nicht mehr die Frage, ob die Türkei irgendwann reif für die EU sein wird, im Vordergrund, sondern, ob die EU überhaupt einmal reif für die Türkei sein wird. Die türkischen EU-Befürworter finden Unterstützung beim Militär, bei den vom Tourismus profitierenden Bewohnern der Mittelmeerküste und bei der westlich orientierten Ober- und Mittelschicht. Die Gegenseite rekrutiert sich überwiegend aus der konservativen Landbevölkerung und den Modernisierungsverlierern in den Städten.

Der Uhrturm am Eingang zur Altstadt und die Moschee Tekeli Mehmet Paşa Camii während der Rushhour

Antalya

(ca. 1–1,5 Mio. Einwohner)

Umrahmt von den mächtigen, bis zu 3.000 m ansteigenden Gipfeln des Taurusgebirges, erstreckt sich die Millionenmetropole über einer schroffen Steilküste. Die Altstadt Antalyas wird wegen ihrer Schönheit in der Literatur mit Lorbeeren und in der Realität mit Touristen überschüttet.

Kaum ein Reisebüro, dass nicht in seinem Schaufenster mit einem Sonderarrangement nach Antalya, dem türkischen Ferienflughafen Nummer eins, wirbt. Wer aber aus dem Katalog bucht, steigt in der Regel irgendwo an den Stränden östlich oder westlich der Metropole ab. Antalya selbst ist für das Gros der Reisenden lediglich Ziel eines Tagesausflugs. Dabei besucht man die charmante Altstadt mit ihren engen, schattigen Gassen und osmanischen Holzhäusern, deren hübsche Erker, schindelgedeckte Dächer und Gärtchen mit Orangenbäumen und Hibiskus ins Auge fallen. Oder man bummelt auf palmengesäumten Boulevards durch das angrenzende moderne Stadtzentrum, wo schicke Boutiquen und große Einkaufszentren zum Shopping einladen. Es sind vorrangig Individualreisende, die in Antalya auch nächtigen. Die Altstadt bietet ein großes Angebot an Unterkünften jeglicher Couleur.

Ist die Provinz Antalya, die sich bis Alanya erstreckt, die meistbesuchte Ferienregion des Landes, so ist die Stadt selbst eine pulsierende Wirtschaftsmetropole. Boomtown Antalya profitiert aber nicht nur vom Tourismus, genauso haben Industrie und Handel für den regen Aufschwung gesorgt. Eisenchrombetriebe und Textilfabriken verschiffen ihre Güter erfolgreich in alle Welt, und zwar vom neuen, großzügig angelegten Hafen, der eigens zu diesem Zweck wenige Kilometer westlich der Stadt gebaut wurde. Auch die Obstplantagen der Gegend werfen reiche Erträge ab und tragen zum Wohlstand der Stadt bei. Im Umland werden zudem Gemüse, Baumwolle, Erdnüsse und Sesam angebaut. Damit es weiterhin bergauf geht, wurde ein modernes Kongresszentrum errichtet, das glaspyramidenförmige *Sabancı Congress Centre* am 100. Yıl (Yüzüncü Yıl) Bulvarı. Es soll Geschäftswelt und Wissenschaft an die Stadt binden.

Orientierung: Vom kleinen Hafen steigt die verwinkelte Altstadt mit ihren Pensionen und Souvenirgeschäften in einem Halbrund steil an. Landeinwärts wird sie weitestgehend von einer ursprünglich hellenistischen Stadtmauer umgeben. Entlang dem zinnenbewehrten Wall, der von den Seldschuken und Osmanen immer wieder umgebaut wurde, verläuft die Atatürk Caddesi gen Süden. Den Norden der Altstadt grenzt die Cumhuriyet Caddesi ab, die gen Westen zum Archäologischen Museum und zum Konyaaltı-Strand führt. Auf diesen beiden Straßen holpert auch die einzige Straßenbahnlinie Antalyas. Rings um die Altstadt erstreckt sich das geschäftige Antalya der Antalyalılar. Vor der Kulisse breiter Boulevards spiegelt sich das Bild einer modern-mediterranen Türkei, der es augenscheinlich gut geht. Je weiter man sich vom Meer entfernt, desto mehr verschwinden die Renommierfassaden. Ein breiter Gürtel mehrstöckiger Apartmenthäuser bestimmt das Bild. Die Ausfallstraßen säumen Reparaturwerkstätten, Supermärkte, Einrichtungshäuser und größere Industriebetriebe. Weit außerhalb liegen auch Busbahnhof und Flughafen (→ Verbindungen). In der Peripherie wird es schließlich bäuerlich. Gemüse- und Obstplantagen mit leise glucksenden Bewässerungskanälen prägen das Umland.

Geschichte

Antalya ist eine für türkische Verhältnisse junge Stadt. 158 v. Chr. wurde sie von König Attalos II. von Pergamon (159–138 v. Chr.) als *Attaleia* gegründet, nachdem er vergebens versucht hatte, Side zu erobern. Im Jahr 36 v. Chr. geriet die Stadt unter römische Herrschaft. Unter Kaiser Hadrian (117–138 n. Chr.) erhielt sie den Status einer selbstständigen Provinz mit einem Senator als Statthalter. Einen Namen machte sich die Stadt im römischen Imperium wegen ihrer auserlesenen Weine – ob es die edlen Tropfen waren, die in den folgenden Jahrhunderten immer wieder Piraten anlockten, sei dahin gestellt. In byzantinischer Zeit wurde *Adalia*, wie man nun sagte, zum Bischofsitz. Im 12. Jh. diente die Stadt den Kreuzfahrern als Nachschubhafen, 1207 wurde sie von den Seldschuken erobert, 100 Jahre später fiel sie in den Machtbereich der Emire von Eğirdir. Unter Sultan Murat I. wurde *Adalia* 1387 schließlich dem Osmanischen Reich einverleibt. Mit der Autorität des Korans ging die Tradition des Weinanbaus verloren, stattdessen wurde nun die Rosenzucht gefördert. Rosenöl, der Grundstoff kostbarer Parfüms, sollte für die nächsten Jahrhunderte eine der Haupteinnahmen sein. Auch die Seidenraupenzucht wurde fortan gepflegt.

1918 besetzten italienische Truppen den hiesigen Küstenstreifen, die 1921 von Atatürks Armeen zum Abzug gezwungen wurden. Zwei Jahre später mussten die griechischen Einwohner der nun Antalya genannten Stadt infolge des Bevölkerungsaustauschs ihre Häuser verlassen. In den 1970ern setzte die Entwicklung des verschlafenen 40.000-Einwohner-Städtchen zu einer modernen Wirtschaftsmetropole ein. Damit einher ging ein rapider Bevölkerungsanstieg, denn die Stadt zog massenweise Glücksritter aus Ostanatolien an: Anfang der 1990er zählte Boomtown Antalya schon 450.000 Einwohner, Mitte der 90er bereits 800.000. Für den letzten explosionsartigen Anstieg zeichnet insbesondere der Fremdenverkehr verantwortlich. Über die momentane Einwohnerzahl gibt es bislang nur Schätzungen – zu den angeblich 1–1,5 Millionen Einwohnern gehören heute zumindest auch um die 7.000 Deutsche, die sich einen Platz an der Sonne geleistet haben.

Information/Verbindungen/Ausflüge/Parken

• *Telefonvorwahl* ✆ 0242.

• *Information* **Tourist Information** offiziell im Özel-İdare-Çarşısı-Gebäude an der Cumhuriyet Cad. 91. Wegen Einsturzgefahr des Gebäudes (soll aber saniert werden) befand sie sich zuletzt in einem kleinen Kiosk gegenüber. Im Sommer tägl. 8–19 Uhr, im Winter 8–17 Uhr, ✆/📠 2411747.

Sollte ein Umzug an eine ganz andere Adresse erfolgen, erfahren Sie diese beim regionalen Tourismusdirektorat (Turizm İl Müdürlüğü) in der Güllük Cad. 31, ✆ 2477660, 📠 2487870.

• *Verbindungen* Der moderne internationale **Flughafen Çalkaya** liegt ca. 15 km östlich von Antalya. Wer hier landet, hat (bevor er den Zoll passiert) noch die Möglichkeit, einen **Duty-Free-Einkauf** zu tätigen; die Preise liegen für viele Waren unter denen beim zollfreien Einkauf in Deutschland. Im Ankunftsterminal finden Sie zudem Wechselstuben (schlechte Kurse!) und Bankautomaten. Das Gros der Autovermietungen (mit Ausnahme von Sixt) hat seinen Sitz im nationalen Terminal, einen kleinen Fußmarsch vom internationalen Terminal entfernt.

Transfer von und zum Flughafen: Vom nationalen Terminal fahren alle 2–3 Std. (4,10 € pro Person) Busse der Gesellschaft Havaş ins Zentrum. In Antalya startet der Bus vor dem Gebäude der Türk Telekom an der Güllük Cad. Infos im THY-Büro gleich daneben, Güllük Cad. 31, ✆ 2434382 (Umzug geplant!). Ansonsten bestehen keine öffentlichen Verbindungen zum Flughafen. Taxi vom Flughafen in die Stadt oder andersrum ca. 11 € (der einfachste Weg).

Bus: Das moderne Busterminal (mit Gepäckaufbewahrung, Bankomaten und Restaurants) liegt etwa 8 km vom Zentrum entfernt an der Ausfallstraße nach Burdur. Anbindung mit den Zubringerbussen der Busgesellschaften, mit jedem Dolmuş mit der Aufschrift „Otogar" bzw. „Yeni Otogar" (z.B. ab dem Adnan Menderes Bul. nahe der Murat-Pascha-Moschee) oder mit den blauen Bussen mit der Aufschrift „Teminal" (ab der 413 Sok., die in die Milli Egemenlik Cad. übergeht). Um vom Busbahnhof in die Altstadt zu gelangen, steigt man am Busbahnhof in einen Bus mit der Aufschrift „Kale Kapısı". Wählen Sie am besten einen Platz in Fahrtrichtung rechts, dann können Sie nach dem Uhrturm (→ Foto auf S. 60) am Eingang der Altstadt Ausschau halten.

Vom Busbahnhof bestehen hervorragende Verbindungen entlang der Küste, in alle größeren Städte des Landes und zu den kleineren Orten in der Umgebung (z.B. nach Serik für Aspendos). Nach Selçuk kostet die Fahrt rund 8 € (ca. 8–9 Std.), nach Pamukkale 7 € (5 Std.), nach İstanbul 20 € (ca. 12 Std.) und nach Fethiye (Inland ca. 4 Std., 8 €) entlang der Küste vorbei an Finike, Kaş und Kalkan (7–8 Std., 9 €).

Dolmuş: Nach **Kemer** steigt man gegenüber dem Sheraton Hotel zu, **Richtung Perge** fährt man vom Aspendos Bul. (Verlängerung der Ali Çetinkaya Cad.) nach Aksu und geht von dort weiter zu Fuß (2 km). Sammeltaxis besorgen auch den **Stadtverkehr** (pro Fahrt 0,45 €), viele Haltestellen sind im Stadtgebiet verstreut, problemlos kommt man überall hin.

Parken: Gebührenpflichtiger, bewachter Parkplatz am Yachthafen in der Altstadt (1,70 € für 3 Std., jede weitere Stunde 0,30 €), zudem ein Parkhaus gegenüber der Post an der Güllük Cad. (1,10 €/Tag).

Straßenbahn: Die einzige Straßenbahnlinie, übrigens ein Geschenk der Partnerstadt Nürnberg, führt vom Archäologischen Museum über die Konyaaltı Cad. (die parallel zur Küste verläuft und in die Cumhuriyet Cad. übergeht) mitten ins Herz der Stadt und auf der Atatürk Cad. gen Süden weiter über die Fevzi Çakmak Cad. bis zum Ende der Işıklar Cad. Sie fährt tagsüber jede halbe Stunde, Fahrpreis (Tickets in der Straßenbahn) 0,40 €.

Taxi: Taxis fahren zum Festpreis zu allen bekannten Zielen der näheren und weiteren

Schwer verdiente Brötchen: Schuhputzer

Umgebung, besonders außerhalb der HS ist Handeln mit größeren Spielräumen möglich. Preisbeispiele hin u. zurück: Für eine Fahrt nach Termessos muss man mit ca. 30 € rechnen, nach Perge und Aspendos (kombiniert) kostet es 45 €, nach Phaselis und Olympos (kombiniert) 65 €, nach Düden 20 € und nach Kemer 30 €.

Schiff: Eine Fährverbindung nach Nordzypern ist bislang noch in der Planungsphase.

• *Bootsausflüge* Wählen Sie Ihr Lieblingsboot zu Ihrem Lieblingsausflugsziel beim abendlichen Hafenbummel. Geschippert wird entweder Richtung Westen oder Osten die Küste entlang. Einige Beispiele aus dem breit gefächerten Programm: 2 Stunden untere Düden-Wasserfälle (→ S. 76) und Piratenhöhle (Ratteninsel) 10 €, 12 Std.-Tour nach Phaselis und Olympos mit Lunch 35 € (empfehlenswert), Mondscheinfahrten für Verliebte 5 € pro Person.

• *Organisierte Touren* Die meisten Büros der Tourenveranstalter liegen an der Atatürk Cad., der Cumhuriyet Cad. und in der Altstadt. Kein Ziel, das nicht auf dem Programm steht. Preisvergleiche lohnen sich. Auch ist es sinnvoll zu fragen, wie hoch die Teilnehmerzahl ist und an wie vielen Schmuckfabriken und Ledergeschäften auf einer Bustour gestoppt wird. Eine faire deutschsprachige Beratung bietet z.B. **Pamfilya Tours** (→ Adressen/Reisebüro). Nicht selten schließt man sich hier Schweizer Reisegruppen an. Mit folgenden Preisen müssen Sie rechnen: Raftingtour in der Köprülü-Schlucht (ca. 100 km nordöstlich von Antalya) 40 €, Tour nach Aspendos und Perge ca. 40 €, kombinierte Bus- und Bootsfahrt nach Myra und Kekova ebenfalls ca. 40 €, 2-Tages-Tour nach Pamukkale 60 €, 2-Tages-Tour in die Tuffsteinlandschaft Kappadokiens 85 €.

Adressen

• *Ärztliche Versorgung* Deutschsprachige Ärzte finden Sie im **Akdeniz Vakıf Hastanesi**, Ali Çetinkaya Cad. 17, ✆ 2479001 o. 2479003.

Dr. A. Faik Güven, ein Deutsch sprechender Zahnarzt, bohrt in der Konyaaltı Cad. 46, ✆ 2476070.

• *Autoverleih* Eine seit Jahren bewährte und von vielen Lesern empfohlene Autovermietung ist **Say**, Tuzcular Mah. Mescit Sok. 29, ✆ 2430923, www.say-autovermietung.de. → „Unterwegs zwischen Antalya und Marmaris", S. 16. 24-Std.-Service unter ✆ 0532/ 2645054 (mobil). 2004 lag das billigste Modell bei 26 € pro Tag, mit Aircondition bei 40 €. Wer gerne mehr bezahlt, spaziert die Fevzi Çakmak Cad. entlang, an der etliche Autoverleiher liegen, z. B. **Avis** (Hnr. 30), ✆ 2481772, am Flughafen ✆ 3303073, www.avis.com.tr, **Budget** (Hnr. 27 c), ✆ 2433006, am Flughafen ✆ 3303079, www.budget.com oder **Europcar** (Hnr. 57/3), ✆ 2439165, am Flughafen ✆ 3303068, www.europcar.com.tr.

• *Diplomatische Vertretungen* **Deutschland** (Außenstelle des Generalkonsulats İzmir), Paşakavakları Cad., 1447 Sok., B. Gürkanlar Apt., Kat. 5/14, ✆ 3122535, ℻ 3216914.

Österreich (Honorarkonsulat), Namık Kemal Bul. 64, ✆ 3451800, balcilartic@hotmail.com.

Schweiz → Reisebüro.

• *Gottesdienste* Ökumenische Gottesdienste in deutscher Sprache finden in der **St.-Nikolaus-Kirche**, Haşim İşcan Mah., 1295 Sok. (nahe der Altstadt) statt. An den ersten drei Sonntagen im Monat um 10.30 Uhr und am letzten Samstag um 17 Uhr. Beim Café Restaurant Gül über die Atatürk Cad., dann in die schmale Gasse beim Lederwarengeschäft Matraş einbiegen und die erste Gasse wieder rechts. Weitere Infos bei Pfarrer Rainer Korten, ✆ 3239848.

• *Polizei* Mehrere Polizeistationen über die ganze Stadt verteilt.

Am Hafen befindet sich die **Tourist Police** mit deutschsprachigem Personal. 24 Stunden geöffnet, sehr hilfsbereit, ✆ 2470336.

• *Post* **Hauptpostamt** in der Güllük Cad., einer Seitenstraße zur Cumhuriyet Cad.

• *Reisebüro* **Pamfilya Tours** für Flugtickets, Fährpassagen und Ähnliches, zugleich American Express Travel Service (AMEX-Scheckeinlösung 3 % Kommission) und Konsulat der Schweiz. Işıklar Cad 57, ✆ 2431500, www.pamfilya.com.tr.

• *Sprachkurse* Türkisch lernen kann man bei **Tömer**, dem Sprachlehrinstitut der Universität Ankara. Ein vierwöchiger Kurs mit 20 Std./Woche kostet ca. 200 €. Cebesoy Cad. 6, ✆ 3125013, antalya@tomer.ankara.edu.tr.

• *Waschsalon* **Kale İçi Laundry**, in der Altstadt in der Hıdırlık Sok. 9. Eine Trommel waschen kostet 3,90 €.

• *Zeitungen* Deutschsprachige Tages- oder Wochenblätter an einigen Kiosken an der Cumhuriyet und der Ali Çetinkaya Cad. Am Nachmittag oft schon ausverkauft.

• *Zweiradverleih* Etliche Verleiher in der Altstadt und an der Fevzi Çakmak Cad. Angeboten wird alles zwischen 125-ccm-Yamaha-Scooter (ab rund 20 € pro Tag) und Honda Enduro mit 600 ccm (ca. 75 €). Lassen Sie Kratzer oder Defekte an den Zweirädern im Vertrag vermerken, es kommt vielfach zu Reklamationen.

Fahrräder werden hingegen nur wenige vermietet, den Verleihern bringen sie mehr Ärger als Umsatz. Dennoch haben diverse Autoverleiher ein oder zwei Räder im Programm. Die Preise liegen zwischen 8 und 10 € pro Tag.

Einkaufen/Veranstaltungen/Sonstiges

• *Einkaufen* Etliche **Leder- und Modegeschäfte** im Basar um die Ali Çetinkaya Cad. Besser aber kauft man in den Läden und Boutiquen an der Atatürk Cad. und Cumhuriyet Cad. (viel trendige Klamotten). **Silber- und Goldschmuck** findet man in den zahlreichen kleinen Juwelierläden im Norden der Atatürk Cad. Die ganze Palette des türkischen Warenangebots gibt es auch in der Neustadt an der Kazim Özalp Cad., der größten städtischen Fußgängerzone, zu bestaunen. Etwas ruhiger und beschaulicher geht es auf dem stets mittwochs stattfindenden **Wochenmarkt** in einer namenlosen Straße zwischen der Işıklar Cad. und der Fevzi Çakmak Cad. beim Stadion zu. Viel Obst und Gemüse, Käse und Kleider, aber keine Souvenirs.

Yeni Halk Pazarı, großer Touristenbasar an der Cebesoy Cad. im Basarviertel. Aufdringlicher Händler. Gewürze, Kleidung, Orientkitsch etc.

• *Fußball* **Antalya Spor** kickte z.Z. der letzten Recherche leider mal wieder nur in der zweiten türkischen Liga. Spiele finden im Stadion nahe der Altstadt statt, meist Sa und So.

Migros Alışveriş Merkezi, moderne klimatisierte Shoppingmall mit über 100 Läden zwischen *adidas*, *Tommy Hilfiger* und *Zara*. Stressfreies Bummeln, zudem bei den meisten Geschäften Tax-Free-Einkauf möglich. 100. Yıl Bul., zu erreichen mit allen Dolmuşen mit der Aufschrift „Migros“ von der İsmet Paşa Cad.

• *Türkisches Bad (Hamam)* In der Altstadt gibt es das etwas versteckt in der Kocatepe Sok. gelegene **Sefa Hamamı** (gemischtes Bad, nur im Sommer tägl. 8–21 Uhr, Eintritt 11 € inkl. Massage) und das **Balıkpazarı Hamamı** an der Ecke Balıkpazarı Sok./Paşa Cami Sok. (restauriertes osmanisches Bad, groß und schön, getrennte Abteilungen für Frauen und Männer, tägl. 8–23 Uhr, ähnliche Preise).

• *Veranstaltungen* Anfang Oktober finden im Antalya Kültür Merkezi (am 100. Yıl Bul. zwischen Sheraton und Glaspyramide) die traditionellen **Filmfestspiele von Antalya** statt, bei denen der beste Streifen mit der „Goldenen Orange" *(Altın Portakal)* ausgezeichnet wird. Im Mittelpunkt stehen türkische Filme. Daran schließt sich das **Akdeniz Şarkı Festivalı** an, ein Tanz- und Gesangswettbewerb. Sehens- und hörenswert sind auch die im Sommer unregelmäßig stattfindenden **Opern- und Ballettaufführungen im Freilichttheater von Aspendos**, buchbar in diversen Reisebüros. Das Ticket inkl. Transport kostet oft nicht viel mehr als das Doppelte des normalen Eintrittspreises für die einfache Besichtung des antiken Freilichttheaters. Noch ein Tipp: Erkundigen Sie sich in der Touristeninformation, wann im Spätsommer die **Altın Kiraz Yağlı Pehlivan Güreşleri** („Ölringkämpfe im Zeichen der Goldenen Kirsche") im rund 60 km entfernten 17.000-Einwohner-Städtchen Korkuteli über die Bühne gehen. Im Gegensatz zu dem konservativen, langweiligen Bergstädtchen sind sie überaus sehenswert.

Übernachten/Camping (siehe Karten S. 66/67 u. S. 71)

Die meisten Gäste übernachten in einer der rund 150 Pensionen der Altstadt: Vom Vorhang mit Goldkante bis zum Laken mit Schmutzrand reicht dort das Angebot. Grundsätzlich gilt jedoch: Je näher Sie am Hafen wohnen, desto lauter die nächtlichen Beats des Clubs Ally! Ganz im Westen Antalyas, hinter dem Strand Konyaaltı und dem vierspurigen Küstenboulevard findet man einige neu hingestellte Mittelklasse-Hotels, dazu einfachere Pensionen und die ersten Clubhotels. Für Lara 12 km südöstlich → „Baden", S. 72. Unsere Altstadttipps:

Hotel Alp Paşa (17), zu einer First-Class-Unterkunft umgebautes osmanisches Haus. Unterschiedliche Zimmer, alle jedoch komfortabel-elegant im alttürkischen Stil eingerichtet und nach osmanischen Paschas benannt. Lauschiger, kleiner Poolbereich, an dem am Abend zu Tisch gebeten wird – HP lohnt sich, denn das Essen ist erstklassig (→ Essen & Trinken). EZ mit HP 90 €, DZ 110 €. Recht ruhige Lage. Von Leser hoch gelobt. Hesapçı Sok. 30, ✆ 2475676, www.alppasa.com.

Otel Tuvana (10), ebenfalls eine stilvolle Unterkunft. Schöne Zimmer mit Holzdecken, geschmackvoll platzierten Antiquitäten und Replikaten alter Möbelstücke. Netter Garten mit Orangenbäumen und Pool. EZ 88 €, DZ 100 €. Etwas versteckt in der Karanlık Sok. 18, ✆ 2476015, www.tuvanahotel.com.

Tütav Türk Evi Otelleri (15), niveauvolle 20-Zimmer-Anlage auf drei renovierte osmanische Bauten verteilt, die durch Innenhöfe miteinander verbunden sind. Kleiner Pool, Bar, Restaurant und eine der schönsten Terrassen der Stadt, die sich an die alte innere Stadtmauer lehnt: Blick auf den Hafen, das Meer und die Taurus-Berge. DZ mit Klimaanlage ab 70 €, EZ ab 50 €, Reservierung in der Saison 15 Tage vorher erforderlich. Von Lesern empfohlen. Mermerli Sok. 2, ✆ 2486591, www.turkeviotelleri.com.

Yeni Doğan Hotel (18), nicht ganz so stilvoll wie die vorgenannten Hotels, aber ebenfalls sehr schön. 7 von 40 Zimmern mit kleinem Balkon und herrlicher Aussicht. Gepflegte ockergelbe Räume mit gekachelten Böden. Schöner Garten, Pool. EZ 70 €, DZ 90 €. Mermerli Banyo Sok. 5, ✆ 2474654, www.doganhotel.com.

Minyon (30), von den Hotels dieser Preisklasse das ausgefallendste. Charmant geführtes Haus mit tollem Mosaikfußboden im Eingangsbereich, Ausreichend große, dezent-elegante Zimmer mit originell platzierten Möbeln. Schöne Poolanlage, DZ 85 €. Tabakhane Sok. 31, ✆ 2471147, www.minyonhotel.com.

Villa Perla (14), charmantes 10-Zimmer-Hotel, Familienbetrieb. Alle Zimmer sind unterschiedlich (mit Hang zum Trödel ausgestattet) und nach berühmten türkischen Ausgrabungsorten benannt. Nicht perfekt oder luxuriös, aber sehr schnuckelig. Pool, Restaurant. Eine Leserin fühlte sich hier wie zuhause: „Eine Insel in Antalya, gerade für allein

Übernachten

7 Bambus

Essen & Trinken

1 Güneyliler
2 Güneyliler
3 Kismet Balık Sofrası
4 Parlak Restaurant
5 Stella's Bistro
6 Salman

Antalya
Karten S. 66/67 u. S. 71

Abendstimmung im Hafen von Antalya

reisende Frauen." EZ 50 €, DZ 70 €. Hesapçı Sok. 26, ✆ 2489793, villaperla@villaperla.com.

La Paloma Pension (29), gepflegte Zimmer mit leicht rustikalem Touch. Alles auf hohem Niveau. Von Lesern empfohlen. Unter deutscher Leitung. Zufriedene Stammkundschaft. Gemütliche Poolanlage. DZ 40 €, für das Gebotene günstig. Tabakhane Sok. 3, ✆ 2448497, www.lapalomapansion.com.

Frankfurt Hotel (22), im Gassengewirr nahe dem Kesik-Minarett. Im Osmanenstil renoviertes Haus. Sehr gepflegt und blitzsauber. Zufriedene Stammkundschaft. Pool und Dachterrasse, eigene Parkplätze. 20 Zimmer, davon 9 große, die aber alle das Gleiche kosten: als EZ 25 €, DZ 40 € inkl. reichhaltigem Frühstück. Deutschsprachiger Besitzer. Hıdırlık Sok. 17, ✆/☏ 2418931 o. 2476224.

Abad Otel (24), nahe dem Kesik-Minarett. Familiäres kleines Hotel unter freundlicher, diskreter Leitung. Lauschiger Garten, zugleich Heimat des lieben Haushunds. Ordentlich ausgestattete Zimmer mit Fliesenböden und privaten Bädern (z.T. nachträglich integriert), Aircondition u. Zentralheizung. DZ mit Frühstück 22 €. Hesapçı Sok. 52, ✆ 2474466, ☏ 2481278.

White Garden Pansiyon (23), nur ein paar Schritte vom Abad entfernt. Sehr saubere, freundliche 15-Zimmer-Pension, ebenfalls mit familiärer Atmosphäre. Netter Innenhof. Ab 10 Gästen gibt es das Frühstück als Büfett. Von Lesern empfohlen. DZ mit Aircondition und Frühstück 19 €, ohne Aircondition 17 €. Hesapçı Geçidi 9, ✆ 2419115, whitegarden@yahoo.com.

Sabah Pension (26), im gleichen Eck. 19 Zimmer (es gibt große und sehr kleine, vorher zeigen lassen!) verteilt auf einen renovierten Altbau und einen stilgerechten Anbau, alle mit Du/WC, Aircondition und Heizung. Im Sommer freundliche Innenhofterrasse. Bei Backpackern sehr beliebt. Es werden auch Autos vermietet und Touren in die Umgebung angeboten – das wird man Ihnen leider nicht nur einmal sagen. DZ inkl. Frühstück ab 17 €. Hesapçı Sok. 60, ✆ 2475345, www.sabahpansiyon.8m.com.

Özmen Pansiyon (28), nahe dem Hıdırlık Kulesi. Größeres Haus mit 25 blitzsauberen Zimmern, 8 davon mit Balkon. Neue Matratzen. Tolle Dachterrasse mit Blick über die halbe Stadt und das Meer – zugleich der gemütliche Treffpunkt am Abend. Von vielen Lesern empfohlen. In dieser Preisklasse kaum schlagbar. DZ mit Du/WC 15 €, mit Aircondition 20 €. Zeytin Çıkmazı 5, ✆ 2416505, www.ozmenpension.com.

Keskin 1 Pansiyon (25), nicht zu verwechseln mit Keskin 2 gleich nebenan. 9 Zimmer unterschiedlicher Ausstattung. Auch wenn man anderswo fürs gleiche Geld komfortabler wohnt – der Hit ist die gigantische Dachterrasse, auf der auch das Frühstück serviert wird und die für alles andere entschädigt. Der nette, kommunikative Hausherr Rafet Keskin wurde übrigens in Zimmer Nr. 3 geboren. EZ ab 11 €, DZ ab 18 €. Hıdırlık Sok. 35, ✆/℻ 2440135.

Konukzade Konağı Pansiyon (21), einfache, aber saubere Pension mit nur 3 schlichten DZ – eines mit privatem Bad, eines mit integrierter Dusche und WC auf dem Gang, eines ohne alles. Leser fühlten sich hier sehr wohl. Für 2 Pers. je nach Standard mit Frühstück 14–22 €. Restaurant angeschlossen, freundliche Leitung. Hıdırlık Sok. 20, ✆ 2447456, ℻ 2447468.

• *Camping* Es gibt kaum mehr Plätze in bzw. um Antalya. Wenn es unbedingt sein muss, kann man sein Wohnmobil zu einem günstigen Preis beim schicken Fischlokal **Bambus (7)** oberhalb der Steilküste abstellen. Von einer Plattform geht es über Steinstufen ins Meer. Eski Lara Yolu 1, ✆ 3213852. Wegbeschreibung: Von der Atatürk Cad. Richtung Lara entlang der Küste halten, nach 2 km auf der rechten Seite oberhalb des Meeres.

Viel, viel schöner campt man bei **Termessos** (→ S. 86). Campingmöglichkeiten (spartanischer Art) bestehen zudem in mehreren Buchten 15–25 km westlich an der Straße nach Kemer. Z. Z. der letzten Recherche wurde diese aber gerade ausgebaut und es sah so aus, als wäre es dort künftig mit der Idylle vorbei.

Essen & Trinken (siehe Karten S. 66/67 u. S. 71)

Rund um den alten Hafen und darüber an der Steilküste findet man viele romantische Restaurants mit herrlicher Aussicht, wo man wortwörtlich gerne über den Tellerrand blickt. Das Gros davon ist qualitativ gut, die Preise sind der touristischen Lage entsprechend. Versteckt, in den engen Gassen der Altstadt liegen weitere gute Restaurants, z. T. in (lauschigen) Pensions- und Hotelgärten. Nicht so idyllisch geht es in der kleinen Fressgasse zu, einer Seitenstraße der Atatürk Caddesi/Ecke Cumhuriyet Caddesi. Hier reiht sich Lokal an Lokal, die Tische stehen auf der Straße. Eine große Portion Döner mit Salat und Cola sollte hier nicht mehr als 3,50 € kosten. Der Haken jedoch: Die Kellner sind aufdringlich und es wird fleißig geneppt! Spaziert man weiter in die Neustadt, findet man einfache gute Lokantas, in denen vorwiegend Einheimische für wenig Geld essen. Die trendigsten Lokale hingegen liegen am Konyaaltı-Strand (→ Nachtleben u. Baden).

Marina Restaurant (16), in der Altstadt oberhalb des alten Hafens. Das Restaurant des 5-Sterne-Hotels gilt bei Gourmets als eines der besten seiner Kategorie in der Türkei. Dementsprechende Preise! Mermerli Sok. 15, ✆ 2475490.

Club Arma (13), Restaurant und Openair-Danceclub mit Pool und Badeplattform am Yachthafen, Treffpunkt der jungen Oberschicht. Innen ein rustikal gepflegter Saal mit schmiedeeisernen Leuchtern und offenem Kamin, außen herrliche Terrasse mit Sushibar. Serviert werden Fisch und Internationales. Auch nichts für den schmalen Geldbeutel, aber sehr empfehlenswert. ✆ 2449710.

Restaurant Alp Paşa (17), das Hotelrestaurant (→ Übernachten) tischt am Abend seinen Poolbereich ein – sehr romantisch und von Lesern mehrfach empfohlen. Tolles Essen vom Büfett für rund 18 €/Person in stilvoller Atmosphäre, zuweilen begleitet von Piano oder Geige.

Restaurant Hasanağa (9), in einem alten, renovierten Stadthaus an der Mescit Sok. 15 in der Altstadt. Schöner Innenhof mit Orangenbäumen, zuvorkommender Service, regelmäßig Folklore. Berühmte Persönlichkeiten Antalyas lassen hier auftafeln oder bedienen sich am offenen Meze-Buffet (unbedingt probieren!). Spezialität des Hauses: der *Osmanlı Tabağı* (Osmanischer Teller), ein brodelnder Steintopf mit zartem Fleisch in würziger, sämiger Soße (6,60 €). ✆ 2428105.

Stella's Bistro (5), internationale Küche in gediegen-schönem Ambiente – eine Abwechslung zum Kebab. Serviert werden Steaks, Pasta und Pizza zu 4,50–9 €. Unaufdringlicher, korrekter Service, internationales Publikum. Ein paar Tische auf der Straße. 10 % Serviceaufschlag. Fevzi Çakmak Cad. 3, ✆ 2433931.

Kismet Balık Sofrası (3), eines von mehreren einfacheren Fischlokalen im Yeni Halk Pazarı, einem Touristenbasar an der Cebesoy Cad. Gehen Sie hier erst essen, wenn die Busgruppen weg sind und der Basar dicht ist. Hervorragender frischer Fisch – aber erfragen Sie die Preise besser im Voraus. 2 üppig tafelnde und trinkende Personen sollten mit ca. 28 € rechnen. ✆ 3223322, Reservierung empfohlen.

Parlak Restaurant (4), etwas versteckt am Beginn der Kazım Özalp Cad. Seit fast 50 Jahren im Geschäft. Große Auswahl an türkischen Gerichten, leckere gegrillte Hähnchen. Überdachter Terrassenbereich, gemütlicher, ockerfarbener klimatisierter Innenbereich. Pro Person mit Vorspeise, Hauptgericht und Bier ca. 8 €. Kazım Özalp Cad. 7, ✆ 2419160.

Restaurant Café Gül (20), beliebter Treffpunkt deutscher Antalya-Gäste. Ein Leser schwärmt: „Christa Dinsel kocht nach traditionellen Rezepten ihrer türkischen Schwiegermutter. Das Essen ist sehr reichhaltig und gehört zum Besten, was ich jemals an türkischer Küche geboten bekommen habe." Schöner Garten. Freundlicher, korrekter Service. Hg. 3,90–6,50 €. So erst ab 17 Uhr. Kocatepe Sok. 1, ✆ 2475126.

Güneyliler, obwohl alles andere als zentral gelegen, ein Kebabrenner unter Einheimischen. Bester *Adana Kebap* und 1001 andere Kebabsorten. Großes, überdachtes Terrassenlokal, mittlere Preisklasse. Außerhalb der Altstadt zweimal vertreten, in der Turgut Reis Cad. 66 **(1)**, ✆ 3466601 und in der Yıldız Cad. 58 **(2)**, ✆ 2383801.

• *Außerhalb* **Arkadaş**, im Norden Antalyas nahe den Düden-Wasserfällen (→ S. 76). Das beliebte Forellenlokal liegt idyllisch in einem wildromantischen Tal an einem rauschenden Fluss. Die leckeren Fische kommen aus der hauseigenen Zucht. Faire Preise, von Lesern empfohlen. Von der Straße zu den Wasserfällen aus beschildert. Auch mit dem Dolmuş zu erreichen. Vom Restaurantparkplatz noch ca. 5 Min. zu Fuß. ✆ 3610165.

Döner Restaurant Magic Mount, hier wird kein Döner Kebap verkauft. „Döner" heißt so viel wie „sich drehend", und genau das tut das Panoramarestaurant hoch auf einem Felsen über der Bucht von Antalya. Das hört sich toll an, leider aber verdienen Service und Essen bislang nur ein „mangelhaft". Vielleicht übernimmt das Lokal einmal wieder ein Pächter, den man empfehlen kann. Sofern Ihnen das aber niemand versichert, sparen Sie sich vorerst die Anfahrt: Richtung Kemer halten. Nach der Abzweigung zum Hafen (Liman) mit „Tünektepe Döner Restaurant" ausgeschildert. Dann geht es noch ca. 7 km steil den Berg nach oben.

• *Cafés/Bar* **Bahçe Kafe (8)**, beim Yivli-Minarett. Ein beschauliches, schattiges Fleckchen abseits des Touristenstroms. Einheimisches Publikum, kein Alkohol und türkische Kunstmusik aus den Boxen.

Café Bar des Hotels Tütav Türk Evi Otelleri (15), die Traumterrasse des Hotelcafés mit türkisfarbenen gusseisernen Stühlen bietet einen der schönsten Ausblicke auf den Hafen. Sehr gemütlich, zuvorkommender Service. Vergleichsweise teuer, aber ohne Beschiss.

Salman (6), Konditorei mit angegliedertem modernen Café. Süßigkeiten, Gebäck, Torten und Börek. Gute Frühstücksadresse. Fevzi Çakmak Cad. 7.

Amor (11), Aussichtsbar mit Stil und Musikbeschallung. Für die Lage zahlt man natürlich mit. Oberhalb des Parkplatzes am alten Hafen, von dort führen Treppen nach oben.

• *Teegärten* Westlich der Altstadt im Tophanepark findet man mehrere mit einer schönen Aussicht. Günstig.

Nachtleben

• *Am Konyaaltı-Strand* In den letzten Jahren haben sich unzählige Restaurants (sehr teuer!), Openair-Kneipen, Discobars und Clubs unmittelbar am Konyaaltı-Strand (Anfahrt → Baden) und in dem gepflegten Grünstreifen dahinter angesiedelt. Das gesamte Eck ist mittlerweile Antalyas Nightspot Nr. 1. Hier kann man auf weichen Polstern und gemütlichen Sofas einen relaxten Sundowner bei dezenter Musik genießen, danach unterm Sternenhimmel am Strand mit DJs aus İstanbul und dem Ausland feiern oder in romantischen Garten-Openair-Bars türkischer Livemusik lauschen. Für jeden Geschmack ist etwas dabei.

• *In der Altstadt* Seitdem sich die Szene am Konyaaltı-Strand trifft, herrscht hier am Abend relativ tote Hose.

Antalya Karten S. 66/67 u. S. 71

Ein paar wenige Clubs verstehen es aber noch immer, die Beats bis spät in die Nacht in die Pensionszimmer zu schicken. Dazu gehören das **Ally (12)**, eine Art Vergnügungspark für Gaumen und Ohr: mehrere Restaurants mit Gerichten aus aller Welt, viel Musik, alles auf höherem Preisniveau (nur im Sommer geöffnet), und der **Club Arma (13)** beim alten Hafen (→ Essen & Trinken). Abend-Make-up und Geldbeutel sollten hier gleichermaßen dick sein. Eintritt 8,50 €.

Wer einfach nur ein Bier trinken will, kann ins **Ceneviz (19)** gehen, eine kleine Bar ganz im Zeichen des Blues und Jazz. Nach dem zweiten Besuch fühlt man sich hier schon wie ein Stammgast. Netter Wirt, günstiges Bier, internationales Publikum. Hıdırlık Sok.

Das **Rainbow (27)** ist eine beliebte kleine Gaybar. Tägl. ab 20 Uhr. Fırın Sok./Ecke Tabakhane Sok.

Baden/Tauchen

Attalos plante bei der Gründung der Stadt keine schwimmbegeisterten Touristen ein und platzierte Antalya direkt auf einem Fels über dem Meer. Folglich liegen die Strände außerhalb. Einzige Ausnahmen für einen Sprung ins Meer sind der gebührenpflichtige Sandfleck keine 100 m südlich des alten Hafens (Zugang vom Restaurant Mermerli) und das zentrumsnahe **Adalar Beach Café** (Zugang über den Karaalioğlu-Park nahe dem Restaurant Deniz), eine mit Liegestühlen bestückte Holzplattform zwischen Felsen über dem Meer. Die nächstgelegenen Strände sind:

Konyaaltı: Ein langer Sand-Kies-Strand, der etwa 2 km westlich des Zentrums beginnt. Spielend per Dolmuş mit der Aufschrift „Liman" von der İsmet Paşa Cad. zu erreichen (beim Hotel Falez aussteigen) oder mit der Straßenbahn bis zur Endstation beim Archäologischen Museum fahren und von dort noch ca. 5 Min. bergab. Taxi einfach ca. 1,70 €. Die Bars und Beachclubs (→ Nachtleben) organisieren den Liegestuhlverleih, bieten Umkleideräume, Duschen und natürlich gute Cocktails. Wer davon zu viele hat und untergeht, darf auf die Rettungsschwimmer hoffen. Geboten werden zudem diverse Wassersportmöglichkeiten zwischen Bananariding und Parasailing.

Lara: 12 km südöstlich der Stadt, mit dem Bus problemlos zu erreichen (passiert u.a. die Atatürk Cad.). Am besten bis zum Club Hotel Sera fahren, östlich der Clubanlage beginnt ein längerer Strandabschnitt, erst feiner Kies, dann Sand und ca. 30 m breit. Je weiter Sie Richtung Osten tingeln, desto ruhigere Plätzchen finden Sie, Abgeschiedenheit jedoch nie. Gleich zu Beginn des Strandes soll sich eine Bar- und Cafészene à la Konyaaltı entwickeln. Was bislang aber zu sehen ist, ist bei weitem nicht so schön. Der Ort Lara ist übrigens nichts anderes als eine gesichtslose Hotelbettenburg und Apartmentsiedlung, über welche die Flugzeuge zum Airport Antalya donnern. Architektonisch aus dem Rahmen fallen jedoch die außerhalb gelegenen (gen Osten parallel zum Lara Strand weiterfahren), skurrilen All-inclusive-Anlagen im Stil des Topkapı Sarayı, des Kremels, Venedigs usw. – Disneyland lässt grüßen.

Konyaaltı, Antalyas Hausstrand vor atemberaubender Kulisse

Weitere Bademöglichkeiten bestehen zwischen Antalya und Kemer, überwiegend in größeren und kleineren Buchten nahe der Küstenstraße. Zum Teil werden Eintrittspreise in Form von Parkgebühren von bis zu 3 € verlangt. Der Ausbau des Küstenhighways z. Z. der letzten Recherche lässt jedoch befürchten, dass ihr Charme verloren geht.

• *Tauchen* **Rainbow A&P Diving Center**, deutschsprachige Tauchbasis am alten Hafen nahe dem Parkplatz. Veranstaltet Bootstauchgänge zu einem vorgelagerten Wrack (30 €). Bietet ferner Schnupperkurse für 55 € und diverse Tauchkurse ab 250 € an. ✆ 2481257, www.apdivers.de.

• *Aquaparks* **AquaLand**, etwas zurückversetzt vom Konyaaltı-Strand ganz im Westen des gepflegten Strandabschnitts. Mit Megarutsche, mehreren Pools etc. Eintritt 12 €. Zu erreichen mit Dolmuşen mit der Aufschrift „Liman" von der İsmet Paşa Cad. Ähnliches Angebot und ähnliche Preise bietet bzw. verlangt der **Dedeman Aquapark** zwischen Antalya und Lara (von der Atatürk Cad. mit den Lara-Bussen zu erreichen).

Sehenswertes

Die meisten Sehenswürdigkeiten Antalyas liegen in oder nahe der Altstadt *(Kaleiçi)*. Man kann sie spielend zu Fuß abklappern, sie sind aber im verwinkelt-verwirrenden, engen und abschüssigen Gassensystem nicht immer leicht bzw. auf Anhieb zu finden. Kein Stadtplan wird dem Gassenchaos gerecht, das zum Teil ein Erbe der Griechen ist. Auf diese folgten in den 1920ern mehrheitlich Sinti-Familien. Viele von ihnen wanderten im Laufe der Zeit wieder ab. Die, die blieben, zählen heute zu den sozial schwachen Altstadtbewohnern. In manchen Gassen kontrastieren ihre ruinösen Wohnhäuser mit den restaurierten Anwesen der Pensionsbetreiber. Irgendwann soll einmal die gesamte alte Bausubstanz restauriert und eine Musteraltstadt geschaffen werden. Doch da die Altstadt immer weniger Einwohner hat, hat sie auch immer weniger Wählerstimmen, und so interessiert sich momentan kein Politiker um die Sanierung des Viertels.

Yivli-Minarett/Alaeddin-Moschee: Das seldschukische Minarett der Alaeddin-Moschee aus dem frühen 13. Jh. ist das Wahrzeichen Antalyas. Die Dominante in der Altstadtskyline ragt etwas unterhalb der Cumhuriyet Caddesi in den Himmel. Der Ziegelturm hat die Form eines Rundstabbündels und diente Seefahrern Jahrhunderte lang als Orientierungspunkt. Die dazugehörige Moschee wurde auf dem Fundament einer byzantinischen Kirche errichtet. Ihre 12 Säulen, die heute die sechs Ziegelkuppeln tragen, stammen noch aus dem Vorgängerbau und so manche Säulenbase wurde als Kapitell verwendet. Sultan Alaeddin Keykobat I., einer der bedeutendsten Seldschukenherrscher, gab Moschee samt Minarett in Auftrag. Gegenüber dem Minarett sieht man die Ruinen der *Medrese*. Die Mauerreste der einstigen seldschukischen Koranschule sind von einer Stahl- und Glaskonstruktion überdacht, heute werden darin Gewürze und Kunsthandwerk verkauft. Gleich nebenan liegt der ehemalige *Konvent der Mevlana-Derwische*, heute die *Güzel Sanatlar Galerisi* (Kunstgalerie), in der wechselnde Ausstellungen stattfinden.

Beim Berber

Antalya
Karten S. 66/67 u. S. 71

Uhrturm/Murat-Paşa-Moschee: An der Cumhuriyet Caddesi, am Eingang zur Altstadt, steht unübersehbar der Uhrturm, dessen Fundament noch Teil der alten Stadtbefestigung ist. Gleich daneben befindet sich die *Tekeli-Mehmet-Pascha-Moschee*, deren Silhouette zwar die Altstadt bereichert, die architektonisch jedoch uninteressant ist. Folgt man vom Uhrturm der Kazim Özalp Caddesi, eine der lebendigsten Einkaufsstraßen der Neustadt, gelangt man zur Murat Paşa Camii in einem kleinen Park. Diese Moschee aus der zweiten Hälfte des 16. Jh. lohnt einen Besuch, ihr Inneres ist reich mit Fayencen verziert.

Hafen: Im 2. Jh. v. Chr. liefen hier die ersten Schiffe ein, die mächtigen Landmauern stammen aus römischer Zeit. 2.000 Jahre lang war er das Tor Antalyas zur Welt, bis er vom neuen Hafen westlich der Stadt abgelöst wurde. Heute legen hier nur noch Ausflugsschiffe, ein paar Yachten und Fischerboote an. Die Attraktion sind Schiffseigner und ihre Familien beim Abendessen.

Kesik-Minarett: Einst stand hier ein Rundtempel, der dem ptolemäischen Gott Serapis geweiht war. Auf diesen folgte an gleicher Stelle im 5. Jh. die byzantinische *Panaghia-Kirche*, die wiederum 800 Jahre später in eine Moschee umgewandelt wurde. Im Jahre 1851 ging diese bei einem Großbrand in der Altstadt in Flammen auf. Zurück blieb eine Ruine. Seit diesem Zeitpunkt spricht man auch vom Kesik-Minarett – dem „abgeschnittenen Minarett“. Zwischen den Mauerresten an der gleichnamigen Gasse wächst heute Unkraut.

Suna ve İnan Kıraş Kaleiçi-Museum: Es ist untergebracht in einem osmanischen Herrenhaus. Zu sehen gibt es ein paar alte Fotografien der Stadt, zudem werden in drei extrem klimatisierten Räumen mit lebensgroßen Puppen Szenen aus dem vorletzten Jahrhundert nachgestellt, wie z. B. das Servieren von Kaffee, das Rasieren des Bräutigams oder der Henna-Abend vor dem Hochzeitsfest. Das klingt nicht gerade spannend, und so ist es auch. Zum Museumskomplex gehört auch eine *griechisch-orthodoxe Kirche* aus der zweiten Hälfte des 19. Jh., die wechselnden Ausstellungen dient, gelegentlich finden darin auch Konzerte statt.

Adresse/Öffnungszeiten Kocatepe Sok. 25. Tägl. (außer Mi) 9–18 Uhr. Eintritt 1 €.

Hadrianstor: Der prunkvolle Triumphbogen aus Marmor mit seinen beiden wuchtigen Türmen wurde 130 n. Chr. für Kaiser Hadrian errichtet, als dieser der Stadt einen Besuch abstattete. Heute ist das Tor auch für Nichtkaiser ein hübscher Eingang von der Atatürk Caddesi in die Altstadt. Die Kerben in den Bodenplatten sollen Spurrillen römischer Wagen sein. Deutlicher erkennt man, dass das Höhenniveau der alten, römischen Stadt ein paar Meter unter dem heutigen lag. Welche Ruinen unter der Altstadt noch schlummern, ist unbekannt.

Hıdırlık Kulesi/Karaalioğlu-Park: Der 17 m hohe Turm ganz im Süden der Altstadt stammt aus römischer Zeit. Ob er als Mausoleum oder Teil einer alten Zitadelle gebaut wurde, weiß man nicht – die Forschung tappt hier noch im Dunkeln. Genutzt wurde er später u. a. als Leuchtturm und Kanonenplattform zur Sicherung des Hafens. Auf alle Fälle wird er gerne bestiegen. Weiter südlich schließt sich der Karaalioğlu-Park an: Blumenmeer trifft hier Mittelmeer. Teegärten und Restaurants laden zum Verweilen ein. Ein kleiner Abenteuerspielplatz mit Hängebrücke und Rutschen erfreut Kinderherzen. Tipp: Schauen Sie sich hier den Sonnenuntergang an.

Zu Besuch bei Hermes im Archäologischen Museum

Archäologisches Museum: Es gehört zu den führenden Museen seiner Art in der Türkei und ein Besuch ist absolut lohnenswert. Gezeigt werden Funde aus Lykien und Pamphylien in chronologischer Anordnung. So manche sind spektakulärer als der Anblick der Ausgrabungsstätten heute. Der Rundgang beginnt mit der prähistorischen Sammlung und schließt mit einer ethnographischen Abteilung ab. Seinen besonderen Ruf verdankt das Museum den übergroßen Götter- und Kaiserstatuen von Perge, darunter Hadrian, Trajan, Zeus usw. Auch die reich verzierten, sehenswerten Sarkophage stammen überwiegend aus Perge. Halten Sie nach jenem Ausschau, dessen Marmorfries

Blick auf die Altstadt

Antalya
Karten S. 66/67 u. S. 71

die Heldentaten des Herkules zeigt. Solche Sarkophage wurden im 2. u. 3. Jh., als die Sarkophagproduktion ihren Höhepunkt erreichte, wie Katalogware hergestellt. Ferner kann man Goldschmuck aus Patara bestaunen, kleine Metallfiguren aus Arykanda, Mosaiken aus Seleukeia, eine Münzsammlung und und und. Auch so manche Überraschung ist zu entdecken: Bei den byzantinischen Ikonen beispielsweise liegt ein Schächtelchen, eingeschlagen in rotem Samt, drinnen einige Knochensplitter und ein Teil eines Kiefers. Begleittext: der Heilige Sankt Nikolaus.

Adresse/Öffnungszeiten Ganz im Westen der Stadt, kurz bevor die Straße zum Strand von Konyaaltı hinabführt auf der rechten Seite. Am einfachsten mit der Straßenbahn zu erreichen. Tägl. (außer Mo) 8.30–19.30 Uhr. Eintritt 8,30 €, erm. 1,70 €.

Atatürk Kültür Parkı: Der Park erstreckt sich zwischen Steilküste und Konyaaltı Caddesi (Verlängerung der Cumhuriyet Caddesi) und bietet eine schöne Aussicht über die gesamte Bucht von Antalya: im Westen die Berge bei Kemer, im Osten die Steilküste von Lara. Sonntags ist er ein beliebtes Familienausflugsziel, für manche Abschnitte wird ein kleiner Eintritt verlangt.

DolphinLand und Minicity: Die jüngsten Attraktionen Antalyas. Im DolphinLand finden täglich um 11 und 15 Uhr Shows statt (Eintritt 10 €). Wer mag, kann danach für weitere 50 € noch 5 Minuten mit den gefangenen Tieren schwimmen. Minicity ist ein Freizeitpark mit über 70 berühmten Baudenkmälern des Landes im Miniaturformat (Maßstab 1:25). Aus einer Begleitbroschüre (auch deutschsprachig) können Sie Ihren Kindern vorlesen, was diese alles nicht anfassen dürfen (Eintritt 5 €, tägl. 9–22 Uhr).

• *Anfahrt* Beide Attraktionen liegen nur wenige Schritte voneinander entfernt im Westen Antalyas hinter dem Konyaaltı-Strand. Vom Zentrum kommend, passiert man zunächst (beim AquaLand) das DolphinLand, kurz darauf taucht die Minicity auf. Zu erreichen mit Dolmuşen mit der Aufschrift „Liman" von der İsmet Paşa Cad.

Ausflugsziele östlich von Antalya

Die drei antiken Ruinenstädte Perge, Aspendos und Sillyon sind die publikumsträchtigsten Attraktionen östlich von Antalya. Perge wartet mit dem größten Stadion und Aspendos mit dem besterhaltenen römischen Theater Kleinasiens auf. Im Vergleich dazu ist Sillyon zwar ein eher kleiner kulturhistorischer Happen, dafür aber landschaftlich reizvoll gelegen.

Im Rahmen eines Tagesausflugs lassen sich die drei antiken Städte Pamphyliens (das „Land aller Stämme", eine historische Landschaft, die östlich an Lykien anschloss) spielend erkunden. Wer will, kann unterwegs noch einen Abstecher zu den *Düden-* und den *Kurşunlu-Wasserfällen* machen oder die *Zeytintaşı Mağarası*, eine Tropfsteinhöhle, erkunden.

Perge, *Aspendos* und *Sillyon* sind nach dem Schema angelegt, das bei den meisten Stadtgründungen im Golf von Antalya Anwendung fand: Die Siedler suchten einen schroffen, steil abfallenden Tafelberg, der leicht zu verteidigen war, in dessen Umgebung Ackerbau betrieben werden konnte und von dem aus das Meer auf einem Fluss zu erreichen war. Aus Angst vor Seeräubern wagte man es nämlich nicht, sich unmittelbar an der Küste niederzulassen. Heute liegen die Ruinenstädte in einer Welt voller Gewächshäuser.

Düden-Wasserfälle

Die *oberen Wasserfälle* liegen in einem kleinen Park *(Düdenbaşı Piknik Alanı)* im Nordosten Antalyas. An Sonntagen dient er Familien als Picknickplatz und Tanzterrain, Teegärten und Restaurants (→ Antalya/Essen & Trinken, S. 70) sorgen für Speis und Trank. Aus einer Felskaverne kann man den Wasserfall auch von hinten sehen. Im Sommer kann das Rauschen allerdings ausfallen, denn dann ist der Fluss Düden bisweilen ziemlich ausgetrocknet. Die *unteren Wasserfälle* liegen vor Lara am Meer und sind das Ziel vieler Bootsausflüge. Durch die Ablagerung von Quellkalk hat der Düden hier Gesteinsformationen entstehen lassen, die sich im Laufe der Jahrtausende immer weiter ins Meer vorschoben. Nebenan wurde ein kleiner Park angelegt.

• *Anfahrt/Öffnungszeiten* Die oberen Wasserfälle sind von der West-Ost-Tangente, dem Gazi Bul., mit „Düden Şelalesi" ausgeschildert. Bis 21 Uhr regelmäßig Dolmuşe von der Ali Çetinkaya Cad. Tagsüber stets zugänglich. Eintritt 1,10 €.

Kurşunlu-Wasserfälle

Sie sind größer und beeindruckender als die Düden-Wasserfälle und wurden 1991 zum Naturschutzgebiet erklärt. Trotzdem sollte man nicht zu viel erwarten, es stürzt auch hier kein imposanter Strom zu Tale. Andrang herrscht nur vor dem türkisfarbenen Becken des Hauptfalls; auf den kleinen Pfaden des reich bewachsenen Geländes verlieren sich die Spaziergänger dann aber zusehends. Wer dem Fluss folgt, gelangt zu einem kleinen See zwischen Felsen, Büschen und Bäumen.

• *Anfahrt/Öffnungszeiten* Antalya Richtung Osten (Alanya) verlassen, nach etwa 10 km weist ein Hinweisschild („Kurşunlu Şelalesi") den Weg zu den noch 8 km entfernten Fällen. Die Wasserfälle sind im Sommer 4-mal tägl. mit dem Bus von Antalya (Abfahrtsstelle „Meydan" östlich der Ali Çetinkaya Cad.) zu erreichen. Tagsüber stets zugänglich. Eintritt 1,10 €, erm. die Hälfte.

Die Rundtürme der hellenistischen Toranlage von Perge

Perge (antike Stadt)

Perge ist ein weites schattenloses Trümmerfeld: 1000 Steine, aber keiner erinnert mehr an den berühmten Artemistempel der antiken Stadt. Schenkt man alten Reiseberichten Glauben, so befanden sich die Ruinen von Perge bis zum Anfang des 20. Jh. in einem außerordentlich guten Zustand. In den 1920ern restaurierten und vergrößerten jedoch die Bewohner des nahen Murtuna ihr Dorf mit der historischen Bausubstanz Perges – ein irreparabler Raubbau an der Antike. Unter türkischer Leitung durchgeführte Ausgrabungen begannen 1946, sie dauern bis heute an und bringen immer wieder beeindruckende steinerne Zeugnisse aus hellenistischer, römischer und byzantinischer Zeit ans Tageslicht.

Gegründet wurde Perge ca. 1000 v. Chr., der Legende nach von den trojanischen Sehern Kalchas und Mopsos, vermutlich aber ganz banal von siedlungsfreudigen Lakedämoniern. Die ersten Jahrhunderte der Stadtgeschichte unterscheiden sich nicht wesentlich von denen anderer Städte am Golf von Antalya: Im 7. Jh. v. Chr. wurde Perge lydisch, später persisch. Einen eigenen Weg schlug Perge erst 333 v. Chr. ein: Die Stadt unterwarf sich kampflos Alexander dem Großen und stellte ihm wegen ihrer schlechten Beziehungen zu den Nachbarstädten Aspendos und Side gar „Pfadfinder“ zur Verfügung, die seine Truppen schnell und sicher durch den unwegsamen Taurus führten. Nach dem Tod Alexanders des Großen wurde die Stadt dem Seleukidenreich einverleibt. 188 v. Chr. eroberten die Römer Perge und vertrauten es Eumenes II. von Pergamon an. Zusammen mit dem pergamesischen Königreich fiel die Stadt nach dem Tod des Herrschers zurück an Rom. In römischer Kaiserzeit war Perge berühmt für seinen Artemiskult (→ Kasten, S. 78).

48 n. Chr. traf Apostel Paulus mit Begleiter Barnabas in Perge ein. Die Missionare waren herzlich willkommen – was vor allem damit zusammenhing, dass man sie für die Götter Zeus und Hermes höchstpersönlich hielt. Perge besaß bald darauf eine der ersten Christengemeinden Kleinasiens, die aber noch für ein paar Jahrhunderte

ein Schattendasein neben der lokalen Artemisverehrung führte. Das änderte sich endgültig unter byzantinischer Herrschaft. Mit dem Aufstieg Perges zur Bischofsstadt baute man drei Basiliken und zerstörte den berühmten Tempel samt dem Kultbild der Artemis Pergaia. Während der Sarazenenüberfälle im 7. Jh. gaben die Einwohner ihre Stadt zugunsten des besser geschützten Attaleia (Antalya) auf. Bereits zur Seldschukenzeit fegte nur noch der Wind durch die leeren Straßen.

• *Anfahrt* In Aksu (16 km östlich von Antalya) an der Nationalstraße 400 ausgeschildert, von dort noch 2 km. Wer mit dem **Dolmuş** von Antalya (→ S. 62) unterwegs ist, muss in Aksu aussteigen und den Rest (ca. 20 Min.) laufen.

• *Öffnungszeiten* Mai–Oktober tägl. 7.30–19 Uhr, November–April tägl. 8–17.30 Uhr. Eintritt 5,50 €, erm. 1,70 €.

Muttergöttin und Jungfrau Maria – die Artemis von Perge

Wie in Ephesus wurde auch in Perge der Artemiskult gepflegt. Der Tempel der Artemis, der Göttin der Jagd und des Bogenschießens, der Fruchtbarkeitsspenderin, der Beschützerin wilder Tiere, Kinder und alles Schwachen, lag außerhalb der Stadt, war ein berühmter Wallfahrtsort und bot Verfolgten Asyl. Die Artemis von Perge war auch von Anfang das beherrschende Motiv auf pergamenischen Münzen. Auf den ältesten Münzen heißt sie noch *Vanassa Preiia*, „Königin von Perge", und wird als viereckiger Steinblock mit einer menschlichen Büste dargestellt. Genau genommen handelt es sich dabei um eine altanatolische Muttergöttin, die ein griechisches Namensmäntelchen umgehängt bekam. Auch unter den Frühchristen lebte der Artemiskult fort: Die Jungfrau Maria hielt man, bevor sie sich als Gottesmutter voll durchsetzen konnte, in Perge anfangs nur für eine weitere Inkarnation der uralten Muttergottheit.

Sehenswertes

Theater: Bereits auf der Zufahrtsstraße zum gebührenpflichtigen Teil des Ausgrabungsgeländes passiert man das Theater (nicht immer zuänglich). Der ursprünglich griechische Bau wurde im 2. Jh. n. Chr. von den Römern erweitert und mit einem dreigeschossigen Bühnenhaus und einem dekorativen *Nymphäum* versehen. Angelegt an einem Hügel vor der Stadt, bot es 14.000 eng gedrängten Zuschauern Platz. Nicht wenige besaßen „Dauerkarten" – an manchen Plätzen sind Namen eingraviert.

Stadion: Unmittelbar hinter dem Kassenhäuschen an der Zufahrtsstraße liegt rechter Hand das Stadion mit einer Länge von 234 m – das größte Kleinasiens. Es diente sportlichen Wett- und blutigen Gladiatorenkämpfen. Da es in einer Ebene angelegt war, mussten für die 12.000 Zuschauer gewaltige Unterbauten geschaffen werden, welche die noch heute hervorragend erhaltenen Sitzreihen stützten. In den miteinander verbundenen, massiven Gewölben dieser Unterbauten befanden sich einst Läden.

Hellenistisches Stadttor: Hinter dem Parkplatz fällt der Blick sogleich auf das hellenistische Stadttor mit seinen zwei mächtigen Rundtürmen. Auf dem Weg vom Parkplatz dahin passiert man zudem ein spätrömisches, zangenförmiges *Stadttor*, einst mit Marmorsäulen verkleidet, und eine *Therme* (linker Hand). Badebecken und Bodenmosaiken lassen sich noch ausmachen.

Das durch sein Quadermauerwerk monumental wirkende hellenistische Stadttor besaß einen hufeisenförmigen Hof. In den Nischenreihen der Innenmauern stan-

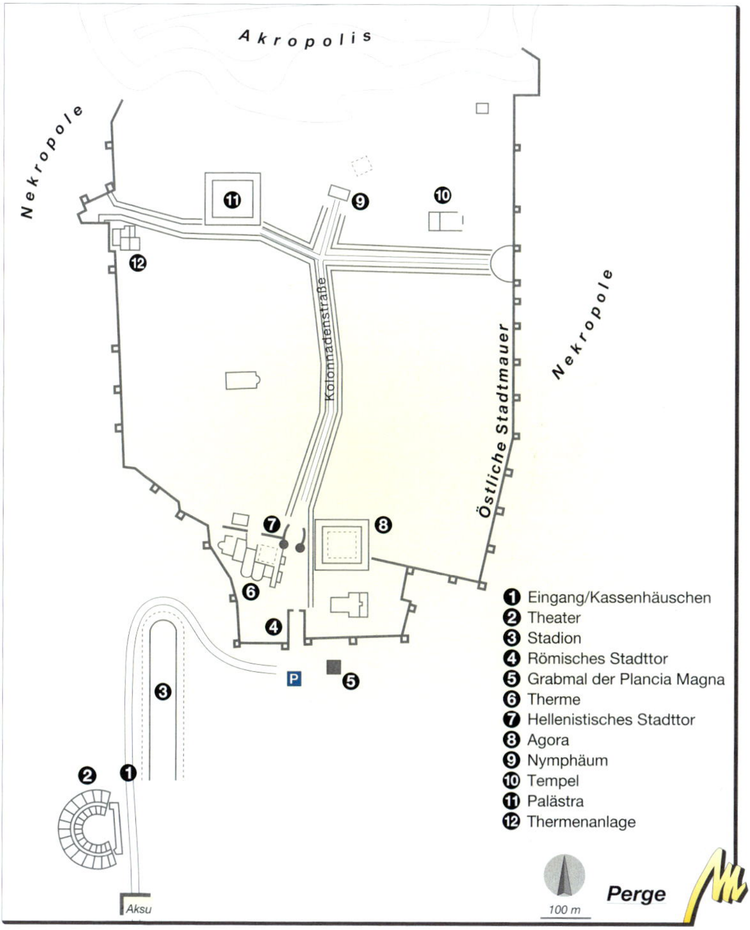

den Statuen auf beschrifteten Sockeln, unten von Göttern, oben u. a. von den legendären trojanischen Stadtgründern. Gestiftet wurden die Statuen im Jahre 120 von Plancia Magna, einer reichen Mäzenin Perges (ihr Grabbau befindet sich beim Parkplatz), die fast ihr gesamtes Vermögen für städtische Bauten bereit stellte. Zum Dank wurde ihre Person mit Statuen an verschieden Plätzen der Stadt gewürdigt.

Agora: Rechts des hellenistischen Stadttors lag die Agora, das einstige Zentrum des gesellschaftlichen Lebens. In der Mitte stand ein Rundtempel der Glücksgöttin Tyche. Im Nordosteck der Agora lässt sich zudem ein „Spielstein“ entdecken, mit dem sich die Alten die Zeit vertrieben und auf das Glück Tyches hofften.

Kolonnadenstraße: Vom hellenistischen Stadttor führte eine 20 m breite Kolonnadenstraße, deren Säulen z. T. wieder aufgerichtet wurden, gen Norden zu einem *Nymphäum* am Fuße des Akropolishügels, das eine Statue des Flussgottes Kestros krönte. In der Straßenmitte verlief in Kaskaden ein 2 m breiter Kanal. Rechts und links davon zeigt das Pflaster noch Wagenspuren. Hinter der Säulenreihe wandelte das Volk auf Mosaiken entlang einer Ladenzeile. Die Straße war zugleich die Hauptachse der Stadt, die sich zu beiden Seiten ausbreitete und noch weitestgehend unausgegraben ist.

Weitere Sehenswürdigkeiten: Folgt man der Prachtstraße zum Nymphäum (an vier Säulen rechter Hand können Sie die Reliefs von Apollon, Artemis, Kalchas und Tyche entdecken), gelangt man zu einer Kreuzung, die einst ein Triumphbogen zierte. Hält man sich hier links, kommt man an den Resten der *Palästra* und einer weiteren *Thermenanlage* vorbei zur *Westnekropole*, die außerhalb der Stadtmauer lag. Die schönsten Sarkophage von hier stehen heute im Archäologischen Museum von Antalya.

Sillyon (antike Stadt)

Auf einem schroffen Bilderbuchtafelberg inmitten der flachen Küstenebene – mit Sichtkontakt zum Meer und zum nahen Perge – wurde die Stadt von griechischen Kolonisten um 1000 v. Chr. gegründet, also zur gleichen Zeit wie Aspendos und Perge. Zwar war Sillyon in hellenistischer und römischer Zeit ein wichtiges Handelszentrum und wurde später unter byzantinischer Herrschaft Bischofssitz, doch Schlagzeilen der Geschichte schrieb die Stadt nie. Heute ist Sillyon ein ruhiges Ruinenstädtchen, nur teilweise ausgegraben und von Touristen wenig frequentiert. Wer es besucht, wird von seiner Lage beeindruckt sein, nicht aber von seinen baulichen Überresten.

Sehenswertes: Vom Parkplatz im Weiler Asar, am Fuße des Tafelberges, sind es nur ein paar wenige Schritte bergauf zum einstigen *Stadion*, dessen Grundriss sich noch erkennen lässt. Darüber erhebt sich die Ruine eines *Gymnasions* und auf gleicher Höhe rechts davon die des *Unteren Stadttores* mit Rundtürmen und einem hufeisenförmigen Hof. Etwas weiter liegen die Reste eines *Wehrturms*, von welchem eine fünf Meter breite, früher gedeckte Rampe zum *Oberen Stadttor* der Akropolis führt. Auf dem Plateau lassen sich noch gut die Ruinen einer *Palästra*, hellenistischer Gebäude sowie die einiger *Tempel* ausmachen. Aus der Zeit der Seldschukenherrschaft stammt eine kleine *Moschee*, aus der byzantinischen Epoche eine dreischiffige *Kirche*. Letztere besitzt einen Türpfosten mit einer Inschrift in griechischen Buchstaben. Dabei handelt es sich um einen bislang nicht entzifferten Text und zugleich den lang gesuchten Beweis dafür, dass Pamphylien eine eigene Sprache besaß. Am imposantesten ist jedoch das *Theater* am Südostrand des Plateaus. 1969 verlor es infolge eines Erdbebens sein Bühnenhaus. Würde man dies nicht wissen, könnte man meinen, es sei einzig und allein für den Sonnenaufgang gebaut worden – der Anblick ist spektakulär. Das Odeion nebenan verschwand nach dem Beben ganz.

• *Anfahrt* Von der Nationalstraße 400 Antalya–Alanya wenige Kilometer westlich von Serik (gegenüber der Abzweigung zum „Belek Turizm Merkezi") ausgeschildert (noch 9 km). Falls unterwegs eine Beschilderung fehlt, auf den Tafelberg hin orientieren. Man parkt beim Sillyon Café, von wo der Pfad auf den Burgberg beginnt. Sillyon ist nicht mit dem Dolmuş zu erreichen.

• *Öffnungszeiten* Sillyon ist rund um die Uhr zugänglich. Das Gelände ist nicht abgesperrt, jedoch wird tagsüber, sofern Sie der Wärter sieht, und das tut er meist, 1 € Eintritt verlangt. Gegen ein Trinkgeld führt er Sie auch durch die antike Stadt. Achten Sie auf versteckte Löcher (Zisternen!) im Boden. Gutes Schuhwerk ist ratsam.

Aspendos

(antike Stadt)

Am schönsten ist ein Besuch des großartigen Theaters von Aspendos im Rahmen der Festspiele von Antalya (→ Antalya/Veranstaltungen, S. 65) – die Atmosphäre bei den Aufführungen ist ergreifender als in Verona. Wer zum Staunen keine künstlerische Darbietung braucht, kommt am besten frühmorgens, bevor die Busladungen aus den Küstenorten eintreffen.

Aspendos' geschichtliche Eckdaten unterscheiden sich kaum von denen der Nachbarstädte. Aspendos aber war im Vergleich zu diesen überaus reich. Das verdeutlicht z.B. die Tatsache, dass die Aspendier das anrückende Heer Alexanders des Großen durch Bezahlung von 100 Talenten in Gold (ein Talent entsprach etwa einem 20-Kilo-Barren) von der Zerstörung ihrer Stadt abhalten konnten. Ihren Wohlstand verdankten die Aspendier insbesondere der Salzgewinnung aus dem nahe gelegenen, in den Sommermonaten ausgetrocknetem Kapriasee. Aber auch der Handel mit Pferden florierte, Aspendos war berühmt für seine Zucht. Einen guten Namen hatte zudem der Wein der Stadt. Zu größter Blüte gelangte Aspendos in römischer Zeit, die meisten noch heute erhaltenen Baureste stammen aus jener Epoche. Die Verlandung des Hafens am Eurymedon in der byzantinischen Periode läutete den Niedergang ein. In seldschukischer Zeit war Aspendos noch ein kleines Fürstentum, das Theater diente als Karawanserei. Den Seldschuken ist es zu verdanken, dass das Theater bis heute so gut erhalten ist – sie behoben Schäden aus früherer Zeit.

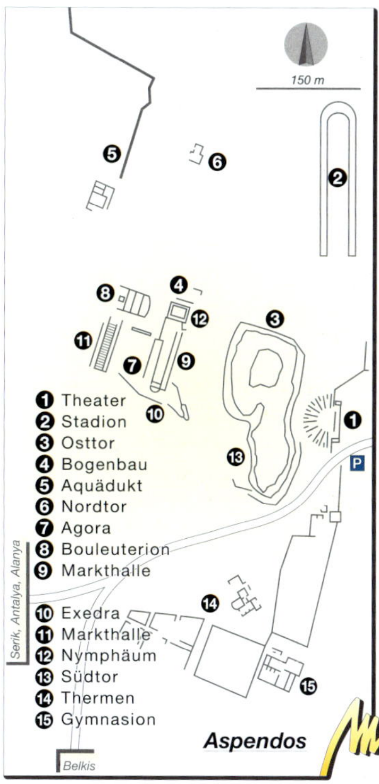

• *Anfahrt* Ca. 3 km östlich von Serik an der Nationalstraße 400 Antalya–Alanya ausgeschildert. Alle 2 Std. besteht eine Verbindung mit dem **Dolmuş** (Aufschrift „Belkis Aspendos Baraj") von Serik nach Aspendos. Serik selbst erreicht man mit nahezu jedem **Bus**, der von Antalya (Busbahnhof) Richtung Osten fährt.

• *Öffnungszeiten* Mai–Oktober tägl. 7.30–19 Uhr, November–April 8–17.30 Uhr. Eintritt für das Theater 5,50 €, erm. 1,70 €, Parken 1,10 €. Den Rest von Aspendos dürfen Sie umsonst besichtigen.

Sehenswertes

Theater: Das im 2. Jh. n. Chr. erbaute Theater direkt am Parkplatz ist zweifellos das beeindruckendste Bauwerk von Aspendos. Eine Inschrift über den beiden äußeren Bühneneingängen berichtet, dass es den spendablen Brüdern Curtius, den Göttern des Landes und dem Kaiserhaus gewidmet, sowie vom Architekten Zenoi zu deren Zufriedenheit ausgeführt wurde. Das Theater, das etwa 20.000 Zuschauern Platz

Das besterhaltene römische Theater Kleinasiens

bot, ist eine nach außen völlig geschlossene Anlage, bei der Bühnenhaus und Ränge die gleiche Höhe haben. Auf den oberen Sitzreihen findet man wie in Perge reservierte Plätze mit den eingravierten Namen der „Abo-Besitzer". Lassen Sie den Blick von dort über das Theater schweifen. Die Fassade des noch 30 m hoch erhaltenen Bühnenhauses war mit Marmor verkleidet und mit 40 Säulen, Statuen und Reliefs geschmückt. Ein Dionyosrelief blieb im Mittelgiebel erhalten. Die meisten Busgruppen beschränken sich auf die Besichtigung dieses Bauwerks und sparen sich den Weg in die dazugehörende antike Stadt – ein Fehler.

Antike Stadt: Aspendos erstreckte sich oberhalb des Theaters auf dem heute mit Büschen überwachsenen Burgbergplateau. Das Ruinenfeld ist vorrangig Tummelplatz hitzebeständiger Grillen und etlicher Kleintiere mehr, die kaum in ihrer Ruhe gestört werden. Nördlich des Theaters führt der Weg hinauf zur wenig besuchten *Agora*. Ihre Westseite säumte eine 70 m lange, zweistöckige *Markthalle*. Teile der Quaderwände stehen noch. Die Nordseite dominierte ein *Nymphäum*, dessen Nischenfassade reich mit Statuen bestückt war. An die Ostseite grenzte ebenfalls eine Markthalle jener Bauform, aus der sich später die christliche *Basilika* entwickelte. Von der nördlicher Vorhalle sind noch bis zu 15 m hohe Mauerreste erhalten.

Aquädukt: Vom Nordrand des Hügels sieht man in der landwirtschaftlich intensiv genutzten Ebene die Reste eines römischen Aquäduktes, das z. T. noch in der ursprünglichen Höhe von 30 m dasteht. (Wer mit dem eigen Fahrzeug unterwegs ist, gelangt zum Aquädukt, wenn er die Straße am Theater vorbei einfach weiterfährt). Die Wasserleitung war einst über 15 km lang, die letzten drei Kilometer durch die Ebene verlief über Arkaden. Das Wasser floss durch Tonrohre. Die Türme an den Stellen, wo der Aquädukt abknickt, dienten zur Entlüftung der Rohre und verhinderten ein Absinken des hydrostatischen Drucks.

Zeytintaşı-Höhle

Im Gegensatz zur Beldibi- oder Karain-Höhle (s.u.) war die *Zeytintaşı Mağarası*, die 1997 bei Sprengungsarbeiten entdeckt wurde, stets unbewohnt. Ein Besuch lohnt wegen ihrer imposanten Tropfsteinformationen, die über einen Zeitraum von 14 Millionen Jahren entstanden. Die Höhle besitzt zwei Stockwerke, von denen bislang aber nur das obere über eine Länge von 138 m begehbar ist.

Anfahrt/Öffnungszeiten Keine Anbindung mit öffentlichen Verkehrsmitteln. Von der Nationalstraße 400 in Serik ausgeschildert, dann noch 16 km landeinwärts. Die Beschilderung vom Parkplatz in Aspendos ist unvollständig. Tägl. 9–18 Uhr. Eintritt 2,20 €, erm. 0,80 €.

Ausflugsziele westlich von Antalya

Die antike Ruinenstadt Termessos, in der Altsteinzeit besiedelte Höhlen, tiefe Schluchten und Bergregionen, die weit über die Waldgrenze hinausragen – das sind die Ausflugsziele westlich der Millionenmetropole Antalya.

Während Termessos im gleichnamigen Nationalpark uneingeschränkt zu empfehlen ist, geraten beim Besuch der *Beldibi-* und der *Karain-Höhle* gewöhnlich nur eingefleischte Archäologen ins Schwärmen. Die Bergwelt rund um das Skigebiet *Saklıkent* (1.750–1.990 m) und die imposante *Güver-Schlucht* sind insbesondere für Landschafts- und Naturgenießer ein Erlebnis.

Beldibi-Höhle

Die Höhle nahe dem gleichnamigen Ferienort (→ S. 94) ist wegen ihrer Höhlenmalereien bekannt. Durch Verwitterung und Erosion ging jedoch das Gros davon verloren. Man vermutet, dass sie im 7. vorchristlichen Jahrtausend, also im Neolithikum, entstanden sind. Archäologen sind von den verblassten Zeichnungen entzückt, Laien neigen eher dazu, die Strichmännchen ihrer Kinder für aufregender zu halten. Die Keramikfunde aus der Höhle sind im Archäologischen Museum Antalyas ausgestellt.

• *Anfahrt* Von Antalya folgt man der Straße nach Kemer, nach ca. 20 km passiert man zwei Tunnel. Unmittelbar hinter dem zweiten führt ein schmaler Trampelpfad zur Küste hinab. Die Höhle liegt linker Hand und ist von einem überwindbaren Zaun umgeben. Bleibt man davor stehen, sieht man so gut wie gar nichts. Parkmöglichkeiten ca. 500 m weiter in Beldibi.

Saklıkent

Rund 50 km westlich von Antalya, auf 1.800 m Höhe im Landesinnern, liegt Saklıkent – kein idyllisches Bergdorf, sondern eine sterile Ferienhaussiedlung. Bekannt ist der Ort wegen des Skigebiets, genauer gesagt: wegen eines Liftes, der mehrere Abfahrtsmöglichkeiten erschließt. Leider ist die Region nicht allzu schneesicher. Vormittags Ski fahren und am Nachmittag am Strand liegen – das geht leider nur selten. Dennoch lohnt der Weg ins karge Bergland, denn schon die Anfahrt ist ein landschaftlicher Traum.

Anfahrt Vom Zentrum Antalyas orientiert man sich erst Richtung Kemer, biegt beim Kreisverkehr nahe dem Hotel Sheraton rechts ab Richtung Burdur, 2 km weiter geht es links ab, und von hier ist der Weg dann ausgeschildert.

Güver-Schlucht

Der „Grand Canyon Lykiens“ liegt im Nationalpark *Düzlerçami Milli Parkı* nahe der Straße nach Termessos. Vom Eingang sind es rund 6 km, bis man die Schlucht (mit „Güver Ucurumu“ ausgeschildert) erreicht, und weitere 2 km, bis diese mit einem anderen Cañon zusammentrifft. Unterwegs passiert man mehrere Aussichtspunkte. Nicht nur der Anblick der Schlucht ist imposant, auch kann man bei schönem Wetter den Blick in die Ferne schweifen lassen, bis nach Antalya und dem Mittelmeer am Horizont. Der Park verfügt zudem über Wildgehege und lädt zum Picknicken ein.

• *Anfahrt/Öffnungszeiten* Vom Zentrum Antalyas orientiert man sich erst Richtung Kemer, biegt beim Kreisverkehr nahe dem Hotel Sheraton rechts ab Richtung Burdur, fast exakt 10 km später geht es dann links ab Richtung Denizli/Korkuteli. 7 km weiter, kurz hinter dem Ortsende von Düzlerçami (auf Ortsschild achten), der Beschilderung „Güver Ucurumu Düzler Çami" folgen. Tägl. 8–18 Uhr. Pro Person 0,60 €, Auto 2,20 €.

Karain-Höhle

Für die Wissenschaft war die Höhle einst eine interessante Entdeckung, für den Touristen von heute ist sie nicht viel mehr als ein schattiger Platz. Viel Außergewöhnliches gibt es nicht zu erspähen. Umso sehenswerter ist das 300 m tiefer gelegene, kleine Museum. Dort sind Höhlenfunde ausgestellt, insbesondere Pfeilspitzen und archaische Werkzeuge, deren Alter bis ca. 150.000 v. Chr. zurückreicht.

• *Anfahrt* Vom Zentrum Antalyas orientiert man sich erst Richtung Kemer, biegt beim Kreisverkehr nahe dem Hotel Sheraton rechts ab Richtung Burdur, fast exakt 11 km weiter geht es links ab Richtung Yeniköy/Karain. Ab hier durchgehend ausgeschildert. Man kann aber auch von Termessos (s. u.) zur Höhle gelangen: An der Straße von Termessos zurück nach Antalya ist die Abzweigung nach Karain ausgeschildert.

• *Öffnungszeiten/Museum* Mai–Oktober tägl. 7.30–18 Uhr, November–April 8–17 Uhr. Eintritt 1,10 €, erm. die Hälfte.

Termessos (antike Stadt)

Wenn Ruinen atemberaubend sein können, dann die von Termessos. Schwer zugänglich liegen sie auf rund 1.000 m Höhe.

Eine Besichtigung der Ruinen von Termessos gehört zum touristischen Pflichtprogramm der Südküste. Aber nicht nur die Ruinen sind eindrucksvoll, das Gleiche gilt für die artenreiche Tierwelt des Gebiets rund um den *Güllük Dağı* („Rosenberg"), das 1970 zum **Nationalpark Güllük Dağı** erklärt wurde. Neben Adler, Falken und Habichte kann man Wildziegen und mit etwas Glück auch Rot- und Damwild beobachten. Bisweilen stößt man sogar auf den *Capra aegagrus,* einen Verwandten des Steinbocks mit besonders schönen Hörnern. Selbst Bären sollen in den letzten Jahren wieder zugezogen sein, und noch im 19. Jh. berichtete der britische Reisende Charles Texier von einer großen Leopardenpopulation – die letzten Exemplare wurden 1938 erlegt. Die Flora ähnelt der alpiner Gebiete mit dichtem Niederbaumbestand. Eine Besonderheit ist die *Lady's-Slipper-Orchidee* (kann jeder selbst übersetzen), die im April/Mai ihre blassen, rosafarbenen Blüten treibt.

Am Eingang zum Park befindet sich ein kleines *Museum*. Geboten wird nichts Spektakuläres, lediglich ein paar verblichene Landschaftsfotos, eine Reihe ausgestopfter Tiere, ein paar Funde aus der Ruinenstadt und Ähnliches mehr.

• *Anfahrt* Termessos, etwa 35 km nordwestlich von Antalya, erreicht man mit dem Korkuteli-Bus (vom Busbahnhof Antalyas). Auf Höhe des Yenice-Passes beim Wegweiser „Termessos" aussteigen. Von dort sind es noch knapp 7 km, die Straße ist gut ausgebaut, aber stark ansteigend (fast 700 Höhenmeter müssen überwunden werden). Zu Fuß ca. 2 Stunden – im Sommer nur in den frühen Morgenstunden zu bewältigen. Wer früh kommt, hat eine reelle Chance, per Autostopp hinaufzukommen. Am besten beim Parkeingang Kontakte knüpfen. Im Sommer warten auch Taxis an der Abzweigung.

Selbstfahrer orientieren sich vom Zentrum Antalyas erst Richtung Kemer, biegen beim Kreisverkehr nahe dem Hotel Sheraton rechts

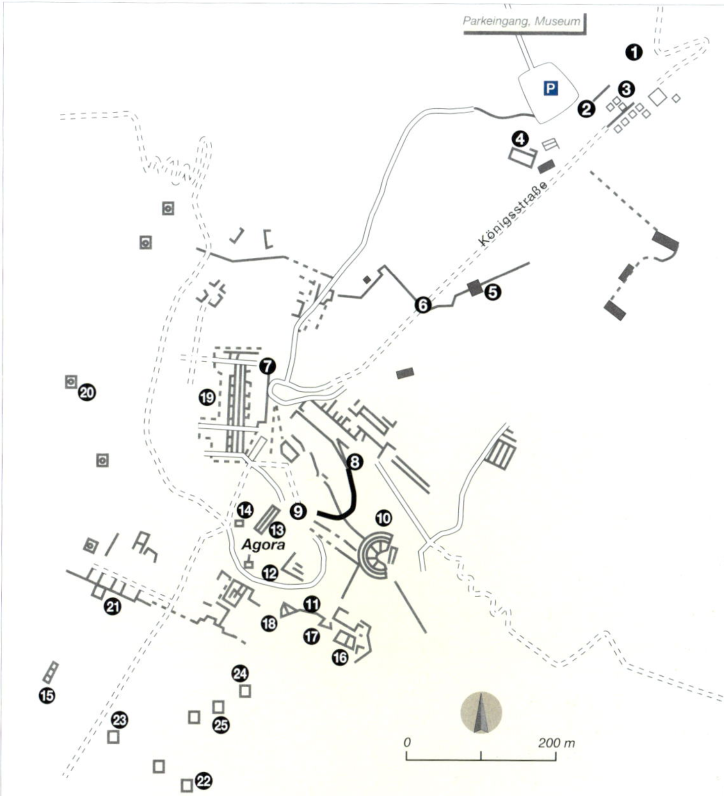

1. Wassertank
2. Soldatengrab
3. Gräber
4. Tor des Hadrian
5. Stadtmauer
6. Stadttor
7. Oberer Wall
8. Gymnasion
9. Osbaros-Stoa
10. Theater
11. Odeion
12. Heroon
13. Zisterne
14. Tempel von Korinth und Attalos-Stoa
15. Marmorgrab
16. Großer Artemistempel
17. Kleiner Artemistempel
18. Tempel des Zeus Solymeus
19. Kolonnadenstraße
20. Grab des Alketas
21. Häuserruinen
22. Mausoleum des Agethemeros
23. Löwengrab
24. Armasta-Mausoleum
25. Mamastis-Mausoleum

Termessos

ab Richtung Burdur, fast exakt 10 km später geht es dann links ab auf die Nationalstraße 350 Richtung Denizli/Korkuteli. Von dieser aus beschildert.

• *Öffnungszeiten* Im Sommer tägl. 8–17.30 Uhr, im Winter 8–16 Uhr. Kalkulieren Sie für die Besichtigung von Termessos mindestens 2 Std. ein. Eintritt 4,40 €, erm. die Hälfte.

Hinweis: Für eine Besichtigung der weitläufigen antiken Stadt sollten Sie Getränke mitbringen, nicht immer sind fliegende Händler vor Ort. Sie können auch gleich einen Picknickkorb mitnehmen, das Theater wäre ein herrlicher Platz, um ihn auszupacken.

Tor des Hadrian

• *Übernachten/Essen & Trinken* **Yeşil Vadi**, Restaurant, Pension und Campingplatz, von Lesern mehrfach empfohlen. Hervorragende ländliche Küche zu fairen Preisen, darunter überbackene Forelle im Steintopf, *Güveç* oder *Börek*. Origineller Garten, über den sich mehrere überdachte, orientalische Sitzecken verteilen, von denen die Bestellung telefonisch (!) aufgegeben werden kann. Zum Übernachten gibt es schlicht eingerichtete Holzhütten mit privaten Bädern (DZ 25 € inkl. tollem Frühstück). Das Campinggelände ist nett, wenn auch steinhart (2 Pers. mit Wohnmobil 7 €). Bewacht wird das Areal von der freundlichen Hündin Koca Koca Kız („Großes, großes Mädchen"). Von Antalya auf der Nationalstraße 350 kommend, kurz vor der Abzweigung nach Termessos ausgeschildert, von dort noch ca. 150 m. ✆ 0242/4237555, www.yesilvadi.com.

Geschichte

Die Geschichte von Termessos reicht vermutlich bis ins 2. Jt. v. Chr. zurück. Die Stadt entwickelte sich aus einer uneinnehmbaren psidischen Bergfestung am Fuß des *Güllük Dağı*, der in der Antike noch den Namen *Solymos* trug. Schenkt man Homers Epos „Ilias" Glauben, so waren die Solymer überaus kriegerisch und tapfer. Weder Alexander der Große noch andere potentielle Usurpatoren konnten die Stadt jemals einnehmen. Was dem Menschen vorenthalten blieb, gelang der mythologischen Gestalt des Bellerophon und der Natur – der Erstere vernichtete sie, die Letztere eroberte sie zurück.

Seine Blütezeit erlebte Termessos vom 1. Jh. v. Chr. bis zum 2. Jh. nach Chr., insbesondere nachdem es sich mit Rom gegen den pontischen König Mithridates verbündet hatte. Die siegreiche Weltmacht wusste dies durchaus zu würdigen, wie aus einem noch in Teilen existierenden Vertragswerk hervorgeht. So weiß man, dass Termessos zahlreiche Vergünstigungen und rechtliche Freiräume eingeräumt wurden, die den Wohlstand der Stadt begründeten. Aus dieser Zeit stammen auch die meisten

Bauwerke, die heute als Ruinen zu besichtigen sind. Wie eng die Verbindung zu Rom gewesen sein muss, wird auch daraus deutlich, dass die Termessioten das Jahr der Vertragsschließung zum Beginn einer neuen Zeitrechnung machten.

Bellerophon – ein Held, der vom Himmel fiel

Bellerophon, Sohn des Königs von Korinth, zählt wie Herakles, Jason oder Theseus zu den großen Heroen der Mythologie. Ihm gelang es, das unsterbliche, geflügelte Pferd Pegasos zu zähmen, doch ihm gelang es auch, versehentlich seinen Bruder Deliades zu töten. Daraufhin musste er Korinth verlassen. In Argos, bei König Proitos, suchte er Zuflucht. Dort war Bellerophon mehr als nur willkommen – Proitos' Gemahlin verliebte sich in ihn. Da Bellerophon sie jedoch verschmähte, bezichtigte sie ihn der Vergewaltigung. Proitos verhängte daraufhin das Todesurteil über seinen Gast, nur selbst ausführen wollte er es nicht. Er schickte Bellerophon zu seinem Schwiegervater König Iobates von Lykien. Mit auf den Weg gab er ihm einen versiegelten Brief, der die Aufforderung enthielt, den Überbringer zu töten, Aber auch Iobates hatte Skrupel, die Tat auszuführen und stellte Bellerophon vor drei Prüfungen, die dieser nicht überleben sollte. Zunächst hatte er die Chimäre zu töten, doch Bellerophon erstach das feuerspeiende Ungetüm. Dann sollte er die Feinde Lykiens, die Solymer vernichten. Auch das gelang ihm. Zuletzt musste er gegen die Amazonen in den Kampf ziehen, jene kriegerische Frauen, die sich die rechte Brust abnahmen (amazon = brustlos), damit sie den Bogen besser halten konnten. Und auch von dieser Aufgabe kehrte Bellerophon lebend zurück. Daraufhin gab sich Iobates geschlagen, machte Bellerophon zu seinem Verbündeten, verheiratete ihn mit seiner Tochter Philonoë und schenkte beiden sein halbes Reich. Iobates zeigte dem mutigen Heroen auch jenen Brief, der einst seinen Tod bedeuten sollte. Bellerophon schwor Rache an Proitos' Gemahlin, ritt zu ihr, umschmeichelte sie und schlug ihr vor, gemeinsam zu fliehen. Sie willigte ein. Von seinem geflügelten Pferd stieß er sie aus großer Höhe ins Meer, wo sie ertrank. Ein ähnliches Schicksal sollte später auch Bellerophon erfahren. Er versuchte sich mit den Göttern und wollte auf Pegasos in den Himmel reiten. Zeus war darüber so erbost, dass er eine Fliege schickte, die Pegasos in den Hintern stach. Das Pferd warf seinen Reiter ab. Bellerophon überlebte den Sturz, war jedoch für immer gelähmt. Euripides verewigte das Leben des traurigen Helden in seinem Bellerophon-Epos.

Während der oströmischen Herrschaft verlor die Stadt allmählich an Bedeutung und wurde vermutlich Ende des 4., Anfang des 5. Jh. durch ein Erdbeben zerstört und aufgegeben. Wiederentdeckt wurde Termessos 1842 von englischen Archäologen. Eine systematische Erforschung und Vermessung begann jedoch erst rund 40 Jahre später. Verantwortlich war ein Team unter der Leitung des Wiener Grafen Karol Lanckoronski (1848–1933). Deren Arbeit erweist sich noch heute von besonderem Wert, da viele der seit dem letzten Jahrhundert eingestürzten Gebäude bzw. Gebäudereste nur auf der Grundlage der von Lanckoronski und seinen Mitarbeitern angefertigten Skizzen und Fotografien rekonstruiert werden konnten.

Sehenswertes

Die hier beschriebenen Ruinen lassen sich der Reihenfolge nach abgehen. Noch vor dem Rundgang durch das Ausgrabungsgelände passiert man an der Straße vom Parkeingang hinauf zur antiken Stadt nach ca. 5 km in einer Rechtskurve einige *Mauerreste* und kurz darauf die Grundmauern eines *Befestigungsturms*. Vermutlich stand hier einst eine große Toranlage, eine Art Mautstelle für die Karawanen über den Yenice-Pass. Anschließend folgt die asphaltierte Straße in vielen Abschnitten der antiken *Königsstraße*, die vom Tor bergauf zur Stadt führte. Die Straße endet an einem Parkplatz zu Fuße des Hadrianpropylon, zu dem ein Pfad führt.

Tor des Hadrian: Die gut leserliche Inschrift im Abschlussstein des vier Meter hohen und fast zwei Meter breiten, marmornen Torbaus gibt Auskunft darüber, dass dahinter einst ein dem Kaiser Hadrian geweihter Tempel stand. Außer ein paar verstreut liegenden Architekturfragmenten ist von ihm jedoch nichts mehr erhalten. Man nimmt an, dass der Tempel bis zu acht Meter hohe korinthische Säulen besaß. Vom Hadrianpropylon führt ein beschwerlicher Fußweg vorbei an einer Nekropole mit geplünderten Steinsarkophagen und vielen gut erhaltenen Felsengräbern (auf die interessantesten machen Informationsschilder aufmerksam) ins Zentrum der Stadt. Wählen Sie diesen Weg als Rückweg. Denn leichter bergauf ist der Weg vom Parkplatz über die z. T. sehr gut erhaltene, ehemalige Königsstraße (mit „Giriş Yolu Ruins" ausgeschildert) zur Stadtmauer und zum Stadttor.

Stadtmauer und Stadttor: Schon König Attalos II., der Gründer von Antalya, ritt auf der Königsstraße ins Zentrum der Stadt. Linker Hand tauchen bald Reste der Stadtmauer auf, die noch die Trutzigkeit der ehemals sechs Meter hohen Befestigungsanlage erahnen lassen. Vom Stadttor ist kaum mehr etwas zu sehen, auch nicht von dem einstigen *Würfelorakel*, das daran angrenzte. Man übte es mit sieben Würfeln aus. Diese ermöglichten 120 Antworten, die in eine Tafel eingraviert waren. Etwas weiter steht noch ein quadratischer *Beobachtungsturm*, der die Zeiten besser überstanden hat: Die aufeinander geschichteten Quader sind immerhin noch über zehn Lagen hoch.

Gymnasion und Oberer Wall: Der Weg führt nun an den Ruinen des einst 91 m langen, aber nur 14 m breiten Gymnasions vorbei. Dichtes Gestrüpp erschwert leider den Zugang. Die Südwestfront ist der besterhaltene Teil der Anlage, deren Bade- und Schulräume sich um den etwa 50 m langen Innenhof gruppierten. Zu beachten sind insbesondere die großen Nischen und Tore in der Fassade und das intakte Eingangstor. Den Abschluss (östlichen Teil) des Gymnasions bildet ein später angefügtes römisches Bad. Erkennbar ist es an den beiden noch stehenden Säulentoren und dem eingestürzten Wasserkanal. Das Gymnasion liegt zu Fuße des oberen Walls, zugleich der inneren Befestigungsmauer.

Kolonnadenstraße: Hat man die nächsthöhere Terrasse erreicht, passiert man auf dem Weg zum Theater die Kolonnadenstraße, eine ehemalige Prachtstraße, die beidseitig von 47 Säulen und etlichen Statuen flankiert war. Dahinter lagen Läden, Säulenhallen und kleinere Gebäude, von denen jedoch nur noch überwucherte Grundrisse erhalten sind. Zum Flanieren taugt die Kolonnadenstraße heute nicht mehr, nur noch zum Kraxeln.

Osbaros-Stoa: Etwas weiter bergauf gelangt man zum einstigen Marktkomplex der Stadt. An dessen Nordseite kann man die Fundamente der Osbaros-Stoa ausmachen (benannt nach einem ehemaligen Stadtoberhaupt). Der 100 m lange und 11 m breite Bau war in der Mitte durch eine Mauer längs geteilt.

Theater: Die schönste und imposanteste Ruine von Termessos. Teile der Zuschauerreihen und des Bühnengebäudes (darunter zwei Tore) sind noch erhalten. Die einzigartige, grandiose Lage des Theaters ist allenfalls noch mit der des Theaters von Taormina in Sizilien vergleichbar. Der Blick schweift ungehindert zwischen den Bergen hindurch bis ins Tal, nach Antalya und an die Gestade des Mittelmeers. Wegen der Form (die Zuschauerränge gehen über den für römische Theater typischen Halbkreis hinaus) muss auf ursprünglich griechische Erbauer geschlossen werden. Das Theater war relativ klein und fasste lediglich 4.200 Zuschauer. Sein Radius betrug 33 m, die Höhe von der Orchestra bis zu den letzten Rängen knapp 13 m, die in 26 Sitzreihen überwunden wurden. Interessant ist die Zweiteilung des Zuschauerraums in acht obere und 18 untere Sitzreihen. Während die oberen (billigeren) von der Seite aus betreten werden mussten, waren die unteren durch einen mittlerweile eingestürzten Tunnel zugänglich. In der Kaiserzeit standen hier auch Gladiatorenkämpfe auf dem Spielplan. Dabei wurde gewettet: Der Sieg des einen bedeutete den Tod des anderen.

Odeion: Weiter südlich ist die mächtige, fast 23 m breite und 10 m hohe Rückwand des einst gewaltigen Odeions zu sehen. Es war vermutlich überdacht und diente zugleich als Rathaus. Zwischen den Pilastern wurden die heute nur noch schwer zu erkennenden Namen erfolgreicher Athleten eingemeißelt. Der Eingang zum quadratischen Odeion liegt auf der Rückseite, sich durch das Gebüsch durchzukämpfen lohnt aber kaum: Im Inneren des Gevierts liegen nur ein paar Trümmerreste im Gestrüpp wild durcheinander, von der ursprünglichen Struktur ist kaum noch etwas zu erkennen.

Artemistempel: Linker Hand hinter dem Odeion standen zwei Artemistempel. Der größere von ihnen liegt vollständig in Trümmern. Der kleinere und jüngere stammt vermutlich aus dem 3. Jh. v. Chr. Vollständig erhalten sind die schönen Portalwände, deren Inschriften verraten, dass eine gewisse Aurelia Amasta den Tempel gestiftet hat.

Tempel des Zeus-Solymeus: Rechter Hand neben dem Odeion umschließen noch immer vier Meter hohe Außenwände einen Raum von 6 x 7 m Fläche. Dieser kleine Tempel diente der Verehrung des lokalen Gottes Zeus-Solymeus. Der Zeuskult war von den griechischen Nachbarn übernommen worden, verschmolz hier aber mit der Verehrung lokaler Gottheiten. Zahlreiche in Termessos gefundene Statuen zeugen von seiner Bedeutung.

Agora, Heroon und Zisterne: Der Marktplatz im Zentrum des antiken Termessos ist heute fast völlig überwuchert. Man braucht viel Phantasie, um sich vorzustellen, dass hier das Herz der Stadt schlug. Gekauft und getauscht wurden vor allem Obst und Getreide sowie Pferde und Rinder – die Wirtschaftsgrundlagen des antiken Termessos. Um den Abschluss des Geschäfts zu besiegeln, wurde in der Antike häufig ein Opfer gebracht. In Termessos tat man dies direkt auf dem Gelände der Agora. Der Opferplatz war ein auf einem großen Felsen ruhendes Heroon (Grabmal). Man erreicht es über eine sechs Meter hohe Steintreppe. Es ist allerdings nicht bekannt, wem die außerordentliche Ehre zuteil wurde, hier beigesetzt zu werden. Unter der Agora befindet sich auch eine fünfteilige, zehn Meter tiefe Zisterne. Die Stadt hatte immer wieder an Wassermangel zu leiden, insbesondere im Belagerungsfall.

Attalos-Stoa und Tempel von Korinth: Von der Zisterne führt ein Pfad hinab zur Attalos-Stoa, die ein Geschenk König Attalos II. von Pergamon war. Gleich daneben stand der größte Tempel von Termessos. Seine Innenhalle maß ca. 10 x 10 m, die Wände waren über einen Meter dick. Seinen Namen erhielt der Tempel wegen der korinthischen Kapitelle an den Außensäulen. Von dort ein paar Schritte weiter bergauf ist der Weg zum Grab des Alketas und zur südlichen Nekropole ausgeschildert.

Grab des Alketas: Das prominenteste Grab von Termessos hat folgende Vorgeschichte: Nach dem griechischen Geschichtsschreiber Diodor (1. Jh. v. Chr.) fand Feldherr Alketas während der Diadochenkriege in Termessos Zuflucht vor seinem Gegenspieler Antigonos – Alketas war wegen Mordes an dem Makedonen Meleager für vogelfrei erklärt worden. Antigonos wartete mit einem Heer vor der Stadt und verlangte die Auslieferung des Alketes. Um einen bewaffneten Konflikt zu vermeiden, wollten die älteren Bürger dem Gesuch nachkommen, die jüngeren hingegen waren zum Kampf bereit. Durch eine List lockte man die Jungspunde schließlich aus der Stadt, um Antigonos freien Zugang zu verschaffen. Als Alketas den Verrat bemerkte, beging er Selbstmord. Der von Antigonos geschändete Leichnam wurde von den Heimkehrenden später ehrenvoll im Fels begraben.
Von der Fassade des Grabes blieb nichts erhalten, an der Rückwand sieht man jedoch noch das Relief eines berittenen Kriegers und über dem Totenlager das eines Adlers mit einer Schlange im Schnabel, eigentlich das Symbol eines Königs. Die beiden Nischen links und rechts des Grabes dienten der Aufnahme von Grabbeigaben (u. a. Wein und Getreide).

Südliche Nekropolis: Der Anstieg von der oberen Terrasse zur südlichen Totenstadt ist beschwerlich, lohnt aber – es erwartet Sie eine der besterhaltenen antiken Nekropolen überhaupt. Eines der interessantesten Grabmäler dort ist das tempelartige *Löwengrab,* in dem ein kaum beschädigter Steinsarkophag steht, den ein Relief mit zwei Löwen ziert. Ähnlich gebaut ist das weniger gut erhaltene *Mamastis-Mausoleum,* ein rund vier Meter breites Tempelgrab mit vier korinthischen Frontsäulen, in dessen drei großen Sarkophagen die sterblichen Überreste der Familie Mamastis bestattet wurden. Am höchsten Punkt liegt unter Pinien das schon von weitem sichtbare, aber fast unzugängliche *Mausoleum des Agethemeros.* Der Sarkophag ruht auf einem hohen Sockel und hat die Attacken der Grabräuber recht gut überstanden – abgesehen von einem faustgroßen Loch in der Seitenwand, durch das die Grabschätze verschwunden sind.

Wanderung 1: Auf alten Pfaden nach Termessos

Route/Dauer: Ayalar Alabalık Restaurant – Termessos. Gehzeit: 3½ Std. Die An- bzw. Weiterfahrt kann ebenfalls mit einem längeren Fußmarsch verbunden sein, der die Wegzeit schnell verdoppelt!

An- und Weiterfahrt: Selbstfahrer folgen vom Zentrum Antalyas der Beschilderung Richtung Kemer und biegen beim Kreisverkehr nahe dem Hotel Sheraton nach rechts Richtung Burdur ab. Fast exakt 10 km später geht es dann links ab Richtung Denizli/Korkuteli. 7 km weiter, kurz hinter dem Ortsende von Düzlerçami (auf Ortsschild achten) und wenige Meter hinter einer Brücke, zweigt linker Hand ein 7 km langer Schotterweg zum Ayalar Alabalık Restaurant ab (zuletzt nur eine Forellenzuchtstation ohne Restaurantbetrieb), dem Ausgangspunkt der Wanderung. Bis zu der Abzweigung können Sie auch mit dem Korkuteli-Bus fahren (→ Anfahrt Termessos, S. 84).

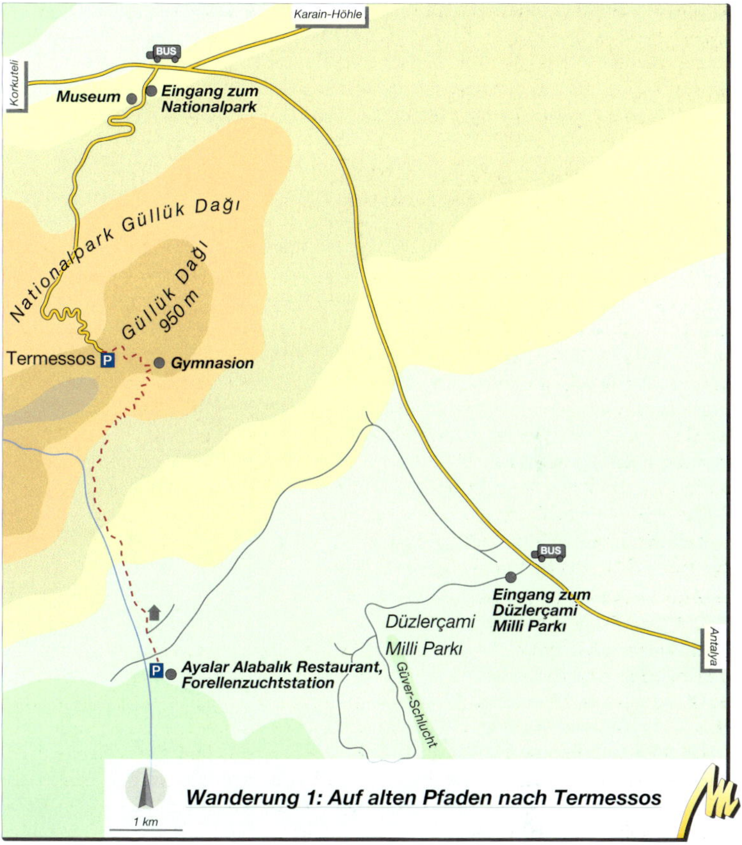

Von Termessos kann man selbstverständlich denselben Weg, den man gekommen ist, wieder zu seinem Fahrzeug zurückkehren, was die Wegzeit jedoch verdoppelt. Als Alternative bietet sich die Rückfahrt mit dem Taxi an (Preis Verhandlungssache, aber meist erheblich niedriger als nach Termessos hinauf, da die oben stehenden Fahrer ohnehin nichts zu tun haben, bis die Kundschaft vom Rundgang zurückkehrt). Am Parkplatz trifft man zudem fast immer Touristen an, die ein Herz für verschwitzte Wanderer haben und bereit sind, Sie bis zu der Abzweigung zum Ayalar Alabalık Restaurant an der Straße nach Antalya mitzunehmen, oder gar noch die paar Kilometer bis dorthin zu fahren.

Allgemeines/Voraussetzungen: Eine herrliche, aber anspruchsvolle und schweißtreibende Wanderung (700 Höhenmeter müssen bewältigt werden) in einer landschaftlich reizvollen Gegend auf z. T. alten, vergessenen Wegen nach Termessos. Doch diese alten Wege hat die Natur zurückerobert: Auf schmalen Pfaden geht es häufig durch dorniges Gestrüpp. Zudem ist auf manchen Passagen absolute Schwindelfreiheit und

Trittsicherheit notwendig. Gehen Sie diese Wanderung nicht mit Kindern und nicht nach Regen. Des Weiteren ist ein gutes Pfadfindergespür (das sich auf ähnlich schwierigen Touren in der Mittelmeerregion bereits bewährt hat) vonnöten und dazu kein falscher Stolz: Erzwingen Sie den Aufstieg nicht und drehen Sie um, bevor Sie ein Risiko eingehen. Sagen Sie später nicht, wir hätten Sie nicht gewarnt!

Sie können selbstverständlich die Tour auch in die entgegen gesetzte Richtung unternehmen, d. h. es geht nur bergab. Leser meinen gar, dass der Weg so einfacher zu finden sei. Jedoch ist in diesem Fall der Einstieg in die Wanderung schwer zu finden, halten Sie beim Gymnasion danach Ausschau oder fragen Sie Fremdenführer vor Ort.

Wegbeschreibung: Vom Parkplatz vor der Forellenzuchtstation überquert man die Zufahrtsstraße zum Restaurant und hält sich bei der kurz darauf folgenden Gabelung links; der Weg verläuft parallel zur offenen Wasserleitung. Nach ca. 10 Min. gabelt sich der Weg erneut (voraus liegt ein hinter Bäumen verstecktes, umzäuntes Gebäude), hier halten Sie sich wieder links. Weiter geht es den Bach entlang (zur Linken), mal nah daran, mal hoch darüber, alle Rechtsabzweigungen bleiben unbeachtet. Nach insgesamt ca. 45 Min. führt der Weg an das Bachbett heran und wird merklich schlechter. Schließlich wird er durch einen Felssturz unterbrochen – klettern Sie darüber. Ca. 100 m weiter hält man rechter Hand nach dem Einstieg in den alten Weg nach Termessos Ausschau, der durch ein Steintürmchen markiert ist. Haben Sie einen Pfad gefunden, aber Zweifel daran, ob es der richtige ist, so achten Sie einfach darauf, ob nach ca. 5 Min. einige Abschnitte des Weges von Mauern gestützt werden und Sie ca. 20 Min. später bereits schweißgebadet sind – es geht im Ganzen steil bergauf.

Bald darauf überwinden Sie eine steil abfallende Felswand, hinter der der Pfad wieder leicht abfällt und Ihnen eine Verschnaufpause gönnt. Lassen Sie sich von ein paar umgestürzten Bäumen nicht aus der Ruhe bringen. Der Pfad, auf dem Sie weitergehen müssen, ist im Allgemeinen klar und deutlich zu erkennen, auch wenn er gelegentlich stark zugewachsen ist. Lediglich auf ein paar steinigen Passagen lässt er sich schwer ausmachen. Gehen Sie dort am besten immer geradeaus weiter, und steigen Sie nicht steil an. Sollten Sie einmal vom Pfad abgekommen sein und im Dickicht enden, ärgern Sie sich nicht – das passiert auch uns bei jeder Recherche. Drehen Sie einfach um, und halten Sie nach dem richtigen Pfad Ausschau, gelegentlich helfen kleine Steinpyramiden weiter. Als Orientierung mag ein vor Ihnen liegender Bergvorsprung dienen, den Sie umgehen, um dahinter in unendlichen Serpentinen z. T. sehr steil bis Termessos aufzusteigen.

Je näher Sie an Termessos herankommen, desto deutlicher lässt sich der Weg wieder erkennen. Sie erreichen Termessos bei ein paar Sarkophagen, kurz darauf stehen Sie schon vor dem Gymnasion. Der Parkplatz ist mit „Otopark“ ausgeschildert.

Kemer – nur selten sind die Strände so leer wie hier

Kemer-Region

In Kemer gibt es Şiş Kebap, man wird von Türken bedient und kann sich einen Fes oder Teppich kaufen, doch mehr hat Kemer mit der Türkei nicht zu tun. Die Stadt könnte an jedem sonnigen Strand der Welt liegen. Das Gleiche gilt für die umliegenden Badeorte, die allesamt zur Kemer-Region zählen: Ob Kiriş, Çamyuva und Tekirova südlich von Kemer oder Göynük und Belbidi nördlich von Kemer – überall trifft man auf gigantische Hotelkonglomerate, die nichts Landestypisches zu bieten haben.

Anfang der 1990er begann man den rund 45 km langen Küstenstreifen zwischen Beldibi und Tekirova mit Kemer im Zentrum für den Massentourismus zu erschließen. „Kemer 2000" nannte sich das Projekt, das mit Milliardenkrediten der Weltbank gefördert wurde und den Küstenabschnitt in eine gigantische Freizeitanlage mit bayerischen Biergärten, Gokartbahnen, großen Einkaufszentren und Non-Stop-Markets verwandelte. Von den einstigen Fischerdörfern ist außer dem Namen nichts geblieben. Aus ihnen wurden gesichtslose Retortenstädte, deren Strände jährlich von Millionen von Urlaubern heimgesucht werden, die meisten angelockt von preiswerten Pauschalarrangements. Eine Woche Flug und Hotel ist hier nicht selten billiger als der Nur-Flug-Tarif in so manch andere Touristenregion! Russen und Deutsche nehmen die Angebote am häufigsten wahr. Das Projekt ist bis heute nicht abgeschlossen. Und um in naher Zukunft, vielleicht schon bis zu Ihrem Besuch, mit dem Slogan „Vormittags Ski fahren, nachmittags baden" werben zu können, befand sich zum Zeitpunkt der letzten Recherche eine Liftanlage auf den *Tahtalı Dağı* (→ S. 97) im Bau.

Wenn Sie sich für die Region entscheiden, machen Sie Ihre Wahl weniger vom Ort abhängig, orientieren Sie sich besser an der Lage des Hotels bzw. Ihres Zimmers.

Denn wer nicht unmittelbar in erster Reihe mit Meeresblick eincheckt, bekommt von seinem Balkon oft nichts anderes als tropfende Klimaanlagen oder die hohen Mauern zu sehen, die die riesigen Resortanlagen am Strand wie Hochsicherheitstrakte umgeben. Manche haben Kapazitäten für mehr als 2.000 Gäste, neue Gesichter am abendlichen Büfett sind also garantiert. Innerhalb dieser Mauern findet man eine mal mehr, mal weniger perfekt arrangierte, künstliche Idylle. Außerhalb liegt der Sachverhalt jedoch häufig anders: In Beldibi, Göynük, Çamyuva und Kiriş, wo die Erschließungspläne noch nicht vollständig umgesetzt sind und die Basar- und Restaurantzeilen zum Teil noch einen recht provisorischen Eindruck machen. sieht es zuweilen recht schäbig aus.

Am perfektesten präsentieren sich bislang Tekirova und Kemer selbst. Kemer (10.000 Einwohner) ist zugleich das einzige „richtige“ Städtchen der Region mit dementsprechender Infrastruktur. Die Hauptgeschäfts- und Flanierstraße Kemers ist die Liman Caddesi, die zur gepflegten Marina führt. Südöstlich von dieser liegt der *Moonlight Park*, ein schön angelegter Park mit gemütlichen Open-Air-Kneipen direkt am Ayışığı-Strand. Nördlich des *Moonlight Parks* erstreckt sich auf einer Landzunge der *Yörük Park*, eine Art ethnographisches Freilichtmuseum, das an das Leben der heute sesshaft gewordenen Taurusnomaden *(yörükler)* erinnert.

Information/Verbindungen/Ausflüge

- *Telefonvorwahl* ✆ 0242.
- *Information* **Tourist Information** in Kemer im Gebäude der Gemeindeverwaltung nahe dem Yachthafen (ausgeschildert). Professioneller Service. Tägl. 8–18 Uhr, im Winter Sa/So geschl. Liman Cad. 159, ✆ 8141112, 📠 8141536.
- *Verbindungen* Etwa im 20-Minuten-Takt verbinden **Dolmuşe** Kemer (Busbahnhof) mit den umliegenden Hotelkonglomeraten (auf den Schildern hinter der Windschutzscheibe stehen in der Regel nicht die Ortschaften, sondern die Namen großer Hotelkomplexe). Phaselis passiert der Dolmuş Antalya–Tekirova, Zustiegsmöglichkeit in Kemer beim Postamt. Vom Busbahnhof in Kemer gelangt man auch per Dolmuş alle 20 Min. nach Antalya sowie mit dem **Bus** regelmäßig nach Kaş (6 €, 3 Std.), Fethiye (9 €, 7 Std.) und Pamukkale (8 €, 6 Std.).

• *Bootsausflüge/Organisierte Touren* Egal, ob in Kemer, Tekirova, Beldibi oder den Orten dazwischen – das Angebot ist im Großen und Ganzen gleich, die Preise sind nahezu identisch. Werden irgendwelche Ausflugsfahrten erheblich billiger als beim Gros der Veranstalter offeriert, dann schließen sie in der Regel mehrere längere Shoppingpausen ein. Bootsausfahrten zu Badeplätzen in verschiedene Buchten kosten im Schnitt 10–20 €, Jeepsafaris auf überwiegend staubfreien Straßen 15 €, Rafting in der Köprülü-Schlucht inkl. Transfer 15 €, Eintagestouren nach Pamukkale ab 25 €, Eintagestouren nach Kekova und Myra 20 €.

Adressen

• *Ärztliche Versorgung* Deutschsprachige Ärzte findet man z.B. im privaten Krankenhaus **Kemer Yaşam Hastanesi** an der Akdeniz Cad. 26. ✆ 8145500.

• *Auto- und Zweiradverleih* An fast jeder Ecke hängt ein Rent-a-car-Schild. Die internationalen Verleiher besitzen fast alle Zweigstellen vor Ort, z.B. **Avis**, Atatürk Bul. 8, ✆ 8141372, ℻ 8144393, oder **Europcar**, Akdeniz Cad. 14, ✆ 8142909, ℻ 8144517. Das billigste Modell wird für rund 55 € pro Tag angeboten, für einen Jeep bezahlt man ca. 70 €. Bei den lokalen Anbietern beginnen die Mietpreise für Pkws im Schnitt je nach Saison bei 30 €, für Jeeps bei 35 € pro Tag. Für Scooter muss man mit 20–25 € pro Tag rechnen, Kaufhaus-Mountainbikes bekommt man für 9 € pro Tag, z.B. bei **Maki Tur** schräg gegenüber der Tourist Information, ✆ 8145275.

• *Einkaufen* Großer **Markt** in Kemer jeden Mo beim Busbahnhof.

• *Post* In Kemer nahe dem Busbahnhof. In den größeren Hotelanlagen finden Sie zudem Briefkästen an der Rezeption.

• *Polizei* In Kemer an der Liman Cad.

• *Waschsalon* **Yeni Böwe Kuru Temizleme**, in der Akdeniz Cad. Eine Trommel waschen 5,50 €.

• *Zeitungen* in deutscher Sprache erhältlich in vielen Minimärkten.

Übernachten/Camping

99 % aller Urlauber der Kemer-Region buchen ihre Hotelanlage aus dem Prospekt. Aus diesen erfährt man, wie es um den Hotelpool mit Palmeninselchen aussieht, ob Gartenschach, Kreativateliers, Spätaufsteherfrühstück oder Mitternachtsimbiss, Jacuzzi oder Aperitivspiele angeboten werden, oder ob gar ein kostenloser Haarschnitt im Frühbucherrabatt enthalten ist. Individualreisende, die ihre Unterkunft vor Ort buchen, gibt es nur wenige. Viele Clubhotels sind auf diese Klientel auch gar nicht eingestellt, und so mancher Rezeptionist ist, wenn Sie ohne Voucher einchecken wollen, erst einmal sprach- und ratlos. Theoretisch zumindest haben Sie die Qual der Wahl unter mehr als 50.000 Betten. Mit Rabatten von über 50 % kann man in der Nebensaison rechnen. Ein paar Adressen für Gestrandete und ein paar nette Unterkünfte in der Umgebung:

Berke Ranch, kleines First-Class-Hotel abseits des Küstentrubels. Komplex aus mehreren Gebäuden, idyllisch im Grünen gelegen. Pool, Pferde (auch mehrtägige Ausritte möglich). Geschmackvolle, leicht rustikale Zimmer, schönes Restaurant. Pro Person mit HP 42 €. ✆ 8180333, info@hotel-berkeranch.com. Anfahrt: Von Antalya kommend die erste Abzweigung nach Çamyuva nehmen, von dort ausgeschildert (noch 1,8 km).

Q-Max Apart Hotel (10), in Kemer in der Karapınar Cad. (Nr. 11). 2004 eröffnet. Ordentlich und neu ausgestatte Zimmer – über Geschmack lässt sich bekanntlich streiten. Pool. Apartment für 2 Pers. 60 €., ✆ 8146988, www.Qmaxhotel.com.

Otel Meşe (8), in Kemer, ebenfalls in der Karapınar Cad. 10. Kleines 20-Zimmer-Hotel mit großem Pool. Saubere, eher schlichte Zimmer ohne persönliche Note, aber durchaus okay. DZ 50 € mit Frühstück. ✆/℻ 8144570.

Utku Pansiyon (9), in Kemer in der Karayer Cad. 3. Gelbes Haus mit rosafarben getünchten Zimmern und blauen Möbeln. Poolbar mit großen Lautsprechern. DZ ab 44 € inkl. Frühstück. ✆ 8141386, ℻ 8146078.

Hessen Pansiyon (5), in Kemer nahe dem Busbahnhof in der 135 Sokak 3. 9 blitzsaubere Zimmer ohne Schnickschnack, geflieste Böden. Die Betreiberin hat übrigens mal in Deutschland gelebt. Wo, kann jeder selber erraten. DZ ab 17 €, EZ ab 11 €. Falls das Tor geschlossen ist, einfach anrufen. ✆ 8142602.

Mehrere anständige Pensionen findet man in Kemer zudem am Atatürk Bul., der Ausfallstraße nach Antalya.

• *Camping* **Camping Sundance**, in der Bucht gegenüber den Ruinen von Phaselis. Von Lesern empfohlen. Die Abzweigung ist von der Straße zwischen Phaselis und Tekirova beschildert, von dort noch 2 holprige Kilometer. Schöne Lage in freier Natur, weitläufig, alter Baumbestand, dazwischen Hütten und frei herumlaufende Pferde. Allerdings auch sehr einfach. Daneben ein größerer, nicht überlaufener Strand. Ganzjährig geöffnet. Gutes Restaurant. Baumhäuser 22 € für 2 Pers., Bungalow mit privatem Bad 33 €, Zelten 4,50 € pro Person. Geboten werden auch Ausritte (auch für Nichtgäste) für 11 €/Std. Zu den Ruinen von Phaselis kann man von hier kostenlos laufen oder schwimmen. ✆ 8214165, www.sundancecamp.com.

Ein weiterer von Lesern empfohlener Platz war bislang der **Göynük Çadırlı Kamp Alanı** in Göynük (auf Höhe der Brücke, die Beldibi mit Göynük verbindet). Er soll 2006 nach umfangreichen Restaurierungsarbeiten unter neuem Namen wieder eröffnen. Lassen Sie sich überraschen!

Ansonsten gibt es in Kemer (ca. 1 km vom Zentrum an der Ausfallstraße nach Antalya) noch den **Panorama Camping**, ein kleiner, etwas lieblos geführter Platz mit Bar direkt am Strand. Und in **Beldibi** (südlicher Ortsbereich) die nebeneinander liegenden Plätze **Turkuaz** und **Orkinos**. Beide sind einfach, aber okay und direkt am Meer. Wie lange es die Plätze angesichts des regionalen Bauwahns noch geben wird, ist allerdings fraglich.

Essen & Trinken/Nachtleben (siehe Karte S. 94)

Da das Gros der Urlauber *all in* bucht, ist die Zahl der guten hotelunabhängigen Restaurants verhältnismäßig bescheiden. Trotzdem ist das Angebot vielfältig, und die deutsche Küche nicht nur durch Einbaugeräte vertreten: Schnitzel oder Sauerbraten – kein Problem. Und wer wissen will, was Knödel auf Russisch oder Finnisch heißt, blättert einfach die Karte durch. Leider liegen die Preise *auf der Karte* meist um mehr als 50 Prozent über dem Landesdurchschnitt. Und die Preise *auf der Rechnung* sind oft noch einmal um ein Drittel höher als die auf der Karte. Finden Sie sich einfach damit ab. Sie machen immerhin Urlaub – in Kemer. Gepflegte Restaurants finden Sie rund um die Marina, im Folgenden ein paar einfachere Adressen:

Lavash Kebab (4), nettes Kebablokal mit roten Tischdecken. Etliche Sorten Kebab und Pide zu 1,70–4,40 €. „Bitte ein Bit" funktioniert hier. Kemer, Kemer Cad. 2.

Tadım Börek (7), einfache Lokanta mit fairen Preisen. Suppen, Börek, Kebabs und Döner. Ähnlich ist die Lokanta **Has Döner** nebenan. Kemer, Akdeniz Cad. (gegenüber Europcar).

Ali's Garten Café, am Göynük-Fluss (Anfahrt → Wandertipp, S. 97). Freundliches Open-Air-Caférestaurant mit „superleckerem Essen zu guten Preisen", so ein Leser. Empfehlenswert ist z.B. die Forelle. Viel deutsches Publikum.

> **Tipp**: Für eine nette Abwechslung sorgt ein Forellenessen in Ulupınar (→ S. 100).

Kemer Pastanesi d'Arc (6), Torten, Gebäck, Milchreis usw. Etwas steriles Café, aber ein Tipp für Schleckermäuler. Kemer, Liman Cad.

• *Nachtleben* Zum Sundowner in Kemer sind die Bars am Ayışığı-Strand bzw. im **Moonlight Park** sehr zu empfehlen. Hier erfährt man auch, welche der zuletzt 5 Danceclubs der Stadt gerade „in" sind. Die meisten befinden sich an der Deniz Cad. etwas stadtauswärts. Zuletzt war das **Inferno (2)** der angesagteste und schickste Spot. Danach kamen das **Buda (3)** und das **Aura (1)**. Eintritt überall um die 8,50 €. Egal aber wo, auf den Plattentellern drehen sich vorrangig Scheiben, zu denen alle – von 15 bis 60 Jahren – lautstark mitsingen können. Das Publikum ist bunt gemischt: Vom gaffenden Rentner mit kurzer Hose und Socken in den Sandalen bis zu leicht bekleideten Schönheitsidealen ist alles dabei. In Beldibi war zuletzt die Disco **Genesis** (viele Russen, viel Karaoke) der Treffpunkt, in Göynük das **Zion** (mit Poolbar) und in Tekirova die **Disco X**.

Baden/Sport & Freizeit/Sonstiges

- *Aquapark* In Kemer nahe der Tourist Information. Na klar, Riesenrutsche und alles, was dazu gehört. Eintritt 7 €. Tägl. 9.30–17.30 Uhr.
- *Baden* Der schönste Strand vor Kemer ist der **Ayışığı** (= Mondlicht) beim Moonlight Park, feinsandig und gepflegt. Für die Strände der rund 35 km langen Kemer-Küste gilt: im Norden mehr Kies, im Süden mehr Sand. Wo der Strand schmal und weniger schön ist, sorgen die Pools der Clubhotels für Badespaß. Herrlich ist der Strand bei **Phaselis** (→ S. 98). Der weiter südlich gelegene Strand von **Olympos** (→ S. 105) ist ebenfalls einen Ausflug wert. **Zwischen Beldibi und Antalya** findet man zudem mehrere Badebuchten (Eintrittspreise in Form von Parkgebühren von bis zu 3 €). Der 2004 begonnene Ausbau des Küstenhighways lässt jedoch befürchten, dass deren Charme bis zu Ihrem Besuch dahin sein wird.
- *Delphinarium* Im Moonlight Park. Shows finden tägl. außer Mo um 15 u. 17 Uhr statt. Eintritt 10 €.
- *Moutainbiking* → Ovacık, S. 98.
- *Reiten* → Übernachten/Camping Sundance u. Berke Ranch. **Eselsafaris** werden über den Naturel Club nahe Ali's Garten Café am Göynük-Fluss angeboten. Pro Person 15 €. ✆ 8249695.
- *Sportfischen* Wird von **Maki Tur** (→ Zweiradverleih) angeboten und kostet 50 € für einen halben Tag.
- *Tauchen* Es gibt unzählige Basen vor Ort, die größeren Hotels verfügen meist über eigene Schulen. Anfängerkurse beginnen im Schnitt bei rund 300 €.
- *Yachtcharter* Ebenfalls viele Anbieter. Die Preise beginnen bei 50 € pro Person pro Tag. „Insider" meinen, man sollte besser von Fethiye, Göcek oder Marmaris starten.
- *Veranstaltungen* **Karneval von Kemer** für gewöhnlich im Juni. In manchen Jahren fällt das Spektakel allerdings aus.
- *Wandern* → **Phaselis**, S. 100. Zudem führt ein schöner und lustig markierter Wanderweg **entlang dem Göynük-Fluss** (im Sommer ausgetrocknet) zu einer Schlucht mit Wasserfall (also nur im Winter). Eine selbst erstellte Wanderkarte, mit der sich auch noch andere Touren unternehmen lassen, hält Ali's Garten Café bereit. Ali's Garten Café erreicht man von der Küstenstraße zwischen Beldibi und Kemer. Dort, wo diese den Göynük überquert, hält man sich (vom Meer aus gesehen) rechts des Flusslaufes für ca. 5 (staubige) km landeinwärts.
- *Wassersport* Vom einfachen Bananariding bis zum Parasailing wird an der Kemerküste alles Erdenkliche angeboten.

Olympos-Nationalpark (Olimpos Beydağları)

Geographischer Mittelpunkt des Nationalparks ist das mächtige Massiv des „Tahtalı Dağı" (2.366 m). Wie einige seiner Kollegen trug es in der Antike den etwas einfallslosen Namen „Olympos" – „Berg". Zu seinen Füßen findet man versteckt in Pinienwäldern antike Ruinen und malerische Buchten mit einem türkisfarbenen Meer davor.

Der rund 700 ha große, lang gezogene Olympos-Nationalpark erstreckt sich zwischen Antalya und Kumluca. Lediglich der Küstenstreifen der Kemer-Region gehört nicht dazu – mit einschlägigen Folgen. Die Hauptattraktionen des Nationalparks sind neben einigen tollen Stränden die Ruinenstädte **Phaselis** und **Olympos** sowie die **Ewigen Flammen** bei Çıralı. Im Hinterland bezaubern einsame Almen, gluckernde Bäche und stille Wälder – ein Paradies für Wanderer. Der Gipfel des Tahtalı Dağı selbst ist bis ins Frühjahr von einer weiße Haube überzogen. Hier soll ein kleines Skigebiet erschlossen werden. Die Seilbahn von Phaselis hinauf befand sich im Herbst 2004 bereits im Bau, der Beton für die Gipfelstation wurde aus Umweltschutzgründen per Helikopter eingeflogen. Vielleicht können Sie schon carven gehen – bis in den Juni soll das mit Hilfe von Schneekanonen ermöglicht werden.

Da die Schutzbestimmungen rund um den Tahtalı Dağı wesentlich legerer sind als in anderen Nationalparks des Landes, ist es übrigens problemlos möglich, sich in der Idylle, egal ob an den Stränden oder inmitten der Bergwelt, einzumieten.

Durch das Kesme-Tal nach Ovacık

Die Tour durch die schroffe, wildidyllische Schluchtenlandschaft des **Kesme-Tals** in die Bergwelt des Taurus bis nach Ovacık, einer Sommerfrische auf rund 1.250 m, ist vor allem bei Jeepsafaris sehr beliebt. Und zwar so beliebt, dass Jeepstaus auf dem Weg dahin zuweilen nicht ausbleiben. Unterwegs lädt das *Kesme Boğazı Restaurant* mit Ottomanen direkt über dem Flussbett auf eine Pause ein – die Forellen sind sehr lecker, doch erfragen Sie die Preise im Voraus! Danach passiert das holprige Sträßlein die **Kuzdere Yaylası** (Kuzdere-Alm), wohin die Nomaden im Sommer einst ihre Herden trieben. Heute befinden sich hier ein paar Abfütterungsstellen für die Teilnehmer der Jeepsafaris, darunter ein ganz originelles Höhlenrestaurant. Endstation ist in der Regel **Ovacık**, von wo man an klaren Tagen überwältigende Fernblicke genießt. Unser Tipp: Besorgen Sie sich in Kemer ein Mountainbike und ein Taxi, das Sie nach Ovacık bringt, und radeln Sie dann die 20 km ganz gemütlich bergab. Wer's bergauf probieren will, sollte eine Megakondition mitbringen.

• *Anfahrt* Das Sträßlein nach Ovacık beginnt in Kuzdere, im Hinterland von Kemer, und ist von der D 400 ausgeschildert. Fahrtdauer ca. 45 Min.

• *Übernachten* **Gül Mountain Hotel**, freistehend auf einer Anhöhe in Ovacık. Grandioser 360°-Blick. Wurde bei unserem Besuch 2004 gerade eröffnet und wirkte noch sehr steril. Große Zimmer, Sauna und Pools (auch Indoor). DZ mit Frühstück 80 €, mit HP (zwecks Mangel an Alternativen besser) 100 €. ✆ 0533/3705324 (mobil), www.gulhotels.com.

Phaselis (antike Stadt)

Die antike Handelsstadt ist ein attraktives Ausflugsziel. Herrlich lässt es sich durch Ruinen im duftenden Pinienwald schlendern und fröhlich im Kriegshafen planschen.

Bei den Ausgrabungen ging man behutsam vor, schlug nicht gleich die ganze Gegend kahl und hinterließ auch kein archäologisches Trümmerfeld. Gegründet wurde Phaselis um 690 v. Chr. Innerhalb kurzer Zeit wuchs die Stadt heran und wurde zum Haupthafen an der lykischen Ostküste. Um 400 v. Chr. wurde in Phaselis der Dichter Theodektes geboren. Er schrieb Reden für berühmte Zeitgenossen und verfasste Theaterstücke – die Stadt ehrte ihn mit einem Standbild auf der Agora. Den Winter 334/333 v. Chr. verbrachte Alexander der Große in Phaselis. Es ist überliefert, dass er den lokalen Wein schätzte und an mehreren Trinkgelagen teilnahm. Nach seinem Tod fiel Phaselis an die Ptolemäer, später an Syrien, dann an Rhódos. Im 2. Jh. v. Chr. kam in Phaselis der Philosoph Critolaus zur Welt, der in der Tradition der Stoiker jeglichen leiblichen Genuss verdammte. Mit seinem Credo, dass die Tugenden der Seele wertvoller als die Freuden des Fleisches seien, machte er sich vermutlich nicht viele Freunde. Ob das der Grund war, dass es mit Phaselis im 1. Jh. bergab ging, bleibe dahingestellt. Wie Olympos wurde Phaselis Schlupfwinkel von Piraten und daraufhin in den römischen Seeräuberkriegen zerstört. Zwar ließen die Römer die Stadt wieder aufbauen, 400 Jahre später teilte sie jedoch das Schicksal des Imperiums: Mit Rom ging auch Phaselis unter. Danach übten die Bewohner Antalyas Raubbau an der Antike und nutzten die Bausubstanz von Phaselis zum Aufbau ihrer eigenen Stadt.

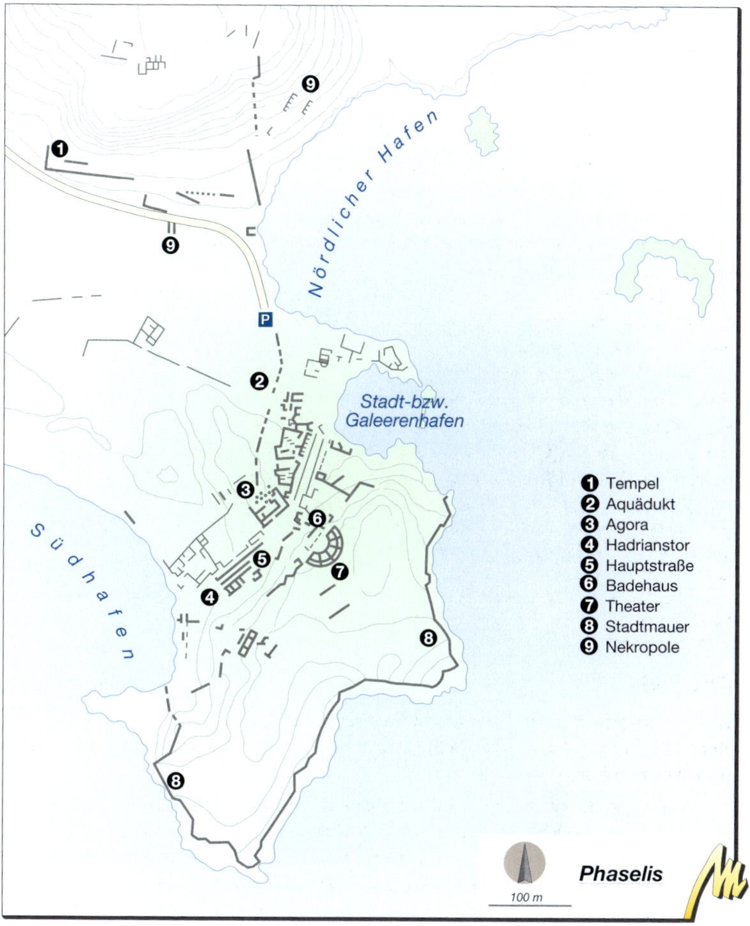

Deutlich erkennbar sind noch die drei Häfen, der *Nordhafen*, an dem der Aquädukt vorbeiführte, der große *Südhafen* und der zentrale, stark verlandete *Stadthafen*. Vom Stadt- zum Südhafen führte eine 24 m breite, gut erhaltene *Prachtstraße*, flankiert von pompösen Bauten, an die heute nur noch ein paar Mauerreste erinnern. Das *Theater* aus dem 2. Jh. v. Chr. bot 1.500 Besuchern Platz. Sehenswert ist das *Badehaus*, dessen einst mächtiges Tonnengewölbe von zierlichen, noch erhaltenen Rundbögen getragen wurde. Interessant ist auch der *Aquädukt*, der von einer Quellgrotte das Wasser am Nordhafen vorbei Richtung Süden bis zu einer Zisterne in der Stadtmitte leitete, von wo es in die Häuser verteilt wurde. Er soll einer der längsten Aquädukte des Römischen Reiches gewesen sein.

• *Anfahrt/Verbindungen* Die Abzweigung nach Phaselis liegt ca. 10 km südlich von Kemer, von dort 2 km bis zum archäologischen Gelände. Von Kemer fährt stündl. ein **Dolmuş**.

• *Öffnungszeiten* Im Sommer tägl. 8–19 Uhr, im Winter 8–17 Uhr. Eintritt 5,50 €.

Von Çamyuva nach Phaselis – ein netter Wanderweg, der zugleich den Eintritt spart

Einstieg: Von Antalya auf dem Küstenhighway D 400 kommend, zweigt 400 m hinter dem Ortsschild am Ortsende von Çamyuva links ein breiter Waldweg ab. Diesem folgt man für rund 800 m bis zu einer Bucht, die zugleich ein beliebter Picknickplatz ist. Am südwestlichen Ende der Bucht beginnt der rot markierte Wanderweg nach Phaselis. Wer mit dem Dolmuş von Kemer (Abfahrt Busbahnhof) kommt, steigt in Çamyuva beim Elize Resort Hotel aus und folgt von dort der stadtauswärts führenden Hauptstraße (in Fahrtrichtung) zum Küstenhighway. Von Çıralı oder Tekirova kommend, steigt man hingegen am Ortsbeginn von Çamyuva aus und läuft dann die paar Meter bis zum Beginn des breiten Waldweges zurück.

Beycik

Hier muhen die Kühe, bellen die Hunde, blöken die Schafe und krähen die Hähne, Beycik ist ein gemütliches, verschlafenes Bergdorf auf 800–1.000 m Höhe. Die Landschaft ist herrlich, das Klima angenehm. Im Sommer ein gemütliches Ausflugsziel, um der drückenden Hitze an der Küste zu entgehen. Allein schon ein Glas Tee auf der wild konstruierten Terrasse des Restaurants Panorama (mit ebensolchem Blick) kann dann zum Erlebnis werden. Beycik ist zugleich Ausgangspunkt für Wanderungen auf den Tahtalı Dağı. Unternehmen Sie die Tour nur bei absolut sicherer Wetterlage. Der Berg zieht die Wolken an wie Licht die Motten.

- *Anfahrt* Von der Hauptverbindungsstraße Antalya–Finike ist die Abzweigung nach Beycik beschildert. Von dort sind es noch 6 km bis zum Dorf.
- *Übernachten/Bergtour* **Villa il Castello**, stilvolles, kleines Berghotel in traumhafter Lage 1.000 m ü. d. M. Gut geführt von der deutsch-türkischen Familie Şahin. Vermietet werden neun komfortable, geschmackvoll eingerichtete und großzügige Suiten (Zimmer für Raucher und Nichtraucher), alle mit TV (deutsche Kanäle), Telefon, Zentralheizung und Balkon mit Berg- und Meeresblick. Pool. Pro Person 30 € mit Frühstück, 40 € mit HP. ☏/℻ 0242/8161013, www.villacastel.hypermart.net.

Ulupınar

Der Weiler liegt 1 km unterhalb der Hauptverbindungsstraße zwischen Antalya und Finike. Er besteht aus ein paar Wohnhäusern, einer Moschee und einem Dutzend guter Gartenrestaurants, die weit über die Grenzen des Nationalparks bekannt sind. Auf der Karte steht ganz groß Forelle – in allen Varianten. Welches Lokal aber die besten brutzelt oder grillt, darüber scheiden sich die Geister. Jeder hat seine Lieblingsadresse. Zu empfehlen sind auf jeden Fall das *Havuzbaşı* und das *Yeşil Vadi*.

Çıralı

Die längste Zeit seiner Existenz war Çıralı nichts anderes als eine kleine, unbekannte Siedlung am Ostende der Olympos-Bucht. Heute ist der Ort zur Heimat einer großen, bunt gemischten Urlauberschar mit einem Faible fürs Wohnen im Grünen aufgestiegen. Inmitten der üppigen Pflanzenwelt gedeiht eine Pension nach der anderen, mittlerweile ist deren Zahl auf rund 80 angestiegen. Sie alle liegen weit verstreut (einen Dorfkern gibt es nicht), das Gros aber in sicherem Abstand zur Küste. Denn der herrliche Kiesstrand vor der Haustür ist wie der von Patara oder Dalyan eine Brutstätte der Unechten Karettschildkröte (→ S. 137). Damit das so

Phaselis: Schöner können Ruinen nicht liegen

bleibt, engagiert sich vor Ort der World Wildlife Fund (WWF) mit seiner türkischen Partnerorganisation *Doğal Hayatı Koruma Derneği* (DHKD) und unterstützt den hiesigen Öko-Tourismus. Von Çıralı erreichen Sie den Strand von Olympos zu Fuß in ca. 10 Minuten. Übrigens bleiben nicht wenige, die für Çıralı nur drei Badetage einkalkulieren, den Rest ihres Urlaubes dort!

• *Telefonvorwahl* ✆ 0242.

• *Verbindungen/Anfahrt* Die **Bus**se, die die Küste entlangfahren (z.B. von Finike nach Antalya), halten an der Straßenkreuzung 7 km oberhalb von Çıralı. Von dort ist der Weg nach Çıralı und zu den Ewigen Flammen (Chimaira/Yanartaş) ausgeschildert und in der Hochsaison mit **Dolmuşen** (zwischen 9 und 19 Uhr 7-mal) oder **Taxi** zu erreichen. In die andere Richtung, von Çıralı zum Küstenhighway, fährt ebenfalls 7-mal tägl. ein Dolmuş. Zudem tägl. ein Dolmuş um 21 Uhr zu den Ewigen Flammen, am Montagvormittag nach Kemer und am Freitagvormittag zum Markt nach Kumluca.

Zwischen Çıralı und Olympos gibt es keine direkte Straßenverbindung.

• *Wassersport* In manchen Jahren wird recht viel angeboten, in manchen ganz wenig. Zuletzt gab es auch eine Tauchbasis, **Orient Diving** (✆ mobil 0532/4678920), in einem Verschlag am Strand.

• *Auto- und Zweiradverleih* Mietfahrzeuge werden vor Ort mal hier, mal dort angeboten. Es existieren aber bislang keine etablierten Verleiher.

Achtung: Kein EC-Automat und keine Bank in Çıralı!

• *Übernachten/Essen & Trinken* Die Pensionen und Hotels versorgen ihre Gäste in der Regel selbst (beste Hausmannskost), die Zahl der unabhängigen Restaurants hält sich deswegen sehr in Grenzen. Im Winter haben die meisten Unterkünfte geschlossen.

Olympos Lodge, traumhaft schöne und traumhaft teuere Anlage im Süden der Bucht. Direkt hinter dem Strand und umgeben von einem Rasen, der eines Golfplatzes würdig und mit gemütlichen Bänken und Hängematten bestückt ist. 30 gut ausgestattete Bungalows, als DZ satte 175 € inkl. HP. ✆ 8257171, www.olymposlodge.com.tr.

Arcadia, von der Lage her ähnlich schön wie das Olympos. Im idyllisch grünen Garten hinterm Strand verstecken sich 5 komfortable, knapp 60 qm große Holzbungalows, nach griechischen Göttern benannt. 95 € mit HP für 2–4 Pers. ✆ 8257340, www.arcadiaholiday.com. Im Norden der Bucht, von der Strandstraße ausgeschildert.

Azur Hotel, relativ weit zurückversetzt vom Strand. 8 komfortabel ausgestattete Zimmer im Reihenbungalowstil, unter deutsch-türkischer Leitung. 2004 restauriert, gute Bäder. Leser schwärmen: „Großer Garten mit Hängematte, viel Ruhe, Hühner zum Beobachten und Kaninchen zum Streicheln." Gutes Restaurant mit türkischer und deutscher Küche angegliedert. Es werden auch Jeeptouren und Wanderungen angeboten. Bungalow für 2 Pers. mit Frühstück 70 €. ✆ 8257072, azurhotel@superonline.com. Von der Straße zu den Ewigen Flammen (Yanartaş) ausgeschildert.

Myland Pension, gepflegte Anlage mit 13 unterschiedlich ausgestatteten Bungalows, alle jedoch mit kleiner privaten Terrasse. Maler, Musiker und Tänzer veranstalten hier Workshops und nehmen das morgendliche Yogaangebot gerne in Anspruch. Bar in der Mitte. Fahrradverleih. DZ 55 €, EZ 40 €. ✆ 8257044, www.mylandnature.com. Im Norden der Bucht, von der Strandstraße ausgeschildert.

Olympos Yavuz Pension, in der südlichen Buchthälfte. Zweistöckiges Haus in einem großen gepflegten Garten, etwas zurückversetzt vom Strand. Weißgetünchte DZ mit Aircondition zu 35 €. Zur Pension gehört auch die gleichnamige Strandbar ganz im Süden der Bucht auf dem Weg zum Strand von Olympos (letztes Haus): schattiges Plätzchen mit Meeresrauschen, kleine Auswahl an Gerichten, gemütlich und preiswert. ✆ 8257021, yavuzpansiyon@superonline.com.

Sima Peace Pension, etwas zurückversetzt vom Strand. Viele Stammgäste und von Lesern hoch gelobt. Übernachtung in Zimmern und kleinen Holzbungalows mit Du/WC und Klimaanlage. Dazwischen eine Terrasse, auf der es zuweilen recht fröhlich zugeht und Papagei Koko für zusätzliche Stimmung sorgt. Die lustige Inhaberin Aynur Kurt kocht hervorragendes Essen zu fairen Preisen. Auf Wunsch Fahrten zur Ewigen Flamme und Transfer zur Bushaltestelle an der Straße Antalya–Fethiye. DZ mit Frühstück 25 € (mit HP 40 €), EZ 15 € (mit HP 25 €). ✆ 8257245, ✆ 8257181, www.simapeace.com. Im Norden der Bucht, von der Straße zu den Ewigen Flammen (Yanartaş) ausgeschildert.

Blue Paradise Pension, eine gute Alternative für die oft belegte Sima Peace Pension. Neun Zimmer (DZ mit Aircon 30 €, ohne 22 €), vor denen die Zitronen von den Bäumen fallen. Lauschiger Garten mit Tischtennisplatte, Hängematte und Liegestühlen. Vornehmlich oberfränkisches Publikum. ✆ 8257013, ✆ 8257214. In erster Reihe im Norden der Bucht, von der Strandstraße ausgeschildert.

Yasemin Pansiyon, etwas zurückversetzt vom Strand. Fünf freundliche Bungalows und mehrere Zimmer, z.T. mit Balkon. Garten mit großer Gartenbar. DZ mit Frühstück 25 €. Lesertipp. ✆ 8257127, ✆ 8257125. Im Norden der Bucht, von der Strandstraße ausgeschildert.

• *Camping* **Green Point Caravan Camping**, direkt am Strand. Einfacher, netter Platz mit passablen Sanitäranlagen und z. T. noch jungen, wenig Schatten spendenden Bäumen. 2 Pers. mit Zelt 8 €, mit Wohnmobil 11 €. Bar und Restaurant vorhanden. Mai–Nov. ✆ 8257182, www.greenpointcamping.com. Im Norden der Bucht, von der Strandstraße ausgeschildert.

• *Wandern* Neben unserem Routenvorschlag auf S. 103 bietet sich auch eine Tour auf dem *Likya Yolu* entlang der Küste bis nach Tekirova an (Einstieg ganz im Norden der Bucht).

Chimaira (Ewige Flamme)/Yanartaş: Das beliebte, leicht zu erreichende Ausflugsziel liegt an einem 250 m hohen Bergkamm. Eigentlich sind es viele ewige Flammen, die – erdgasgespeist – durch kleine Spalten aus dem Fels züngeln. Sie brennen seit dem Altertum, seit dem letzten Jahrhundert jedoch merklich schwächer. Früher muss man sie bis weit hinaus aufs Meer gesehen haben, denn angeblich dienten sie einst den Seeleuten zur Orientierung. Hier war die sagenhafte *Chimäre* zu Hause, ein Ungeheuer mit Löwenkopf, Ziegenkörper und einer Schlange als Schwanz, bis sie von Bellerophon (→ Kasten, S. 87) mit Unterstützung des geflügelten Wunderpferdes Pegasus getötet wurde. Noch heute lebt die Chimäre fort: In Bildungskreisen z.B. als Umschreibung für ein absurdes Hirngespinst oder in der Biologie als Bezeichnung für eine Unterklasse der Knorpelfische mit überdimensional großem Kopf, schlankem Körper und einem langen, peitschenschnurartig verlängerten Hinterkörper. An ihrem Feuer spuckenden Wohnsitz verehrten die Griechen den olympischen Schmied und Feuergott Hephaistos, die Römer seinen Nachfolger Vulcanus. Die Türken gaben dem mythischen Ort den eher nüchternen Namen *Yanartaş* – „brennender Stein". Es gibt zwei Feuerfelder, das erste liegt oberhalb der Ruinen des dazugehörigen Heiligtums (Hephaestum), das andere, kleinere etwa 20 Fußminuten weiter bergauf. Den nachhaltigsten Eindruck hinterlässt der Besuch von Chimaira nach Einbruch der Dunkelheit.

• *Wegbeschreibung* Von Çıralı der Beschilderung „Chimaera/Yanartaş" folgen. Nach ca. 5 km erreicht man den Parkplatz mit Kiosk, zugleich das Kassenhäuschen (Eintritt 1,10 €). Von da noch 20–30 Fußmin. (je nach Kondition) steil bergauf bis zum ersten Flamenfeld. Zweites Feld → Wanderung 2.

Die Ewigen Flammen – wo die Erde Feuer spuckt

Wanderung 2: Rund um die Ewigen Flammen

Route/Dauer: Çıralı – Chimaira – Hayıt Çayı – Çıralı. Gehzeit: 3,5 Std. Wer will, kann auch in Olympos starten. Dafür sollte man mindestens 1 Std. hinzurechnen.

An- und Weiterfahrt: → Çıralı, S. 101. Wer von Olympos aus in die Wanderung einsteigen möchte, wandert einfach den Strand entlang nach Çıralı.

Allgemeines/Voraussetzungen: Die Wanderung verläuft sowohl auf befahrbaren Wegen und Straßen als auch auf leicht zu bewältigenden Fußpfaden. Schwindelfreiheit ist nur auf wenigen Passagen erforderlich. Einkehrmöglichkeiten bestehen in Çıralı und in einem Restaurant unterwegs. Am Parkplatz, an dem der Fußpfad zu den Ewigen Flammen beginnt, werden zudem Erfrischungsgetränke verkauft.

Wegbeschreibung: Von Olympos oder Çıralı wandert man zunächst am Strand entlang gen Norden. Rund 200 m vor dem Buchtende schwenkt man landeinwärts und trifft dort auf die parallel zur Küste verlaufende Uferstraße. Bei einem Fußballplatz knickt diese landeinwärts ab – Ihr Weg für die nächsten 1,3 km. Dann zweigt man nach rechts auf einen Schotterweg Richtung Yanartaş/Chimeira (Hinweisschild) ab. Beim Kiosk, am Beginn des Aufstiegs zu den Ewigen Flammen, muss man ein Ticket für die Besichtigung (s.o.) lösen.

Nach ca. 25 schweißtreibenden Minuten hat man das erste Flammenfeld erreicht. Halten Sie am oberen Ende des Flammenfeldes nach einem weiß-rot markierten Pfad Ausschau, der Sie nach weiteren rund 20 Min. zum höher gelegenen, kleineren, zweiten Flammenfeld bringt (lassen Sie sich auf keine anderen Farben oder bloße rote Punkte ein!). Weiter der weiß-roten Markierung bergauf folgend, erreicht man bald darauf einen Bergkamm, von wo man eine

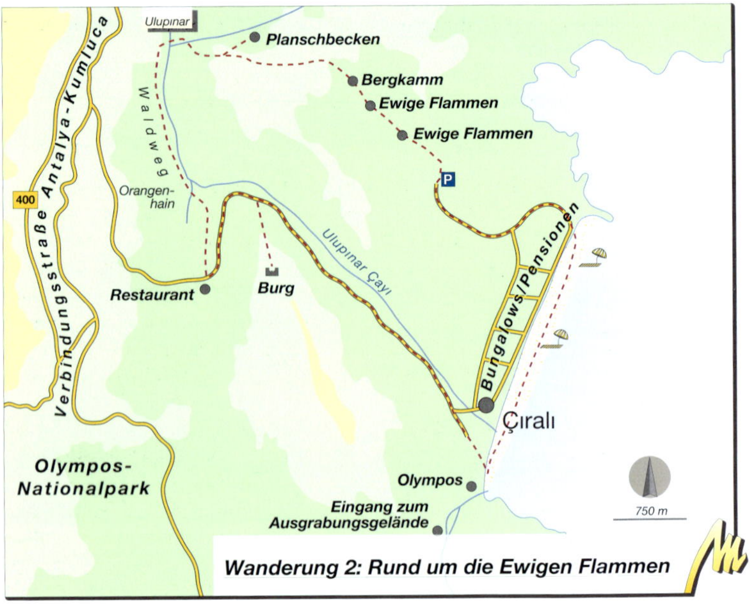

Wanderung 2: Rund um die Ewigen Flammen

herrliche Aussicht auf die Bucht von Çıralı und die Beydağları-Berge hat.
Von dort verläuft der weiß-rote Pfad diagonal zum Hang durch den Wald in das dahinter liegende Bachtal des Hayıt Çayı. Etwa 50 m oberhalb des Baches stoßen Sie auf einen quer verlaufenden Pfad; wollen Sie zur Erfrischung ein Bad nehmen, gehen Sie nach rechts, kurz darauf finden Sie ein großes Planschbecken. Ansonsten folgt man dem weiß-rot markierten Weg weiter, der nach einer Weile auf die andere Seite des Bachtals wechselt und zur Überquerung eines breiteren, im Sommer meist trockenen Flussbetts auffordert. Im Winter muss man nach Trittsteinen Ausschau halten, um es passieren zu können. Und rund 50 m weiter flussaufwärts muss man erneut Ausschau halten, diesmal nach einem schmalen Pfad, der die steile Böschung hinaufklettert und zu einem rund 20 m oberhalb des Flusses verlaufenden Waldweg führt. Hier verlassen Sie den weiß-rot markierten Weg (er führt weiter Richtung Ulupınar) und folgen dem Waldweg nach links, sozusagen flussabwärts. Dieser verläuft mal nahe am Flussbett, mal weiter weg, mal hoch darüber. Bei der Gabelung nach rund 10 Min. hält man sich links bergab.
Ein paar matschige Passagen meistert man auf Trittsteinen, das Gleiche gilt für ein paar Bäche, die den Weg kreuzen. Wenn rechter Hand ein altes verfallenes Haus in einem kleinen Orangenhain auftaucht, scheint sich der Weg zu verlieren. Überqueren Sie den vor Ihnen liegenden Bach und halten Sie sich danach links.
Hinter den folgenden Bachläufen geht es stets geradewegs weiter. Der Weg mündet schließlich in die geteerte Zufahrtsstraße nach Çıralı. Hier halten Sie sich links. (Wollen Sie eine Erfrischung zu sich nehmen, halten Sie sich rechts, nach ein paar Metern taucht ein Restaurant auf.) 4 km sind es noch bis zum Ausgangspunkt der Wanderung. Wenn Sie nicht entlang der Straße laufen

wollen, können Sie auch in dem meist trockenen Bachbett links der Straße spazieren.

Wer noch einen Abstecher nach Olympos machen möchte, zweigt am Ortsbeginn von Çıralı rechts ab (Hinweisschild) und gelangt über den Strand bis zur Ruinenstadt.

Olympos (antike Stadt)

Für das Gros der Touristen ist der herrliche, weitläufige Sandstrand vor der Haustür der antiken Stadt am interessantesten. Ins Meer mündet zudem ein Fluss mit kristallklarem Wasser, der die Dusche ersetzt. Ein Hauch von Südsee!

Natürlich sind Sie nicht der erste, der sich nach Olympos aufmacht. Die an der Zufahrtsstraße zum Strand und zur antiken Stadt gelegenen Tree-House-Siedlungen genießen in der internationalen Backpackerszene mittlerweile einen Kultstatus à la Zipolite (Mexiko) oder Hat Rin (Thailand). Olympos, kein Ort im eigentlichen Sinne, stieg dadurch zu einem kleinen Zentrum des alternativen Massentourismus auf, in das Buslandung auf Busladung junger Traveller zur großen Party reist. Am improvisierten Parkplatz fünf Minuten vom Meer reihen sich dagegen die Suzuki-Jeeps der Tagesausflügler aneinander, und in der Bucht ankern edle Jachten neben überladenen Ausflugsbooten mit Schlagseite.

Im Altertum gehörte Olympos, dessen Ursprünge bis ins 2. Jh. v. Chr. zurückreichen, zu den sechs bedeutendsten Städten Lykiens und war Zentrum des Hephaistos-Kultes (→ Chimaira). Zu Beginn des 1. Jh. v. Chr. geriet Olympos unter die Kontrolle kilikischer Korsaren. Ihr Anführer war ein Mann namens Zenicetes, der hier seinen Hauptstützpunkt wählte. Er führte den aus Persien stammenden Mithras-Kult ein, ein ausschließlich von Männern gepflegter Kult, bei dem das Opfern von Stieren zur Förderung des Lebens wie der Erlösung diente. Der Piraterie setzten 78 v. Chr. die Römer ein Ende und zerstörten die Stadt. Von diesem Schlag erholte sich Olympos nie mehr. Die römischen Soldaten nahmen jedoch den Mithras-Kult mit, der sich daraufhin im gesamten Römischen Reich ausbreitete. In vielen Garnisonstädten entstanden Mithräen, Heiligtümer, in denen der stiertötende Gott verehrt wurde.

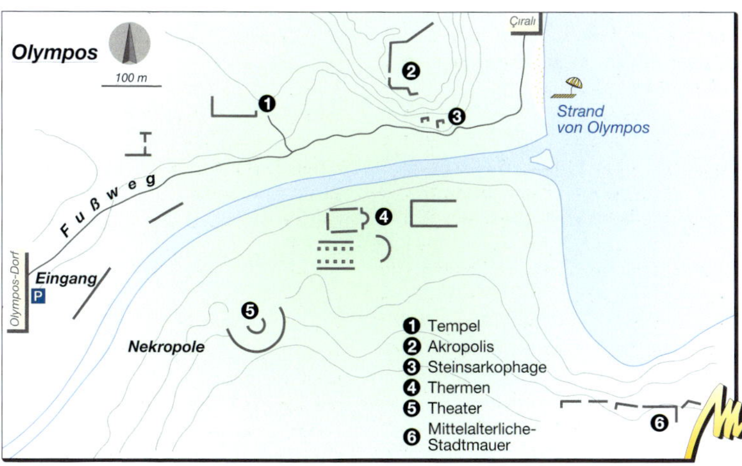

Ein Streifzug durch die malerisch gelegenen Ruinen lohnt, obwohl die Überbleibsel von Olympos sehr spärlich sind: Reste einer *byzantinischen Kirche* am Kanal, ein *Brückenpfeiler* am Fluss, der seit der Antike seinen Lauf nicht geändert hat, im Gebüsch versteckt ein *Theater* – bis auf den Eingangsbogen allerdings in traurigem Zustand – und ein interessantes *Tempeltor*, 5 m hoch, im ionischen Stil, mit einem schönen Sturz und einer Weiheinschrift für Kaiser Mark Aurel. Die sehenswertesten Funde stehen in zwei Felsnischen auf dem Weg zum Strand: drei *Steinsarkophage*. Über den Strand von Olympos erreicht man Çıralı zu Fuß in rund 10 Minuten.

• *Anfahrt/Verbindungen* Am unkompliziertesten mit dem eigenen Fahrzeug. Von der Küstenstraße Antalya–Finike biegt ca. 30 km südlich von Kemer (hinter dem Ort Ulupınar) eine gute Fahrstraße ab (beschildert). Alle **Busse** auf der Strecke Antalya–Finike halten auf Wunsch an der Abzweigung. Von dort verkehrt im Sommer jede Stunde ein **Dolmuş** nach Olympos.

• *Übernachten/Essen & Trinken* 1–2 km vor dem Strand liegen etliche **Tree Houses** (Baumhaussiedlungen ohne jeglichen luxuriösen Schnickschnack) mit angeschlossenen Restaurants.

Die älteste Baumhaussiedlung von Olympos und eine der beliebtesten ist **Kadirs Yörük Top Tree House**. Es ist fast eine kleine wackelige Stadt für sich, überaus originell gestaltet, aber auch umtriebig, freakig und laut. Vermietet wird nur gegen HP, dafür finden sich an den Tischen nette Essensgemeinschaften zusammen, abends gibt's große Lagerfeuer und dröhnende Musik. Pro Person in der Dormitory-Hütte ab 8 €, in der DZ-Hütte ab 10 € und im Bungalow mit privatem Bad ab 12 €. ✆ 0242/8921250, www.kadirtreehouses.com.

Eine weitere gute Adresse ist das **Şaban** etwas näher am Strand. Vermietet werden ebenfalls Tree Houses (pro Person 8,50 €) und Bungalows mit Bad/WC (pro Person 11 €). Alles inkl. HP, die Küche der Pension gilt als die beste von Olympos. Auch Nicht-Gäste können abends mitessen. Freundlicher Service. ✆ 0242/89212655, ℻ 8921397.

Zufrieden waren Leser auch mit dem **Bayrams**, wo man sich ebenfalls ganz einfach in Treehouses oder etwas komfortabler in ordentlichen Bungalows mit eigenem Bad einmieten kann. Netter Garten, Bar, Laundry, Book Exchange. 2 Pers. zahlen im Bungalow mit HP (Abendessen als Büfett) 25 €. ✆ 8921243, www.bayrams.com.

Achtung: Kein EC-Automat und keine Bank in Olympos!

• *Bootsausflüge* Fast alle Unterkünfte organisieren Ausflüge in die nähere Umgebung. Geboten werden auch 4-tägige Bootstouren. Eine gute Adresse ist diesbezüglich **Sempatik Cruise** mit deutschem Manager und einem provisorischen Office nahe der Pension Şaban. Geschippert wird auf Yachten für 8–20 Pers. von Demre nach Fethiye oder andersrum. Mit VP (Getränke extra) 145 € pro Person. ✆ 0252/6121564 (Hauptbüro Fethiye), www.blueyachtcruise.com.

• *Ausgrabungsgelände/Öffnungszeiten* Tägl. geöffnet. Eintritt 8–19 Uhr 1,10 €, erm. 0,60 €. Danach umsonst.

• *Baden* Von den Unterkünften ist der Strand von Olympos nur über das Ausgrabungsgelände zu erreichen. D. h., dass man offiziell den fälligen Eintritt entrichten muss, und zwar täglich.

Çavuşköy/Adrasan

Çavuşköy ist ein kleines Nest südlich von Olympos Richtung Kumluca – ein paar Bauernhäuser, ein Teehaus, mehrere Läden, die Feuerwehr, ein Krankenhäuschen, eine Schule, eine Apotheke und eine selten funktionierende Ampelanlage am Dorfplatz mit seinen schlafenden Hunden. Die Einwohner betreiben Obst-, Baumwoll- und Gemüseanbau; das Gemüse gedeiht überwiegend in Gewächshäusern. Deswegen aber kommt niemand hierher. Anziehungspunkt ist vielmehr die 5 km entfernt gelegene, von Felsen eingerahmte **Bucht Adrasan** mit ihrem weiten Strand, Lebensader der Motels und Pensionen gleich dahinter. Wie Çıralı besitzt auch Adrasan noch den Charme des Einfachen, Unperfekten. Vom Strand aus führen Fußwege in benachbarte Badebuchten. Zudem kann man in den *Likya Yolu* nach Olympos einsteigen, gen Süden führt der Wanderweg zum Yardımcı-Kap und weiter nach Karaöz (→ S. 108).

Verbindungen/Ausflüge/Sonstiges

- *Telefonvorwahl* ✆ 0242.
- *Verbindungen* 4-mal tägl. ein **Dolmuş** nach Olympos und zur Verbindungsstraße Finike–Antalya (1,40 €), von wo man auf **Busse** Richtung Antalya und Fethiye umsteigen kann. Am Fr geht es mit dem Dolmuş zum Markt nach Kumluca. **Taxifahrer** nutzen das spärliche Angebot aus und verlangen für die 20 km zur Hauptstraße 11–17 €.
- *Ausflüge* Neben einigen Bootseignern am Strand offerieren etliche Wirte (bei genügend Kundschaft) ein kleines Ausflugsprogramm. Es werden Ausflüge zu Wasser (z. B. nach Olympos, Phaselis oder zu verschiedenen Inseln) und Landausflüge zu den Sehenswürdigkeiten der Umgebung angeboten. Die Preise richten sich nach der Teilnehmerzahl.
- *Auto- und Zweiradverleih* Diverse Supermärkte und Hotels vermieten Pkw, ein paar wenige auch Fahrräder. Die Preise für ein Auto beginnen bei ca. 30 € pro Tag.

Achtung: Kein EC-Automat und keine Bank in Adrasan!

- *Tauchen* **Diving Center Adrasan**, neben dem Hotel Atıcı 2. 1998 von Holger und Mediha Pollmann eröffnet. Freundliche, deutschsprachige Tauchbasis, von Lesern gelobt. Anfängerkurse (P.A.D.I., CMAS, DTSA) 280 €, Tagesausfahrt mit 2 Tauchgängen zu schönen Steilwänden und Höhlen 50 €. ✆ 0532/3412943 (mobil), www.diving-adrasan.com.

Übernachten/Essen & Trinken

Alles in allem an die 30 Quartiere, teilweise in den Obstplantagen, die sich zwischen Ort und Bucht erstrecken, z. T. an der Straße dorthin, die meisten direkt in der Bucht. Das Gros der Unterkünfte verpflegt seine Gäste im eigenen Lokal. Ansonsten sind die Restaurants am Bachbett im Norden der Bucht eine angenehme Abwechslung. Viele Pensionen haben nur von Mitte Mai bis Mitte Oktober geöffnet.

- *An der Bucht* **Fordhotel**, letztes Haus im Süden der Bucht. Club-Ambiente in Miniformat – schöne Anlage mit Pool und Palmen, in der sich Leser wohl fühlten. Nehmen Sie nur ein Zimmer mit Meeresblick. Klimaanlage, hell und freundlich. DZ mit Frühstück 36 €. ✆ 8831066, www.fordhotel.net.

Sazlık China House, angenehme Unterkunft hinter dem Strand. In Reihe gebaute, kleine komfortable Bungalows. Die Inhaberin Filiz Sakarya verbringt die eine Hälfte des Jahres in China, die andere in Adrasan. Gekocht werden authentisch-chinesische und türkisch-mediterrane Gerichte. DZ mit Frühstück 33 €, ein Abendessen kommt auf ca. 9 €. ✆ 8831315, www.sazlik.com.

Hotel Atıcı II, ein kleines Wiesengrundstück mit einigen Bäumchen hinterm Strand. Restaurant. 12 Zimmer mit Du/WC, dahinter 2 ordentlich eingerichtete 3-Bett-Bungalows mit kleiner Terrasse. Einfach, aber sauber. Nette Atmosphäre, viele Taucher. DZ mit Klimaanlage und Frühstück 25 €, EZ 20 €. ✆ 8831097, ℻ 8831037.

Street Café, der kleine, lustig gestaltete Verschlag, wo es hausgemachten Kuchen und angeblich den besten Cappuccino Adrasans gibt, ist ein beliebter Treffpunkt hinter dem Strand. Zudem vermieten die Betreiber Birgit und „Rambo" Kaplan freundliche Bungalows (2004 noch 2, künftig aber 4), als DZ mit Frühstück 30 €. Bislang wirkt alles noch provisorisch, die Anlage ist erst im Aufbau. Auf jeden Fall gemütliche, ungezwungene Atmosphäre. Von Lesern empfohlen. ✆/℻ 8831362, ramazankaplan@superonline.com.

- *Am Fluss* Am nördlichen Buchtende versammeln sich mehrere idyllische Pensionen und Hotels. Darunter befindet sich auch das ca. 150 m landeinwärts gelegene **Golden River Hotel**, das lange Jahre von Lesern (viele deutsche Stammkunden) sehr gelobt, ab 2004 aber auch kritisiert wurde.

Da Geschmäcker bekanntlich verschieden sind, überlassen wir Ihnen die Entscheidung. DZ mit Du/WC inkl. Frühstück 25 €. ✆ 8835220, www.goldenriveradrasan.com.

• *Zwischen Çavuşköy und Adrasan* Auf dem Weg zum Strand passiert man zunächst den **Onuncu Köy Künstlerhof**, eine kleine, gepflegte und freundliche Anlage für besser situierte Maler und Musiker, Dichter und Denker (vornehmlich aus Deutschland und mit linksliberalem Einschlag). Angenehme Zimmer, netter Poolbereich. Pro Person 22 € mit Frühstück. ✆ 8831253, www.kuenstlerhofadrasan.de.

Danach folgt das **Eviniz**, ebenfalls sehr gepflegt, unter Leitung der schwäbisch-türkischen Familie Beierle. Großzügige Zimmer mit Marmorböden und hellem Holzmobiliar. Pool. Von Lesern empfohlen. Ca. 15 Fußmin. vom Strand entfernt. Pro Person mit Frühstück 35 €. ✆ 8831110 (Mai–Okt.) oder in Deutschland ganzjährig unter ✆ 06201/592749, www.eviniz.de.

Karaöz: Die Feriensiedlung ganz im Süden des Olympos-Nationalparks ist kein Ziel ausländischer Touristen. Hier haben sich Türken kleine Sommerhäuschen geleistet, mittlerweile so viele, dass die Bucht ziemlich zugebaut ist. Hotels sucht man dagegen vergebens. An der äußerst reizvollen Straße von Karaöz nach Mavikent findet man herrliche, z. T. menschenleere, aber nicht immer leicht zugängliche Badebuchten. Südlich von Karaöz liegt das **Yardımcı-Kap**, das in der Antike bei Seefahrern gefürchtet war. Viele Schiffe gingen hier unter, und immer wieder werden bei Tauchaktionen spektakuläre Funde aus dem Meer geholt.

Verbindungen 2-mal täglich per **Dolmuş** nach Kumluca.

Kumluca: Das 17.000-Einwohner-Städtchen befindet sich am östlichen Ende einer weiten Schwemmlandebene voller Gewächshäuser, die im Westen von Finike begrenzt wird. Im Gegensatz zu Finike liegt Kumluca jedoch nicht am Meer, sondern ein paar Kilometer landeinwärts. Um Kumluca herum werden Orangen geerntet und die Beilagen der Menüs angebaut, die in den Touristenorten auf den Teller kommen. Die Stadt selbst ist wenig sympathisch, freitags aber, wenn ein großer Wochenmarkt über die Bühne geht, herrscht buntes Treiben.

Beim nahe gelegenen, antiken *Corydalla* wurde wie bei Elmalı (→ S. 116) ein Schatz entdeckt, diesmal von der Ziege einer alten Bäuerin. Er bestand insbesondere aus liturgischen Gold- und Silberarbeiten aus dem 6. Jh. Auch dieser Schatz gelangte über dunkle Kanäle ins Ausland, aber auch von diesem Schatz konnte die türkische Regierung aus den USA wieder Stücke zurückfordern, die heute u.a. im Archäologischen Museum von Antalya zu sehen sind. Die antike Stadt selbst, von der so gut wie nichts erhalten blieb, lohnt jedoch keinen Besuch.

Auch die 5 km nordwestlich von Kumluca in einem Pinienwald versteckt gelegenen Reste des antiken *Rhodiapolis* sind nicht allzu spannend. Hier lebte Opramoas, einer der reichsten Männer der antiken Welt, der sich als Stifter vieler Baudenkmäler Lykiens im 2. Jh. einen Namen machte. Für sich selbst ließ er ein großes Grabmonument errichten, dessen Außenwände fast vollständig – Bescheidenheit war nicht seine Stärke – mit ihn ehrenden Inschriften verziert waren. Doch österreichische Archäologen brachten es vor rund 100 Jahren außer Landes. So muss man mit ein paar lykischen Felsengräbern, einem Theater mit 16 Sitzreihen, Resten einer Stoa und einer Thermenanlage Vorlieb nehmen – sofern man die antike Stadt überhaupt findet. Wer Rhodiapolis unbedingt sehen will, sollte sich über das Archäologische Museum in Antalya (✆ 0242/2385688) einen Führer vermitteln lassen.

Nahe Finike: Çakıllı Plajı

Finike

(ca. 11.000 Einwohner)

Das Hafenstädtchen, bereits in der Antike unter dem Namen *Phoinikos* besiedelt, ist eine Kleinstadt, die groß aussieht und an Sehenswürdigkeiten nichts zu bieten hat. Das Geschäft mit dem Tourismus ist bislang Nebensache – ein angenehmer Sachverhalt.

Finikes Wohlstand fußt, wie der von Kumluca, auf den reichen Erträgen der fruchtbaren Schwemmlandebene, an der beide Städte liegen. Im Hinterland, noch bevor die Dreitausender des Taurus imposant aufsteigen, erstrecken sich weite Orangenhaine. Trotz des unübersehbaren Wachstums der letzten Jahre drängt sich das Zentrum noch immer auf engem Raum zu Füßen eines Bergausläufers. Viel Flair besitzt es nicht, Zweckmäßigkeit ist Trumpf – aber es gibt alles, was ein Städtchen braucht. Und anstelle des nervenden Teppichhändlers begegnet man hier dem gut gelaunten Barbier, der dem Kunden überlässt, wie viel ihm die Rasur wert ist. Die wenigen internationalen Touristen, die kommen, steuern in der Regel mit ihren Booten den modernen Yachthafen an. Der Uferbereich dahinter wurde in den letzten Jahren neu angelegt. Anregungen zur Stadtverschönerung bekommt der Bürgermeister u.a. aus seiner bayerischen Partnergemeinde Mosbach. Ansonsten machen in Finike überwiegend Türken Urlaub, viele von ihnen in ihren eigenen vier Wänden. Unzählige Apartmentblocks, dazwischen auch ein paar Pensionen und Hotels, sind hinter dem vierspurigen Küstenhighway entstanden, der diese vom kilometerlangen Strand trennt. Der ist nicht überall sauber. Dafür schimmert das Meer davor in allen Grün- und Blautönen.

Verbindungen/Ausflüge

• *Telefonvorwahl* ✆ 0242.

• *Information* Finike besitzt zwar offiziell eine Touristeninformation, hatte dafür zuletzt jedoch weder einen Raum noch einen Mitarbeiter.

• *Verbindungen* **Bus/Dolmuş**, kleiner Busbahnhof an der Straße nach Elmalı. Auf der Fahrt nach Antalya (2,80 €, 2 Std.) oder Fethiye (5,50 €, 5–6 Std.) halten die Busse hier stündlich. Ebenfalls stündlich fährt ein Kleinbus nach Elmalı (2,80 €). Die umliegenden Strände und Orte wie Turunçova (Limyra), Demre (Kale) und Kumluca sind allesamt per Dolmuş vom Busbahnhof zu erreichen.

Taxis findet man an mehreren Ecken, u. a. am Yachthafen. Nach Limyra hin u. zurück 15 €, nach Arykanda 25 €.

• *Bootsausflüge* Einige Angebote im Hafen, z. B. nach Kekova per Fischerboot pro Person mit Essen 11 €. Für viele allerdings etwas eintönig, da Hin- und Rückweg sehr zeitaufwändig sind.

Adressen/Baden

• *Ärztliche Versorgung* Im staatlichen Krankenhaus **Devlet Hastanesi** (ausgeschildert). ✆ 8552000.

• *Autoverleih* Ein paar Anbieter am Hafen. Pkw ab 30 € pro Tag.

• *Baden* Wie schon erwähnt, ist der **Strand vor der Haustür** nicht der sauberste. Besser badete man bislang in der 4 km westlich von Finike gelegenen **Gökliman-Bucht** mit einem netten Kiesstrand samt Liegestuhlverleih und Bar. In der Saison gelegentlich Zubringertraktor von Finike, ansonsten den Demre-Dolmuş nehmen und unterwegs aussteigen. Der Haken dort ist jedoch der Küstenhighway hinterm Liegestuhl, der zum Zeitpunkt der letzten Recherche auch noch weiter ausgebaut wurde.

• *Einkaufen* Großer Markt jeden Sa.

• *Post* Im Zentrum (an der Straße zum Busbahnhof nahe dem Fluss).

• *Polizei* Am Ortsrand, von der Straße nach Antalya ausgeschildert. ✆ 8551021.

• *Türkisches Bad (Hamam)* Sehr modernes türkisches Bad beim Busbahnhof. Anders als das traditionelle Dampfbad besitzt das Finike-Hamam auch eine finnische Sauna und einen Abkühlswimmingpool. Täglich 8–22 Uhr. Di 10–17 Uhr Frauentag. Eintritt mit Massage 20 €.

• *Zeitungen* Deutsche Zeitungen gibt es am und nahe dem Hafen.

Übernachten/Essen & Trinken

Es gibt leider nur wenige empfehlenswerte Unterkünfte im Zentrum. Etliche Pensionen und Mittelklassehotels an der Straße nach Kumluca. Dort entstehen auch immer wieder neue Häuser – mal sehen, was die Zukunft bringt.

• *Übernachten* **Finike 2000**, freundliches Haus westlich des Yachthafens. Nur 20 Zimmer, fast alle recht groß und gut ausgestattet, lediglich vier davon ohne den tollen Blick über die gesamte Bucht von Finike. Schnell ausgebucht. DZ 28 €. ✆ 8554927, ℻ 8555076.

Arikanda Hotel, an der Durchgangsstraße (laut) nahe dem Hafen. 2004 eröffnetes, großes und steriles Standardhotel. Auf billigschick gemacht – eines von jenen Häusern, die sehr schnell abgewohnt sind. 08/15-Zimmer mit Telefon und TV, Bäder teilweise mit Wanne. Vorteil: fast alle Zimmer mit Balkon, viele mit schönem Blick auf den Hafen. DZ je nach Saison und Verhandlungsgeschick 22–33 €. ✆ 8555805, ℻ 8555809.

Baba Motel, 2 km Richtung Kumluca. Gepflegte Bungalowanlage. 47 angenehme Bungalows mit gefliesten Böden, Bad/WC und kleiner Terrasse. Pool, Bar, Restaurant, Küchenbenutzung möglich. Freundlicher Service. 2-Personen-Bungalow mit Frühstück 22 €. ✆ 8551568, ℻ 8552128.

Keramos Pansiyon, ca. 2 km östlich des Zentrums und 200 m hinter dem Strand, von der Straße nach Kumluca ausgeschildert. Freundliche kleine Familienpension mit nur 4 gepflegten und sauberen Zimmern, alle mit Balkon und Bad. Von Lesern empfohlen. Der Haken ist die etwas unschöne Lage zwischen Rohbauten. EZ mit Frühstück 15 €, DZ 20 €. Evren Cad. 26, ✆/℻ 8553974.

• *Essen & Trinken* **Son Çare Adana Dürüm**, Grillstand am Busbahnhof. Sehr guter *Adana Kebap* mit gegrillten Tomaten, Zwiebeln und ultrascharfen Peperoni im weichen Fladen, dazu Salat, und alles für 1,70 €.

Im Zentrum kann man das **Deniz Restaurant** nahe dem Hotel Sedir probieren. Günstige Meze und Grillgerichte in Kantinenambiente. Etwas gediegener ist der Ableger **Deniz 2** an der Durchgangsstraße nahe der Abzweigung zum Hafen. Große Auswahl an Vorspeisen (1,10–1,70 €), Hg. 2–4 €. Terrasse. ✆ 8552282.

Ein empfehlenswertes Terrassenlokal am Hafen ist das **Petek Restaurant** – nicht billig, aber für viele Yachtchartertouristen der krönende Abschluss der Tour. Jeden Abend offenes Vorspeisenbüfett. ✆ 8555029.

Der Tipp unter Einheimischen zum Forellenessen am rauschenden Bach ist das **Öz Çoban**, 26 km außerhalb von Finike an der Straße nach Elmalı beim Dörfchen Çatallar. Einfach, aber nett.

Im Hinterland von Finike

Limyra (antike Stadt)

2 km östlich des Städtchens *Turunçova* – beim Dorf *Zengerler* – liegen die Ruinen der antiken Stadt Limyra, die die Lykier *Zemuri* nannten und deren Ursprung bis ins 5. Jh. v. Chr. zurückreicht. Aufgrund antiker Aufzeichnungen und diverser Münzfunde weiß man heute, dass in Zemuri an erster Stelle der Blitze schleudernde Zeus verehrt wurde und nicht etwa Apoll oder Artemis, die Hauptgötter Lykiens.

Die kleinen, glucksenden Wasserläufe, die sich im Limyros-Tal sammeln und ins Meer fließen, waren Heimat des bekannten *Quellorakels von Limyra*. Forellen (!) sagten die Zukunft voraus. Stürzten sie sich auf das eingestreute Fischfutter, blickte man optimistisch auf, umrundeten sie es skeptisch, machten alle Anwesenden düstere Mienen.

Wie bei allen lykischen Städten wechselten immer wieder die Herrschaftsverhältnisse. Einer der rührigsten Herrscher der Stadt, der als persischer Satrap sogar ganz Lykien regierte, war ein gewisser Perikles, der so viel Selbstbewusstsein hatte, dass er als zweiter Mensch der Welt sein Antlitz auf Münzen prägen ließ – bis 412 v. Chr. waren nur Götterköpfe im Umlauf. In hellenistischer Zeit gehörte die Stadt zu Ägypten, bis sie die Syrer kurzfristig eroberten, gleich darauf herrschte Pergamon und schließlich Rom. Dass Gaius Cäsar, der blutjunge Enkel des Augustus, im Jahr 4 n. Chr. nach einer Verwundung beim Partherfeldzug hier starb, war für Limyra ein Glücksfall. In den Sterbeort des Kaisersprosses ließ Rom reichlich Geld fließen, sei es, um Erdbebenschäden zu beseitigen oder um einen Tempel besser auszustatten. In byzantinischer Zeit war Limyra ein ruhiger

Im Theater von Limyra

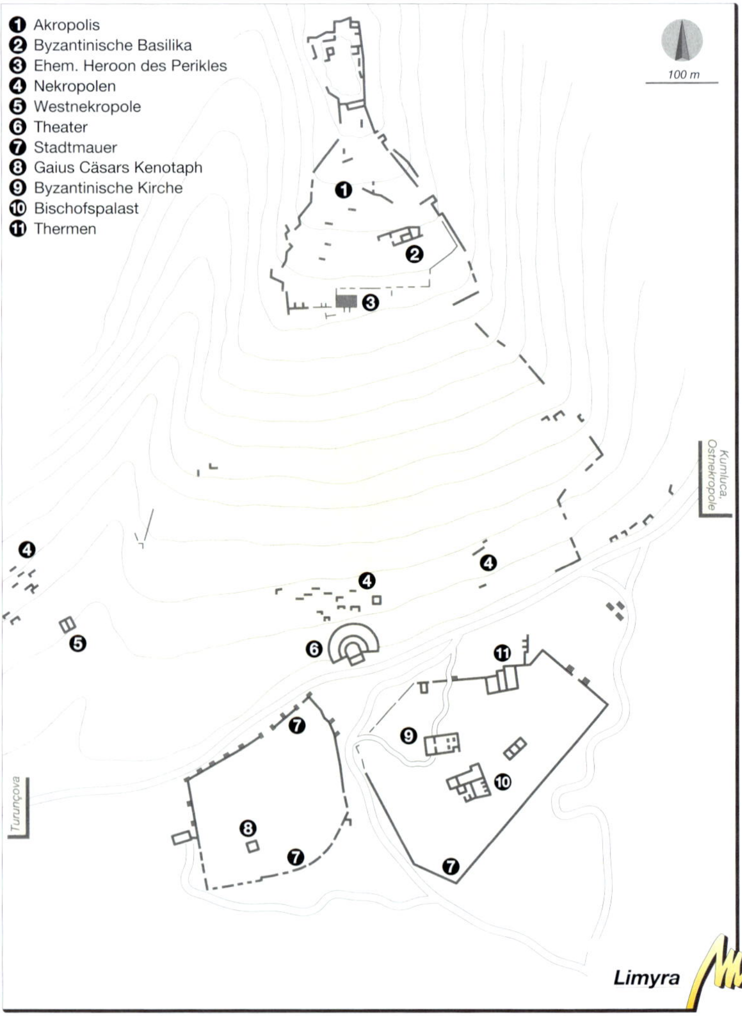

Bischofssitz. Arabereinfälle und die Verlandung des Limyros-Flusses brachten die Bewohner dazu, sich in *Phoinikos* (Finike), dem Hafen von Limyra, anzusiedeln.

Sehenswertes: Am Fuß des alten Siedlungshügels verstreuen sich die Ruinen der römisch-byzantinischen Stadt, inmitten derer heute Kühe und Schafe weiden. Wenn man aus Turunçova kommt, fallen zuerst Reste der einst wirkungsvollen *Stadtmauer* auf. Aus der Zeit nach Christi Geburt sind noch Sitzreihen des *Theaters* (141 n. Chr.), der *byzantinischen Kirche,* der *Thermen* und des *Bischofspalasts* zu bewundern. Interessant ist auch der *Kenotaph für Gaius Cäsar,* auch wenn von dem einst 18 m hohen Denkmal nur das massive Innengerüst übrig geblieben ist (Kenotaph heißt übersetzt „leeres Grab" und ist ein Grabmal für einen Verstorbenen, der an anderer Stelle beigesetzt wurde).

Insgesamt beeindruckender sind allerdings die Spuren der vorchristlichen Vergangenheit, vor allem die aufwändig in den Fels des Burghügels gehauenen *Nekropolen*. Besonders die Westnekropole ist bezüglich Lage, Ausstattung und Anzahl der Gräber vielen lykischen Totenstädten überlegen. Herausragend sind das Grab des Tebursseli (im unteren Teil am Hang) und das Grab des Teberenimi (weiter oben), beide aus dem 4. Jh. v. Chr. Bevor Sie aber loskraxeln, um deren sehenswerte Kampfreliefs zu entdecken, versuchen Sie zunächst am besten, die Gräber per Fernglas zu lokalisieren. Leichter zugänglich ist die Ostnekropole mit allen Untertypen lykischer Grabbauten – einfach am Theater vorbei noch ca. 2 km Richtung Kumluca fahren.

Rund 45 Minuten (ohne Pause) dauert der Aufstieg vom Theater zur 300 m höher gelegenen *Akropolis*, heute ein wüster Trümmerhaufen. Die Aussicht von dort ist jedoch grandios. In der Unterburg der einst stark befestigten Anlage fallen die Reste einer *byzantinischen Basilika* ins Auge. Dieser zu Füßen, in exponierter Lage, stand auf einer 330 qm großen, künstlich angelegten Terrasse das Heldengrab des Herrschers Perikles. Dieses *Heroon* aus dem 5. Jh. v. Chr. bestand aus einer unteren Grabkammer, über der sich ein Tempel erhob, der statt von schlichten Säulen von Karyatiden getragen wurde, aus Stein gemeißelten Frauengestalten. Von alledem findet sich jedoch keine Spur mehr. Im Museum von Antalya sind die z. T. erhaltenen Reliefbilder an den Friesen der Cella (innerer Kultraum), die zu den Meisterwerken lykischer Bildhauerkunst zählen, aufbewahrt.

• *Anfahrt/Verbindungen* Von Finike aus 5 km Richtung Elmalı, in Turunçova rechts ab (beschildert, noch ca. 3 km). Mit dem **Dolmuş** von Finike nach Turunçova, von dort 3 km zu Fuß weiter.

• *Öffnungszeiten* Tägl. 8–18 Uhr. Eintritt (2,20 €, erm. die Hälfte) zahlt man nur für das Gelände südlich der Straße. Theater, Nekropolen und Akropolis sind frei zugänglich.

Arykanda (antike Stadt)

Selbst wer prinzipiell an Ausgrabungen wenig Gefallen findet, sollte im Falle von Arykanda eine Ausnahme machen. Die im 6. Jh. v. Chr. gegründete Stadt liegt inmitten der atemberaubenden Bergwelt des Lykischen Taurus, und zwar auf kleinen Plateaus direkt an einem Steilhang, hinter dem das Massiv des *Şahinkaya* aufragt. Wegen dieser landschaftlich außerordentlich schönen Lage wurde die Stadt bereits in der Antike gerühmt. Und noch heute, weit über 2.000 Jahre später, hat das Ambiente nichts von seinem Reiz eingebüßt.

Die Bewohner Arykandas hatten in der Antike einen schlechten Ruf, verschwenderisch und vergnügungssüchtig sollen sie gewesen sein, dazu alle hoch verschuldet. Ihre Unterstützung des Antiochus III. im Jahre 197 v. Chr. im Kampf gegen die Ptolemäer hatte für die Bewohner Arykandas z.B. weniger mit machtpolitischen Gründen zu tun, sondern war vielmehr eine Strategie, um ihre Gläubiger vom Hals zu bekommen. Die geschichtlichen Eckdaten unterscheiden sich ansonsten kaum von denen anderer lykischer Städte. Aufgrund von Münzfunden weiß man, dass Arykanda bereits im 5. Jh. ein Prägerecht besaß. Ab dem 2. Jh. v. Chr. war die Stadt Mitglied des lykischen Bundes, ab dem Jahre 43 gehörte sie zur römischen Provinz Lycia et Pamphilia – aus jener Zeit stammt auch das Gros der heute noch erhalte-

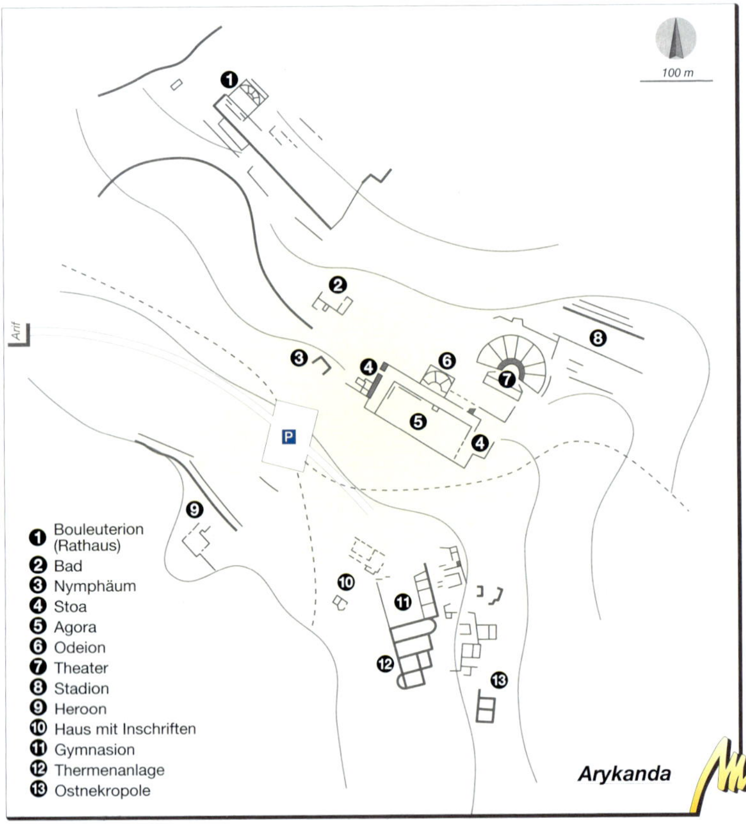

nen Bausubstanz. Schon früh breitete sich das Christentum in Arykanda aus, und im Byzantinischen Reich wurde die Stadt sogar Bischofssitz. Nachgewiesen ist eine Besiedlung Arykandas bis ins 11. Jh. Warum die Stadt aufgegeben wurde, bleibt ein Rätsel.

Sehenswertes: Seit den 1970ern finden immer wieder Grabungen statt, die den einstigen Aufbau der Stadt gut erkennen lassen. Die städtischen Repräsentationsbauten lagen übereinander auf mehreren Terrassen. Die zweistöckigen *Thermen* beim *Gymnasion* wirken noch immer mächtig, dahinter befindet sich die *Ostnekropole* mit ihren auffälligen Tempelgräbern. Auch die *Agora* ist auf ihrem Plateau noch immer deutlich auszumachen. Bei der Ausgrabung des *Odeions* und einer daneben gelegenen, einst 75 m langen Säulenhalle kamen Mosaike zum Vorschein. Im z. T. verschütteten *Stadion*, das sich idyllisch an den Hang schmiegt, saßen die Zuschauer an der Bergseite. Das *Theater*, das schönste Bauwerk der Stadt, wurde von Archäologen aus Ankara völlig ausgegraben: Klein und schnörkellos bot es für die damaligen Zuschauer ein intimes Erlebnis, da die Sitzreihen direkt in die Orchestra übergehen.

• *Anfahrt* Beim Dorf Arif, etwa 32 km hinter Finike an der Straße nach Elmalı, zweigt bei den letzten Häusern ein unbefestigter Weg rechts ab (ausgeschildert). Von da aus noch etwa 1 km.

• *Essen & Trinken* → Finike/Restaurant Öz Çoban, S. 111. Das Lokal liegt 6 km südlich von Arykanda.

• *Öffnungszeiten* Das Ausgrabungsgelände ist nicht umzäunt. Im Sommer 2,20 € Eintritt, erm. die Hälfte.

Wer sich dem örtlichen Führer anvertraut, zahlt etwas mehr, hat jedoch auch viel mehr davon.

Elmalı (ca. 18.000 Einwohner)

Vor dem Hintergrund eines mächtigen Bergmassivs steigen die Minarette der 600 Jahre alten Hauptmoschee *Ömerpaşa Camii* in den Himmel. Wenn der Muezzin ruft, lassen die Männer ihren Tee stehen und schlendern in die Moschee zum Gebet. Elmalı ist ein besuchenswertes Städtchen am Rande einer Hochebene 1.155 m über dem Meer. Die hiesige Sommerfrische genießen auch viele Städter von der Küste, in den heißen Monaten steigt die Einwohnerzahl auf bis zu 30.000 an. *Elma* heißt übrigens „Apfel“, und tatsächlich werden im Umland in großem Stil Obst und Getreide angebaut.

Die lange, schnurgerade Hauptstraße führt hinauf zum alten Zentrum (mit „Şehir Merkezi“ ausgeschildert), wo sich Osmanenhäuschen im Fachwerkstil den Hang hochziehen. Dort liegt auch das Marktviertel, wo man kunstvoll gearbeitete Kupferwaren erstehen kann, für welche die Stadt berühmt ist. Äußerst lohnenswert ist auch ein Besuch des alten türkischen Bads *Bey Hamam* bei der Hauptmoschee (tägl. 8–22 Uhr, Sa 10–18 Uhr Frauentag, für Touristengrüppchen auch gemischtes Baden möglich), wo man für 12 Euro rund zwei Stunden durchgeschrubbt und eingeseift wird. Ein farbenfroher Wochenmarkt wird stets montags nahe der

Allein schon wegen der Lage einen Ausflug wert: Arykanda im Lykischen Taurus

Bei der Oma schmeckt es am besten

Busstation abgehalten. Wer bleiben will, kann nur zwischen wenigen einfachen Hotels wählen, denn auf Tourismus ist Elmalı nicht eingestellt.

Etwa 5 km südöstlich von Elmalı liegt *Karataş-Semayük*, wo amerikanische Archäologen in den 1960ern Grabbeigaben aus der frühen Bronzezeit ans Tageslicht förderten. Die Funde waren sensationell und sind heute im Archäologischen Museum von Antalya zu sehen. Ein Besuch des Ausgrabungsgeländes lohnt aber nicht.

Ebenfalls sensationell war ein Münzfund nördlich von Elmalı im Jahre 1984. Mit einem selbst zusammengeschraubten Metalldetektor entdeckten Bauern keine 20 cm unter der Erde eine Amphore mit rund 2.000 griechischen und lykischen Münzen aus dem 5. Jh. v. Chr. Unter der Hand wurde der Schatz ins Ausland und von dort weiter an den internationalen Kunsthandel verschoben. Einzelne Münzen erzielten bei Versteigerungen Preise von 300.000 US-Dollar. Diverse Münzen des Schatzes kamen aufgrund von Interventionen Ankaras aus den USA in die Türkei zurück, und sollen künftig im *Museum* von Elmalı ausgestellt werden, das bei unserem letzten Besuch (angeblich) kurz vor seiner Eröffnung stand. Wo der Rest des Schatzes verblieb, ist unbekannt, genauso wie die Identität des „Verbuddlers". Rund um Elmalı wurden zudem mehrere *Tumulusgräber* entdeckt, die jedoch für die Öffentlichkeit nicht zugänglich sind.

• *Verbindungen* Mit dem **Bus** hat man recht gute Anschlüsse über Korkuteli nach Antalya (3,50 €), ebenso nach Finike (2 €) oder direkt nach Kaş (3,30 €).

• *Essen & Trinken* Das **Toros Restaurant** gegenüber der Moschee bietet Pide, Lahmacun und Kebab zu fairen Preisen. Freundlicher Service.

Die Strecke von Finike vorbei an Arykanda und dem trockengelegten Avlan-See nach Elmalı ist sehr gut ausgebaut und landschaftlich überaus reizvoll. Wer zurück an die Küste über Gömbe nach Kaş oder Kalkan will (ebenfalls landschaftlich herrlich, es geht durch Pappelwälder und an einem großen Stausee vorbei), sollte bedenken, dass diese Strecke viele Kurven hat und mindestens zwei bis drei Stunden in Anspruch nimmt.

Demre: Sie sitzen in der ersten Reihe

Demre (Kale)

(ca. 15.000 Einwohner)

mit Myra und Andriake

Demre ist eine wenig reizvolle Kreisstadt zwischen Finike und Kaş. Am nördlichen Stadtrand liegt jedoch das antike Myra, das vor allem wegen seiner eindrucksvollen lykischen Felsengräber besucht wird. Myra war zudem die Wirkungsstätte des rauschebärtigen Nikolaus, der am 6. Dezember seinen großen Auftritt pflegt. Das im Westen von Demre gelegene Andriake wiederum fungierte einst als Hafen Myras, in dem der Apostel Paulus ein Schiff nach Rom bestieg. Heute legen von hier Ausflugsboote nach Kekova ab.

Dem nüchternen Verwaltungssitz Demre (auch Kale genannt) ist nicht mehr anzusehen, dass es einst bedeutende Bischofsstadt und ab dem 5. Jh. die Hauptstadt Lykiens war. Heute ist der Ort in erster Linie als Zentrum des Tomatenanbaus bekannt. In der weiten Schwemmlandebene steht Treibhaus an Treibhaus, drei Ernten jährlich sind die Regel.

Das antike Myra gehört zum Pflichtprogramm für Lykien-Touristen. Die Besucher kommen überwiegend mit dem Bus und bleiben selten länger als ein paar Stunden, dann sind die imposanten *Felsengräber* und die *byzantinische Kirche*, die lange Zeit der letzte Ruheort des Bischofs Nikolaus von Myra war, besichtigt. Den alten Hafen Andriake schaut sich so gut wie niemand an, es sei denn, man hat noch Zeit, bis das Ausflugsboot nach Kekova ablegt.

In touristischer Hinsicht ist Demre also lediglich das Ziel von Tagesausflüglern. Dementsprechend findet man nur wenige Hotels und Pensionen. Immerhin erstreckt sich vor Demre ein kilometerlanger Kiesstrand, der an der Beymelek-Lagune endet, einem weiten, von Schilf gesäumten See aus Brackwasser. Der See ist zugleich Nistplatz geschützter Vogelarten.

Die Ahnentafel von Santa Claus

Zu Lebzeiten von Bischof Nikolaus (etwa 290–350) soll ein bettelarmer Mann in Myra gelebt haben. Dieser hatte drei Töchter, aber keine Mitgift für sie. Da wollte der wohlhabende Bischof helfen. Er schlich sich nachts heimlich zum Haus des unglücklichen Vaters, fand aber Fenster und Türen verschlossen. So kletterte er fluchend auf das Dach und warf ein Goldsäckchen durch den Kamin hinab. Wie das Leben so spielt, hatten die Mädchen ihre Strümpfe zum Trocknen über das Feuer gehängt, und die Gabe landete weich in der Wolle! Seitdem werden im christlichen Kulturkreis am 6. Dezember – dem angeblichen Todestag des Bischofs – abends Strümpfe bzw. Schuhe im Kamin oder – falls nicht vorhanden – vor der Tür deponiert, in der Hoffnung, sie am nächsten Morgen gefüllt wieder zu finden.

Der gute Bischof Nikolaus aus Myra ist jedoch nicht der einzige seiner Art. Ein Mitarbeiter des Staatlichen Französischen Forschungszentrums CNRS hat sich die Mühe gemacht, die Ahnentafel dieses merkwürdigen Alten mit Kutte, Kapuze, Bart, Stiefel und Sack zu erstellen. Es konnte nachgewiesen werden, dass der Nikolaus an die 30 Vorfahren hat. Der älteste unter ihnen ist Gargan, Sohn eines keltischen Gottes, der – bereits in die rote Kutte gehüllt – mit seinen Geschenken die Kinder beglückte und erschreckte.

Santa Claus in seiner heutigen, vor allem in Amerika populären Form ist ein Produkt des Schriftstellers Clement Clarck Moore (1779–1863). Auf ihn geht auch das uns bekannte Nikolausgefährt, der Rentierschlitten, zurück.

Bevor der Nikolaus übrigens als Weihnachtsmann Karriere machte, stieg er in der Ostkirche zunächst zum Schutzpatron der Seefahrer und Reisenden auf, da er einst an der Rettung von Schiffsbrüchigen beteiligt gewesen sein soll. Aus Mangel an eigenen Heiligen hielten sich später auch andere Berufsstände an ihm schadlos, wie Brückenbauer, Bäcker und Apotheker. Zu diesem Thema recherchierte u.a. Wolfgang Koydl, ehemaliger SZ-Korrespondent in İstanbul, und stellte fest, dass sich auch Kriminelle auf den Schutzpatron aus Myra beriefen. In einem Kölner Gefängnis ist der Fall eines Häftlings von 1933 dokumentiert, auf dessen Oberarm die Worte eintätowiert waren: „Heiliger Nikolaus, schütz uns vor Polizei und Arbeitshaus."

- *Telefonvorwahl* ✆ 0242.
- *Information* Für Demre ist die Tourist Information in Kaş zuständig (→ S. 124).
- *Verbindungen* Die **Busse** auf der Küstenstrecke Antalya–Fethiye halten alle in Demre (nach Antalya und Fethiye jeweils 4 €). Per **Dolmuş** kommt man u. a. nach Finike und Kaş.

Weihnachtsstimmung auf Türkisch! **Santa-Claus-Festival** jedes Jahr vom 6. bis 8. Dezember. Mit Weihnachtsmännern aus aller Welt, Rentierschau, Wettschenken u. v. m.

- *Bootsausflüge* Am Hafen etwa 3 km außerhalb bei den Ruinen von Andriake liegen kleine und größere Ausflugsboote, die für 10–20 € (je nach Länge der Tour) Touristen zu den diversen „versunkenen Städten" befördern, natürlich inkl. Kekova. Den aktuellen Preis legt die Kooperative im Hafen fest.
- *Übernachten* Von den abgewohnten Pensionen und den in die Jahre gekommenen Hotels ist das 2-Sterne-Haus **Grandhotel Kekova** noch die akzeptabelste Herberge. 40 Zimmer mit verschlissenen Teppichböden, aber ordentlichen Sanitäreinrichtungen und Balkon. Bar und Restaurant. EZ 11 €, DZ 22 €, jeweils inkl. Frühstück. Lise Cad. P.T.T Karşısı 55, vom Zentrum aus beschildert. ✆ 8714515, 📠 8715366.

• *Essen & Trinken* Mehrere einfache Lokantas im Zentrum. Zu empfehlen ist zudem das Restaurant **Yüzer Köşk**, ca. 10 km außerhalb von Kale (an der Straße nach Finike an der Beymelek-Lagune). Geboten werden leckere Fischgerichte, frisch gefangene Krebse und Krabben auf einer simplen, jedoch herrlichen Terrasse direkt am Wasser.

• *Baden* Grauer Sandstrand am antiken Hafen Andriake. An der Straße nach Finike mehrere Buchten, deren Idylle durch die Küstenstraße und deren Verbreiterung jedoch arg getrübt wird.

Sehenswertes

Kirche des Hl. Nikolaus: Die mit „Noel Baba" ausgeschilderte dreischiffige Basilika, in deren Vorläuferbau der Bischof gewirkt hat, war im Mittelalter ein beliebtes Pilgerziel, da sich hier mehrfach Wunderheilungen ereignet haben sollen. Ihr heutiges Aussehen ist das Ergebnis mehrfacher Um- und Anbauten im Lauf der Jahrhunderte, die letzten umfassenden ließ der russische Zar Nikolaus I. durchführen. Ursprünglich stand die Kirche nicht in einer leichten Mulde, sondern sozusagen „ebenerdig". Das unterschiedliche Höhenniveau ist auf die Sedimentanschwemmungen des Demre Çayı bei Hochwasser zurückzuführen. Im Inneren sieht man einige verblasste Freskenreste sowie Mosaike und Sarkophage aus frühchristlicher Zeit. Keiner der Sarkophage ist nachweislich jedoch der des Kirchenpatrons. Dessen Sarkophag soll samt Gebeinen 1087 von italienischen Kaufleuten nach Bari entführt worden sein. Allerdings halten sich immer noch Vermutungen, dass die Grabräuber den falschen Sarkophag entwendet haben. Wie dem auch sei – fest steht, dass sich die sterblichen Überreste des Hl. Nikolaus nicht mehr hier befinden. Ob die im Archäologischen Museum von Antalya ausgestellten Reliquien (u. a. Teile des Kieferknochens) tatsächlich vom Heiligen stammen, muss ebenso angezweifelt werden.

Öffnungszeiten Mai–Oktober tägl. 8–19 Uhr, November–April 8–17.30 Uhr. Eintritt 2,80 €, erm. 1,10 €.

Myra (antike Stadt): Das antike Myra, bereits im 5. Jh. v. Chr. gegründet, war stets eine der führenden Städte des Lykischen Bundes. Faszinierend sind die Felsengräber der sog. *Seenekropole* aus dem 4. Jh. v. Chr. Inmitten einer steilen, senkrecht abfallenden Felswand befinden sich Dutzende einfacher Grabhöhlen, -zellen und -häuser sowie regelrechte Grabtempel, versehen mit aufwändigen Fassaden und Scheintüren – nicht wenige dieser Gräber, die mit ihren Balkonen und Giebeldächern aus dem Fels ragen, haben etwas von

Die Felsengräber der Seenekropole von Myra

Bonsai-Villen mit Seeblick. Die schönsten Grabtempel sind mit meisterhaften farbigen Reliefs geschmückt: Krieger, die sich zum Kampf rüsten oder in Kampfhandlungen verwickelt sind, aber auch Motive aus dem Leben zeitgenössischer Berühmtheiten. Leider sind die Felsengräber nicht mehr zugänglich.
Während der römischen Kaiserzeit war Myra überaus wohlhabend. Daran erinnert noch das teilweise in Fels gehauene, stattliche *Theater*, dessen Ränge über ein mächtiges Tonnengewölbe zu erreichen sind. Die Einlasslöcher auf den Rängen dienten übrigens zur Aufnahme von Holzpfosten, an denen man Jalousien befestigte, damit die Zuschauer im Schatten sitzen konnten. Im und um das Theater liegen unzählige Architekturfragmente, viele davon mit sehenswerten Maskenreliefs des Theaterfrieses. Außer dem Theater blieb vom römischen Myra kaum etwas erhalten, dafür sorgten Arabereinfälle zu Beginn des 9. Jh. und danach die Schlamm- und Geröllmassen des *Demre Çayı*. Die Reste der *Akropolis* oberhalb des Theaters sind spärlich.

Lohnenswert ist ein Abstecher zur *Ostnekropole*. Um dorthin zu gelangen, fährt oder läuft man vom Parkplatz vor dem Theater die Zufahrtsstraße wieder zurück und hält sich bei der ersten Möglichkeit links (stadtauswärts). Ca. 400 m danach biegt man zwischen Gewächshäusern erneut (wieder erste Möglichkeit) links ab. Die Ostnekropole kostet keinen Eintritt und ist frei zugänglich. Halten Sie nach einer Jahrtausende alten Felstreppe Ausschau. Über diese gelangt man zu einer Grabfassade mit lebensgroßen Reliefs.

• *Öffnungszeiten* Das antike Myra liegt am Nordrand Demres beim Dorf Kocademre und ist ca. 2 km vom Zentrum entfernt. Das Ausgrabungsgelände ist zwischen Mai und Oktober tägl. von 7.30–19 Uhr geöffnet, zwischen November und April von 8–17.30 Uhr. Eintritt 2,80 €, erm. 1,10 €.

Andriake (antike Stadt): Der alte Hafen Myras liegt 5 km westlich von Demre und wird heute auch als *Bucht von Çayağzı* bezeichnet. Im Jahr 59 wechselte dort der Apostel Paulus das Schiff auf seiner Reise nach Rom. Die Bucht konnte zu dieser Zeit noch durch eine starke Kette gesperrt werden.
Insgesamt sind die spärlichen Ruinen der Hafenstadt wenig beeindruckend. Einzige Ausnahme ist das noch relativ gut erhaltene *Granarium* mit Lagerhäusern (von Demre kommend links der Zufahrtsstraße), ein aus acht Räumen bestehender Getreidespeicher, der 6.000 Kubikmeter Korn fassen konnte und im Jahr 129 – wie an der Fassade eine auffällige Inschrift zwischen Erd- und Obergeschoss offenbart – im Auftrag von Kaiser Hadrian gebaut wurde. Heute legen von Andriake Ausflugsboote nach Kekova ab. Es bestehen unregelmäßige Dolmuşverbindungen von und nach Demre.

Kekova/Simena

Das Meer zwischen der Insel Kekova und dem Festland gleicht einem Binnensee, der von unzähligen kleinen Inseln durchsetzt ist. Auf dem Festland vor den Inseln liegt Simena, ein idyllisches Dorf ohne Straßen, ganz von der Außenwelt abgeschieden und nur per Boot oder zu Fuß zu erreichen. Im Meer davor die versunkene Stadt Sualtı Şehir – wie aus einem Märchen. Kekova, lange Zeit ein Geheimtipp, wird heute von unzähligen Ausflugsbooten angesteuert.

Berühmt ist die Inselwelt von Kekova für ihre Unterwasserruinen, lautstark als „Sunken City“ angepriesen. Mit dem Boot tuckert man gemütlich über die Grund-

Simena: ein nur per Boot zu erreichendes Idyll vor Kekova

mauern etlicher Gebäude, die sich im kristallklaren Wasser ausmachen lassen. Hier und dort ragt ein Sarkophag aus dem Wasser. Über den antiken Hafenkais von Simena tanzen kleine Fischchen. Ein Blickfang ist auch die Ruine einer *byzantinischen Kirche* direkt an der Bucht von Tersane – nur die Apsis ragt am Strand empor. Der Grund für das Versinken der Städte liegt darin, dass sich die Küste langsam absenkt, nämlich in einem Zeitraum von 100 Jahren um ca. 15 cm.

Die direkt gegenüber von Kekova gelegene Bilderbuchortschaft **Simena** (auch „**Kaleköy**" = Burgdorf genannt) erinnert wie wenige andere türkische Orte an alte griechische Fischerdörfer in der Ägäis. Malerisch ziehen sich die Häuser einen Hang hinauf, der von einer mittelalterlichen *Burg* gekrönt wird. Der Burgberg war bereits in der Antike besiedelt. Innerhalb der Burgmauern (Eintritt 2,20 €, erm. die Hälfte) sieht man noch heute die Reste eines aus dem Fels gehauenen, kleinen *Theaters* (ohne Bühne), das einst 300 Personen Platz bot. Der Burg zu Füßen stehen die für diese Gegend typischen *Steinsarkophage*.
Da man Simena nie an das öffentliche Straßennetz angeschlossen hat, konnte sich die 200-Einwohner-Ortschaft einen besonderen Charme bewahren. Sie präsentiert sich als eine der letzten idyllischen Flecken an der türkischen Südküste, die ihr Gesicht durch den Massentourismus noch nicht verloren hat – zumindest vor 13 Uhr und nach 15 Uhr, bevor die Ausflugsboote eintreffen und nachdem sie wieder ablegen.

Die meisten Touristen kommen im Rahmen eines organisierten Tagesausflugs, der in Andriake oder Kaş startet. Unterwegs genießt man dabei eine einmalige Aussicht über die bizarre Küstenlandschaft. Man kann aber auch nach **Üçağız** (500 Einwohner) fahren, dem Simena nächstgelegenen und noch mit dem Fahrzeug zu erreichenden Ort, und von dort ein Boot nehmen. Üçağız, das antike *Teimiussa*, ist heute eine Ansammlung von Restaurants und kleinen Pensionen mit einer Moschee neben der Anlegestelle. Wie auch in Simena bestimmen die Ausflugsboote und -busse den Rhythmus des Ortes. An Teimiussa erinnern noch ein paar Grabbauten östlich des Dorfes nahe der Küste.

• *Anfahrt/Verbindungen* 1-mal am Tag um 14.15 Uhr ein **Dolmuş** von Antalya (Busbahnhof) über Demre nach Üçağız oder andersrum um 8 Uhr morgens von Üçağız über Demre nach Antalya. **Taxi** von Kaş 20–25 €, von Demre 16–20 €. Von Üçağız mit dem **Boot** nach Simena (8,50 €), bei Bedarf per Boot nach Kekova weiter. Wer mit dem eigenen **Auto** kommt, zahlt 1,40 € Parkgebühren.

Ansonsten per **Bootsausflug** von Andriake (Demre), Kaş oder Kalkan. Von Fethiye und vielen anderen Küstenorten sind Ausflugsfahrten meist eine Kombination aus einer Busfahrt bis Üçağız und anschließender Bootstour durch die Inselwelt von Kekova und nach Simena.

• *Übernachten in Üçağız* Mehrere nette Pensionen, unsere Empfehlungen:

Kekova Pansiyon, neuere Pension direkt am Meer, sehr gut in Schuss. 8 hübsche, geräumige Zimmer mit Aircondition und Holzböden. Gemeinschaftsbalkon im ersten Stock mit tollem Meeresblick. DZ mit Frühstück 28 €. Von Lesern empfohlen. ✆ 0242/8742259, ℻ 8742039.

Ekin Hotel, elf gepflegte Zimmer, alle mit Bad, sehr sauber. Fünf mit eigener kleiner Terrasse inmitten eines duftenden Gartens, andere mit Balkon und Blick über die Bucht. Küchenbenutzung möglich. Für 2 Personen 15–25 €. Flughafentransfer. Die sympathisch-unaufdringlichen Brüder Ali und Yusuf Pehlivan beraten gut und fair über Wanderungen und Bootstouren: Man kann niemanden auf die hauseigene Yacht schleppen, da keine vorhanden. Ganzjährig geöffnet. ✆ 0242/8742064.

Onur Pension, unmittelbar am Meer, eigener Bootssteg. Einfache, freundliche Pension, Zimmer mit Bad/WC. Schöne Terrasse nur für Gäste, darunter Restaurant, eigener Strandtransfer. DZ inkl. Frühstück 28 €. ✆ 0242/8742071, www.onurpension.com.

Einfachste **Camping**möglichkeiten bei der **Pension Kabay** am Ortseingang.

• *Übernachten in Simena* Hier übernachtet man deutlich teuerer. Vorrangig großstadtgeplagte Türken nehmen das kleine Pensionsangebot wahr.

Kale Pension, direkt am Meer mit herrlicher Terrasse auf einem Steg. 10 ordentliche, gemütliche DZ mit Klimaanlage und Meeresblick für 40 €. Sehr freundlich. ✆ 0242/8742111, www.kalepansiyon.com.

Etwas günstiger, aber auch einfacher (DZ 33 €) wohnt man in der **Ankh Pansiyon** gleich in der Nähe. ✆ 0242/8742171, www.ankhpansion.com.tr.

Mehtap Pension, etwas höher gelegen. 10 Zimmer mit Klimaanlage, 4 davon mit Meeresblick. Super Terrasse. Ein bisschen gepflegter, dafür aber auch teurer. Freundlicher Service. DZ mit VP 68 €. ✆ 0242/8742146, www.mehtappansiyon.com.

Zudem werden einfachste Privatzimmer im Sommer zu überhöhten Preisen vermietet. Je nach Saison 15–30 € für 2 Personen.

• *Essen & Trinken* In Üçağız und Simena mehrere Restaurants mit Terrasse am Meer – fast alle profitieren von organisierten Bootstouren. Welches das beste ist, ist schwer zu sagen. Das mit Abstand bekannteste und eines der alteingesessenen ist das von **Hassan**, dem „besten Koch vom Mittelmeer". Den Ehrentitel haben ihm Segler verliehen; kein Küstenhandbuch, das ihn nicht würdigt. Aber Achtung: Wenn in der Türkei eine Geschäftsidee erfolgreich ist, wird sie sofort kopiert. Und so gibt es nun mehrere „Hassans" in der Bucht. Den einzig wahren Hassan erkennen Sie an seinem Schriftzug (→ Foto, S. 27). Dieser Hassan hat auch seine Preise groß angeschlagen (kein Nepp), denn er ist nicht nur auf das Eintagesgeschäft aus. Zudem ist er sehr hilfsbereit (deutschsprachig) und erteilt Rat in Bezug auf Zimmersuche, Bootsausfahrten usw.

• *Baden* Strände sind vor Ort Fehlanzeige, es gibt nur einfache Steinbuchten. Unmittelbar über den versunkenen Ruinen ist Baden verboten.

Kleine Wanderung nach Simena

Wer sich das Geld für den Bootstransfer sparen will, folgt vom großen Parkplatz in Üçağız dem Weg links am WC-Häuschen vorbei. Dieser schwenkt nach ca. 60 m rechts ab. Keine 15 Min. später sieht man schon die Burg von Simena, der Weg dahin verläuft jedoch noch in einem weiten „U" um die Meeresbucht. Dauer einfach ca. 50 Min.

Kaş, einer der freundlichsten Urlaubsorte an der lykischen Küste

Kaş

(ca. 8.100 Einwohner, im Sommer 16.000)

In einer reizvollen, von zwei Halbinseln umrahmten Bucht gleißen die weißen Fassaden der griechischen Häuser im Sonnenlicht. Funkelnde Souvenirs glitzern mit ihnen um die Wette, und Teppiche leuchten farbenfroh in der Sonne.

Noch bis Anfang der 1990er galt Kaş als Geheimtipp unter Travellern. Heute gehört der Ort zu den etablierten Ferienadressen der Lykischen Küste, wo an lockere Kundschaft mit lockeren Geldbörsen gepflegter Tourismus verkauft wird. Am Tag sind Bootsfahrten zu den umliegenden Stränden und Inseln beliebt, abends zeigt man, was man kann: Den Gästen bis spät in die Nacht eine sorgenfreie Zeit bescheren. Das Gros der Besucher stellen Deutsche und Briten, darunter etliche Taucher – das Revier vor der Tür zählt zu den besten der Region. Es kommen aber auch viele Individualtouristen, vom Segler bis zum Rucksackreisenden. Auf den Geldbeutel Ersterer hat sich zwar mittlerweile das Preisniveau der meisten Restaurants eingestellt, aber es gibt noch immer ein paar billigere Lokantas und gute Unterkünfte für relativ wenig Geld. Den „Hauptsache-Sonne-saufen-und-beides-möglichst-billig"-Urlauber lockt das Städtchen zum Glück weniger an: In den Prospekten der großen Reiseveranstalter nimmt Kaş eine Randnotiz ein, denn es fehlt an weiten Stränden und damit an großen Mittelklassehotels unmittelbar vor Ort.

Kaş liegt auf dem Gebiet des antiken *Antiphellos,* von wo aus in römischer Zeit Schwämme und Holz exportiert wurden. Während der byzantinischen Herrschaft war Antiphellos Bischofssitz, dann blühte der Stadt das gleiche Schicksal wie zahlreichen anderen Orten an der Küste: Wiederholte Überfälle der Araber ließen Antiphellos zum bedeutungslosen Fischerort verkümmern, der bis 1923 (inzwischen unter dem Namen Kaş) Heimat einer griechischen Bevölkerungsmehrheit war. Die Bausubstanz aus jener Zeit prägt noch heute das charmante Zentrum um den Hafen.

Dank des günstigen Klimas gedeihen in Kaş aber nicht nur Zitrusfrüchte, Gummibäume und Palmen, sondern auch Nobelvillen und Hotels. Das Städtchen wächst und wächst. Und da der Platz in der Bucht naturgemäß beschränkt ist, wächst es einfach dahinter den Hang hoch in den Himmel. Die Realität spricht der einst offiziell ausgegebenen Devise Hohn, nach der die Bucht nicht zubetoniert werden dürfe und ihr ökologisches Gleichgewicht gewahrt bleiben müsse. Auch die südwestlich ins Meer ragende *Çukurbağ-Halbinsel*, wo bis vor nicht allzu langer Zeit nur eine Handvoll Häuser stand, entwickelt sich langsam zu einer eigenen Postadresse. Trotz alledem präsentiert sich Kaş – verglichen mit Marmaris, Fethiye oder Kemer – immer noch als gemütlicher, überschaubarer Urlaubsort mit Charme.

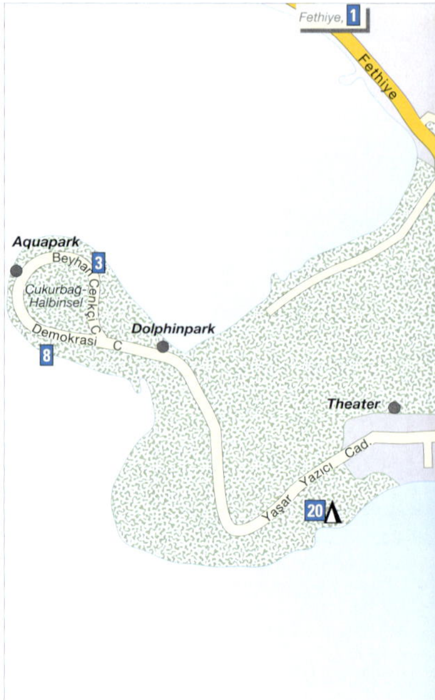

N achtleben
17 Queen Bar und Mavi Bar
19 Elit Bar

E inkaufen
15 Erdem Market

Informationen/Verbindungen/Ausflüge

• *Telefonvorwahl* ✆ 0242.

• *Information* **Tourist Information** direkt am zentralen Platz. Kompetent und hilfsbereit. Je nach Besetzung auch Informationen auf Deutsch. Zuständig zudem für Kalkan und Patara. Wenn nötig, darf das Büro sogar als Gepäckaufbewahrung missbraucht werden. Ganzjährig geöffnet, in der Saison täglich 8.30–12 u. 13–18.30 Uhr, Oktober–Mai Mo–Fr 8.30–12 u. 13–17.30 Uhr. Cumhuriyet Meydanı 7, ✆ 8361238, 📠 8361695.

• *Verbindungen* Nahezu jede halbe Stunde **Busse** nach Antalya (5 €/4 Std.) und Fethiye (3,50 €/2,5 Std.). Außerdem Verbindungen nach Pamukkale (mit Umsteigen, 12 €/8 Std.) und Selçuk (mit Umsteigen, 11 €/9 Std.). Nach Marmaris in Göcek umsteigen (6,50 €/4 Std.). Busbahnhof 700 m vom Hafen landeinwärts nahe der Küstenstraße.

Dolmuş: Je nach Saison **vom Busbahnhof** ca. stündl. nach Kalkan (1,40 €), Kaputaş (1,40 €) und Patara (2,20 €), tägl. um 10.15 Uhr nach Saklıkent (hin/zurück 8,30 €) und nach Myra und Kekova (hin/zurück ebenfalls 8,30 €). **Vom Hafen** starten die Dolmuşe zur Çukurbağ-Halbinsel, zum Big Pebble Beach und zu den Stränden der Campingplätze Olympos und Akçagerme Richtung Kalkan.

Taxi: Stand beim Hafen.

Schiffsdolmuş: Zu den vorgelagerten Inselchen. Keine fahrplanmäßige Verbindung nach Kastellórizo/Meis (s. u.).

• *Bootsausflüge* Es gibt etliche Anbieter. Egal, wo man bucht, sämtliche Ausfahrten kosten in der Regel ca. 15 €. Fahrten u. a. zur Bucht von Kaputaş (→ S. 135), den Blauen Grotten oder ins unvermeidliche Blaue. Die Muss-Tour führt nach Kekova. Fahrtdauer je nach Bootsgröße 1,5–2 Std. Im Angebot sind auch Ausflugsschiffe mit Glasrumpf zum Betrachten der Unterwasserwelt.

Kaş
Karte S. 124/125

Per Boot nach Kastellórizo: Tagesausflüge zur nahe gelegenen griechischen Insel bedürfen keiner griechischen Zollformalitäten. Überfahrtdauer 15 Min., pro Person einfach 20 €. Buchungen in den Reisebüros oder am Hafen bei **Kahramanlar** (s.u.).

• *Organisierte Touren* Etliche Büros mit 100 Angeboten. Zwei Beispiele:

Bouganville Travel Tours, ein Reisebüro, das sich ganz auf Aktivurlaub eingestellt hat. Im Programm Touren zu allen Sehenswürdigkeiten der Umgebung, Wandertouren ab 6 Pers. (30 €), Mountainbiketouren (36 €), Kajakfahrten bei Kekova (30 €) usw., zudem Flughafenservice (1–4 Pers.) für 70 € (Dalaman) bzw. 80 € (Antalya). Çukurbağlı Cad., ✆ 8363737, www.bougainville-turkey.com.

Kahramanlar, am Hafen. Im Angebot z. B. Bergdorftour zum Erleben der türkischen Gastfreundschaft (21 € inkl. Lunch), Bustrip nach Xanthos und Saklıkent (20 €) oder 2-Tages-Fahrt nach Pamukkale (70 €). ✆ 8361062, 📠 8362402.

• *Yachtcharter* Tagesausflüge, 3-Tages-Fahrten, 7-Tage-Fahrten usw. Diverse Anbieter. Eine Woche mit Crew und Verpflegung kostet bei **Kahramanlar** (s.o.) auf der 18-m-Gulet pro Person 325 €, Mindestteilnehmerzahl 8 Pers. Für 2 Tage zahlt man 100 €.

Adressen

• *Ärztliche Versorgung* Ein Deutsch sprechender Arzt ist **Dr. Aydın Belenlioğlu**, Praxis am Atatürk Bul., Sekerim Pasajı, ✆ 8361201. Das kleine staatliche Krankenhaus **Devlet Hastanesi** befindet sich in der Hastane Cad., der Straße zur Çukurbağ-Halbinsel. ✆ 8361185.

• *Autoverleih* Über Reisebüros oder lokale Verleiher, z.B. bei **Ali Baba Rent a car**, nahe der Moschee. Pkw ab 48 € inkl. Versicherung, Jeeps ab 68 €. ✆ 8362501, ✆ 8363225.

• *Einkaufen/Souvenirs* Geboten wird die übliche Touristenpalette vom Schmuck über den Teppich bis hin zur Meerschaumpfeife. Stilvoll dargeboten in den Haupteinkaufsgassen hinterm zentralen Platz, insbesondere in der Uzun Çarşı Cad. Außerdem jeden Fr großer **Obst- und Gemüsemarkt** hinter der Busstation.

• *Polizei* Östlich des Hafens (nahe der Hükümet Cad.). ✆ 8361024.

• *Post* Im Zentrum an der Bahçe Sok.

• *Reisebüro* Neben organisierten Touren (s. o.) verkauft **Bouganville Travel Tours** (→ Organisierte Touren) auch Flugtickets.

• *Waschsalon* Am Hafen bei den Duschen für die Segler. Eine Trommel waschen und trocknen 7,10 €.

• *Zeitungen* Deutschsprachiges bekommt man u.a. im **Café Merhaba** (→ Essen & Trinken) und im **Erdem Market (15)** am Mini-Palmen-Kreisverkehr auf dem Weg zum Hafen.

• *Zweiradverleih* **Scooter** bekommt man bei **Ali Baba Rent a car** (→ Autoverleih) ab 25 € pro Tag. Gute **Mountainbikes** verleiht **Bougainville Travel Tours** (→ Organisierte Touren). Je nach Qualität 14–28 € pro Tag.

Übernachten/Camping (siehe Karte S. 124/125)

Es stehen insgesamt rund 6.000 Betten zur Auswahl. Oberhalb des Küçük Çakıl Plajı, wo sich Hotel an Pension und Pension an Hotel reiht, findet man preiswerte Unterkünfte (ab der 2. Reihe) und gepflegte Mittelklassehotels. Fast alle der dortigen Häuser besitzen eine Dachterrasse mit herrlicher Aussicht. Machen Sie ihre Wahl insbesondere davon abhängig, ob noch ein Zimmer mit Meeresblick frei ist. Aufgrund des Konkurrenzdrucks können Sie in der NS erhebliche Preisnachlässe aushandeln. Übrigens: Wer weiter oben am Hang wohnt, wird von den Moskitos nicht so gequält. Viele kleine, schicke Clubhotels sind in den letzten Jahren auf der westlich des Zentrums gelegenen Çukurbağ-Halbinsel entstanden.

Hotel Hadrian (8), kleine komfortable Clubanlage auf der Çukurbağ-Halbinsel westlich des Zentrums, unter deutsch-türkischer Leitung. 14 hübsche Zimmer mit Balkon und größtenteils tollem Meeresblick. Viele Blumen, großer Meerwasserpool. Vorrangig deutsches Publikum. DZ mit HP 85 €, EZ 55 €. ✆ 8362856, www.hotel-hadrian.de, zu buchen auch in Deutschland unter ✆ 07262/6445. Das **Hotel Aquarius (8)** nebenan ist übrigens eine ebenfalls sehr empfehlenswerte Adresse für Komfortverwöhnte.

Kale Hotel/Pension (12), erhöht am Ortsrand (hinter der oberen Moschee vor dem Theater). Unter schwäbischer Leitung und mit viel Liebe zum Detail gestaltet. Zwei angenehme Häuser, Hotel mit tollem Meeresblick und ebensolcher Terrasse und etwas schlichtere Pension dahinter. Recht gute, wenn auch kleine Zimmer, alle mit Balkon oder Terrasse. Ruhig. Leider überteuert: DZ mit gutem Frühstück im Hotel 70 €, in der Pension 50 €. Kilise Mevkii, ✆ 8364074, buchbar auch in Deutschland über ✆ 0711/3260846, www.brigitte-krickl-reisen.de.

Club Arpia (3), steil an den Hang der Çukurbağ-Halbinsel gebautes, kleines Clubhotel. 19 Zimmer mit dunkelgrünen Möbeln, einige davon mit Meeresblick. Terrasse, Pool und eigener Felsstrandabschnitt. Leser fanden das „wunderbare Essen, die schöne Wirtin, den lustigen Assistent und den dicken Hund" ausgesprochen klasse. Fest in der Hand von SKR-Reisen, daher ist eine frühzeitige Buchung empfehlenswert oder etwas Glück vonnöten. DZ mit Frühstück 40 €, mit HP 50 €. ✆ 8362642, ✆ 8363163.

Çakıl Pansiyon (22), oberhalb des Küçük Çakıl Plajı in erster Reihe. Gemütliche Pension mit farbenfrohen Zimmern, alle mit Bad, Balkon und Aircondition. Freundlicher Service, grandiose Dachterrasse. DZ mit

Frühstück 30 €. ✆ 8361532, www.cakil pension.com.

Otel Sonne (11), kleines ordentliches Hotel, 2003 komplett restauriert. 12 nett möblierte, sehr saubere Zimmer mit Fliesenböden, Aircondition und Telefon, die meisten mit kleinem Balkon. Dachterrasse mit orientalischer Sitzecke. Organisation von Ausflügen. DZ mit Frühstück 28 €. Yeni Cami Yanı 6, ✆ 8361528, www.sonneotel.com.

Hotel Begonvil (21), über dem Küçük Çakıl Plajı in zweiter Reihe. Ein Lesertipp, dem wir uns voll und ganz anschließen. Von türkischstämmigen Schweizern geführtes Haus mit 15 sehr sauberen, dezent-stilvoll eingerichteten Zimmern mit Fliesenböden. Schöne Frühstücksterrasse, gute Auswahl an internationalen Zeitschriften und Romanen. Sehr gutes Preis-Leistungs-Verhältnis: DZ mit Frühstück 25 €. Koza Sok. 13, ✆ 8363079, www.hotelbegonvil.com.

Aphrodite Pension (2), 150 m oberhalb des Busbahnhofs. Freundlicher Familienbetrieb in relativ ruhiger Lage, Blick über Kaş. Alle 27 Zimmer mit Du/WC, kleinem Balkon und größtenteils toller Aussicht. Sehr sauber und gepflegt. Von Lesern gelobt. DZ 22 €, EZ 15 €. Yaka Mah., ✆ 8361216, ℻ 8361449.

Kaptan Pansiyon (14), in der Hastane Cad. 68. Leser loben die Herzlichkeit der Familie, das gute Frühstück und die wunderbare Dachterrasse, auf der der Hausherr abends manchmal Fisch grillt. 14 blitzsaubere Zimmer mit Fliesenböden, davon mehrere mit Meeresblick. DZ 22 € mit Frühstück. ✆ 0535/9293148 (mobil).

Santosa Pension (6), freundliche, etablierte Familienpension, ebenfalls von Lesern empfohlen. Acht saubere Zimmer (fast alle mit Balkon und alle mit privaten Bädern), Waschservice und Frühstücksterrasse, von der einem die Trauben in den Mund fallen. DZ mit Frühstück und Klimaanlage 22 € (als EZ 14 €), DZ mit Frühstück und Ventilator 17 € (als EZ 11 €). Recep Bilgin Cad. 4, ✆ 8361714 o. 0535/8463584 (mobil).

• *Camping* **Kaş Camping (20)**, gepflegter, aber relativ kleiner und spärlich ausgestatteter Platz an der Küste hinter dem Theater. Alles ziemlich eng. Terrassen am Hang mit Bäumen, Felsküste mit künstlichem Einstieg und Plattform. Schöner Blick. Saubere Bungalows in Hundehüttenformat für 19 €, 2 Pers. mit Zelt 6,60 €. Tauchbasis angeschlossen. ✆ 8361050, www.kascamping.com.

Weitere Campingplätze befinden sich an der Straße nach Kalkan, dadurch auch etwas laut. Das dortige, abgewirtschaftete **Olympos Mocamp (1)** 2,5 km Richtung Kalkan besitzt immerhin Kochgelegenheiten, Heißwasserduschen und ein Restaurant, zudem werden Holzbungalows vermietet (für 2 Pers. 14 €). Kleiner schmaler Kiesstrand auf der anderen Straßenseite. 2 Pers. mit Wohnmobil 10 €. ✆ 8362252.

Weitere 3,5 km westlich liegt der spartanisch ausgestattete, billige **Akçagerme Camping** mit mäßigen Sanitäranlagen in einer kleinen Kiesbucht direkt an der Straße.

Kaş Karte S. 124/125

Essen & Trinken (siehe Karte S. 124/125)

Das Preisniveau der Restaurants ist in Kaş – ähnlich wie in Kalkan – etwas höher. Günstige Pide- und Kebablokale findet man am Atatürk Bul. stadtauswärts. Mehrere nette Cafés laden bei der Post an der Bahçe Sok. zum Frühstücken ein. Ansonsten können wir folgende Lokale empfehlen:

Chez Evy (7), unter französischer Leitung. Im lauschigen Gärtchen und im extrem verspielt eingerichteten Inneren kommt internationale Küche mit stark französischem Einschlag auf den Tisch. So gibt es Salade Niçoise, Käsecrêpes und sogar Schweinefleischgerichte. Hg. 8,30–15,40 €. Terzi Sok. 2, ✆ 8361253.

İkbâl (16), nettes Gartenlokal. Die Küche besitzt zypriotischen Einfluss, der Chef kommt aus Zypern. Meze 2,20–5,50 €, Hg. 5,50–12,10 €. Süleyman Sandıkçı Sok. 6, ✆ 8363193. Auch das günstigere **Karavan (16)** nebenan kann ganz gut mithalten. Und wer richtig sparen muss, kann zumindest ein Glas Wein im idyllischen Garten des simplen Weinlokals **Sumana Şarapevi**, ebenfalls in der Nachbarschaft, trinken.

Bahçe (13), im schattigen Gärtchen mit Korbmöbeln gibt's die besten Vorspeisen von Kaş. Wer davon nicht satt wird: Ein deftiger Adana- oder Urfakebap ist auch zu haben. Meze ca. 1,70 €, Hg. 4,40–10 €. Anıt Mezar Karşısı 31, ✆ 8362370.

Sun Café (18), an der Hükümet Cad. Im kleinen romantischen Innenhof kann man sich an Lamm-Soté mit Auberginenkäsesauce, Filetsteak mit Pilzsahnesauce oder Oktopus-Güveç erfreuen. Auch Vegetarisches. Kerzenlicht, unaufdringlicher Service. Meze 1,70–4,40 €, Hg. 5–7,70 €. Von Lesern gelobt. ✆ 8361053.

Hanımeli Restaurant (4), ein guter Lesertipp. Hier werden die Gäste liebevoll vom Ehepaar Şahin mit echter türkischer Hausmannskost verwöhnt. Das Menü stellt man sich in der offenen Küche selbst zusammen. Netter Innenbereich, einfache Außenbestuhlung, manchmal spielt Celal Şahin abends Gitarre. Korrekter Service, faire Preise, Meze 1,70 €, Hg. 2–3,50 €. Çukurbağlı Sok. 3, ✆ 8362818.

Anıt Café (9), auch **Hüseyin Çorbacı** genannt. Kein Café, sondern eine originelle Outdoor-Lokanta, die bis in die frühen Morgenstunden geöffnet hat und daher zu später Stunde zum Treffpunkt hungriger Nachtschwärmer wird. Auf der Karte steht vorrangig Suppe, darunter so leckere Varianten wie Zungensuppe, Hirnsuppe oder Kutteflecksuppe (1,10–1,70 €). Günstiges Bier. İlkokul Sok., in unmittelbarer Nähe zum antiken Sarkophag.

Çobanoğlu Patisserie (10), Konditorei mit guten Kuchen und Torten, dazu Börek und Gebäck. Auch Pide, Lahmacun, Milchreis und diverse Puddings werden serviert. Etwas für Schleckermäuler. Atatürk Bul. 5/A.

Café Merhaba (5), nahe der Post. Gemütliches Café mit leckeren, selbstgebackenen Kuchen. Geführt von einer Deutsch sprechenden Krimtatarin. Gute Auswahl an deutschsprachigen Zeitungen und Zeitschriften. Von Lesern empfohlen.

Nachtleben

Das Nachtleben findet insbesondere in den Bars an und hinter dem Hafen statt – dort wird bis in den Morgen recht ausgelassen gefeiert. Ab Mitternacht bieten viele Livemusik. Sehr beliebt ist z.B. die **Queen Bar (17)**: Im ersten Stock die Tanzfläche, oben vergnügt man sich auf der Dachterrasse. Das **Sun Café (18)** (→ "Essen & Trinken"), die **Denizaltı Bar** und die **Mavi Bar (17)** gleich in der Nähe sind ebenfalls sehr angesagte Locations. Letztere Kneipe gilt, vor allem bei Tauchern, als *der* Treffpunkt schlechthin. Auf wackeligen Holzstühlen trinkt man teueres Bier, sieht den Leuten beim Flanieren zu und hört laute Musik zwischen Dire Straits und Bob Marley.

Etwas ruhiger geht es in der Open-Air-Kneipe **Elit Bar (19)** an der Hastane Cad. direkt am Wasser zu. Hängematte, Ottomanen, häufig Livemusik am Abend. Zugänge ins Meer.

Zum Tanzen lädt der Club **Fullmoon** (3 km westlich an der Küstenstraße) mit Shuttle-Service vom Hafen ein.

Baden/Sport & Freizeit/Veranstaltung

• *Aquapark* Mit Riesenrutsche und allem, was dazugehört auf der Çukurbağ-Halbinsel. Mitte Mai bis Anfang Okt. Zubringerservice vom Zentrum. Eintritt 11 €.

• *Baden* Vor Ort bietet sich der **Küçük Çakıl Plajı** gleich östlich des Hafens an, ein gepflegter, terrassenförmiger Lido mit Bar und Sonnenschirmverleih und ein paar Metern Strand. Westlich des Hafens unterhalb der Hastane Cad. befindet sich der **Sardunya Beach** mit angeschlossenem Lokal. Auch hier sonnt man sich auf Betonplatten und geht über Felsen ins Meer. Gute Badestrände findet man außerhalb, z.B. den grobkiesigen **Büyük Çakıl Plajı**, auch bekannt als **Big Pebble Beach**, etwa 20 schweißtreibende Fußmin. in östlicher Richtung (oder Dolmuş ab Hafen). Außerdem der **Liman Ağzı**, ein Felsstrand am östlichen Ende der Bucht, am einfachsten zu erreichen per unregelmäßigem Schiffsdolmuş (Dauer 20 Min., 2,80 €) oder zu Fuß von Kaş in ca. 2 Std. Der mit Abstand schönste Strand ist jedoch der **Kaputaş Plajı** zwischen Kaş und Kalkan (→ S. 135). Abwechslung versprechen auch Bootsausflüge zu den verschiedenen Buchten der Umgebung (→ „Bootsausflüge").

• *Delphinarium* **Dolphin Park** auf dem Weg zur Çukurbağ-Halbinsel. Delphinshows (tägl. um 16 Uhr) 5,50 €, nur mal „Gucken" 2,80 €, mit Delphinen schwimmen (6–7 Min. in einem abgetrennten Meeresbereich) 40 €. Nebenan eine kleine Kiesbucht. Tägl. 10–18 Uhr.

• *Paragliding* Gestartet wird auf rund 1.000 m Höhe vom *Asaz Dağı*. Dauer der Tandemflüge je nach Thermik 25–45 Min,

Kostenpunkt 100 €. Zwei Adressen: **Sky Paragliding**, am Hafen, Liman Sok. 10/A, ✆ 8363291, www.skyparagliding.com.
Nautilus, Likya Cad. 1, ✆ 8362085, www.nautilusparagliding.com.

• *Tauchen* Kaş ist ein ideales Tauchrevier. Das Wasser ist warm und klar, der Fischbestand groß. Zwei Unterwasserhöhlen, Riffe, Amphoren von gesunken Schiffen und ein Flugzeugwrack aus dem 2. Weltkrieg sorgen für genügend Abwechslung. Ein Bootstauchgang mit Leihausrüstung kostet im Schnitt 30 €, Anfängerkurs 280–300 €. Es gibt in Kaş insgesamt 11 Tauchsportanbieter, unsere Empfehlungen:

Barakuda Diving Center, an der Straße zum Küçük Çakıl Plajı. Renommierte Tauchschule unter deutscher Leitung. ✆/℻ 8362996, www.barakuda-kas.de.

Likya Diving, im gleichnamigen Hotel über dem Küçük Çakıl Plajı. Auch hier spricht man Deutsch, ebenfalls seit Jahren etabliert. ✆ 8361370, www.likyadiving.de.

Kaş Diving, im Gebäude des Hotel Ferah, ebenfalls deutschsprachig. ✆ 8364045, www.kas-diving.com.

Hinweis: Kekova und die Unterwasserruinen dürfen nicht betaucht werden, auch Schnorcheln und Baden ist dort verboten.

• *Veranstaltung* Anfang September findet das **International Kaş Lycia Culture and Art Festival** statt, ein internationales Folkloremusikfestival.

• *Wandern* Von Kaş führt der *Likya Yolu* mit herrlichen Ausblicken über die Küste nach Üçağız (→ Kekova/Simena, S. 121) – eine Megatour, aber schön!

Sehenswertes: Über den gesamten Ort verstreut stehen *Sarkophage*, die meisten sind allerdings stark zerstört. Den schönsten altlykischen Grabbau (über 4 m hoch) im typischen Holzspeicherstil mit Spitzbogendeckel und einer Inschrift kann man in der Stadtmitte bewundern (Uzun Çarşı Cad.). Einige kümmerliche *Stadtmauerreste* sind am Hafen übrig geblieben. Das antike *Theater* von Antiphellos aus dem 1. Jh. v. Chr., mit 25 Sitzreihen eher klein, ist ausgezeichnet erhalten und lohnt einen Besuch nicht zuletzt wegen der schönen Aussicht auf die Bucht, das Meer und die vorgelagerte Insel Kastellórizo – kein Bühnenhaus verstellt das Panorama.

Ausflug auf die Insel Kastellórizo (Griechenland)

„Hier beginnt Europa“ – so heißt es auf einer großen Tafel am Hafen von Megísti, dem einzigen Ort der kleinen griechischen Insel, die nur 5 km von der türkischen Küste entfernt liegt. Wer also Asien für einen Tag den Rücken kehren möchte, setzt sich in Kaş in ein Ausflugsboot und ist bereits 15 Minuten später am Ziel.

Megísti zählt nur knapp über 200 Einwohner. Entlang der Hafenpromenade sind die meisten Häuser bewohnt, an die Hinterhöfe jedoch grenzen brüchige Ruinen. Darüber erstreckt sich ein breites Band pflanzenüberwucherter Häuser und verwilderter Grundstücke. Die einzige Straße führt zum kleinen Inselflughafen. Der Rest der Insel ist ausschließlich auf alten Ziegenpfaden zu erwandern. Junge Leute trifft man in der Nebensaison kaum an – sie sind fernab der Heimat, die Insel bietet ihnen kaum Perspektiven.

Noch vor rund 60 Jahren lebten über 10.000 Menschen auf Kastellórizo (türkisch „Meis“). Doch infolge von Bombardements deutscher und italienischer Flugzeuge im Zweiten Weltkrieg verlor das Gros der Einwohner ihr Hab und Gut. Eine Emigration, wie sie kaum eine andere griechische Insel erlebte, war die Folge. Dass heute überhaupt noch ein paar Menschen bleiben, darum bemüht sich Athen intensiv. So erhielt in den vergangenen Jahren jede Familie eine Nähmaschine und einen Kühlschrank, das Telefonnetz wurde für die Einwohner nahezu kostenlos erweitert und die Fernsehempfangsstation rundum erneuert. Und so können es sich die alten Männer gut gehen lassen und tagein, tagaus vor den Tavernen am Hafen sitzen, um hinaus aufs Meer und hinüber zur türkischen Küste zu blicken.

Die meisten Auswanderer zog es übrigens nach Australien. Heute kehren wieder welche zurück – zumindest in den Ferien. An lauen Nächten tummeln sie sich dann mit anderen Touristen und Einheimischen am hufeisenförmigen Hafen. Auch unter Ägäis-Skippern erfreut sich das Eiland heute einer wachsenden Beliebtheit.

• *Telefonvorwahl* Internationale Landesvorwahl für Griechenland ✆ 0030.

• *Schiffsverbindungen* → Kaş/Bootsausflüge, S. 125.

• *Übernachten* Auf der Insel stehen nur wenig mehr als 200 Betten zur Verfügung. In der Hochsaison sind oft alle Quartiere ausgebucht – dann sind die Preise hoch!

Kastellorizo Hotel Apartments, neu erbautes, modernes Haus im traditionellen Stil, alle Zimmer/Studios mit Meeresblick und Aircondition. Bar, Pool, Minimarkt. Apartments 90–120 € inkl. Frühstück. ✆ 22460-49044, www.kastellorizohotel.gr.

Hotel Megísti, von den Zimmern genießt man einen herrlichen Blick aufs Meer. Einladende Frühstücksterrasse. DZ 45–60 €. ✆ 22460-49272.

Pension Caretta, von den Brüdern Damian und Jimmy liebevoll renoviertes altes Haus. Einfache, saubere DZ mit Bad je nach Saison 25–35 €. ✆/℻ 22460-49028, www.kastellorizo.gr.

Pension Lazarakis, bordeauxrotes Haus mit 8 Zimmern im Westen des Hafens. DZ ab 25 €, Vermietung über Taverne Lazarakis.

• *Essen & Trinken* Die Hafentavernen sind berühmt für ihre Fischgerichte. Aber auch abseits davon gibt es empfehlenswerte Adressen wie die Taverne **Orea Megísti** an der Platia. Günstige Preise und reichhaltige Auswahl. Spezialität des Hauses ist die Ziegen-Kasserole.

Zu empfehlen sind zudem die Tavernen **Little Paris** (hier fischt Besitzer Jorgo seine Ware noch selbst aus dem Meer, Spezialität Schwertfisch und *Barbounia*) und die **Taverne Lazarakis** (neben besten Fischgerichten leckere Kichererbsenfrikadellen *Revithikokeftedes* und *Dolmades* in Zitronensauce).

• *Baden* Kastellórizo ist keine Badeinsel. Badestrände sind nur per Kaiki zu erreichen.

• *Wandern* In Megísti gibt es für rund 7 € den Wanderführer von Marina Pitsonis zu kaufen, mit dem man wild überwucherte Altertümer im bergigen Inselinnern entdecken kann.

Sehenswertes

Oberhalb der weithin sichtbaren Moschee mit dem schmalen Minarett können Sie dem *Inselmuseum* (unregelmäßige Öffnungszeiten) einen Besuch abstatten, das über die bewegte Geschichte der kleinen (und allzu oft vergessenen) Insel informiert. Ausgestellt sind u. a. Taucherausrüstungen, Keramikschalen, Wandfresken, Schmuckstücke, Vasen und Münzen. Von der alten, weitestgehend zerstörten *Kreuzritterfestung* aus dem 14. Jh. oberhalb der südlichen Hafeneinfahrt bietet sich ein herrliches Panorama über die Bucht. Der hiesige rötliche Fels gab der Insel übrigens ihren Namen: *Castello rosso* – Kastellórizo – rotes Kastell. Die Hauptattraktion der Insel liegt an deren Ostküste; die *Höhle von Fokalia*, auch als *Blaue Grotte* oder einfach als *Grotta* bekannt. Sie ist nur per Boot (pro Person 9 €) zu erreichen. Da der Grotteneingang lediglich einen Meter hoch ist, lässt sich die Höhle nur bei ruhiger See besichtigen. Im Inneren wölbt sie sich zu einem kolossalen Festsaal über dem von blauem Licht durchschimmerten Wasser. Ein einzigartiges Erlebnis!

Der Hafen von Kalkan

Kalkan

(3.200 Einwohner)

Kalkan ist die kleinere Ausgabe von Kaş, aber die exquisitere. In mehreren Terrassen fällt das ehemalige Fischerstädtchen zum Meer ab. Um den kleinen Hafen gruppieren sich Restaurants, darüber schmiegen sich weiß getünchte, von Bouganvillen umrankte Häuschen eng an den Hang.

Kenner nannten Kalkan lange Zeit das „Portofino der Türkei“. Heute hinkt der Vergleich ein wenig, Torquay oder St. Ives wären wohl passender. Denn Kalkan, bis 1922 ausschließlich von Griechen bewohnt, ist zu einer britischen Enklave geworden. Mittlerweile haben sich hier so viele Senioren von der Insel eine Sommerresidenz geleistet (Apartments mit Pool gibt es ab 150.000 €), dass man schon munkelt, Kalkan werde das erste türkische Städtchen mit einem britischen Bürgermeister. Leider ging mit dieser Entwicklung auch ein enormer Bauboom einher. So entstand eine Bucht westlich des alten Kalkan die Villen- und Apartmentsiedlung *Kalamar*, das Pendant dazu in der anderen Richtung heißt *Kışla* – es wird aber noch Jahre dauern, bis sich das ganze Puzzle zusammensetzt.

Für den alten Ortskern in der Mitte aber, der rund um den Hafen ansteigt, gilt noch immer: Beschaulichkeit ist Trumpf. Daran ändert auch die Tatsache nichts, dass dieser ganz und gar auf Tourismus eingestellt ist und über eine große Zahl von Pensionen und Hotels verfügt. Kalkan lädt zum gemütlichen Schlendern ein, vorbei an erkergeschmückten Häusern hinab zum Hafen: Zur Linken fällt dort der Blick auf die gut belegten Tische der Restaurants und Cafés, zur Rechten auf die der Segler beim Abendessen an Deck. Hektiker und Vergnügungssüchtige kommen in Kalkan kaum auf ihre Kosten, für ruhigere Naturen ist der Urlaubsort dagegen ein empfehlenswerter Standort für Ausflüge zum *Strand von Patara,* nach *Kaş* oder zu den Ruinen von *Xanthos* und *Letoon.*

Karte S. 133

Information/Verbindungen/Ausflüge

- *Telefonvorwahl* ✆ 0242.
- *Information* Zuständig für Kalkan ist die **Tourist Information** von Kaş (→ S. 124).
- *Verbindungen* Alle **Busse** zwischen Antalya und Fethiye, die entlang der Küste fahren, machen in Kalkan Halt. Buchungsbüros bei der Dolmuşstation. Für die Fahrt nach Fethiye zahlt man 2,80 € (1,5 Std.), für die nach Dalaman 4,40 € (3 Std.), nach Selçuk 11 € (6 Std.), nach Antalya 5,50 € (4,5 Std.).

Dolmuş: Die Dolmuş-Kooperative besorgt den Nahverkehr: regelmäßig nach Kaş (1,40 €), zum Patara-Strand (2,20 €) und zur Bucht von Kaputaş (0,90 €).

Taxi: stehen ebenfalls bei der Dolmuşstation bereit: Nach Patara 17 €, nach Dalaman (Flughafen) 66 €, nach Xanthos hin/zurück 33 €, nach Saklıkent oder Pınara hin/zurück 44 € und nach Kaş 19 €. Größere Touren sind Verhandlungssache.

In den Gassen von Kalkan

- *Bootsausflüge* Die beliebtesten Bootsfahrten führen zu diversen Stränden und Buchten der näheren Umgebung oder nach Kekova (z. T. kombiniert mit einer Busfahrt nach Kaş). Leser machen darauf aufmerksam, dass es ratsam ist, erst kurz vor der Abfahrt zu buchen: „In den Büros wird die Teilnehmerzahl auf max. 20 begrenzt. In Wirklichkeit sind sie überbucht mit fast 40 Personen. Hat man erst das Ticket, ist Umsteigen in ein leeres Boot schwierig, da alle zur gleichen Zeit abfahren."

Boote für individuelle Fahrtziele kann man ebenfalls im Hafen mieten. Wichtig ist, dass man das Boot voll bekommt, sonst wird es teuer. Eintägige Bootstouren kosten ab 13 € pro Person mit Lunch.

- *Organisierte Touren* Diverse Anbieter. Eine alteingesessene Adresse ist **Armes Travel** (am Hafen, ✆ 8443169, ℻ 8443468). Angeboten werden z.B. Touren mit dem Bus am Vormittag nach Kaş, dann weiter mit dem „Glass Bottom Boat" nach Kekova (29 € mit Lunch); Saklıkent und Tlos (24 € inkl. Lunch); Zweitagestour Pamukkale/Ephesus (alles inkl. ca. 53 €).

Auch die **Dolmuş-Kooperative** bietet Ausflugsfahrten: z. B. Saklıkent und Xanthos (8,50 €), am Di zum Markt nach Fethiye und nach Ölüdeniz (gleicher Preis), ferner Fahrten nach Myra und Kekova (Bus/Boot 13 €). Die Mindestteilnehmerzahl liegt bei 6 Pers. ✆ 8443295.

Adressen

- *Ärztliche Versorgung* Einen englischsprachigen Arzt, der auch ein wenig Deutsch kann, findet man in der Privatklinik **Medical Center Tuana** oberhalb der Taxistation. ✆ 8442244.
- *Auto- und Zweiradverleih* Mehrere Anbieter, z. B. **Enes** beim Hotel Pirat. Autos ab 30 € pro Tag. ✆ 8443961, www.enesrentacar.net. Einen **Zweiradverleiher** findet man z.B. am Ortseingang nahe der Dolmuşstation.
- *Einkaufen* Jeden Do großer **Bauernmarkt** ca. 500 m nordwestlich des Kreisverkehrs bei der Dolmuşstation.
- *Friseur* **Herrenfriseur Safter**, in einem kleinen Holzverschlag neben der Post. Wer sich „wie ein Sultan" (so die Eigenreklame) fühlen will: perfekter Haarschnitt inkl. Tee und Rückenmassage für 5 €. „Ein entspannendes Urlaubserlebnis", meinen Leser.

Kalkan Karte S. 133

- *Polizei* **Jandarma** an der Verbindungsstraße Kaş–Fethiye, im Notfall ruft man ✆ 156.
- *Post* Nahe der Dolmuşstation, hat meist auch am So geöffnet.
- *Waschsalon* Beim Yachtclub am Hafen. Eine 4-kg-Trommel waschen und trocknen 4,20 €.
- *Zeitung* Süddeutsche, FAZ, Spiegel usw. z.B. im **Karaca Market** schräg gegenüber der Dolmuşstation.

Übernachten

Es gibt rund 4.000 Gästebetten. Im alten Ortskern finden Sie Zimmer sämtlicher Kategorien. Je näher Sie am Hafen einchecken, desto mehr müssen Sie jedoch mit Stechmücken der übelsten Sorte rechnen. Wer eine Unterkunft im Neubauviertel Kışla wählt, sollte entweder ein komfortables Haus wählen, das einen Transfer nach Kalkan anbietet, oder über ein Fahrzeug verfügen, ansonsten sitzen Sie am „A…" der Welt. In Kışla gibt es bislang keine Kneipen, nicht einmal einen Laden.

- *Übernachten* **Villa Mahal (2)**, in Kışla, von der Straße nach Kaş ausgeschildert. Hier hinkt die Prospektidylle mal nicht der Realität hinterher. Eine der besten Anlagen vor Ort, herrlich an einen Steilhang über dem Meer gebaut. 14 edel und geschmackvoll ausgestattete Zimmer mit zig Traumterrassen. Nachteil: viele Treppen! Eigener Bootsservice nach Kalkan, privater Felsstrand. DZ ab 150 €. ✆ 8443268, www.villamahal.com.

Motel Kuluhana (1), nahe der Villa Mahal und ebenfalls von der Straße nach Kaş ausgeschildert. Neues kleines Hotel in unmittelbarer Nähe zum Meer, eigene Badeplattform. Alle Zimmer (ordentlich) mit Balkon und Meeresblick. DZ 44 €. Viele Engländer. Holprige Anfahrt! ✆/📠 8442386.

Pension White House (18), im alten Kern. Unter türkisch-englischer Leitung. Sehr freundlich. 10 gepflegte Zimmer unterschiedlicher Größe und Bettenzahl, alle mit

Fliesenboden und Aircondition, 4 mit Balkon. Der Hit ist die herrliche Dachterrasse, wo man beim reichhaltigen Frühstück gerne mal länger sitzen bleibt. Relativ ruhige Lage. Von Lesern empfohlen. EZ 19 €, DZ 36 €. ✆ 8443738, ✆ 8443501.

Pension Türk Evi (4), von Lesern hoch gelobte, liebevoll geführte Neun-Zimmer-Pension unter türkisch-norwegischer Leitung. Sehr gepflegt. Zimmer (grundsätzlich mit Holzboden) unterschiedlicher Größe und Farbe, individuell eingerichtet, u.a. mit geschmackvollen Antiquitäten, 4 davon mit Balkon. Lecker zubereitetes Abendessen auf Wunsch. DZ mit Frühstück je nach Ausstattung 30–40 €, EZ 25 €. Kurz nach der Abzweigung vom Küstenhighway linker Hand (oberhalb der Busstation). ✆ 8443129, www.kalkanturkevi.com.

Hotel Zinbad (9), größeres Mittelklassequartier nahe dem Hafen (beim Hotel Pirat). Frühstücksterrasse mit exzellentem Blick auf Moschee und Hafen. Ordentliche, ausreichend große Zimmer mit Aircondition und z.T. mit Balkon, dazu Bar und Restaurant. EZ 19 €, DZ 33 €. Ganzjährig geöffnet. ✆ 8443475, www.zinbadhotel.com.

Öz Pansiyon (4), gleich neben dem Türk Evi. Hilfsbereite Inhaber und tolle Dachterrasse. 11 schlichte, saubere Zimmer mit Klimaanlage und Teppichböden. DZ mit Frühstück 19 €. ✆ 8443444, info@ozpansion.com.

Pension Öz Kalamaki (15), mitten im Zentrum. Schönes Haus mit netten Vermietern und zufriedener Kundschaft. Gemütliche, einladende Terrasse. 10 freundlich helle, angenehme Zimmer, alle mit Moskitonetz. Sehr sauber. DZ mit Frühstück 19 €. ✆ 8443066, ✆ 8443433.

Pension Gül (6), von Lesern vielfach empfohlen, insbesondere aufgrund der freundlichen Vermieter, der herrlichen Aussicht von der Dachterrasse und des leckeren Essens (tolles Frühstück, Abendessen auf Wunsch). Blitzblanke Zimmer mit Balkon, Aircondition, Fliesenböden und Fliegengittern an den Fenstern. DZ 19 €, Apartment für bis zu 4 Pers. 40 €. ✆ 8443099, ✆ 8442949.

Essen & Trinken/Nachtleben (siehe Karte S. 133)

Das Niveau der Restaurants ist im Großen und Ganzen reziprok zur Terrassenlage: Ganz oben an der Busstation finden sich die wenigen verbliebenen Billiglokantas Kalkans. Je weiter man in den Ort hinabsteigt, desto gediegener werden die Lokale. Die Krönung bilden schließlich die Fischrestaurants am Hafen. Fast überall sind die Preise angeschrieben – aber so niedrig, wie sie scheinen, sind sie nicht: Die angegebene Währungseinheit ist nämlich leider nicht die Türkische Lira oder der Euro, sondern das Britische Pfund (10 £ ≈ 14,30 €).

Köşk Restaurant (13), Terrassenlokal in den Basargassen, daher ohne imposante Aussicht. Jedoch exquisites Vor- und gutes Hauptspeisenangebot. Meze 2,20–6,60 €, Hg. 7,20–16,50 €. Zu empfehlen sind die Gerichte für 2 Pers. im Tontopf. Şehitler Cad., ✆ 8443817.

Paprika (8), leichte internationale Küche mit viel gutem Olivenöl und frischen Kräutern. Neben türkischen Spezialitäten (z.B. Börek mit Walnüssen) kann man auch italienische Pasta oder asiatisch Angehauchtes bestellen. Hg. 9–12 €. Am Abend gelegentlich Livejazz. Yalıboyu Mah., ✆ 8441136.

Zeki's Restaurant & Coffee Shop (10), an der Kocakaya Cad. in zentraler Lage, unter türkisch-britischer Leitung. Elegant-modernes Lokal, das auch nach London passen würde. Romancier John Le Carré aß hier mehrmals und war höchst zufrieden. Sein Empfehlungsschreiben hängt nun an der Wand. Lust auf ein zartes Steak und ein Glas Portwein? Tolle Nachspeisen, Hg. 6,60–11 €. ✆ 0532/2473189 (mobil).

Ali Baba (5), Leserempfehlung schräg gegenüber der Dolmuşstation. Die einfache Lokanta bietet vorrangig grundehrliche Topfgerichte ohne Schnickschnack. Hungrige Busfahrer und neugierige Touristen im bunten Mischmasch. Hg. 1,40–2,80 €. Auch im **Odak (5)** gleich über dem Ali Baba im 1. Stock hat es Lesern geschmeckt. Kleiner Familienbetrieb mit günstiger Küche und selbstgebackenem Sesambrot.

Von den vielen Restaurants zwischen Hafen und Strand empfehlen Leser das **Korsan (20)** mit raffiniert zubereiteten türkischen Gerichten und leckerem Fisch zu 10–15 €. Günstigere Mittagsmenüs. ✆ 8443622. Frischester Fisch auch im **Deniz Restaurant Palanın Yeri (20)** gleich nebenan – kein Wunder, gehört das Lokal doch dem örtlichen Fischhändler. ✆ 8443047.

Wer es ausgefallener mag: Das **Aubergine (19)** ein paar Tische weiter serviert sehr außergewöhnliche türkisch-internationale Küche, z. B. Wildschwein (!) mit Auberginen, Schwertfisch mit frischen Kräutern oder Hähnchen in Brandysauce. Hg. 11–13,20 €. ✆ 8443332.

Belgin's Kitchen (16), von Lesern empfohlen. Die Kirgisin Belgin Akçı kocht beste türkische Hausmannskost, die in Kalkan sonst nur schwer zu bekommen ist, z. B. Mantı, Güveç oder frische Böreks. Herrliche Dachterrasse mit witziger Ausstattung, Riesenstoffesel zum Reiten und Nomadenzelt. Hg. 5,50–14 €. 3 Nolu Sok., ✆ 8443614.

Merkez Café (11), Mischung aus Café und Restaurant, sehr beliebt. Neben der geregelten Alkoholaufnahme wird hier auch die Zufuhr von Süßem gewährleistet. Schnitzel, süße Stückchen, Frühstück und frisch gepresste Säfte. Hasan Altan Cad.

• *Nachtleben* Einige Bars und Discobars, aber das große Nachtleben findet nicht mehr statt (die Jandarma kontrollierte zuletzt gegen 1.30 Uhr den Zapfenstreich). Angesagt ist eher gemütliches Picheln. Bei allen Altersstufen beliebt ist das Musikcafé **Yalı (14)** mit Bar und Terrasse in der Hasan Altan Cad., wo man sich schon nach dem zweiten Besuch wie ein Stammgast vorkommt. Im oberen Ortsteil (Ecke Kocakaya Cad./Süleyman Yılmaz Cad.) befindet sich die **Moonlight Bar (7)** mit gemütlicher Atmosphäre und großer Getränkekarte. In der **Yachtpoint Bar (17)** am Hafen nahe dem Barakuda Diving Club tauchen die Diver nachts ab (nebenan ein Wasserpfeifencafé). Im **Sandal (12)**, einem Treffpunkt von Seglern und gut situierten Einheimischen, genießt man gute Cocktails (teuer) auf der Dachterrasse. Ruhigere Naturen zieht es ins **Fener Café (21)** beim Leuchtturm, wo man es sich auf Ottomanen so richtig gemütlich machen kann.

Baden & Sport

• *Baden* In Kalkan selbst nur ein kleiner, aber gepflegter Strand neben dem Hafen, das Wasser glasklar. Wer im westlichen Neubauviertel Kalamar zu Hause ist, findet dort den **Kalamar Beach Club**, ein Lido mit künstlichen Natursteinplattformen.

Lohnenswerter ist es aber, die Badeplätze der Umgebung anzusteuern, allen voran natürlich **Patara** (→ "Patara/Baden", S. 139). Traumhaft ist ebenfalls die Bucht von **Kaputaş** (s. u.).

• *Tauchen* **Barakuda Diving Club**, die Tauchbasis von Fatih Tunalı, einem engagierten Umweltschützer, der sich auch für die Schildkröten stark macht, liegt am Hafen. Tagestauchfahrten mit Leihausrüstung 50 €, Tauchkurse, z. B. P.A.D.I.-Open-water-Kurs 285 €, ✆/📠 8443955. April–Okt., deutschsprachig.

Eine weitere Tauchbasis mit deutschsprachigen Lehrern ist das **Dolphin Scuba Team** im Hotel Pirat. Ähnliche Preise. ✆/📠 8442242, www.dolphinscubateam.com.

• *Wassersport* **Blue Marlin Watersports** hat ein Office beim Hotel Pirat (✆ 8442783) und offeriert diverse Water-fun-Specials, u. a. Wasserski und Jet-Ski.

Umgebung von Kalkan

Bucht von Kaputaş: An der Steilküste tief unterhalb der Küstenstraße von Kaş nach Kalkan liegt diese Bucht wie aus dem Bilderbuch, mit einem Sandkiesstrand und einem Meer davor wie aus dem Malkasten, in den strahlendsten Wasserfarben: Türkisblau, Smaragdgrün und Aquamarin. Weil's so schön ist, kommen allerdings auch massenweise Touristen (per Ausflugsboot oder Dolmuş), was dem kleinen Strand im Hochsommer etwas die Idylle raubt.

Verbindungen Regelmäßig per **Dolmuş** von Kalkan und Kaş. Fahrzeuge können an der Straße geparkt werden.

Gömbe: Nicht nur in Kaş, sondern auch in Kalkan und Patara haben die Tourenanbieter Gömbe zum Ausflugsziel im bergigen Hinterland erkoren. Immer noch sind hier viele Dörfler Halbnomaden, die im Winter an der Küste und im Sommer in den Bergen leben. Passstraßen, die die 1.000-Meter-Grenze überwinden, führen hinauf in die Höhen des Lykischen Taurus. Der Ausflug lohnt insbesondere wegen der herrlichen Landschaft. Natürlich kann man, wie bei solchen Ausflügen üblich, auch Teppiche kaufen: Gömbe ist bekannt für seine Kelims – gewebte, nicht geknüpfte Teppiche.

• *Anfahrt/Verbindungen* In unzähligen Serpentinen führt von Kalkan die 07–53 nach Gömbe, von Kaş die 07–52. Die Anbindung mit dem **Dolmuş** ist von beiden Orten äußerst unregelmäßig. Am besten schließt man sich einer organisierten Tour an. Dabei werden meist noch ein paar Bergseen angefahren.

Patara

Patara ist zunächst einer der schönsten Strände der Türkei, kilometerlang und unverbaut. Patara, das ist zudem eine antike Ruinenstadt in den Dünen hinter dem Strand, einst einer der Haupthäfen Lykiens. Und Patara ist nicht zuletzt der geläufige Name für eine weit verstreute Siedlung aus Pensionen und kleinen Hotels noch weiter hinter dem Strand, die offiziell Gelemiş heißt.

Der Strand von Patara – schon mehrmals von Reiseveranstaltern zum besten der Türkei gekürt – ist über 8 km lang und bis zu 400 m breit, der Sand fast weiß und im Sommer glühend heiß. Wer das Bedürfnis nach absoluter Ruhe verspürt, wird sie hier finden. In einem beruhigendem Rhythmus rauscht die Brandung, das Wasser ist kristallklar, und das Baden eine Lust! Da den Strand auch Meeresschildkröten zur Eiablage schätzen und die Dünenlandschaft dahinter Schutzgebiet seltener Vögel ist, herrscht hier Bauverbot. Immerhin ist die Schildkrötenart laut aushängenden Plakaten 95 Mio. Jahre alt und soll noch älter werden. Aus diesem Grund darf sich der erdgeschichtlich blutjunge Homo sapiens nur tagsüber und nur in Wassernähe am Strand aufhalten.

Da die Küste also tabu ist, spielt sich der Tourismus 2 km hinter dem Strand in *Gelemiş* ab, einer auf den ersten Blick ziemlich gesichtslos wirkenden Ansammlung von kleinen Hotels, Pensionen, Restaurants und Bars, die z.T. in windschiefen Bretterbuden untergebracht sind. Eine Beauty-Kur täte dem verschlafenen Örtchen gut. Verantwortlich dafür, dass die hiesige Infrastruktur so hinterherhinkt, ist nicht die Schildkröte, sondern das antike Patara (→ S. 140). Denn auch auf dem Boden von Gelemiş findet man noch Reste antiker Bausubstanz, teils sieht man sie, teils liegt sie noch vergraben. Aus diesem Grund herrschte lange Zeit offiziell Bauverbot.

Dennoch wurde investiert – da man aber stets mit Abriss oder Baustopp (daher auch so manche Bauruine) rechnen musste, nur mit den bescheidensten Mitteln. 2004 wurde endlich ein Bebauungsplan für Gelemiş vorgelegt, der vorschreibt, wo künftig überhaupt noch gebaut werden darf und was abgerissen werden muss. Dieser schiebt zugleich großen Hotelprojekten einen Riegel vor, denn die Fläche eines Neubaus darf nicht größer als 150 qm sein, während das zu bebauende Grundstück mindestens 600 qm haben muss. Und dass Schmiergeldzahlungen nicht fruchten, darüber werden vermutlich die paar hiesigen, miteinander verwandten Familienclans wachen, in deren Händen nahezu alle bestehenden Pensionen und Hotels liegen. Denn sie befürchten, dass große Clubhotels ihre Kundschaft vergraulen würden. So ist anzunehmen, dass Gelemiş weiterhin ein zwar nicht ganz perfektes, aber gemütliches Refugium für Erholungssuchende ohne große Ansprüche bleiben wird – mit traditionell-türkischer Herbergstradition, Familienanschluss inklusive.

Caretta caretta

Die bis zu zwei Zentner schwere und bis zu einem Meter lange „Unechte Karettschildkröte" *(Caretta caretta)* verbringt wie alle Meeresschildkröten ihr gesamtes Leben im Wasser. Lediglich zur Eiablage kommen die weiblichen Tiere an Land. Dabei suchen sie – wie Touristen auch – insbesondere von Mitte Juni bis Mitte August feinsandige Strände auf. Während die Touristen jedoch tagsüber kommen, erscheinen die Schildkröten nachts. Werden die Schildkröten auf dem Weg zur Eiablage durch Geräusche, Lichtquellen oder auch Hindernisse wie Sonnenliegen gestört, kehren sie unverrichteter Dinge ins Meer zurück und verlieren dort unter Umständen ihre Eier. Für die Eiablage selbst graben die Schildkröten ein Nest. Nach getaner Arbeit bedecken sie die tischtennisballgroßen Eier mit Sand. Nach ca. 60 Tagen ist das Gelege von der Sommersonne ausgebrütet und die Schlüpflinge graben sich einen Weg ins Freie. Das geschieht meist nachts. Um dann den Weg ins Meer zu finden, orientieren sich die winzigen Kröten an der hellsten Fläche – in der Regel dem im Mondlicht glänzenden Wasser. Diesen Weg prägen sich die weiblichen Tiere für ihr ganzes Leben ein: Nach 20 bis 30 Jahren und tausenden geschwommenen Kilometern kehren sie genau an diese Stelle zurück, um ihrerseits Eier abzulegen. Das bedeutet, dass die wenigen, noch heute von Schildkröten aufgesuchten Strände in ihrer natürlichen Form erhalten bleiben müssen, will man nicht das Aussterben der noch verbliebenen Population verantworten. Verhaltensmaßnahmen zum Artenschutz:

- Meiden Sie Niststrände zwischen Sonnenuntergang und -aufgang.
- Schaffen Sie keine künstlichen Lichtquellen hinter dem Strand (Lagerfeuer, Autoscheinwerfer etc.) – die Jungtiere krabbeln sonst in die falsche Richtung und vertrocknen am Folgetag qualvoll in der Sonne!
- Halten Sie sich beim Sonnenbad möglichst nicht weiter als 5 m von der Uferlinie auf. Im meernassen Bereich vergraben die Schildkröten keine Eier. Hier können Kinder bedenkenlos im Sand buddeln und Sie einen Sonnenschirm hineinstecken, ohne Gefahr zu laufen, ein Gelege zu zerstören oder den Brutvorgang durch künstlichen Schatten zu verlängern.
- Berühren Sie auf keinen Fall frisch geschlüpfte Jungtiere.

Verbindungen/Ausflüge/Adressen

• *Telefonvorwahl* ✆ 0242.
• *Information* Zuständig für Patara ist die **Tourist Information** von Kaş (→ S. 124).
• *Anfahrt/Verbindungen* Von Kalkan auf der Küstenstraße 14 km Richtung Fethiye, dann links ab und 4 km meerwärts (beschildert).
Bus: Die großen Überlandbusse halten meist an der Abzweigung zum Ort. Mehrere Gesellschaften haben jedoch eine Zweigstelle in Patara und bieten einen Zubringerservice, die Preise sind mit denen ab Kalkan identisch.
Dolmuş: Regelmäßige Verbindungen von Kalkan (1,70 €), Kaş (2,20 €) und Fethiye (2,80 €). Aktuelle Zeiten sind an der Haltestelle im Zentrum angeschlagen.
Taxi: Die Taxistation befindet sich im Zentrum von Gelemiş. Nach Kalkan, Xanthos oder Letoon zahlt man ca. 14 €, nach Saklıkent (retour) 22 €.
• *Organisierte Touren* Mehrere Anbieter vor Ort, z.B. **Kırca Travel Agency Patara** im Zentrum nahe der Dolmuşstation. Gern gebucht wird der Ausflug in die Saklıkent-Schlucht zusammen mit einer Besichtigung von Tlos und Xanthos. Pro Person für Fahrt, Führung und Mittagessen 18 €. Des Weiteren Kanufahrt auf dem Xanthos-Fluss für 20 €, Tour in das Bergstädtchen Elmalı für 25 € (empfehlenswert), Pamukkale für 55 € und 2 Tage Ephesus 100 €. Angeboten werden ferner verschiedene „Blaue Reisen", pro Tag und Person inkl. Essen 45 €. Zudem Flughafentransfers nach Dalaman (für bis zu 4 Pers. 60 €) und Antalya (für bis zu 4 Pers. 90 €). ✆ 8435298, www.kircatravel.com.
• *Auto- und Zweiradverleih* Bei **Kırca Travel Agencia Patara** (s.o.). Pkw ab 30 € pro Tag, Jeeps ab 50 €, Scooter ab 20 €.
• *Geld* Geldwechselmöglichkeiten sind vorhanden, bislang jedoch kein Bankomat.
• *Post* Im Zentrum nahe der Dolmuşstation.

Übernachten/Camping/Essen & Trinken

Es gibt rund 1.800 Betten. Das Gros aller Pensionen und Hotels ist zu empfehlen – viele haben jedoch nicht ganzjährig geöffnet, sondern nur von Mai bis Mitte Oktober.

Patara View Point, am Ortsbeginn von Gelemiş geht es links bergauf, ausgeschildert. Der Tipp unter den gehobeneren Unterkünften. Gepflegtes, familiäres Hotel unter türkisch-englischer Leitung (viel englisches Publikum) mit 27 freundlich-rustikalen Zimmern, alle mit Balkon und Aircondition. Pool, gemütliche Terrasse mit Ottomanen und offenem Kamin. Ab und zu Grillabende. Von Lesern empfohlen. EZ 20 €, DZ 35 €. ✆ 8435184, www.pataraviewpoint.com.

Hotel Mehmet, familiäres Haus hoch über Gelemiş (ebenfalls am Ortsanfang links hoch). Ruhige Lage. Restaurant, Bar, Pool, teppichausgelegte Plauderecke mit Kamin. Saubere Zimmer mit Du/WC und Balkon oder Terrasse. Der agile Mehmet spricht Englisch und etwas Deutsch. Ganzjährig geöffnet. DZ mit Frühstück 20 € (mit Aircondition 23 €), EZ 16 bzw. 18 €. ✆ 8435032, www.kircatravel.com.

Hotel Sema, und nochmals muss man am Ortseingang links bergauf, um zu dieser, von Lesern empfohlenen Unterkunft zu gelangen. Äußerst freundlich-hilfsbereite und familiäre Atmosphäre. Die Zimmer zur Hangseite haben Balkon mit Blick über Gelemiş. Der Inhaber Ali Çörüt gibt gute Tipps für Ausflüge in die Umgebung. 16 blitzsaubere DZ mit hervorragendem Frühstück 17 € (EZ 11 €), ein leckeres Abendessen kommt auf 4 €. ✆ 8435114.

Zeybek 2, etwas abseits gelegene 12-Zimmer-Herberge (ausgeschildert). Ohne blickhemmendes Nachbarhaus, deshalb tolle Aussicht von der gemütlichen Dachterrasse. Nett möblierte Zimmer, alle mit Balkon. DZ mit Klimaanlage 17 €, ohne Klimaanlage 14 €. ✆/℻ 8435086.

Flower Pension, bewährter Lesertipp mit langjähriger Stammkundschaft. Am Ortseingang rechter Hand. Das hilfsbereite Ehepaar Mustafa und Ayşe Kırca spricht Englisch und betreibt abends noch ein sehr empfehlenswertes familiäres Restaurant mit türkischer Hausmannskost. 9 schnuckelige DZ mit Du/WC, Balkon, Klimaanlage und Moskitonetz (15 € inkl. sehr gutem Frühstück, EZ 10 €), HP möglich. Zudem vermietet die Familie noch zwei farbenfroh-rustikale Apartments für 20–30 € pro Nacht (für 4–5 Pers.). Palmenbestückter, gemütlicher Hof. Tee und Kaffee werden stets serviert, die Waschmaschine kann umsonst benutzt werden. ✆ 8435164, flowerpension@hotmail.com.

Falls voll, gibt es in der Nachbarschaft noch 2 nette Pensionen mit ähnlichen Preisen: Die **Paradise Pension** vermietet 8 Zimmer mit ordentlichen Sanitäreinrichtungen, Balkon und Klimaanlage. Dazu kleiner Garten und Waschmaschine, auf Wunsch „turkish homecooking". ✆ 8435190, ℻ 8435078. Auch in der **Rose Pension** fühlten sich Leser sehr wohl. Einfache, aber ebenfalls gepflegte Zimmer mit Klimaanlage und Balkon. ✆ 8435165, rosepension@hotmail.com.

Öğretmen Pansiyon, ein Lesertipp am Ortseingang nahe Han Horse Riding. Die Trauben wachsen einem auf der Terrasse förmlich in den Mund. Hilfsbereite, gastfreundliche Wirtsfamilie, die ein wenig Deutsch und Englisch spricht. Acht schlichte, aber saubere Zimmer mit Steinböden und Dusche/WC. DZ mit Frühstück 14 €, EZ 9 €. ✆ 8435061.

• *Camping* Der lieblose **Medusa Camping** im Zentrum gegenüber der Dolmuşstation ist wenig empfehlenswert. Nur Regen kann beim Zelten übler sein.

• *Essen & Trinken* Das Gros der Restaurants und Pensionsküchen in Patara ist **empfehlenswert**. Eine authentische türkische Küche (allerdings ohne Bier, Wein oder Rakı) findet man im **Restaurant Tlos**. Zudem schmeckte es Lesern im **Sofra Restaurant** nahe der Dolmuşstation: Nette, Deutsch sprechende Wirtin, guter Pilzsalat als Vorspeise.

Düne am Strand von Patara

Baden/Sport

• *Baden* Der kilometerlange Strand ist nur über wenige Zufahrtsmöglichkeiten zu erreichen. Die südlichste, an Gelemiş und dem Ruinenfeld Pataras vorbei, führt zum meistfrequentierten Abschnitt. Er ist am schönsten, aber auch gebührenpflichtig. Nördlich davon liegt der Strandabschnitt Çay Ağzı und noch weiter nordwestlich der Kumluova Plajı.

Patara-Strand: im Sommer tägl. 8–19.30 Uhr, im Winter 8–17.30 Uhr. Patrouillen sorgen für die Einhaltung der Zeiten. Der Eintritt zum Strand und Ausgrabungsort (s. u.) – die Straße führt hindurch – beträgt pro Tag 1,10 €. An diesem Strandabschnitt trägt eine Snackbar zum Strandvergnügen bei.

Wer von Gelemiş aus kostenlos an den Strand möchte und zudem noch die imposantesten Dünen sehen will, dem sei folgende Route empfohlen (zu Fuß oder mit dem Fahrzeug): In Gelemiş folgt man der Beschilderung zum Merinem Patara Resort, lässt dieses rechts liegen und zweigt ca. 600 m weiter, wenn die Straße nach rechts abschwenkt, nach links auf einen Schotterweg ab. Dieser führt durch einen Pinienwald zu den großen Dünen. Von dort bis zum Meer noch ca. 10 Min.

Çay Ağzı: der öffentliche Strandabschnitt der Gemeinde des Bezirks Ova (ungefähr in der Mitte des Patara-Strandes). Keine Anbindung mit öffentlichen Verkehrsmitteln. Anfahrt: 2 km nach der Abzweigung von der D 400 nach Patara rechts ab, Hinweisschild, dann noch ca. 6 km bis zum Strand auf unbefestigter Piste. Im Sommer in manchen Jahren ein paar primitive Bars.

Kumluova Plajı: bezeichnet das nördliche Ende des über 8 km langen Sandstrandes. Meist ist kaum eine Seele in der weiten Dünenlandschaft anzutreffen, der Strand selbst ist schmaler als die anderen Abschnitte. Vom Ausgrabungsgelände Letoon (→ S. 147) ausgeschildert.

Patara

Patara, der längste Sandstrand zwischen Antalya und Marmaris

Wer zur Abwechslung einer kleinen gemütlichen Bucht den Vorzug gibt, kann einen Ausflug in die **Bucht von Kaputaş** (→ S. 135) machen oder der Wanderung am Ende des Kapitels folgen.

• *Reiten* **Han Horse Riding**, am Ortseingang linker Hand. Bietet Ausritte auf Haflingern am Strand entlang oder durchs Landesinnere. Auch Anfänger werden mitgenommen. Für 2,5 Std. 35 €. Buchbar z.B. über das Reisebüro Dardanos im Zentrum. ✆ 8435151.

Patara – die Ruinenstadt

Patara, vermutlich seit dem 7. Jh. v. Chr. besiedelt, gehörte zu den führenden Städten des lykischen Bundes. Die Stadt besaß wie Tlos, Pınara und Xanthos das dreifache Stimmrecht und verwaltete auch das Archiv des Bundes. Zugleich konnte Patara einen der Haupthäfen des Landes aufweisen. Da alle herrschenden Mächte in der Geschichte der Stadt diesen Hafen für ihre Flotten nutzten, war Patara weit über die Antike hinaus ein blühender Ort. In römischer Kaiserzeit wurde Patara zum Sitz des Statthalters von Lykien und Pamphylien und überflügelte gar Xanthos. Damit verbunden war eine rege Bautätigkeit, aus jener Zeit stammen auch die meisten heute noch erhaltenen Ruinen. Die Apostelgeschichte erwähnt Patara als Station auf der dritten Missionsreise des Paulus. Um 290 wurde hier der berühmte Weihnachtsmann geboren, der Nikolaus (→ S. 118).

Von alters her kämpfte die Stadt gegen den Sand an, den ein heute verlandeter Seitenarm des *Xanthos-Flusses* anschwemmte und der ständig die Hafeneinfahrt zu blockieren drohte. Als der Hafen schließlich nicht mehr zu retten war, folgte Pataras Niedergang. Vor rund 800 Jahren wurde Patara aufgegeben.

Immer wieder wurden in den letzten Jahrzehnten Ausgrabungen durchgeführt. Intensiviert wurden diese 2004 unter Professor Dr. Fahri Işık von der *Akdeniz Üniversitesi* in Antalya. Anhand der Entdeckung verrußter Steine stieß er auf den „wirklichen" Leuchtturm des antiken Pataras – bis dato hielt man einen anderen Stein-

haufen dafür –, was nun zur Folge hat, dass die Patara-Pläne sämtlicher Reiseführer neu gezeichnet werden müssen. Für die Ausgrabung des Leuchtturms mussten übrigens mehrere tausend Lkw-Ladungen Sand abtransportiert werden. Ob der Leuchtturm aber, wie gemunkelt wird, der älteste der Welt ist, muss sich noch erweisen. Auch andernorts auf dem Gelände ist die Universität Antalya überaus aktiv, dabei wird nicht nur gegraben, auch Säulen werden wieder aufgestellt.

Sehenswertes: Antike Schriften berichten von einer Orakelstätte des *Apollon Patareus*, von dem in Patara bis heute aber keine Spuren gefunden wurden. Vielleicht war damit das Apollonheiligtum in der nahe gelegenen Tempelstadt Letoon gemeint. Aber auch ohne Apollonorakel lohnt eine Besichtigung des Ruinengeländes, es dösen genügend andere Bauwerke einsam in der Hitze. Der prächtige *Triumphbogen des Metius Modestus* (100 n. Chr.) direkt am Weg zum Strand zählt beispielsweise zu den besterhaltenen römischen Bauwerken der Türkei. Von den drei Bögen und den sie tragenden dicken Pfeilern fehlt kaum ein Stein – nur die Büsten vermisst man.

Das *Theater* Pataras (von der Zufahrtsstraße zum Strand über einen Pfad zu erreichen) wird als eines der schönsten ganz Lykiens gehandelt. Im Innern ist es an manchen Stellen von Flugsand verschüttet. In der Orchestra wächst kräftiges Buschwerk, das sich bereits über die Ränge ausbreitet. Von hier kann man sich einen Weg durch das antike, heute versandete Hafenbecken zur einstigen *Agora* suchen, deren Reste weitestgehend unter Sand begraben sind. Nahebei steht ein Kornspeicher aus der römischen Kaiserzeit, das sog. *Granarium*, dem lediglich das Dach fehlt. Zu sehen gibt es darüber hinaus, neben dem bereits angesprochenen *Leuchtturmfundament*, noch Reste zweier *Thermen*, der *Stadtmauer*, einer *Kolonnadenstraße* und eines *korinthischen Tempels*. Doch es sind nicht allein die Ruinen, die den Reiz der Stätte ausmachen. Was fasziniert, ist die einzigartige Kombination aus wildem, ungebändigtem Steppenland und unbeschreiblich schönem Strand am türkisblauen Meer. Paul Klee und August Macke wären nie bis Tunis gekommen, wenn ihre Anreise durch Patara geführt hätte ...

Öffnungszeiten und Eintritt wie für den Strand (→ S. 139). Die Karte berechtigt auch zur Strandbenutzung.

Wanderung 3: Von Patara zu einsamen Buchten

Route/Dauer: Patara – Pınar Kürü – Patara oder Kalkan. Gehzeit: ca. 4½ Std.

An- und Weiterfahrt: → „Patara/Verbindungen".

Allgemeines/Voraussetzungen: Die Wanderung ist für alle jene genau richtig, denen der herrliche Sandstrand von Patara zu groß oder zu weit ist und die lieber eine einsame Bucht aufsuchen. Wer Glück hat, findet zudem das kleine Restaurant Koçakaya in der Bucht von Pınar Kürü geöffnet, eine einsame Taverne über der ruhigen Bucht, in der man den halben Urlaub verbringen möchte. Leider ist sie nur geöffnet, wenn dem Wirt Adnan Adar danach zumute ist. Besser also Verpflegung und Wasser mitnehmen. Mit Ausnahme des Einstiegs verläuft der gesamte Wanderweg auf dem *Likya Yolu* (→ Kasten, S. 22).

Wegbeschreibung: Vom Zentrum der Ortschaft Gelemiş folgt man der Hauptzufahrtsstraße zu den Ruinen und dem Strand von Patara. Ca. 300 m hinter den letzten Häusern zweigt man nach links auf die bergauf führende Straße ab. Unmittelbar hinter dem Hotel Mehmet hält man sich in fast demselben Winkel scharf rechts. Auf dem nun eingeschlagenen Weg lässt man alle Abzweigungen unbeachtet. Vor dem höchstgelegenen Hotel Pataras' schwenkt der Weg nach rechts ab, führt auf eine Anhöhe zu und gabelt sich dort unmittelbar vor einer Ruine des antiken Patara. Hier halten Sie sich rechts.

Kurz hinter der Anhöhe gabelt sich der Weg erneut, diesmal wählt man den linken. Etwa 80 m weiter trifft man auf Hinweisschilder des Lykischen Wanderweges; Sie folgen der Beschilderung „Kalkan 12 km (Yalı Burun)". Der Weg ist bestens weiß-rot markiert, rote „X" stehen für den falschen Weg. Wenn Sie längere Zeit keine Markierung sehen, drehen Sie um. Anfangs genießen Sie eine herrliche Aussicht auf das Meer, auf den Strand und die Akropolis Pataras. Sobald man den Bergrücken in einer Linkskurve überwunden hat, kann man weit voraus die Insel Yılan ausmachen. In Serpentinen steigt man bergab. Bald darauf führt der Weg von der Küste weg. Haben Sie die Halbinsel überquert und langsam wieder die Küste erreicht, zweigen schließlich nach rechts Wege ab, über die Sie zu netten Buchten gelangen – die schönsten erkennen Sie im Sommer an den darin ankernden Yachten.

Der weitere Weg verläuft nun mehr oder weniger parallel zur Küste. In der Ferne tauchen die Häuser von Kalkan auf. Auch jetzt noch zweigen immer wieder schmale Pfade und Wege nach rechts zum Meer hin ab.

Um aber zur Bucht von Pınar Kürü zu gelangen, müssen Sie auf Folgendes achten: Nach einem kurzen Anstieg taucht rechter Hand ein kleines Haus auf. Etwa 100 m weiter knickt in einem Winkel von annähernd 180° ein Weg ab. Folgen Sie diesem Weg bergab, vorbei an einer Wasserstelle, dann gelangen Sie zu der wildromantischen Taverne, von der oben schon die Rede war. Von hier führt ein Pfad in die Bucht von Pınar Kürü.

Ansonsten wandert man geradeaus weiter. Der Weg, eine befahrbare Piste, führt steil bergauf, und Sie genießen schon bald eine herrliche Aussicht über die tief eingeschnittene Bucht von Fırnaz İskelesi.

Ca. 30 Min. nachdem man Pınar Kürü verlassen hat, trifft man wieder auf Hinweisschilder des *Likya Yolu*.

Wollen Sie den Weg nach Kalkan fortsetzen, folgen Sie der Beschilderung in die Ortschaft Akbel (6 km). Dort können Sie auf ein Dolmuş nach Kalkan aufspringen, denn der letzte Wegabschnitt nach Kalkan verläuft reizlos an der Küstenstraße.

Zurück nach Patara (ebenfalls 6 km) wählt man den hier beginnenden Pfad, der gleich zu Beginn entlang einer alten Wasserleitung führt. Später wird aus dem Pfad ein befahrbarer Feldweg, zum Schluss wieder ein Pfad. Es geht durch Olivenhaine, über Wiesen und durch Wälder, unterwegs grüßen Schmetterlinge und singen die Vögel für Sie. Die Gewächshäuser, die Sie im weiten Tal liegen sehen, gehören zu der Ortschaft Yeşilköy.

Harpyienmonument und Pfeilersarkophag: die Wahrzeichen von Xanthos

Zwischen Patara und Fethiye

Die Hauptverbindungsstraße zwischen Kalkan und Fethiye, die an Patara vorbeiführt, zieht sich zunächst weit abseits der Küste durchs Landesinnere gen Norden. Nahe der Ortschaft Kemer (nicht zu verwechseln mit dem gleichnamigen Ort in der Kemer-Region) schwenkt sie dann nach Westen wieder auf die Küste zu. Im ersten Abschnitt verläuft sie durch eine bäuerlich geprägte, weite Ebene vorbei an einsamen Bauerndörfern. Im Westen wird die Ebene vom Bergrücken des Elmacık Dağı begrenzt, im Osten vom Ak Dağı und vom Yumru Dağı. Bis in den April zeigen sich deren Gipfel schneebedeckt.
Dieser Streckenabschnitt bietet jedoch mehr als nur landschaftliche Reize. Rechts und links der Straße liegen antike Ausgrabungsstätten wie Xanthos, Letoon, Sidyma, Pınara oder Tlos. Und dazwischen, etwa auf der halben Strecke zwischen Patara und Fethiye, lohnt ein Abstecher in die imposante Saklıkent-Schlucht.

Xanthos (antike Stadt)

Das Weltkulturerbe erstreckt sich auf einem Felsen hoch über dem Flusslauf des Eşen Çayı. Seine Berühmtheit verdankt das Ruinengelände vorrangig einigen Grabmonumenten. Die Orchestra des Theaters liegt hingegen voller Trümmer, und auch viele andere Bauten verfallen im unwegsamen Gelände.

Xanthos war eine der mächtigsten lykischen Städte und stand in späthellenistischer und römischer Zeit dem Lykischen Bund vor. Dieser bestand aus 20 Städten und wurde von einer Volksvertretung und einer Art Präsidenten regiert – die Lykier schufen damit die erste „Republik“ der Welt. Das Ausgrabungsgelände beherbergt Ruinen aus lykischer, hellenistischer, römischer und byzantinischer Zeit. Bei den

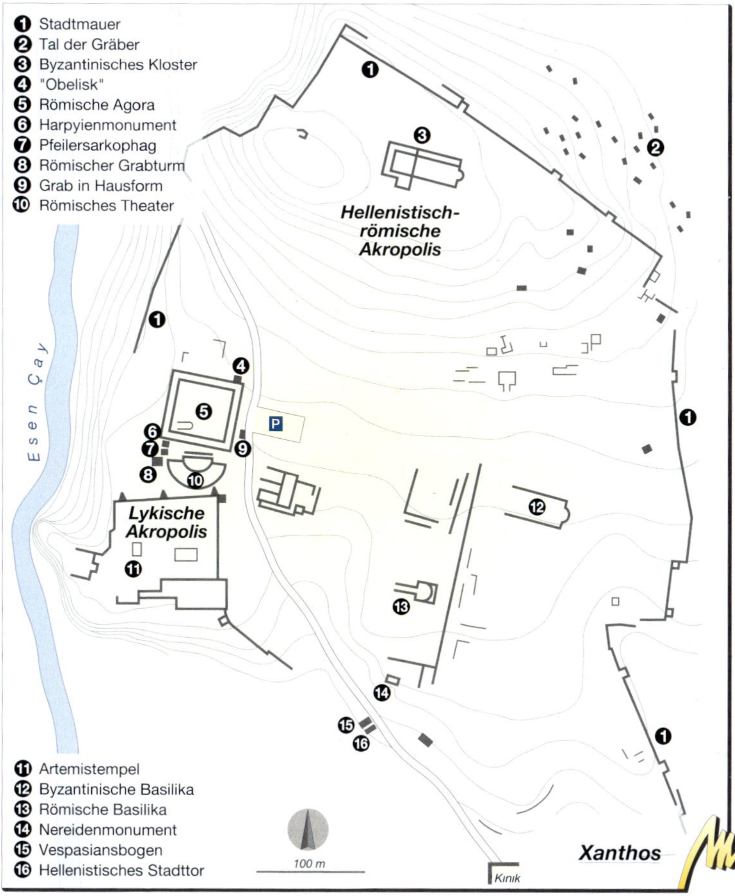

verlustreichen Eroberungen der Stadt im Laufe der Jahrtausende ist es fast ein Wunder, dass noch so viel erhalten ist.

Gründer der Stadt waren laut Herodot kretische Kolonisten. Überliefert ist die Furcht der Xanthier, unterworfen zu werden. Herodot vermeldet den „heldenhaften“ Kampf gegen die anrückenden Perser (545 v. Chr.), der mit dem Tod nahezu aller Bewohner endete: *„Von den jetzigen Xanthiern sind die meisten, außer achtzig Familien, Zugewanderte: Diese achtzig Familien aber waren damals (bei der Belagerung durch die Perser) gerade abwesend und blieben nur deshalb am Leben.“* Die anwesenden Männer hingegen hatten beim Anrücken des weit überlegenen persischen Heeres ihre Familien in die Akropolis gebracht und die Burg in Brand gesetzt. Sie selbst ließen sich im Verlauf des aussichtslosen Kampfes niedermetzeln.

Die Überlebenden und die Zugezogenen bauten Xanthos wieder auf, doch von langer Dauer währte ihre Arbeit nicht, im 5. Jh. machte ein Großfeuer die Stadt zunichte. Die folgenden Generationen sollten für rund drei Jahrhunderte mehr Glück haben. Geschickte Diplomatie sicherte den Xanthiern immer wieder autonome Phasen, dazu Frieden und Wohlstand. Das änderte sich 42 v. Chr.: Der von Oktavian gejagte Cäsarmörder Brutus belagerte die Stadt. Und bei der Einnahme von Xanthos spielten sich schließlich ähnlich schreckliche Szenen ab wie 500 Jahre zuvor. Die Männer brachten ihre Frauen und Kinder um und begingen anschließend kollektiven Selbstmord. Brutus setzte daraufhin gar eine Belohnung für jeden geretteten (!) Xanthier aus und bewahrte so 150 Bürger vor dem Tod. In der Kaiserzeit wurde Xanthos Provinzhauptstadt, unter Byzanz Bischofssitz. Die Angriffe der Araber im 8. Jh. läuteten das Ende der Stadtgeschichte ein. Wiederentdeckt wurde Xanthos wie Tlos und Pınara in den 1840ern von dem Engländer Sir Charles Fellows. 1988 wurde Xanthos zusammen mit Letoon von der UNESCO zum Weltkulturerbe erhoben.

• *Öffnungszeiten* Mai–Oktober tägl. 7.30–19 Uhr, November–April 8–17.30 Uhr. Eintritt 2,20 €, erm. die Hälfte.

• *Anfahrt/Verbindungen* Von der Hauptverbindungsstraße Kalkan–Fethiye aus beschildert. Wer mit dem **Dolmuş** nach Xanthos möchte, muss von der Ortschaft Kınık aus zu Fuß weiter (ca. 15 Min.). Wer sich den Fußweg sparen will, nimmt an einer der zahlreichen organisierten Touren teil.

Sehenswertes: Vom Parkplatz sind es nur wenige Schritte zum *Theater*, das aus dem 2. Jh. v. Chr. stammt. Während die Sitzreihen relativ gut erhalten sind, steht vom ursprünglich zweistöckigen Bühnenhaus nicht mehr viel. Vermutlich war es einst überaus prunkvoll, da für dessen Ausschmückung *Opramoas*, ein reicher Mäzen (→ S. 108), rund 1.200 Aureen stiftete, was rund 10 kg Gold entsprach. Von der Orchestra konnte lediglich der östliche Zugang genutzt werden, der westliche war eine Attrappe.

Dahinter erheben sich das *Harpyienmonument* und ein *Pfeilersarkophag*. Das viereckige Harpyienmonument besteht aus einem 5,4 m hohen Monolithpfeiler, der oben, unter einem Flachdach, mit den Reliefs sitzender Gestalten geschmückt ist, die Fruchtbarkeitssymbole (Hahn, Ei, Granatapfel) entgegennehmen. Dazu sieht man Harpyien, Sagengestalten, halb Frau, halb Vogel, die dem Monument ihren Namen gaben. Diese Reliefs – Kopien, die Originale befinden sich in London – gelten als eine Besonderheit lykischer Bildhauerkunst. Warum man die Toten in dieser luftigen Höhe beisetzte, ist ein ungelöstes Rätsel.

Der Pfeilersarkophag daneben ist ein Doppelgrabmal. Aus hellenistischer Zeit stammt der pfeilerförmige Sockel, der in der Mitte hohl und für die Aufnahme eines Sarges bestimmt ist. Auf diesen wurde Jahrhunderte später ein zweiter Steinsarkophag mit Spitzbogendeckel gestellt. Ganz in der Nähe befindet sich außerdem ein *lykisches Grab in Hausform*.

Vor dem ehemaligen Bühnengebäude des Theaters lag einst die *Agora*, die von einer Säulenhalle umgeben war. Erhalten blieb der sog. *Obelisk* an der Nordostecke. Die Bezeichnung ist allerdings irreführend, denn es handelt sich um eine Grabkammer, die an der Außenseite mit Inschriften verziert ist. Der 250 Zeilen lange Text, die längste bekannte Inschrift Lykiens, listet die Heldentaten des Kherei auf. Kherei, der Sohn des persischen Feldherrn Harpagos, besiegte 429 v. Chr. die attische Flotte. Wer des Lykischen nicht mächtig ist, dafür aber etwas Griechisch kann, liest die zwölfzeilige, griechische Zusammenfassung am Ende. Wer beide Sprachen nicht beherrscht, besitzt das gleiche Bildungsdefizit wie der Autor.

Einer seiner größten Attraktionen wurde Xanthos jedoch Mitte des 19. Jh. durch Sir Charles Fellows beraubt: Das *Nereidenmonument*, einer der bedeutendsten

Das vielbesuchte Letoon

Grabbauten der Südwesttürkei, steht heute im Britischen Museum in London. Lediglich den Unterbau ließ man zurück. Fürs geistige Auge: Das Monument besitzt einen typisch lykischen, rechteckigen Sockel mit umlaufendem Marmorfries, darüber erhebt sich ein ionischer Tempel. Vermutet wird, dass es Pate für den Grabbau des Mausolos in Halikarnassos (heute Bodrum) stand, von dem sich der Begriff Mausoleum ableitet.

Letoon (antikes Heiligtum)

Das nur 4 km von Xanthos entfernt gelegene Letoon war das Hauptheiligtum des Lykischen Bundes, wo man sich alljährlich zu Kultfeiern und Wettkämpfen versammelte. Heute ist es ein kleines Ruinenfeld. Von den einst drei eng nebeneinander stehenden Haupttempeln Letoons ist außer den Fundamenten wenig zu sehen. Man vermutet aufgrund einer Widmung in einem Opferstein, dass der dem Parkplatz zugewandte westliche Tempel (30 x 15 m) der Göttin Leto geweiht war und der östliche den Gottheiten Apollon und Artemis. Die Bestimmung des (kleineren) mittleren Tempels ist unklar; bei diesem bildeten die nach vorne gezogenen Seitenwände eine Vorhalle. Die beiden anderen Tempel besaßen ursprünglich eine umlaufende Säulenreihe; beim Leto-Tempel sind noch die Stümpfe zu sehen.
Südlich der Haupttempel liegen die Trümmer einer im 7. Jh. zerstörten *byzantinischen Kirche*, westlich davon Reste eines gigantischen Brunnentempels, des *Nymphäums*. Im Norden ragen die Säulenstümpfe des *Nordportikus* aus einem Teich hervor – ein Prachttor, das die Anlage abschloss. Einige schön bearbeitete Steine verlieren sich im flachen Wasser. Noch weiter nördlich liegt das *Theater*, das trotz der recht gut erhaltenen Zuschauerreihen wenig spektakulär ist.

Ganz nebenbei: Der bedeutendste Fund von Letoon befindet sich heute im Museum von Fethiye. Es handelt sich um eine 1973 nahe der Tempelanlage entdeckte

Stele. Deren Inschriften in Aramäisch, Griechisch und Lykisch trugen zur Entzifferung der lykischen Sprache bei.

- *Öffnungszeiten* wie Xanthos. Eintritt 2,20 €, erm. die Hälfte.
- *Anfahrt/Verbindungen* Von der Hauptverbindungsstraße zwischen Kalkan und Fethiye ausgeschildert. Wer mit dem **Dolmuş** kommt, muss in der Ortschaft Kınık aussteigen und zu Fuß weitergehen. Will man sich den Fußweg sparen, nimmt man am besten an einer der zahlreichen organisierten Touren teil.

Leto und Lykien

Leto, die Geliebte des Zeus und von diesem schwanger, wurde von dessen Gattin Hera eifersüchtig verfolgt. Kein Land der Welt wagte es, die Flüchtende aufzunehmen. Auf der im Meer treibenden Insel Delos gebar sie schließlich die Götterzwillinge Artemis und Apoll. Als sie danach weiter mit ihren Kindern rastlos durch die Länder zog, kam sie an den Xanthos-Fluss. Hier wollte sie ihre Säuglinge waschen, aber Hirten hinderten sie daran. Zu ihrer Überraschung erschienen ein paar Wölfe, die die Hirten vertrieben. Zum Dank nannte Leto das Land Lykien. Auch wenn die Bezeichnung Lykien nach neueren Erkenntnissen etymologisch nicht von *Lykos* (Wolf) herzuleiten ist, bleibt die Geschichte allemal schön und wird von vielen Führern gern erzählt.

Sidyma (antike Stadt)

Sidyma, eine im 5. Jh. v. Chr. gegründete lykische Siedlung, ist bei weitem keine der antiken Stätten, die man gesehen haben muss. Außer Wanderer auf dem *Likya Yolu* kommen auch keine Touristen vorbei. Dennoch ist der Ausflug in die karge Bergwelt ein Erlebnis. Auf und zwischen den Ruinen – die meisten stammen aus der römischen Kaiserzeit – stehen die Behausungen und Stallungen der heute hier lebenden Bergbauern. Wer umherstreift, bekommt Einblicke in das harte Leben abseits der Moderne. Die Dorfbuben führen Sie zu den sehenswerten Grabbauten und anderen Relikten der Antike. Noch lieber aber beweisen sie ihre Steinschleuderkünste. Bestimmen Sie als Ziel aber bitte nicht den Spatz in der Luft – die Jungs treffen!

Anfahrt Bei Eşen von der Verbindungsstraße Fethiye–Kalkan ausgeschildert. Von da noch rund 17 km, die letzten 2,5 km sind unbefestigt. Keine Dolmuşanbindung.

Pınara (antike Stadt)

Einst zählte Pınara wie Tlos zu den sechs bedeutendsten lykischen Städten, heute liegt es im touristischen Abseits. Zu Unrecht. Zwar sind die steinernen Überreste der antiken Stadt mit Ausnahme der Nekropolen und des Theaters eher bescheiden, ihre atemberaubende Lage in einer unberührten Landschaft mit Blick auf die hohen Taurusberge lässt jedoch einen Besuch zum Erlebnis werden.

Über die Geschichte Pınaras ist nur wenig bekannt. Laut antiken Quellen wurde die Stadt als Ableger des im 4. Jh. überbevölkerten Xanthos gegründet. Weitere Quellen berichten davon, dass sich die Stadt als eine der wenigen Lykiens kampflos Alexander dem Großen unterwarf. Was sich in Pınara in der römischen Kaiserzeit ereignete, ist relativ unbekannt. Das Gleiche gilt für die byzantinische Zeit, in der Pınara Bischofssitz wurde. Man nimmt an, dass die Stadt im Mittelalter nach einem Erd-

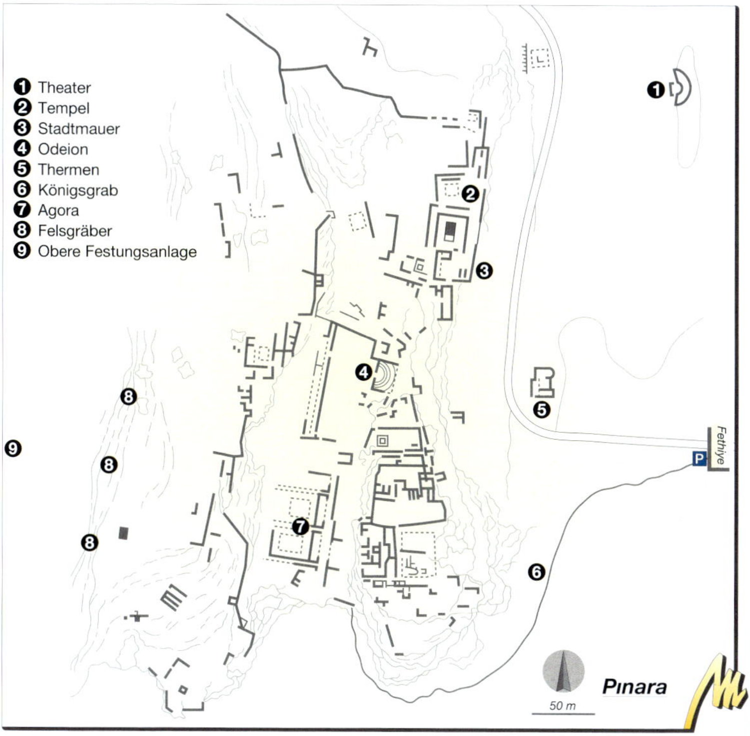

beben aufgegeben wurde und die Bewohner die nahe gelegene Ortschaft Minare Köy gründeten. Viele Häuser wurden dort mit antiker Bausubstanz errichtet.

Das antike Pınara erstreckte sich auf mehreren Ebenen. Auf der untersten, wo man heute auch parkt, liegt das *Theater* mit 27 Sitzreihen. Von seiner Orchestra sind nur noch die Fundamente erhalten. Vom Parkplatz führt ein Pfad zum großen *Königsgrab* (Kral Mezarı), lassen Sie sich die Richtung vom Wärter zeigen. Die Kassetten der Fassade sind schwer in Mitleidenschaft gezogen. Türsturz und Vorhalle sind mit Reliefs verziert, in der Vorhalle zeigen sie befestigte Städte. Von dort führt der Weg weiter bergauf durch ein urwüchsiges, schmales Bachtal voller Schmetterlinge zu einer Felsterrasse. Auf ihr liegen die fast völlig zerstörte *Agora* und das *Odeion*, das vermutlich zugleich als *Bouleuterion* diente. Dahinter steigt eine 450 m hohe Felswand senkrecht auf, die wabenartig von mehr als 900 Felsengräbern durchsetzt ist. Zum Bau dieser Gräber wurden Strickleitern und Hängegerüste herabgelassen. Oberhalb der Felswand lag einst die *Akropolis*, die vorwiegend als Fluchtburg diente.

• *Öffnungszeiten* Tägl. 8–17 Uhr, das Gelände ist jedoch nicht umzäunt. Eintritt 2,20 €.

• *Anfahrt/Verbindungen* Pınara liegt ca. 40 km nördlich von Kalkan und 48 km südlich von Fethiye. Von der Hauptverbindungsstraße ist die Abzweigung ausgeschildert. Die letzten 2 km zur Ausgrabungsstätte sind allerdings in einem schlechten Zustand. Von dem kleinen Parkplatz sind die Ruinen der Stadt noch nicht zu sehen, wohl aber die Felsengräber. Keine Dolmuşanbindung.

Lykische Felsengräber – Wahrzeichen eines rätselhaften Volkes

Zwischen der Bucht von Antalya und dem Köyçeğiz-See beeindrucken eigenartige Grabanlagen – Pfeilergräber, Sarkophaggräber und insbesondere Felsengräber, die in ihrer Form außerhalb Kleinasiens nirgendwo sonst entdeckt wurden. Viele der steinernen Grabhäuser imitieren Fachwerkkonstruktionen mit Quer- und Längsbalken, wie sie einst auch für den Bau von Speichern verwendet wurden. Sie entstanden zwischen dem 6. und 4. Jh. v. Chr. und sind die Hinterlassenschaft der Lykier.

Für die Wissenschaft sind die Lykier noch immer ein Volk voller Rätsel. Man weiß weder Verlässliches über ihre ethnische Identität noch hat man gesicherte Daten über ihre Herkunft. Gewiss ist lediglich, dass es zunächst die Bewohner des Xanthos-Tals waren, die als Lykier bezeichnet wurden. Das geht aus attischen Tributlisten hervor, in denen sie unter diesem Namen geführt wurden. Die Lykier selbst scherten sich allerdings wenig darum und bezeichneten sich noch bis ins 4. Jh. v. Chr. auf Grabinschriften und Münzen als Termilen. Tatsache ist auch, dass die Lykier infolge ihrer Abgeschiedenheit durch die hohen Berge des Taurus in vorrömischer Zeit nur wenig Austausch mit anderen Kulturen hatten. So konnte hier eine geschlossene Kulturlandschaft mit eigener Schrift (das lykische Alphabet kannte 19 griechische und 10 eigene Buchstaben) und eigener Sprache entstehen.

Gänzlich unbeantwortet ist bis heute die Frage, worauf sich die Jenseitsvorstellung der Lykier gründete, die sie zum Bau der eigenartigen Grabanlagen in luftiger Höhe anregte. Zwar werden die Kenntnisse über die Lykier ab der Zeit der Hellenisierung etwas fundierter, doch das Wissen hilft nicht viel weiter, denn die eigenartige lykische Grabbaukunst endete zu Beginn der hellenistischen Epoche.

Saklıkent-Schlucht

Der imposante Canyon liegt auf halber Strecke zwischen Patara und Fethiye am Fuße des Lykischen Taurus. Senkrecht abstürzende, bis zu 300 m hohe Felswände umschließen einen tobenden Fluss. An einer der Felswände führt ein gesicherter Holzsteg knapp über der Wasseroberfläche (je nach Wasserstand) in die Schlucht hinein, wo schon nach etwa 200 m einige lauschige Restaurants auf hungrige Gäste warten. Ein Ort, an dem man sich wohl fühlen kann: reichlich Wasser, kühler Schatten, dazu Getränke und leckere Forellen vom Grill.

Bis zur „Restaurantecke" schaffen es die meisten Besucher. Danach teilt sich das Tal. Wer weiter will, kann die Schuhe ausziehen und durchs Wasser waten – das erste Stück der insgesamt 13 km langen Schlucht ist problemlos begehbar und sehr eindrucksvoll. Ach ja: Der Schlamm des Flussbetts gilt als heilsam.

• *Verbindungen/Anfahrt* Saklıkent steht fest auf dem Programm sämtlicher Tourenveranstalter von Kalkan bis Fethiye. Regelmäßig fährt auch ein **Dolmuş** vom Dolmuşbahnhof in Fethiye (Fahrtzeit 1 Std.).

Für Selbstfahrer ist die Anfahrt von der Hauptverbindungsstraße zwischen Kalkan und Fethiye ausgeschildert. Parken 0,90 €.

• *Öffnungszeiten* Tägl. von 9 Uhr bis Sonnenuntergang. Eintritt 1,10 €.

• *Gummischuhverleih* An der Furt bei den Restaurants Verleih von Gummischuhen zum leichteren Durchwaten des Baches. Tipp: Geeignetes Schuhwerk selber mitbringen.

• *Rafting/Übernachten* Der **Gorge Club** am Ausgang der Schlucht hat nicht nur ein nettes Forellenrestaurant, sondern betreibt auch einen simplen, billigen Campingplatz (2 Pers. mit Wohnwagen 2,80 €) und vermietet zudem lustige Baumhäuser (pro Person mit HP 11 €). Organisiert werden auch Raftingfahrten, 5 km für 10 €. ✆ 0252/6590074, www.saklikentgorge.net.

Tlos (antike Stadt)

Die Ruinenstadt liegt rund 65 km nördlich von Kalkan und 42 km südöstlich von Fethiye beim Weiler *Döğer*. Funde wie die eines Bronzebeils lassen vermuten, dass ihre Ursprünge bis ins 2. Jt. v. Chr. zurückreichen. Laut hethitischen Quellen aus dem 14. Jh. v. Chr. gab es hier eine Ansiedlung namens *Dalawa*. In lykischer Zeit wurde daraus Tlava, wie Münzfunde belegen. Tlava war eine der mächtigsten Städte der lykischen Küste, im Rat der Städte besaß sie dreifaches Stimmrecht. Von einem Hügel aus, der heute von den Umfassungsmauern einer byzantinischen Burg gekrönt ist, kontrollierten die Stadtbewohner in strategisch bester Lage das gesamte Xanthos-Tal.

Tlos – Burgberg mit Felsnekropolen

In der römischen Kaiserzeit (ab dem 2. Jh.) erhielt Tlos den Titel „glänzendste Metropolis der lykischen Nation". Im Byzantinischen Reich war die Stadt immerhin noch Bischofssitz, aber dann ging es rapide bergab, viele Einwohner verließen Tlos. Nur die Burg blieb noch besiedelt. Bis ins 19. Jh. residierte hier ein Geschlecht türkischer Feudalherren, deren Stammbaum auch einen gefürchteten Räuber führte. Kanlı Ali Ağa, der „Blutige Ali", drangsalierte das gesamte Xanthos-Tal mit seinen Gewalttaten und Beutezügen. Baumaßnahmen unter seiner Regie veränderten auch einschneidend das Gesicht der Burg.

Sehenswertes: Die Ruinen von Tlos stammen aus lykischer, römischer und byzantinischer Zeit. Zum Teil sind sie von Pappeln, Büschen und Gräsern überwuchert und daher nur schwer auszumachen. Unübersehbar ist die Akropolis mit den Ruinen der *byzantinischen Festung*, die auf den Fundamenten einer lykischen Burg steht. Die noch hohen Mauerreste auf der Ostseite gehörten einst zum Wohnpalast des Blutigen Ali.

In der steil abfallenden Felswand darunter sticht eine *lykische Felsnekropole* ins Auge. Die Totenstadt ist – man ahnt es schon beim ersten Blick – trotz der etwas mühsamen Kletterei der Höhepunkt des Ausgrabungsareals (am schönsten im Morgenlicht, Vorsicht nach Regen: glitschig!). Hinter den Fassaden der Gräber stößt man vielfach auf Vorhallen, die z.T. mit Kriegerreliefs und Inschriften verziert sind. Das berühmteste Grab ist das sog. *Bellerophongrab* – von außen an seiner Tempelfassade mit Giebel und zwei unvollendeten Pfeilern zu erkennen. Die Grabreliefs zeigen hier selbstverständlich u. a. Motive aus dem Bellerophon-Epos (→ Kasten, S. 87).

Die Relikte der Römer, die im flachen Talgrund im Osten des Hügels siedelten, sind überwiegend in jämmerlichem Zustand. Gleich unterhalb der Akropolis liegt das *Stadion,* von dem nur einige steinerne Sitzstufen erhalten sind. Parallel dazu befindet sich eine 160 m lange dreischiffige *Basilika,* die einst wohl zweistöckig war. Südlich davon sieht man zwei *römische Thermen,* von deren Tonnengewölben noch einige efeubewachsene Bögen stehen. Spenden reicher Mäzene gestatteten diese Prunkbauten. Die große *Therme,* die aus drei monumentalen, parallelen Räumen bestand, besaß im Westen sechs schaufenstergroße Glasfenster, durch die man einen herrlichen Blick auf die Xanthosebene genoss.

100 m weiter östlich (an der Straße) liegt das Theater, leicht zu übersehen inmitten eines runden Buschhains. Mit seiner halbkreisförmigen *Cavea* und den gut erhaltenen 34 Sitzreihen entspricht es dem Idealtypus eines römischen Theaters. Erstaunlich, dass es mitten in ein topfebenes Plateau gestellt und nicht an den vorhandenen Hang gebaut wurde. Die Bauzeit von 150 Jahren verwundert so nicht.

- *Öffnungszeiten* Tägl. offiziell 8–17 Uhr, das Gelände ist jedoch nicht umzäunt. Eintritt 2,20 €.
- *Verbindungen/Anfahrt* Es besteht keine Bus- oder Dolmuşverbindung. Tlos steht jedoch fest auf dem Programm sämtlicher Tourenveranstalter von Kalkan bis Fethiye. Wer mit dem Pkw unterwegs ist, findet Tlos von Patara kommend auf der Hauptverbindungsstraße nach Fethiye ausgeschildert. Von Fethiye kommend, fährt man zunächst auf der D 400 Richtung Osten und zweigt dann auf die D 350 Richtung Korkuteli/Antalya ab. Kurz danach weist ein braunes Hinweisschild den Weg nach Tlos.
- *Übernachten* **Mountain Lodge**, abseits des Trubels der Küste an der Straße nach Tlos. Ruhige Unterkunft unter türkisch-englischer Leitung. Komfortable Zimmer mit Teppichböden und schwer-rustikalem Mobiliar, die sich auf verschiedene Häuser im netten Garten verteilen. Pool, vorrangig englisches Publikum. Pro Person mit Frühstück ab 17 €. ✆ 0252/6382515, www.themountainlodge.co.uk.

Berghof, eine kleine idyllische Anlage im ruhigen Nirgendwo, von der Straße nach Tlos ausgeschildert. Schöner Poolbereich mit FKK-Möglichkeit. Sechs gut ausgestatte Zimmer, zwei davon mit Küche. Im dazugehörigen Restaurant wird deutsch-türkisch gekocht. Pro Person 17 € mit Frühstück. ✆ 0252/6382444, brigittekochs@hotmail.com.

- *Essen & Trinken* **Yakapark** nennt sich ein Gelände mit mehreren Forellenlokalen etwa 2 km oberhalb von Tlos (ausgeschildert). Leider etwas aufdringliches Personal, aber immer noch besser als an der Ausgrabungsstätte direkt.

Gebeler

Auf dem Weg von Tlos nach Fethiye passiert man die kleine Ortschaft Gebeler. Die Attraktion des Ortes ist ein unterirdisches Thermalbad mit 38°C warmem, sprudelndem Wasser. Ein Bad hilft nach Angaben der Betreiber bei Magen- und Darmproblemen, Haarausfall, Hämorrhoiden, Unfruchtbarkeit, Rheuma, Gicht, Schweißgeruch, Pickel und vielem vielem mehr (solange man fest daran glaubt). Unweit des Eingangs zur vernachlässigt wirkenden Badeanstalt befinden sich zwei Höhlen, die größere hat angeblich eine Länge von 7 km, jedoch sind nur 400 m begehbar.

- *Anfahrt* → Anfahrt von Fethiye nach Tlos, dabei kommt man automatisch an Gebeler vorbei.
- *Öffnungszeiten/Übernachten* Das Bad ist tägl. geöffnet. Eintritt 1,70 €. Es bestehen auch Übernachtungsmöglichkeiten in einfachen DZ für 8,50 €. ✆ 0535/5885944 (mobil).

Fethiye

(ca. 52.000 Einwohner)

Fethiye ist einer der Zaubernamen der türkischen Küste. Doch die Stadt selbst trägt dazu wenig bei, es sind vielmehr die Strände der Umgebung, die für den großen Zulauf sorgen: Wer von der Traumlagune Ölüdeniz noch nie etwas gehört hat, kennt sie zumindest von Bildern. Genießer reisen im Frühjahr an: Die Berggipfel sind noch schneebedeckt und die Strände weniger ausgelastet.

Das heutige Fethiye erstreckt sich auf dem Grund des antiken *Telmessos,* von dem bis auf 20 Felsengräber in einer Steilwand nicht viel erhalten geblieben ist. Deren Besuch ist allerdings ein Muss, nicht zuletzt wegen der herrlichen Aussicht über die Stadt und die Bucht von Fethiye. Die übrige antike Bausubstanz wurde durch die beiden schweren Erdbeben von 1856 und 1957 weitgehend zerstört. Diese Beben sind auch für die heutigen, überwiegend recht nüchtern wirkenden Straßenzüge mit verantwortlich. Nur hie und da lockern ein paar Palmen das Ensemble auf.

Das Zentrum Fethiyes steht ganz im Zeichen des Tourismus. Jeden Abend lockt es braungebrannte Urlauberscharen aus den umliegenden Badeorten an. Die meisten Gäste sind übrigens Briten, gefolgt von den Deutschen. Zuerst flaniert man an den Ausflugsbooten am Kai vorbei. Weiter geht es durch die Gassen der ansehnlich restaurierten Altstadt mit ihren unzähligen Teppichläden, Juweliergeschäften, Lederboutiquen und Souvenirshops. Danach sucht man ein Restaurant oder eine Bar auf. Die Reihenfolge hält jeder ein, als gebe es Strafen bei Zuwiderhandlung.

Der berühmteste Badeort der Umgebung ist die *Strandlagune Ölüdeniz* (→ S. 162) 15 km südlich von Fethiye. Doch die Zeiten des Alleinseins mit sich und der Natur gehören dort schon lange der Vergangenheit an. Weniger attraktiv ist der *Strand von Çalış,* rund 4 km nördlich des Stadtzentrums. Dahinter erstreckt sich eine weite Hotelzone für Pauschaltouristen – mit allem, was dazugehört: Am Nachmittag gibt's Filterkaffee mit Kuchen und am Abend Folklore mit Sauerbraten (kein Witz).

Geschichte

Telmessos wurde erstmals im 5. Jh. v. Chr. als Mitglied des attisch-delischen Seebundes erwähnt. Im 4. Jh. v. Chr. geriet die Stadt unter lykische Herrschaft, danach wurde sie von General Nearchos für das Weltreich Alexanders des Großen erobert. Nach dessen Tod geriet sie in den Machtbereich der Ptolemäer. Berühmt war Telmessos zu jener Zeit durch seine Seherschule – der Ruf der sog. Schlangenmänner ging weit über den kleinasiatischen Raum hinaus. Viele Herrscher suchten hier um Rat nach, u. a. auch König Krösus.

Nach der Niederlage des Syrerkönigs Antiochos bei Manisa (190 v. Chr.) wurde Telmessos Teil des Königreiches Pergamon, 57 Jahre später fiel die Stadt an Rom. Allerdings wurde sie von den Römern lediglich als eines von vielen Seeräubernestern an der zerklüfteten lykischen Küste betrachtet. Entsprechend gering war das Interesse, das die neuen Machthaber Telmessos entgegenbrachten.
Im 6. und 7. Jh. verwüsteten Araber auf ihren Raubzügen die Stadt, in osmanischer Zeit führte sie ein Schattendasein. Ab dem Mittelalter hieß die Stadt *Makri*. Der Johanniterorden von Rhódos errichtete im 15. Jh. eine Burg als Stützpunkt, die später auch die Genuesen nutzen.

1922 musste die überwiegend griechische Bevölkerung auswandern, und bald darauf folgte die Umbenennung des Städtchens in Fethiye („Eroberung"). Nach dem 2. Weltkrieg erlebte Fethiye durch die Verschiffung des im Hinterland abgebauten Chromerzes einen industriellen Aufschwung. Doch 1957 schwang die Erde mit, ein Erdbeben zerstörte die Stadt fast vollständig. Dass dabei nur wenige Menschen ums Leben kamen, verdankten die Einwohner ihrem Bürgermeister. Kurz vor der Katastrophe hatte dieser, einer wunderbaren Eingebung bzw. seines inneren Seismographen folgend, über Lautsprecher die Bewohner zum Verlassen der Häuser aufgerufen und so Schlimmeres verhindert. Daraufhin wurde die Stadt in eher zweckdienlichem Stil wieder aufgebaut. Fethiyes heutige Blüte ist, wie für einen hiesigen Küstenort typisch, aufs Engste mit dem Tourismus verknüpft. Dieser schafft Wohlstand und Arbeit. Dementsprechend steigt im Sommer die Einwohnerzahl um das Dreifache an. Man schätzt, dass mittlerweile auch rund 5.000 Ausländer in und rund um Fethiye leben.

Fethiye
Karte S. 156/157

Das Telmessische Pferd

Nearchos, der Flottenbefehlshaber Alexanders des Großen, kannte die Geschichte vom Trojanischen Pferd und wandte bei der Eroberung von Telmessos einen ähnlichen Trick an. Er bat Antipatrides, den Herrscher von Telmessos, um die Erlaubnis, mit einem seiner Schiffe in den Hafen einlaufen zu dürfen. Er wolle gefangene Sklaven und Musikanten in die Stadt zurückkehren lassen. Antipatrides willigte nach einer flüchtigen Inspektion der Besatzung ein. So ruderten die Krieger Alexanders, verkleidet wie die Sarottimohren, unbehelligt mitten ins Herz der Stadt. Auf der Akropolis zogen sie ungerührt ihre Dolche aus den Flötenbehältern, holten Schilde aus Trommeln und Körben hervor und nahmen gelassen die Kapitulation der überrumpelten Telmesser entgegen.

Information/Verbindungen/Parken/Ausflüge

- *Telefonvorwahl* ✆ 0252.
- *Information* **Tourist Information** neben dem Hotel Dedeoğlu (vor dem Yachthafen). Auskunft je nach Besetzung auf Deutsch oder Englisch. Tägl. 8.30–12 Uhr u. 13–17.30 Uhr. İskele Karşısı, ✆ 6141527, ✆ 6121975.
- *Verbindungen* Der **Bus**bahnhof liegt einige Kilometer östlich des Zentrums an der Straßenkreuzung Muğla–Antalya/Ölüdeniz. Von dort Verbindung ins Zentrum (bis zur Fevzi Çakmak Cad.) mit dem Dolmuş (auf Aufschrift „Taşyaka/Karagözler" achten). Nahezu rund um die Uhr gute Verbindungen nach Antalya (8 €, Inlandstrecke 4 Std.), Pamukkale (7 €, 5 Std.), Selçuk (ebenfalls 7 €, 4½ Std.), Kaş (3,50 €, 2,5 Std.) und Marmaris (5 €, 3 Std.).

Dolmuş: Der Dolmuşbahnhof liegt ca. 2 km östlich des Zentrums. Auf die Dolmuşe nach Patara, Çalış, Ölüdeniz, Üzümlü, Kayaköyü, Saklıkent, Göcek und Kabak kann man aber auch an der Dolmuşhaltestelle bei der Moschee an der Ecke Atatürk Cad./Gaffar Okan Cad. zusteigen.

Taxi: Standplätze an der Atatürk Cad. Eine Fahrt zum Flughafen Dalaman kostet rund 40 €, nach Ölüdeniz 17 €.

Per Schiff nach Rhódos: Juni–Okt. tägl. außer Sa/So um 9 Uhr (zurück um 16.30 Uhr), Dauer 95 Min. Hin und zurück am gleichen Tag 95 €, wer länger bleibt, zahlt 85 € pro Strecke. Tickets bucht man am einfachsten über die **Lama Shipping Travel Agency** in der Altstadt, Hamam Sok. 3/A, ✆ 6144964.

Schiffsdolmuş: Im Sommer alle 30 Min. nach Çalış, zudem regelmäßig zur vorgelagerten Şövalye-Insel.

Flugzeug: Es gibt drei THY-Repräsentanten in Fethiye, einer davon ist **Lama Shipping**

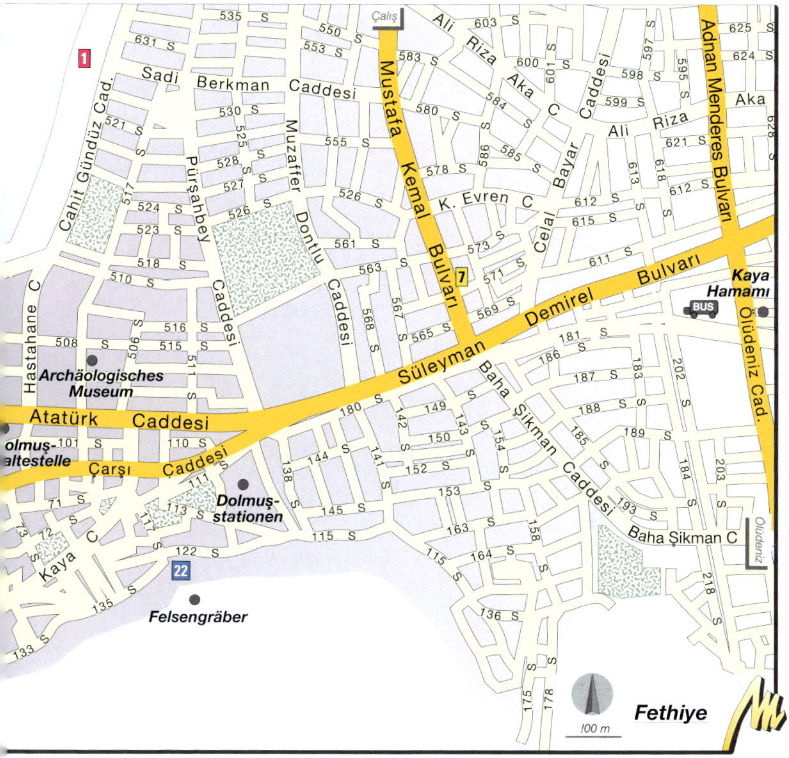

Travel Agency (s.o.). Zum Flughafen Dalaman (→ S. 173), 50 km nordwestlich von Fethiye, fahren 4-mal tägl. Busse der Gesellschaft Havaş, Abfahrt gegenüber der Polizei, pro Person 8,30 €. ✆ 4445000, www.havasturizm.com.

• *Parken* Am besten die gebührenpflichtigen Plätze zwischen Promenade und Atatürk Cad. ansteuern.

• *Bootsausflüge* Am Abend können Sie das gesamte Angebot am Kai vergleichen: Dutzende von Ausflugsbooten werben mit hell angestrahlten bunten Routentafeln um Kundschaft. Fast ein Muss, so scheint es, ist die ganztägige **12-Insel-Tour** (→ Baden), bei der die Inseln vor der zerklüfteten Küste bei Göcek angelaufen werden (mit Lunch ca. 12 €). In der Hochsaison passiert es jedoch häufig, dass die einsamen Strände der Inseln von 10 Booten oder mehr gleichzeitig angelaufen werden und es in den Buchten zugeht wie in einem Freibad voller kreischender Teenies. Leser empfehlen außerdem, Getränke selbst mitzubringen, „da die Monopolstellung an Bord und auf den Inseln schamlos ausgenutzt wird."

• *Organisierte Touren* Bieten diverse Veranstalter an. Seit langem im Geschäft ist **Light Tour**, Atatürk Cad. 104, ✆ 6144757. Zweitagestouren nach Ephesus und Pamukkale kosten dort rund 85 €, Tagestouren nach Dalyan und Kaunos 30 €, nach Tlos und Saklıkent 30 €, Jeepsafari 40 €. Die meisten der größeren Tourenveranstalter aus Fethiye haben Zweigstellen in Çalış und Ölüdeniz, teils sogar in Patara. Die Preise der Anbieter unterscheiden sich nur unwesentlich.

• *Yachtcharter* Als eine seriöse Anlaufstelle gilt **Alesta Yachting** am Yachthafen, Telegraf Apt. 9–10, ✆ 6141861, www.alestayachting.com. Etliche Angebote rund ums Verleihgeschäft. Yachten für 6 Passagiere mit Crew ab 520 € pro Tag (ohne Verpflegung).

Adressen (siehe Karte S. 156/157)

• *Ärztliche Versorgung* Dem **Likya Medical Assistence Service** in der Atatürk Cad. 104 neben dem Reisebüro Light Tours gehört Dr. Hasan Ali Bulak an, ein deutsch sprechender Arzt. ✆ 6146812 u. 6128899.

Staatliches Krankenhaus **Devlet Hastanesi** in Çalış. ✆ 6133548.

• *Autoverleih* Für rund 70 € pro Tag können Sie bei **Avis** (Muğla Yolu, Straße nach Muğla, ✆ 6123719, www.avis.com.tr.) oder **Europcar** (über Real Tour, Atatürk Cad. 40, ✆ 6144995, www.realtour.com.tr.) einen Wagen mieten – erheblich billiger über die diversen lokalen Verleiher.

• *Einkaufen/Souvenirs* Die Mitbringselsuche ist einer der abendlichen Programmpunkte. Souvenirs über Souvenirs gibt es in der **Altstadt**, die nichts anderes als ein großer Basar ist. Hier teppichverhangene Fassaden, dort glitzernde Schmuckauslagen, daneben Flauschiges mit dem Schriftzug von *United Colors of Benetton* oder ein Laden mit Markenuhrimitaten ...

Ansonsten lohnt das **Marktgelände** nördlich der Çarşı Cad. einen Besuch (tägl. außer So). Etliche Geschäfte, in denen man alles zwischen Hammelkeule und Unterhose erstehen kann. Rund um einen Innenhof befinden sich zudem etliche Fischlokale (→ Essen & Trinken).

Großer **Bauernmarkt** jeden Di im Marktviertel nahe dem Dolmuşbahnhof. Ein Erlebnis!

Ein großer **Migros-Supermarkt (7)** befindet sich außerhalb des Zentrums am Mustafa Kemal Bul.

• *Post* An der Atatürk Cad.

• *Polizei* Neben der Tourist Information. ✆ 6141040.

• *Reisebüro* **Lama Shipping Travel Agency** → Verbindungen.

• *Türkisches Bad (Hamam)* Der **historische Hamam** von Fethiye liegt in der Altstadt und ist bereits annähernd 400 Jahre alt. Separate Abteilungen für Männer und Frauen. Tägl. 7–24 Uhr. Eintritt 22 € inkl. Massage. Ein nettes Bad zum gleichen Preis nahmen Leser auch im neuen **Kaya Hamamı** beim Busbahnhof. Ähnliche Öffnungszeiten.

• *Waschsalon* **Murat Laundry**, am Yachthafen zwischen Yacht Hotel und Hotel Doruk (Seeseite). Eine Trommel waschen 5,50 €.

• *Zeitungen* Deutschsprachige Tages- und Wochenblätter z.B. im **Büfemiz Mini Market (4)** an der Atatürk Cad.

• *Zweiradverleih* **Abalı Rent**, Office beim Amphitheater vor dem Hafen. Scooter ab 14 €, 600-ccm-Cross-Maschinen ab 33 €. ✆ 6141597.

Übernachten (siehe Karte S. 156/157)

Zwar gibt es rund um Fethiye über 650 registrierte Unterkünfte, das Angebot in der Stadt selbst ist aber im Ganzen wenig überzeugend. Hotels und Pensionen verschiedener Kategorien findet man am Yachthafen und am Hang darüber. Wer nur baden möchte, sollte sich in Ölüdeniz und Umgebung (→ S. 163), nach einem Quartier umschauen. Unzählige Mittelklassehotels auch hinter dem Strand von Çalış, im Vergleich zu Ölüdeniz jedoch die zweite Wahl. Camper suchen in Fethiye selbst vergebens nach einem Platz. Umso mehr gibt es dafür in Ölüdeniz.

Ece Saray (10), nobles Resorthotel an der gleichnamigen Marina, 2002 eröffnet. Das beste Haus der Stadt ist einem Sultanspalast am Bosporus nachempfunden. Gediegenes Restaurant, Wellnesscenter, gemütlicher Biergarten direkt am Wasser. EZ 118 €, DZ ab 140 €. 1. Karagözler Mevkii, ✆ 6125005, www.ecesaray.net.

Hotel Doruk (11), oberhalb des Yachthafens. 32 Zimmer mit Teppichboden und Aircondition, teilweise schöner Meeresblick. Ordentlich, aber nicht ansatzweise etwas Besonderes. Pool. Während der Hauptsaison fast immer ausgebucht, in der Regel von englischen Pauschaltouristen. DZ 45 €. ✆ 6149860, www.hoteldoruk.com.

Villa Daffodil (14), freundliches Haus mit 27 kleinen, aber hübschen Zimmern etwas außerhalb des Zentrums an der Fevzi Çakmak Cad 115. Dolmuşverbindung ins Zentrum. Pool, nette Terrasse, viel Holz. EZ 33 €, DZ 41 €. ✆ 6149595, www.villadaffodil.com.

Yeni Yacht Hotel (18), oberhalb des Yachthafens. Nennt sich auch Yacht Plaza. Alle 30 Zimmer mit Aircondition und großen Balkonen, geräumig und mit Massivholzmöbeln ausgestattet. Pool. Lassen Sie sich ein Zimmer zum Meer hin geben: schöner Ausblick und ruhiger. EZ 28 €, DZ 40 € inkl. Frühstück. Karagözler Mah., ✆ 6125067, info@yachtplazahotel.com.

Hotel Horizon (16), familiäres Hotel weit oberhalb des Stadtzentrums. Freundlich möblierte Zimmer mit Steinfußböden, alle mit Balkon und die meisten mit tollem Blick auf den Yachthafen. Pool und schöne Terrasse. DZ mit Frühstück 33 €. 1. Karagözler, ✆ 6123153, 📠 6123154.

Irem Pansiyon (17), Familienpension mit 21 sauberen, gepflegten Zimmern, 13 mit Balkon und 4 mit Meeresblick. Nette Frühstücksterrasse. DZ 22 € inkl. Frühstück, EZ 14 €. Fevzi Çakmak Cad. 45, ✆ 6143985, 📠 6145875.

Pension Amyntas (22), gleich neben den Felsengräbern. Kleine 4-Zimmer-Pension. Geräumige Zimmer mit Bad/WC für 19 €, egal ob mit 2 oder 3 Betten. Einfaches, gutes und von Lesern empfohlenes Restaurant angeschlossen. ✆ 6143040.

Ideal Pension (19), rosa Haus in der Zafer Cad. 1 über dem Yachthafen. Beliebte Travellerherberge, die einiges bietet: Internetzugang, schöne, verglaste Dachterrasse, Waschservice, Ausflüge usw. Freundlicher Familienbetrieb. Jedoch schlichte, unspektakuläre Zimmer mit Teppichböden und Bad/WC, wählen Sie eines in den oberen Etagen. Heißes Wasser nur morgens und abends. DZ mit Frühstück und Aircondition 19 €, ohne Aircondition 17 €. ✆ 6141981, www.idealpension.net.

Ülgen Pension (20), oberhalb der Ottoman Dancing Bar, über ein paar Stufen zu erreichen. Internationale Backpackerherberge – das Publikum macht's. 13 spartanische Zimmer, nicht alle mit Bad, und nicht die saubersten. Pluspunkte: zentrale Lage, Terrasse und äußerst gastfreundliche, deutschsprachige, ältere Inhaber. EZ ab 11 €, DZ ab 18 €. Cum. Mah. Paspatur Mevkii Merdiven 3, ✆/📠 6143491.

Essen & Trinken/Nachtleben (siehe Karte S. 156/157)

Die meisten gehobeneren Restaurants befinden sich in der Altstadt und an der Uferpromenade. Ebenso gut, aber preiswerter (sofern man nicht abgezockt wird) sind die einfachen Lokantas an der Çarşı Cad., der Dispanser Cad. und beim Busbahnhof. Im Marktviertel nördlich der Çarşı Cad. gibt es einen Fischmarkt, einfach der Nase nach oder den Katzen hinterher. Ein paar der dortigen Restaurants haben sich darauf spezialisiert, die von Ihnen auf dem Markt gekauften Meerestiere zuzubereiten – was das Brutzeln kostet, sollte man aber im Voraus klären. In Fethiye ist es zudem in vielen Restaurants gang und gäbe, unaufgefordert Vorspeisen zu servieren. Wenn Sie diese nicht auf der Rechnung wieder finden wollen, lassen Sie sie wieder zurückgehen.

Yakamoz Restaurant (1), bekannt für gute Fischgerichte, aber nicht ganz billig. Modern eingerichtetes Inneres mit langer Theke. Draußen hat man die Wahl zwischen gemütlichen schattigen Sitzecken und Tischen direkt am Wasser. Etwas abseits des Zentrums an der Uferpromenade nahe dem Krankenhaus Esnaf Hastanesi, bei einem gemütlichen Spaziergang zu erreichen. ✆ 6124226.

Agora Meyhanesi (8), nahe dem Uğur Mumcu Parkı. Kleines, schnuckeliges Lokal mit Fischernetzen an der Decke und gemütlicher Terrasse. Kleine Auswahl an Standardhauptgerichten, erstklassige Meze – kalkulieren Sie für ein komplettes Essen 8–15 € pro Person. Plastiktischdecken und zuvorkommender Service. ✆ 6148021.

Meğri Lokantası (5), an der Çarşı Cad. Bei Türken und Touristen gleichermaßen beliebtes Lokal. Riesige Auswahl frisch zubereiteter Topfgerichte, vieles davon ist auch an Vegetarier gerichtet. Zudem Kebabs und Fisch. Nicht mit dem gleichnamigen Restaurant in der Altstadt verwechseln! Korrekter Service, Hg. 4,40–10,50 €.

Nur ein paar Schritt weiter kann man bei **Paşa Kebap (21)** Fleischberge, Pide und Lahmacun vernichten. Einfach und beliebt.

Birlik Lokantası (15), etwas abseits des großen Geschehens an der Hükümet Cad. Vielfältige Küche, außer den gängigen Spießen und Steaks auch Topfgerichte, Kebabvariationen und Pide aus dem Holzofen. Das größte Plus ist der Service, der keinen Vergleich mit dem aufmerksamen anatolischen Hinterlandkollegen scheuen muss. Einfach und preiswert.

Saray Lokantası (13), in der Nähe des Birlik an der Ecke Atatürk Cad./Hükümet Cad. Etwas gehobener, ähnliche Auswahl. Pro Person wird man hier (eine Vorspeise und ein Bier inkl.) für ca. 8,50 € gut satt.

Nefis Pide (2), simples Lokal mit Außenbestuhlung neben der Altstadtmoschee. Pide, Lahmacun und Kebab im Tontopf, gute Qualität zu reellen Preisen (Pide 1,40–2 €, Kebab 4 €). Der „Wermutstropfen": kein Bier, kein Wein, kein Schnaps.

Gold Semaver (12), an der Uferpromenade nahe der Fevzi Çakmak Cad. Weniger als Restaurant denn als Open-Air-Konditorei zu empfehlen. Das kalorienbombige Torten- und Kuchenregal lässt sich ideal mit dem Nachmittagskaffee kombinieren.

• *Nachtleben* Die meisten Bars findet man in der Altstadt, vereinzelt auch am Hang darüber. Wer mehr Abwechslung und Unterhaltung sucht, fährt nach Hisarönü Köy oder nach Belcekız.

Die Diskothek der Stadt ist das **Bananas (3)** gegenüber dem Hamam in der Altstadt. In der Saison bis zu 4,50 € Eintritt. Techno, House und was sonst noch gefällt.

Unmittelbar hinter dem Hamam, in der **45. Sok**, haben sich einige Kneipen angesiedelt. Eine kleine Kneipenstraße findet man auch bei der **Agora Meyhanesi** (→ Essen & Trinken). Bar reiht sich dort an Café und Restaurant, für jeden Geschmack ist etwas dabei.

Orientambiente bietet die **Ottoman Dancing Bar (6)** nahe dem Meğri Lokantası. Wer nicht mittanzen will, kann es sich mit einer Wasserpfeife auf der Terrasse gemütlich machen. Nicht billig.

Liman Pub (9), Bierhalle auf Türkisch. In dem kantinenartigen Pub mit auflockernden Aquarien gibt es das billigste Bier der Stadt, und zwar auch in Übergrößen. Wer mag, kann sich einen 2,5-l-Krug für 5,30 € bestellen. Dazu werden Fußballspiele übertragen. Auch günstiges Essen. Dispanser Cad.

Baden & Sport

• *Baden* Unmittelbar vor Ort bietet sich nur das **Hafenbecken** an. Die nächstgelegenen, ansprechenden Bademöglichkeiten findet man auf der **Halbinsel Oyuktepe** (→ Sehenswertes).

Alternativ dazu kann man auch eine **Bootstour** unternehmen. Die bekannteste ist die **12-Insel-Tour** (→ „Bootsausflüge"), bei der mehrmals Anker geworfen wird, u.a. vor den *Yassıca Adalar* (kleine Inselgruppe; man kann von Inselchen zu Inselchen schwimmen; auf der größten ein Strand, der sich in Tropfenform ins Meer zieht und in der Mitte einen natürlichen „Pool" besitzt – ein schönes Planschbecken für Kinder), der *Deliktaş Adası* (gut zum Schnorcheln), der *Tersane Adası* (mit griechischen Ruinen) und der Bucht *Haman Koyu* (mit Klosterruinen im Wasser).

Auch **Richtung Ölüdeniz** laufen Boote zu diversen Badebuchten und Inseln aus. Jedoch kann es auf diesen Touren vom Seegang her etwas rauer werden. U.a. wird hier vor der *Gemiler Adası* (St.Nikolaus-Insel, → S. 169) gestoppt.

Egal wohin man schippert, stets passiert man die unmittelbar vor Fethiye gelegene **Şövalye-Insel**, die ebenfalls zum Baden einlädt und die man auch per Bootsdolmuş erreichen kann (→ Sehenswertes).

Auch per Dolmuş oder Leihfahrzeug lassen sich erstklassige Badeplätze in der Umgebung von Fethiye aufsuchen: Im Süden der populäre **Strand von Ölüdeniz** (→ S. 162), nördlich von Fethiye die **Buchten von Katrancı** (→ S. 160) und **Küçük Kargı** (→ S. 171). Der Strand von **Çalış** hingegen lohnt die Mühen der Anfahrt nicht.

• *Paragliding* → Ölüdeniz, S. 165. Die meisten Veranstalter in Fethiye kassieren lediglich eine Provision und reichen Sie an einen Anbieter in Ölüdeniz weiter.

• *Reiten* Ausritte kann man über diverse Tourenveranstalter buchen, aber auch direkt bei der **Perna Ranch** an der Straße zwischen Hisarönü Köy und Kayaköyü, ✆ 6180182. Unter englischer Leitung. Es werden auch Anfänger mitgenommen. Für 2 Std. 19 €.

• *Tauchen* Vor der Küste diverse Höhlen und Riffe. Größter Anbieter ist **European Diving Center**, Atatürk Cad. 8, ✆ 6149771, www.europeandiving.com.tr. Unter britischer Leitung, aber auch mit deutschsprachigen Lehrern. Unterhält zudem zig Ableger zwischen Fethiye und Marmaris. Getaucht wird leider recht häufig in großen Schwärmen. Vielfältige Angebote – Schnuppertag für Anfänger, Tauchgänge für Fortgeschrittene und diverse Kurse, an deren Ende international anerkannte Diplome stehen (P.A.D.I., BSAC, CMAS). Preisbeispiele: Tagesausfahrt mit 2 Tauchgängen, Transfer vom Hotel und Lunch 63 €, Schnuppertauchen (Leihausrüstung) 90 €, 3 Tage P.A.D.I.-Open-water-Kurs 405 €.

• *Wandern* → Wanderung 4, S. 166. Kleinere, gemütliche Touren lassen sich auch auf der **Şövalye-Insel** und auf der **Halbinsel Oyuktepe** (für beide Ziele → S. 162) unternehmen.

• *Wassersport* Am Strand von Çalış. Parasailing, Bananaboat, Wasserski, Surfbrettverleih...

Sehenswertes

Lykische Felsengräber: Die größte Attraktion Fethiyes sind die Gräber in der Felswand im Osten über der Stadt. Ins Auge sticht das repräsentative *Grab des Amyntas*. Das Tempelgrab im ionischen Stil wurde vermutlich im 4. Jh. v. Chr. für den Sohn eines Lokalfürsten aus dem Fels gemeißelt. Hinter den beiden Säulen, die einen schmucken Architrav tragen, befindet sich eine reich verzierte steinerne Scheintür, die die Grabkammer verbirgt. Um dieses Grabmal herum sind mehrere kleinere Felsengräber angeordnet, einige davon stammen aus dem 6. Jh. v. Chr. Der Zweck einer Nekropole ist in Fethiye besonders offensichtlich: Den Toten (die es sich leisten konnten) wurde eine ganze Stadt gebaut, in der sie, quasi in vertrauter Umgebung hoch über Telmessos nach ihrem irdischen Dasein weiterleben konnten.

• *Öffnungszeiten* **Grab des Amyntas**, tägl. 8.30–17 Uhr. Eintritt 2,20 €. Wer sparen muss, kann abends oder nachts hingehen, wenn die Gräber beleuchtet sind und man sie genauso gut aus der Ferne sieht.

• *Anfahrt* Von der stadtauswärts führenden Einbahnstraße, der Çarşı Cad., mit „Aminthas" ausgeschildert.

Lykische Steinsarkophage: Wer wachen Auges durch die Straßen geht, kann mehrere auf Sockeln stehende, reliefgeschmückte Steinsarkophage entdecken, die einst verstorbene Lykier der Oberschicht beherbergten. Wegen ihrer spitzbogigen Dächer, deren Firste an gekenterte Schiffe erinnern, nennt man sie auch Schiffskielsarkophage. Das schönste dieser kleinen „Kompakthäuschen" befindet sich neben dem Regierungsgebäude (Hükümet Konağı), ganz in der Nähe der Post. Noch bis in die Mitte des 20. Jh. stand dieser Sarkophag im Wasser, da die Küste hier im Laufe der Jahrtausende abgesunken war (→ Kekova, S. 120). Das änderte sich erst infolge von Erdaufschüttungen Ende der 1950er, die zugleich die hiesige Küstenlinie seewärts verschoben.

Theater: Das während der späthellenistischen Periode gebaute und später unter den Römern erweiterte Theater liegt im Südwesten der Stadt, ganz in der Nähe der Tourist Information. Es hatte einst 28 Sitzreihen und fasste 6.000 Zuschauer. Beachtenswert sind diverse reich verzierte Architekturfragmente. Noch heute finden im Theater im Sommer gelegentlich Aufführungen statt.

Kreuzritterburg: Von der zentral auf einem Hügel über der Stadt errichteten Burg der Johanniter aus dem 15. Jh. sind nur wenige Trümmer erhalten; ein Besuch lohnt sich daher nur für speziell Interessierte.

Museum: Das Museum Fethiyes besteht aus einer relativ großen archäologischen und einer kleinen ethnographischen Abteilung. Letztere beherbergt neben einem Webstuhl, Trachten und Stickereien eine wunderschön geschnitzte, zweiflügelige Holztür aus Kayaköyü (→ S. 168). In der interessanteren archäologischen Abteilung findet man u. a. Statuen und Büsten von Herrschern und Gottheiten, Keramik, Glas und Metallobjekte, Stelen und Kleinstelen, Amphoren und Münzen und ein Grab mit schön gearbeiteten Reliefs. Niedlich wirkt die Öllämpchensammlung aus hellenistischer bis byzantinischer Zeit, Gruselstück ist ein Terrakottasarg mit einigen Knochen.

Öffnungszeiten/Anfahrt Tägl. (außer Mo) 8.30–17.30 Uhr. Eintritt 2,20 €. Stadtauswärts in einer Seitenstraße der Atatürk Cad. (beschildert).

Fethiye
Karte S. 156/157

Insel Şövalye und Halbinsel Oyuktepe: Zwei nahe Ausflugsziele, die zum Spazieren, Wandern, Baden und Schnorcheln einladen. Zur Şövalye-Insel im Golf von Fethiye, einem ruhigen Eiland mit Sommerresidenzen wohlhabender Türken, gelangen Sie per Bootsdolmuş vom Hafen. In ungefähr zwei Stunden hat man die Insel abspaziert. Es gibt ein kleines Hotel und Restaurant, dazu findet man nette Bademöglichkeiten.

In rund 3,5 Std. hat man die Oyuktepe-Halbinsel im Westen Fethiyes zu Fuß umrundet. Folgen Sie dazu der Fevzi Çakmak Caddesi vorbei am Yachthafen bis zum Ende der Bucht, dann der Beschilderung zum „Letoonia Club & Hotel". Anschließend geht es stets entlang der Küste weiter. Man passiert diverse idyllische, von Pinien umrahmte Kiesbuchten (manche wie die *Küçük Samanlık Koyu* und die *Büyük Samanlık* Koyu sind gebührenpflichtig) und genießt schöne Ausblicke auf Fethiye und die vorgelagerten Inseln. Wenn man schließlich hoch über dem Meer auf die Zufahrtsstraße zum Hillside Beach Club trifft, hält man sich links, um zurück nach Fethiye zu gelangen. Mehr als die Hälfte der Strecke, die auch problemlos mit Scooter oder Auto zu meistern ist, ist geteert.

Ölüdeniz

(Hisarönü Köy, Ovacık und Belcekız)

Wer bei der Traumlagune Ölüdeniz an die Südsee denkt, liegt richtig: türkisfarbenes Wasser, menschenleerer, fast schneeweißer Sandstrand vor einer zerklüfteten Felskulisse und eine prächtige Yacht vor Anker. Aber nur im Winter hält der bekannteste Strand der Türkei das, was er in Katalogen und auf Postern verspricht.

Ölü Deniz – „Totes Meer", von wegen! Hier wuselt es von April bis Ende Oktober, im Hochsommer drängen sich jeden Tag Tausende von Menschen in die Bucht mit ihrem Superstrand und dem – außerhalb der Saison – kristallklaren Wasser. *Ölü Deniz* – „Totes Meer", von wegen! Auch im biologischen Sinne ist die Lagune nicht tot, es herrscht hier nur kein Wellenschlag. Der fotogene Strand, der die Lagune bildet, heißt im Türkischen übrigens *Kumburnu*, „Sandnase". Dieser Teil ist auch gebührenpflichtig (1,10 €, erm. die Hälfte). Hinter der südlichen Hälfte des insgesamt rund drei Kilometer langen Strandes entstand in den letzten zwei Jahrzehnten *Belcekız*, eine gepflegte Feriensiedlung im Schachbrettmuster. Zuvor gab es hier nur ein paar Campingplätze. Schön ist Belcekız nicht, aber auch nicht hässlich, eher etwas steril. Immerhin gibt es keine zehnstöckigen Hotelanlagen. Da der Platz an der Lagune und in Belcekız naturgemäß begrenzt ist, zieht sich die Tourismusmeile auch einige Kilometer landeinwärts: An der Straße ins 15 km entfernte Fethiye liegen die zwei Retortenstädtchen *Hisarönü Köy* und *Ovacık*, die inzwischen das Gros an Unterkunftsmöglichkeiten stellen. Diesen Orten, wo niveauloser 08/15-Urlaub an ein vorrangig englisches Massenpublikum verkauft wird, fehlt jegliches Flair.

Information/Verbindungen/Parken/Ausflüge

- *Telefonvorwahl* ✆ 0252.
- *Information* Die **Ölüdeniz Tourism Cooperative** nahe der Dolmuş-Endstation in Belcekız hilft in erster Linie bei der Zimmersuche weiter und vermittelt nur die ihr angeschlossenen Unterkünfte.
- *Verbindungen* Im Sommer verkehrt zwischen Fethiye und Ölüdeniz (Endhaltestelle am Strand von Belcekız) von 7 Uhr morgens bis 1 Uhr nachts mind. alle 15 Min. ein **Dolmuş** (1,40 €). Zusteigemöglichkeiten in Ovacık und Hisarönü Köy – wenn nicht gerade Rushhour in eine Richtung ist.

Taxi von Belcekız nach Fethiye ca. 15 €, nach Hisarönü Köy 6 €, nach Kayaköyü 10 €.

• *Parken* Selbstfahrer, die zum Baden in die Lagune wollen, finden unmittelbar davor einen kostenpflichtigen Parkplatz (Auto 4 € pro Tag).

• *Bootsausflüge* Im Rahmen einer Tagestour werden die **Gemiler-Insel** (→ S. 169) und ein paar Grotten und Strände der Umgebung angefahren. Kostenpunkt: 7 € inkl. Essen, Start meist gegen 11 Uhr. Auch stehen Touren zum **Butterfly Valley** (→ S. 167) auf dem Programm (hin/zurück 10 €).

• *Organisierte Touren* Nahezu sämtliche Ausflüge, die in Fethiye starten (→ S. 157), können über diverse Anbieter auch in Belcekız und in Hisarönü Köy gebucht werden. Einen Pickup-Service vom Hotel bieten die meisten Veranstalter.

Adressen

• *Ärztliche Versorgung* In Belcekız an der Uferstraße zur Lagune befindet sich zwischen Polizei und Post eine **Krankenstation**. Zudem unterhält **Lycia Medical Assistance** mit Sitz in Fethiye eine Zweigstelle in Belcekız. Ihr gehört der deutsch sprechende Arzt Dr. Hasan Ali Bulak an. ✆ 6170455.

• *Autoverleih* Diverse Tourenveranstalter vermitteln auch Fahrzeuge ab rund 40 € pro Tag.

• *Einkaufen* Jeden Mo **Markt** an der Straßenkreuzung Ölüdeniz/Hisarönü Köy. In diversen „Poundshops" in Hisarönü Köy kann man – wie der Name schon vermuten lässt – nur in englischen Pfund bezahlen.

• *Geld* Bankomaten in Belcekız bei der Dolmuşstation, in Hisarönü Köy an der Hauptstraße.

• *Polizei* **Jandarma** in Belcekız an der Uferstraße zur Lagune, unter dem Notruf 156 zu erreichen.

• *Post* Ebenfalls auf dem Weg zur Lagune.

Übernachten/Camping

Hinter dem Strand von Belcekız findet man überwiegend Mittelklassehotels und gehobenere Clubanlagen. Direkt an der Lagune gibt es vorrangig Campingplätze, die ihre Stellflächen zugunsten der lukrativeren Bungalowvermietung (oft in Hundehüttenformat) mehr und mehr einschränken. Das Gros der britischen Pauschaltouristen wohnt in den gesichtslosen Retortenstädtchen Hisarönü Köy und Ovacık. Die Saison der meisten Hotels und Pensionen reicht nur von April bis Mitte Oktober. Alle Hotels sind ausgeschildert, allerdings entdeckt man in dem Schilderwald an der Straße selten auf Anhieb das, was man sucht.

• *Unmittelbar an der Lagune* ist der Sandstrand recht schmal und mit Liegestühlen zugepflastert, das Meer dafür immer ein paar Grad wärmer. Entlang der Stichstraße (Beschilderung „Hotel Meri") reihen sich mit Unterbrechung mehrerer Beach Clubs folgende Anlagen aneinander:

Ölüdeniz Camping, der bekannteste Platz vor Ort, immerhin seit über 20 Jahren im Geschäft. Im Sommer Treffpunkt einer jungen internationalen Travellergemeinde. Überwiegend Bungalowvermietung (große mit Bad und Klimaanlage 33 €, kleine mit Bad 17 €, ohne Bad 11 €). Nur noch wenige schattige Stellplätze, 2 Pers. mit Wohnmobil 8 €. Laden und gutes Restaurant. Zeltverleih. Eigener Strandabschnitt. Lauter Barbetrieb bis Mitternacht. ✆ 617600048, www.oludenizcamping.com.

Darauf folgen der **Asmalı Camp** (etwas billiger als Ölüdeniz, ✆ 6170617) und der **Suara Beach Camp** (Preise wie Ölüdeniz, ✆ 6170123, www.suarabeach.com), zwei größere, baumbestandene Areale, auf denen immer ein Plätzchen frei ist. Letzterer ist die gepflegtere Anlage.

Als nächstes taucht der **Green Park** auf, der zum Hotel Meri (✆ 6170001, www.hotelmeri.com), einer All-inclusive-Anlage, gehört. Hier kann man sich nur in Wohnwagen einmieten. Die sind zwar recht neu, kosten dafür aber satte 130 € für eine Nacht.

Daran schließt der **St. Nicholas Genç Beach** (✆ 6170088) an, einst ein Camping, heute ein Beach Club, der ein paar kleine Bungalows vermietet (mit Dusche für 2 Pers. 25 €).

Das Ende der Campingreihe schließt der **Osman Çavuş Camp** (✆ 6170028) ab, eine Minianlage, vollgestopft mit spartanischen Hütten (ohne Bad, 2 Pers. 22 €).

• *In Belcekız* **Oyster Residences Ölüdeniz**, im Süden der Bucht. 2004 eröffnet. 16 Zimmer auf zwei Gebäude (viel Naturstein) verteilt. Komfortabel und stilvoll-individuell eingerichtet, Holzböden. Schöne Poolanlage. DZ 83 €. ✆ 6170765, www.oysterresidences.com.

Paradise Garden, ein Lesertipp hoch über der Bucht. Gepflegte, riesige Parkanlage und mittendrin ein Haus mit 21 Zimmern, um die sich 18 (!) Angestellte kümmern. 3 Pools, davon ein Naturpool. First-Class-Restaurant mit Traumterrasse, in dem überwiegend Gemüse aus dem eigenen Garten verarbeitet wird. DZ 80 €, Megarabatte im Winter (ganzjährig geöffnet). 1a-Service. Lediglich die leicht vernehmbaren Verkehrsgeräusche von der Straße schmälern den Genuss um 5–10 %. Von Fethiye kommend ca. 3 km vor der Bucht (kurz hinter Hisarönü Köy) rechter Hand ausgeschildert. ✆ 6170545, www.paradisegardenhotel.com.

Hotel Bronze, in einer Parallelstraße zur Uferpromenade. Relativ neues Haus mit 23 Zimmern, luftig gebaut. Kleiner Pool und grüner Garten. Alle Zimmer mit Balkon. DZ 44 €. ✆ 6170107, www.hotelbronze.com.

Hotel Karbel Beach, in der gleichen Straße wie das Bronze und auch nicht schlecht. Haus mit 30 (ganz leicht abgekratzten) Zimmern mit Fliesenböden, die auf zwei Gebäude um einen Pool verteilt sind. Netter Service, viel junges türkisches Publikum. DZ mit Klimaanlage 40 €, EZ 30 €. ✆ 6170013, info@karbelhotel.com.

Oba Motel, Travellertreffpunkt in zweiter Reihe. Kleines Bungalowdorf mit viel Grün. Einfache, akzeptable Bungalows mit leider unschönen Teppichböden, dafür mit privaten Bädern. 22 € für 2 Pers., Frühstück inkl. Restaurant und „Internethütte". ✆ 6170470, www.obahostel.com.

• *Bei Ovacık* **Ocakköy**, von Fethiye kommend, weist am Ortseingang von Ovacık ein kleines Schild nach rechts (von dort noch 300 m). Ein Idyll unter deutsch-türkischer Leitung. 5 ha großes Gelände mit 25 Natursteinhäusern (schöne Studios für max. 4 Pers. mit Kochnische und z.T. offenem Kamin), die auf den Ruinen eines alten griechischen Dorfes errichtet wurden. Dazwischen Blumen, ein Laden und mehrere Pools. Leider sind 4/5 der Kapazitäten fest an englische Pauschaltouristen vergeben. 2 Pers. 35 € ohne Frühstück. ✆ 6166157, www.ocakkoey.com.

Essen & Trinken/Nachtleben

Für das leibliche Wohl sorgen in Belcekız Steakhäuser, Pizzerien und Chinarestaurants. Nachts schwärmt man in Bars mit offenem Kamin und gediegener Pianomusik oder in Discopubs, wo zu heißen Rhythmen getanzt wird. Die Auswahl ist riesig. In Hisarönü Köy gibt es in erster Linie Pubrestaurants, die vormittags *English Breakfast* mit Schweinswürstel offerieren und abends fleischlastige „All-you-can-eat"-Büfetts mit *MTV* oder *Sky Sports* als Zugabe. Billig ist dort einzig und allein das Bier.

• *Essen in Belcekız und bei der Lagune* **Beyaz Yunus Restaurant (White Dolphin)**, abseits des Touristenrummels hoch über Ölüdeniz (an der Straße zur Kıdrak-Bucht). Außergewöhnliches, gediegenes Lokal mit einem herrlichen Garten und Wahnsinnsblicken über die Bucht – ideal zum Sonnenuntergang. Sehr gute, aber auch sehr teure Fischküche. Nur in der Saison. ✆ 6170068. Eine fast ebenso tolle Atmosphäre bietet das Restaurant des Hotels **Paradise Garden** (→ Übernachten).

Bella Gusto, eine bessere Adresse unter den etwas geklont wirkenden Restaurants an der Uferpromenade von Belcekız und von Lesern empfohlen. Openairlokal mit vielen Pflanzen und leicht rustikalem Touch. Gut gelaunte Ober, italienische Pasta und prima Pizzen. Hg. 6–12 €. ✆ 6170609.

Kumsal Restaurant, eines der letzten Restaurants, die nicht um jeden Preis schick sein und dem Geschmack der englischen Pauschaltouristen entsprechen wollen. Einfach und dennoch gemütlich. Schöne Dachterrasse unter Schatten spendenden Weinreben. Pizza und Pide aus dem Holzofen, frischer Fisch, zudem gute türkische Küche. Am südlichen Ende des Belcekız-Strandes. Hg. 3,30–9,40 €.

Einfach und preiswert ist das Restaurant des **Ölüdeniz Camping**. Nicht jedermanns Sache ist es jedoch, das gegrillte Hühnchen bei wummernden Technobeats zu essen.

Asena Patisserie, in der Ortsmitte von Belcekız, genauer in der Fußgängerzone Çarşı Cad. Ansprechendes Tortenregal, Milchshakes, Baklava, Eis und guter Kaffee.

Die Lagune von Ölüdeniz und der Strand von Belcekız

• *Nachtleben in Belcekız* Die Diskothek **Heaven** auf dem Weg zur Kıdrak-Bucht war 2004 geschlossen, macht aber hoffentlich einmal wieder (vielleicht unter anderem Namen) auf. Dann geht es mit einer Art Zahnradbahn einen Berg hinauf, und oben wird bei Panoramablicken Party gefeiert.

Buzz Beach Bar, an der Uferpromenade. Snacks und kleine Gerichte. Von 18–20 bzw. 22–23 Uhr Happyhour! Sehr beliebt. Gemütlich lümmelt man auf den Sitzkissen vor der Kneipe im Rasen.

Help Beach Lounge, gleich neben der Buzz Beach Bar und einer der angesagtesten Spots im Sommer 2004. Lustig-bunt gestaltete Terrassenkneipe mit viel Holz. Etliche Sorten Bier und Kaffee, internationales Essen zwischen Burger und Mexikanischem. Elektronische Musik.

Crusoes, ebenfalls an der Uferpromenade und als Openair-Tanztempel recht populär.

Tequila Cocktail Bar, in der Çarşı Cad. in der Ortsmitte. Gemütliche Bar mit jeder Menge Tequila, Cocktails und Bier. Wem hier die Sache zu heiß wird, der springt einfach in den hauseigenen Pool.

• *Nachtleben in Hisarönü Köy* Etliche Bars und Pubs, selbst aus Fethiye kommt man abends nach Hisarönü Köy. Zuletzt waren das **Time Out** und das **Grand Boozey** am angesagtesten – Karaokefans kommen auf ihre Kosten.

Umgebung von Fethiye

Sport

• *Paragliding* Anfang der 1990er entdeckten Gleitschirmfreaks den *Baba Dağı* (1.900 m) hoch über der Lagune von Ölüdeniz als Startplatz. Kurze Zeit später gehörte der Tandemflug (mit einem professionellen Piloten im Huckepackverfahren) zum Aktivprogramm der hiesigen Veranstalter. Mittlerweile hat sich der Baba Dağı zu einem Mekka der Paraglider entwickelt. In der zweiten Oktoberhälfte finden die **Air Games** statt, 5 Tage im Zeichen des Gleitschirmfliegens, sozusagen Zirkus in der Luft. Die Flugbedingungen am Baba Dağı sind jedoch nichts für Anfänger. Immer wieder werden die hiesigen Windverhältnisse unterschätzt, regelmäßig kommt es zu Unfällen, zuweilen auch tödlichen. Für Tandemflüge gibt es eine Vielzahl von Anbietern. Einer der renommiertesten ist **Sky Sports**. Ein Tandemflug kostet ca. 100 €. April–Nov. Büro an der Uferpromenade in Belcekız, ✆ 6170511, www.skysports-turkey.com. Flugzeit mindestens 1 Std. (Cracks schaffen bis zu 2 Std. und

schrauben sich bei günstiger Thermik auf 2.500 m Höhe). Landeplatz ist der Lagunenstrand von Ölüdeniz.

• *Tauchen* An der Uferpromenade in Belcekız und in Hisarönü Köy befinden sich Zweigstellen des **European Diving Centers** aus Fethiye (→ "Fethiye/Sport", S. 160).

Wanderung 4: Von Ölüdeniz nach Kayaköyü

Route/Dauer: Ölüdeniz – Kayaköyü. Reine Gehzeit 2–2½ Std. (einfach).

An- und Weiterfahrt: Von Fethiye erreicht man Ölüdeniz am einfachsten mit dem Dolmuş. Wer nicht den gleichen Weg zurückkehren möchte, kann mit dem Dolmuş von Kayaköyü nach Fethiye oder Ölüdeniz zurückkehren.

Allgemeines/Voraussetzungen: Die Wanderung verläuft meist auf schattigen Pfaden und bietet herrliche Ausblicke auf die Küste. Die Route ist größtenteils markiert, jedoch haben ein paar Spaßvögel auch irreleitende Markierungen gesetzt. Mit ein bisschen Spürsinn stellt der Streckenverlauf aber keine Schwierigkeiten dar. Einkehrmöglichkeiten bestehen nur zu Beginn und am Ende der Wanderung. Die Wanderung lässt sich auch in entgegengesetzter Richtung unternehmen, ist dann sogar weniger anstrengend. Ab der Yukarı Kilise (Obere Kirche) in Kayaköyü gut markiert.

Wegbeschreibung: Von Belcekız folgt man der Straße zur Lagune, u. a. vorbei am Ölüdeniz Camping und dem Hotel Meri, bis zum Sun City Beach Club, den es zu durchqueren gilt. Hinter dessen Ausgang steigt man nach rechts auf schmalen Pfaden steil bergauf (hier mangelt es noch an Markierungen) und überquert daraufhin in nordwestlicher Richtung jene Landzunge, die sich westlich von Ölüdeniz ins Meer schiebt. Halten Sie dabei nach roten Punkten und Pfeilen (in entgegengesetzter Richtung) Ausschau. Ihr Weg trifft zuweilen auch auf blaue Markierungen, die Sie ignorieren, Ihre Route ist die rote!

Ungefähr nach 30 Min. stößt man auf die Ruine eines einsamen Hauses, an dem der Weg rechts vorbeiführt. Danach folgt man stets wieder der roten Markierung. Wenn linker Hand eine kleine Bucht auftaucht, geht es in vielen Windungen steil bergauf. Oben angekommen, können Sie schon nach kurzer Zeit einen phantastischen Blick auf Kayaköyü genießen. Nach wenigen Minuten erreichen Sie die ersten Ruinen.

Südlich von Ölüdeniz

Von Belcekız windet sich eine 14 km lange Straße entlang einer grandiosen Küstenlandschaft gen Süden, anfangs noch geteert, später Schotter. Um den Einstieg zu finden, folgt man in Belcekız der Beschilderung zum Club „Lykia World". Nach rund 2 km passiert man die **Kıdrak-Bucht** mit einem wunderbaren (aber kostenpflichtigen) Strand.

Nach weiteren rund 6 km erreicht man die Häuseransammlung **Faralya** hoch über dem **Butterfly Valley** *(Kelebek Vadisi)*. Der Blick hinab auf die kleine, von steilen Berghängen umrahmte Talebene mit einem Traumstrand davor ist imposant. Das Tal ist ein Naturschutzgebiet, in dem sich unzählige Schmetterlinge tummeln. Man kann hinabsteigen bzw. -klettern (Wegbeginn beim „George House", Dauer 30–45 Min.). Für den Rückweg bedarf es einer Bombenkondition. Absolute Schwindelfreiheit und festes Schuhwerk sind Voraussetzung. Gehen Sie zudem nicht nach Regen und mit schwerem Gepäck – es kam schon zu tödlichen Unfällen! Wer es bequemer mag, nimmt an einer Bootstour teil. Die Kneipe am Strand vermietet ein paar Treehouses (für 2 Pers. 14 €). Übernachtungsmöglichkeiten bestehen aber auch in Faralya, dort in überwiegend einfachen Pensionen.

Die Straße endet ca. 6 km später an einer Art Parkplatz mit Wendemöglichkeit. Gebastelte Holzschilder weisen dort den Weg hinab zu den einfachen, im Grünen gelegenen Treehouse-Campings in der **Bucht von Kabak**. 20 Minuten dauert der Weg hinab zum idyllischen kleinen Kiessandstrand, 30 Minuten hinauf. Überwiegend naturverbundene Freaks mit Robinsonambitionen und ohne jegliche Komfortansprüche (kaltes Bier aber gibt's) stellen das hiesige Publikum. Auch die Bucht von Kabak steht unter Naturschutz, trotzdem wird illegal gebaut. Wie lange die Idylle erhalten bleibt, ist somit fraglich.

• *Verbindungen* Im Sommer 3-mal tägl. (morgens, mittags und abends) ein **Dolmuş** von Fethiye über Ölüdeniz und Faralya nach Kabak. **Bootsausflüge** von Ölüdeniz zum **Butterfly Valley** kosten retour pro Person 10 €, einfach Verhandlungssache.

• *Übernachten in Faralya* **Wassermühle**, in Faralya, von Ölüdeniz kommend, geht es unmittelbar vor der Gül Pension links bergauf. Eine der schönsten Unterkünfte im Reisegebiet, ein plätscherndes Paradies unter deutsch-türkischer Leitung: 7 geschmackvolle Suiten und zwei DZ mit z. T. herrlichen Balkonen und tollen Ausblicken. Weitläufiges Gartengelände mit (chlorfreiem) Pool. Restaurant, 1a-Service. Frühzeitige Buchung empfehlenswert. Mindestmietdauer offiziell 1 Woche, wer Glück hat, kommt spontan auch kurzfristig unter. Im Winter geschl. Wermutstropfen: Das Meer zwar in Blickweite, der Sprung hinein setzt aber einen weiter Weg voraus. DZ mit HP pro Person ab 35 €. ✆ 0252/6421245, www.natur-reisen.de.

• *Übernachten in der Kabak-Bucht* Alle Unterkünfte verfügen nur über gemeinschaftliche Sanitäranlagen. Eine Reservierung ist angesichts der zeitaufwendigen An- und Abfahrt empfehlenswert.

Kabak Natural Life, die „komfortabelste" Anlage und dem Strand am nächsten. Windschiefe Hütten (pro Person mit gesunder HP 25 €) wildromantisch über mehrere Terrassen in die Natur integriert. Lauschige Sitzecken, Naturpool. Wer sich anmeldet, wird oben an der Straße mit dem Esel (zum Gepäckschleppen) abgeholt. ✆ 6421181, www.kabakcamping.com. In der Nachbarschaft das einfachere Camp **Oli's Garden** mit Miniholzhütten.

Turan Camping, ebenfalls mit Pool, doch etwas unperfekter als das Natural Life. Megaalternatives Publikum jeden Alters, das die Openairbibliothek gerne nutzt. Pro Person im Bungalow mit HP 17 €. ✆ 6421227, www.turancamping.com.

Sultan Camp, noch etwas simpler und noch weiter weg vom Meer. Neben Bungalows auch Zeltvermietung. Pro Person mit HP 15 €. ✆ 6421238.

Reflections, spartanische Zeltanlage für ganz Anspruchslose, denen die Natur um sie herum genügt. Pro Person mit HP 10 €. Kontakt über Sultan Camp.

Kayaköyü

Zwischen Ölüdeniz und Fethiye liegt die alte griechische Siedlung *Livissi* in einem Tal etwas abseits der Hauptstraße. Im Rahmen des Bevölkerungsaustausches nach dem türkischen Befreiungskrieg 1922 wurden die hier lebenden Griechen auf den Peloponnes umgesiedelt. Der Ort wurde aufgegeben und verwandelte sich in eine Geisterstadt, dem das verheerende Erdbeben von 1957 den Rest gab. In grauen Reihen drängen sich heute die Hüllen der Häuser der einst stattlichen Kleinstadt die Hänge empor. Dazwischen rascheln Salamander und Eidechsen durchs Unkraut, im Schatten der Steine dösen Skorpione. Was über 80 Jahre unbeachtet verfiel, verfällt zwar größtenteils noch immer weiter, wurde aber als Touristenattraktion entdeckt und zum kostenpflichtigen Museumsgebiet erklärt. Dementsprechend werden von allen umliegenden Ferienzentren organisierte Ausflüge nach Kayaköyü angeboten, auf Wunsch können Sie auch in der Gruppe hin reiten. Aber nicht nur Tagesausflügler wecken hier heute die Geister, auch siedeln wieder Menschen: neben Türken auch Ausländer, welche in den oder zwischen die Ruinen Bars und Cafés, kleine Pensionen oder Boutiquehotels einrichten.

Griechen und Türken – Nachbarn, die sich wieder lieben lernen

Noch zu Anfang des 20. Jh. waren die Griechen die größte nichtmuslimische Minderheit im Osmanischen Reich. In İstanbul stellten sie rund ein Viertel der Einwohner, und auch viele Orte der Mittelmeer- und Schwarzmeerküste sowie Zentralanatoliens waren fest in griechischer Hand. Über Jahrhunderte hinweg hatten sie friedlich mit den Türken zusammengelebt, Spannungen waren die Ausnahme. Doch mit der Zerschlagung des Osmanischen Reiches nach dem Ersten Weltkrieg und dem Versuch Griechenlands, sich Kleinasiens zu bemächtigen (→ „Geschichte", S. 58), änderte sich die Situation. Es folgte der türkische Befreiungskrieg, an dessen Ende ein „Bevölkerungsaustausch" – eine Vertreibung bzw. ethnische Säuberung – stand: Ca. 1,4 Millionen Griechen mussten die Türkei verlassen, in entgegengesetzter Richtung waren rund 350.000 Türken aus Griechenland unterwegs.

Lediglich die Griechen İstanbuls, ohne welche die Wirtschaft der Stadt von heute auf morgen zusammengebrochen wäre, und die Bewohner der Ägäisinseln Tenedos (heute Bozcaada) und Imbros (heute Gökçeada) durften bleiben. Doch auch sie kehrten in den folgenden Jahrzehnten der Türkei den Rücken: Die neue Republik belegte Nichtmuslime mit diskriminierenden Steuern – wer nicht zahlen konnte oder wollte, wurde in Arbeitslager verbannt. Ab den 50er Jahren verschärfte zudem der Zypernkonflikt das Verhältnis zwischen Griechen und Türken auf eine Weise, die ein friedfertiges Miteinander kaum mehr zuließ. Die Situation eskalierte 1955, als Bombenanschläge griechisch-zypriotischer Untergrundbewegungen mit gewalttätigen Ausschreitungen gegen christliche Minderheiten beantwortet wurden.

Viele Jahre betrachteten die NATO-Partner mit Besorgnis das Verhalten der beiden „verfeindeten" Verbündeten, noch bis in die 1990er kam es immer wieder zu militärischen Provokationen in der Ägäis. Die Verbesserung der bilateralen Beziehungen bahnte sich erst in jüngerer Zeit an, als sich die beiden Nationen bei schweren Erdbeben und Waldbränden wechselseitig Hilfe leisteten. Mittlerweile ist Griechenland gar ein Befürworter des türkischen EU-Beitritts.

Hier wohnen nur noch Eidechsen: die Geisterstadt Kayaköyü

• *Anfahrt/Verbindungen* In Fethiye von der stadtauswärts führenden Einbahnstraße, der Çarşı Cad., beschildert. Im Sommer tagsüber regelmäßig **Dolmuşe** von Fethiye und Ölüdeniz nach Kayaköyü.

• *Öffnungszeiten* Rund um die Uhr geöffnet. In der Saison tagsüber 2,20 € Eintritt.

• *Übernachten* Unterhalb der Ruinen haben sich in den letzten Jahren mehrere Unterkünfte angesiedelt. Eine originelle, aber einfache Adresse ist das **Kaya Sanat Kampı** („Künstlercamp Kaya"), von der Straße zur Gemiler-Bucht ausgeschildert. Mit anderen Kunstinteressierten (meist junge, ausgeflippte Türken) kann man hier Töpfern oder Fotografieren lernen, malen oder in die Berge wandern. Auch Zelten ist möglich. Nett gemacht, schlichte Zimmer, DZ 17 €. Zur Anlage gehört auch das liebevoll gestaltete **Poseidon Café** nahe dem Ruinengelände (hausgemachter Wein!). ✆ 0533/7636273 (mobil), www.kayasanat.com.

• *Essen & Trinken* Die Lokale nahe dem Ruinengelände leben vom Eintagestourismus, der Service ist zum Teil sehr aufdringlich. Abseits davon, von der Straße nach Fethiye ausgeschildert, befindet sich das **Kaya Wine House**, untergebracht in einem alten Natursteinhaus. Weinkeller im EG, zwei lauschige intime Räume im OG mit jeweils privater Terrasse. Nur gegen Reservierung (✆ 0252/6180454) und nur am Abend kann man sich hier ein ganz privates Essen zaubern lassen. Die Romantik ist nicht billig: Meze ca. 5 €, Hg. 14–16,50 €, eine Flasche Wein 5,50–16,50 €.

• *Wandern* → Wanderung 4, S. 166.

Gemiler-Bucht

Rund 7 km südwestlich von Kayaköyü liegt die Gemiler-Bucht, ihr vorgelagert die gleichnamige Insel. Zwischen Bucht und Insel ankern stets ein paar Yachten, dazu laufen regelmäßig Ausflugsboote ein. Sind Letztere wieder weg, hält sich der Andrang am idyllischen Sandkiesstrand in Grenzen, denn über den Landweg kommen nur wenige Besucher. Es gibt ein paar einfache Fischtavernen, die Sonnenschirme und Liegestühle verleihen. Wer mag und die Restaurantbesitzer vorher um Erlaubnis fragt, kann im Olivenhain dahinter auch campen. Auf der *Gemiler-Insel (Gemiler Adası)*, auch als *St.-Nikolaus-Insel* bekannt, stehen die Ruinen von zwei Kirchen, die einst ein unterirdischer Kreuzweg miteinander verband. Mehrere Abschnitte des rund 500 m langen Tunnels sind heute eingestürzt. In einer der Kirchen kann man stellenweise noch Fresken ausmachen.

Anfahrt/Verbindungen Die Gemiler-Bucht ist von Kayaköyü mit „Gemiler Adası" ausgeschildert, die letzten 4 km sind unbefestigt, aber problemlos befahrbar. Eintritt 1,10 €. **Bootsausflüge** von Fethiye und Ölüdeniz, aber keine Dolmuşverbindung.

Kadyanda (antike Stadt)

Ein Ausflug in das stimmungsvolle Kadyanda, 27 km nordöstlich von Fethiye und 1.000 m höher gelegen, ist allein wegen des herrlichen Blicks über die Bucht von Fethiye ein Erlebnis. Der Bergwald des Lykischen Taurus hat sich diese vergessene Stadt zurückerobert, Bäume und Unterholz wuchern in und über den Ruinen, abgefallene Nadeln bedecken umgestürzte Säulen und Wurzeln schlingen sich über Reliefsplitter.

Man weiß so gut wie nichts über Kadyanda, das in keiner Chronik erwähnt wird. Aus einigen Inschriften ist lediglich bekannt, dass ein Herrscher von Karien einst einigen lykischen Städten, darunter Kadyanda, stattliche Zahlungen zukommen ließ. Klein war Kadyanda jedenfalls nicht, das wird deutlich, wenn man in die längst untergegangene Welt eintaucht, die von wenigen Touristen und gelegentlich auch von Ruinenplünderern heimgesucht wird. Durch die antike Stadt führt ein Rundweg, auf dem man auch bleiben sollte, insbesondere wenn man alleine ist, um nicht in irgendeiner unterirdischen Zisterne zu verschwinden. Steigt man vom Parkplatz gleich rechter Hand bergauf, gelangt man zu einer imposanten *Polygonalmauer*, die Stützmauer des darüber liegenden Theaters und Stadtmauer in einem war. Das *Theater* selbst, in einen schattigen Hang eingebettet, ist bis auf die Orchestra recht gut erhalten. Es stammt aus römischer Zeit. In der obersten Reihe saßen die Ehrenbürger der Stadt auf Bänken mit Lehnen, heute wachsen auf so manchen Rängen Kiefern. Rund 200 m weiter stößt man auf eine sehr lange, aber schmale und relativ ebene Fläche, die zuerst vermuten lässt, dass hier einst eine Straße war. In Wirklichkeit war es das *Stadion*. Rechter Hand darüber befindet sich ein Platz mit großen unterirdischen Zisternen – vielleicht ein *Marktplatz*. Etwas weiter, ebenfalls rechter Hand, liegen die Reste eines *hellenistischen Tempels*. Gegenüber stehen die besterhaltenen Ruinen Kadyandas, die *Thermen* aus dem 1. Jh. Etwas tiefer lag einst die *Agora* – ein einziges Trümmerfeld. Der Weg zurück zum Parkplatz bietet ein umwerfendes Küstenpanorama und führt an diversen Gräbern vorbei. Stellenweise lassen sich unter der Piniendecke noch bemerkenswerte Architekturfragmente entdecken.

- *Öffnungszeiten* Das Gelände ist stets zugänglich. Wenn der Wärter da ist, zahlt man 2,20 € Eintritt.
- *Anfahrt/Verbindungen* Kadyanda (mit „Cadianda" ausgeschildert) erreicht man über das verschlafene, aber gemütliche Bergstädtchen Üzümlü 20 km nordöstlich von Fethiye. Üzümlü wiederum liegt an der Hauptverbindungsstraße nach Denizli und ist vom Küstenhighway D 400 ausgeschildert. Bis Üzümlü fährt auch der **Dolmuş**, von da ab aber heißt es ohne eigenes Fahrzeug laufen. Die 7 km lange Straße von Üzümlü nach Kadyanda überwindet 400 Höhenmeter, die letzten 3 km sind unbefestigt (treffen Sie hier auf eine unbeschilderte Weggabelung in einem steinbruchähnlichen Gebiet, so halten Sie sich links).

In Üzümlü können Sie sich auch den Einstieg zu einem Pfad zeigen lassen, der direkt nach Kadyanda führt, aber extrem steil und deswegen auch wenig empfehlenswert ist.

Zwischen Fethiye und Dalyan

Knapp 65 km trennen Fethiye vom Köyceğiz-See, an dessen Meereinmündung, einem reizvollen Delta, die Ortschaft Dalyan liegt. Die Hauptverkehrsstraße zwischen Fethiye und Dalyan verläuft bis Göcek parallel zur Küste und führt an mehreren herrlichen Badebuchten vorbei. Hinter Göcek verlässt die Straße die Küste und zieht sich über den *Göcek-Pass* (345 m) weiter durchs Landesinnere. Es folgt die Abzweigung zum Dalaman-Airport und nach Osmaniye, einem kleinen aufstrebenden Badeort ohne viel Charme. Über Ortaca, vorbei an Orangen- und Zitronenplantagen, erreicht man Dalyan, dessen *İztuzu-Strand* Schildkröten und Badeurlauber gleichermaßen in seinen Bann zieht.

Bucht von Katrancı

17 km nördlich von Fethiye zweigt linker Hand eine ausgeschilderte Stichstraße zur Bilderbuchbucht von Katrancı ab. Das einst geplante Feriendorf in der Bucht wurde verhindert. Stattdessen erwartet Sie ein wunderschöner Picknick- und Campingplatz unter Kiefern (pro Zelt oder Wohnwagen 5,50 €, ✆ 0252/6336406, www.katranci.net). Am gebührenpflichtigen Strand gibt es einfache Sanitäranlagen, Umkleidekabinen, ein kleines Restaurant und davor sauberes Wasser, in das sogar eine Rutsche führt.

3 km nördlich von Katrancı liegt die **Bucht von Küçük Kargı** (mit „Günlüklü" ausgeschildert), auch mit Picknick- und Campingplatz und ähnlich schön. Der gebührenpflichtige Strand verfügt ebenfalls über Duschen und Umkleidekabinen. Zwischen der Bucht von Küçük Kargı und Göcek liegen weitere tolle Buchten, die jedoch auf dem Landweg kaum zu erreichen sind.

• *Weitere Campingplätze* Ein paar Kilometer südlich der Katrancı-Bucht nahe der Ortschaft Yanıklar liegen inmitten einer Clublandschaft der **Yonca Camping** und der **Doğa Camping**. Beide Plätze sind eher einfach-spartanisch, besitzen einen eigenen Strandabschnitt und sind nur im Hochsommer geöffnet.

Göcek

(3.100 Einwohner)

Rund zehn Jahre ist es her, dass in Göcek das erste Hotel eröffnet wurde. Bis heute sind nicht allzu viele hinzugekommen, denn dem Ort fehlen gute Strände. Mit dem Boot jedoch lassen sich etliche Traumbuchten in der Umgebung ansteuern.

Das freundliche Göcek, knapp 30 km nordwestlich von Fethiye, hat sich daher ganz dem Yachttourismus verschrieben. Vier Marinas gibt es. Diverse Agenturen und Servicecenter kümmern sich um deren Belange. Auf der breiten, mit noch jungen Palmen gesäumten Uferpromenade lässt es sich gemütlich an Booten aus dem gesamten Mittelmeerraum vorbeischlendern, dahinter laden Cafés und Bars auf ein Getränk ein. Alles ist ein wenig schmucker und niveauvoller, hier bedient man Segler und keine „einfachen Pauschaltouristen".

Zu den Bademöglichkeiten in der weiten Bucht von Göcek gehören auch jene Badeplätze, die von Fethiye aus in der beliebten Zwölf-Insel-Bootstour abgeklappert werden (die Inseln liegen fast vor der Haustür). Südwestlich von Göcek gibt es zudem ein paar Badebuchten, die auch über lange, lange Fußmärsche oder mit dem Geländewagen erreichbar sind.

Göcek: Zentrum des Yachttourismus

Verbindungen/Ausflüge/Sonstiges

- *Telefonvorwahl* ✆ 0252.
- *Verbindungen* Stündl. Verbindung per **Dolmuş** nach Fethiye. **Businformationen** im Zentrum bei mehreren Agenturen.

Taxis stehen am Platz bei der Moschee bereit, eine Fahrt zum Flughafen Dalaman kostet 25 €, nach Fethiye 28 €.

- *Bootsausflüge* Nahezu identisches Angebot wie in Fethiye (→ S. 157), an erster Stelle steht die **12-Insel-Tour**.
- *Autoverleih* Ein paar lokale Verleiher an der Parallelstraße hinter der Uferpromenade. Diese besitzen meist jedoch selbst keine eigenen Fahrzeuge, sondern vermitteln lediglich Autos aus Fethiye und streichen dabei eine saftige Provision ein. Besser gleich nach Fethiye fahren. Autos ab 45 €.
- *Einkaufen* Am Sonntag ist **Markt**.
- *Polizei* **Jandarma** nahe dem Hauptplatz etwas landeinwärts. Im Notfall über ✆ 156 zu erreichen.
- *Post* Nahe dem Hauptplatz.
- *Waschsalon* Mehrere vor Ort, z.B. **Dolphin Laundry** an der Parallelstraße zur Uferpromenade. Eine Maschine waschen 4,40 €.
- *Yachtcharter* Ist z. B. über **E.G.G. Yachting** möglich. An der Uferpromenade neben dem Can Restaurant, ✆ 6451786, eggyachting@eggyachting.com. Billigstes Schiff pro Woche in der Hochsaison 1.800 € ohne Skipper für 5 Pers. Adresse in Deutschland: Nordstr. 11, 7107 Nordheim, ✆ 07133/98710, eggyachting.fritzcharter@t-online.de.

Übernachten/Essen & Trinken/Nachtleben

Die Preise für Übernachten und Essen liegen in Göcek ca. 30 % über denen in Fethiye oder Dalyan. Nahezu jedes zweite Haus an der Uferpromenade vermietet ein paar einfache Zimmer.

- *Übernachten/Camping* **Hotel Villa Danlin**, an der Parallelstraße zur Uferpromenade. 2004 eröffnet. Freundliches Hotel mit netten Zimmern auf zwei kleine Gebäude verteilt, dazwischen ein Pool. EZ 50 €, DZ 60 €. ✆ 6451521, villadanlin@hotmail.com.

A & B Home Hotel, ebenfalls an der Parallelstraße zur Uferpromenade. Familiäres, gepflegtes Komforthotel mit 10 Zimmern, von außen wie von innen gelb gehalten. Viel schmiedeeisernes Mobiliar, lediglich die Flauschteppiche sorgen nicht gerade für mediterranes Flair. Kleine Poolanlage mit einer Harley Davidson zwischen den Liegestühlen – der Besitzer ist ein großer Harley-Fan. DZ 55 €. ✆ 6451820, www. abhomehotel.com.

The Haunt Inn Hotel mit **Sarıoğlu Camping**, der einstige Backpackertreffpunkt am Ortseingang ist mittlerweile recht langweilig geworden. Sieben einfache Zimmer ohne persönliche Note, dafür mit Bad, dazu eine gemütliche Dachterrasse mit Bar. DZ 19 €. ✆/℻ 6451875. Nebenan eine große schattige Wiese zum Campen.

Ünlü Pension & Café, an der Uferpromenade. 17 kleine, einfache Zimmer mit Bad und Teppichboden. Nicht die Welt, dafür Gemeinschaftsterrasse und -küche über dem Café. EZ 14 €, DZ 19 € mit Frühstück. ✆ 6451170, ℻ 6451380.

• *Essen & Trinken* **Nanai**, etwas zurückversetzt von der Uferpromenade am Hauptplatz. Elegant rustikale, grün-braune Bestuhlung. Serviert wird feine französisch-türkische Küche, bei der Steaks und Preise gleichermaßen saftig sind. Dafür ein kulinarischer Genuss. ✆ 6452526.

Can Restaurant, gemütliches Restaurant mit schattiger Terrasse an der Uferpromenade. Eine der besten Adressen der Stadt für frischen Fisch und gute türkische Küche. Faire Preise, Meze 1,70 €, Hg. 5–8,30 €. ✆ 6451507.

Antep, Göceks Kebabkönig nahe der Pension Ünlü. Über zehn Sorten Kebab (3,30–4,40 €), die vor der Nase zubereitet werden. Wer keine Fleischberge mag, wählt Pide (ab 1,10 €).

• *Nachtleben* Es gibt mehrere nette Bars an der Uferpromenade, die abwechselnd mal in und mal out sind. Seit Jahren beliebt ist die **Dr. Jazz Bar** mit gemütlichem Garten.

Dalaman Airport

Im Nichts rund 7 km südlich von Dalaman, einer wenig reizvollen Stadt mit 20.000 Einwohnern, liegt der im Sommer rund um die Uhr geöffnete Flughafen. Hochbetrieb herrscht insbesondere samstags und montags. Dann setzt rund alle 20 Min. eine Maschine auf, die bleiche, gestresste Erholungssuchende aus ganz Europa aus ihrem Bauch spuckt. Wer hier landet, hat noch, bevor er den Zoll passiert, die Möglichkeit, einen Duty-Free-Einkauf zu tätigen (billiger als der zollfreie Einkauf in Deutschland). Die Tourist Information im Ankunftsbereich ist im Sommer offiziell rund um die Uhr besetzt, im Winter dagegen nur, wenn Maschinen landen. Im Ankunftsterminal finden Sie auch Geldwechselmöglichkeiten und Vertretungen von Avis, Europcar und Hertz.

Bahnhof ohne Bahn

Dalaman ist die wohl einzige Stadt der Welt, die trotz fehlenden Eisenbahnanschlusses ein Bahnhofsgebäude besitzt. Der Grund liegt im Versehen eines Pariser Architekturbüros, das zu Anfang des 20. Jh. zwei von Ägyptens Herrscher Abbas Hilmi II. bestellte Entwürfe verwechselte. So wurde das für Dalaman geplante Jagdschlösschen als Stationsgebäude an der Privatbahn des Khediven in Ägypten gebaut und der Bahnhof als Jagdschloss auf seinem türkischen Gut. Abbas Hilmi, gleichermaßen begeisterter Jäger wie Eisenbahnfan, fügte sich schließlich in die Verwechslung.

• *Verbindungen* Von Dalaman zum Airport fahren keine öffentlichen Verkehrsmittel. Wer nicht mit dem Bus von seiner Reisegesellschaft abgeholt wird oder auf einen **Havaş**-Bus aufsteigen kann (→ Verbindungen Fethiye und Marmaris), muss notgedrungen mit dem **Taxi** (Marmaris 66 €, Göcek 25 €, Fethiye 33 €) weiter. Am preiswertesten ist es, ein Taxi zum Busbahnhof von Dalaman an der Verbindungsstraße Fethiye–Marmaris zu nehmen (14 €) und dort auf einen **Bus** oder ein **Dolmuş** aufzusteigen. Die Dolmuşe fahren nur bis 20 Uhr, die großen Busse auf der Strecke Izmir–Antalya dagegen auch nachts.

• *Übernachten* Am Airport selbst gibt es keine Möglichkeit, dafür liegen an der Zufahrtsstraße zum Flughafen mehrere Hotels. Leser empfehlen das **Hotel Burç**. Geräumige, saubere Zimmer mit Fliesenböden und einfachen Bädern, schöne Terrasse, Pool. Freundlicher Service. Zwar etwas laut, aber für eine Nacht durchaus okay. DZ 33 €. ✆ 0252/6922935, 📠 6922020.

Osmaniye

Die kleine, nur 600 Einwohner zählende Ortschaft liegt 12 km südwestlich von Dalaman – nicht an der Küste, sondern im Landesinnern in der Nähe einiger Teiche, die als Brutstätten von Moskitos bekannt sind. Osmaniye ist gerade auf dem Sprung, sich von einem verschlafenen Bauerndorf zu einem internationalen Touristenort zu entwickeln. Schicke Geschäfte und Bars haben sich bereits angesiedelt, bislang aber gackern neben Touristen auch noch Hühner vor den Auslagen. Die Urlauber, darunter viele deutsche, kommen vor allem wegen des herrlichen, breiten und flach ins Meer verlaufenden Sandstrands *Sarıgerme* 1 km hinter Osmaniye. Diesem vorgelagert ist ein kleines Inselchen, landeinwärts stehen mehrere All-inclusive-Anlagen. Von jener, die „Magic Life" verspricht, dröhnt meist die plärrende, zum Tanz auffordernde Stimme der Animateurin über Lautsprecher bis zum Strand – es sei denn, die verzauberten Gäste grölen gerade lautstark bei irgendeinem Schürzenjäger-Hit mit. Noch 2005 soll in der Nähe ein neuer Fünf-Sterne-Club mit 4.500 Betten seine Pforten öffnen. Der Strand ist zum Glück so groß, dass man auch abseits der reservierten Liegestühle ein paar gemütliche Plätze findet. In einem Hain ist zudem ein kleiner, gepflegter Park mit Kinderspielplatz, Picknickbänken und einer Bar angelegt.

• *Verbindungen* Mit dem **Dolmuş** über Ortaca (s. u.) zu erreichen.

• *Übernachten* Die Auswahl beschränkt sich leider vornehmlich auf Pauschalherbergen, die von Deutschland aus gebucht werden müssen, und abgewohnte kleine Pensionen und Hotels.

Ortaca

Die auf Straßenkarten groß eingezeichnete Kreisstadt mit rund 12.000 Einwohnern ist für den Touristen wenig spannend. Mehrstöckige Apartmentblocks säumen breite und triste Straßenzüge. Lediglich Ende Mai bzw. Anfang Juni, je nach Erntezeit, kommt Farbe und Leben nach Ortaca – dann steht das *Domates Festivalı*, das Tomatenfest, auf dem Programm und die ganze Stadt ist auf den Beinen. Es finden Freilichtveranstaltungen mit Folkloredarbietungen statt, dazu Umzüge, Wettkämpfe und Ähnliches mehr. Zeitgleich wird eine lokale Handwerksschau veranstaltet und ein großer, mehrere Tage dauernder Markt. Wer übrigens auf alte amerikanische Straßenkreuzer steht oder ein Herz für traurig dreinblickende Mercedes-/8er hat, sollte an der Nationalstraße 400 nach „Kaporta Mekanik" die Augen offen halten – einer eigenwilligen Mischung aus Schrottplatz, Oldtimer-Altersheim und Freilichtmuseum.

Bootsfahrt durch das Dalyan-Delta

Dalyan

(ca. 4.100 Einwohner)

Das überschaubare Städtchen liegt nicht direkt am Meer, sondern am östlichen Ufer des flussartigen Zulaufs, welcher den Köyceğiz-See mit dem Dalyan-Delta verbindet. Am gegenüberliegenden Ufer prangen weit sichtbar lykische Felsengräber in einer senkrecht abfallenden Felswand. Etwas weiter entfernt ruhen die Reste der antiken Stadt Kaunos.

Dalyan
Karte S. 177

Dalyan besitzt trotz fehlender Küstenromantik Flair. Aber obwohl das Städtchen 10 km abseits der Küste liegt, dürfen Sie keine vom Tourismus unberührte Oase erwarten. Tagsüber herrscht reges Kommen und Gehen bei den Ausflugsbooten am Kai, abends bummeln die Gäste, insbesondere Deutsche und Holländer, gemütlich von Bar zu Bar.

Es ist gar nicht allzu lange her, da zählte Dalyan keine 1.000 Einwohner, die vom Fischfang und dem Anbau von Gemüse, Sesam, Baumwolle und Obst lebten. Doch dann geriet der Name des Ortes in die Schlagzeilen. Ende der 1980er sollte am İztuzu-Strand, der das Dalyan-Delta vom Meer abschirmt, ein 2.000-Betten-Clubhotel entstehen. Da den wunderschönen Strand auch die Caretta-caretta-Meeresschildkröte (→ S.137) zur Eiablage aufsucht, liefen Naturschutzverbände aus aller Welt Sturm gegen die Pläne. Mit Erfolg, das Projekt wurde abgeblasen. Der Traumstrand aber war fortan in aller Munde und der Garant für Dalyans kometenhaften Aufstieg zum Urlaubsort abseits der Küste. In großem Stil wurde neu gebaut, angebaut, aufgestockt, und einem Wunder gleich blieb die Zahl der architektonischen Sündenfälle bescheiden. Binnen weniger Jahre entstanden über hundert Unterkünfte im Grünen, zudem zahlreiche Restaurants, Souvenirläden und Bars. Den Urheber des rasanten Aufschwungs hat man dabei nicht vergessen: Auf einem kleinen Platz vor dem Kai grüßt heute eine fröhliche, in Erz gegossene Schildkrötenfamilie.

Die einstigen Fischer haben allesamt zum Bootstouranbieter umgelernt. In der Saison schleusen sie Tausende von Tagesgästen auf dem Weg zum berühmten Strand durch das Dalyan-Delta, einem außergewöhnlichen Naturparadies mit rund 150 Vogelarten, darunter Adler, Eisvogel, Kormoran und Pelikan. Mit der Folge, dass heute die tägliche Armada von Ausflugsbooten das ökologische Gleichgewicht des Deltas gefährdet.

Information/Verbindungen/Ausflüge

• *Telefonvorwahl* ✆ 0252.

• *Information* **Tourist Information** im Rathaus neben Gerda's Café. Sehr freundlich, sehr kompetent. Wer will, kann sich hier auch ausführlich über die Schildkröten informieren. Auskünfte meist jedoch nur auf Englisch. Im Winter Mo–Fr 8–12 u. 13–17 Uhr, im Sommer tägl. 8.30–12 u. 13–17.30 Uhr. ✆/℻ 2844235, www.dalyan.com.

• *Verbindungen* Mit dem **Dolmuş** kann man mind. 1-mal tägl. Fethiye (3,30 €, 1½ Std.) und Marmaris (4,30 €, 2 Std.) erreichen. Häufigere Verbindungen bestehen nach Köyceğiz (2,20 €) und nach Ortaca (1 €); von Ortacas Busbahnhof gelangt man in nahezu alle Orte der Südwestküste. Zum İztuzu-Strand mind. stündl. (retour 1,70 €). Die Sammeltaxis fahren wenige Meter vom Kai mit den Ausflugsbooten ab.

Dolmuşboot: zum İztuzu-Strand (über Kaunos) 3,50 € (hin/zurück). Diese Zwölf-Mann-Boote legen bei Vollbesetzung ab, auf dem Rückweg nach Dalyan genauso.

Vom kleinen Steg 200 m flussabwärts bezahlt man für die einfache Überfahrt an das andere Ufer im Ruderboot pro Person 1,40 € (hin/zurück). Bis nach Kaunos muss man dann aber noch ca. 20 Min. zu Fuß gehen.

Taxi: Dalyans Taxifahrer arbeiten nach festen Tarifen. İztuzu-Strand 15 €, Dalaman 22 €, Köyceğiz 34 €, Marmaris 66 € und Fethiye 64 €.

• *Bootsausflüge* Vielfältiges, fast verwirrendes Angebot, doch bei der **Bootskooperative** (Infostand am Kai, ✆ 2842094) wird dem Fremden geduldig alles auseinanderklamüsert. Es gibt Boote zum Schlammbad (hin/zurück 3,60 €) und nach Kaunos (3,50 €), zum Montagsmarkt von Köyceğiz (8,30 €) und Boote, die alles miteinander verbinden (13,50 €). Ein Tipp ist der Nachtausflug samt Barbecue (14 € pro Person). Wer dabei von einer Mücke gestochen wird, zahlt die Hälfte. Außerdem gibt es Bird- und Turtelwatching-Ausfahrten (8,30 €). Neben der Bootskooperative bieten auch etliche private Kapitäne ihre Dienste an, die meisten sind – sofern man das Feilschen nicht auf dem Basar von Marrakesch gelernt hat – jedoch erheblich teuerer.

• *Organisierte Touren* per Bus zu diversen Zielen der Umgebung werden überall angeboten. Die Preise ähneln sich. Eine alteingesessene Adresse ist **Yeşil Dalyan**, Maraş Cad., ✆ 2842127. Einige Beispiele: Saklıkent und Tlos (23 €), Fethiye/Markt und Blaue Lagune (23 €), 2-Tages-Trip Pamukkale/Ephesus (85 €), Jeepsafari (40 €), Dalyan-Tour mit İztuzu-Strand und Schlammbad (15 €).

Adressen

• *Ärztliche Versorgung* Die örtliche **Krankenstation** liegt in der Nähe des Restaurants Riverside beim Fluss. ✆ 2842033.

• *Autoverleih* Im Angebot diverser Reisebüros. Bei **Europcar**, durch Kaunos Tours (s.u.) vertreten, gibt es das billigste Gefährt ab etwa 37 € pro Tag.

• *Einkaufen* Souvenirs jeder Art ersteht man am gemütlichsten am Abend, wenn die Maraş Cad. für den Verkehr gesperrt ist und sich zur Fußgängerzone und Shoppingmeile verwandelt.

• *Polizei* **Jandarma** nördlich des Zentrums an der Çevre Yolu Cad. ✆ 2842031.

• *Post* Im Zentrum nicht zu übersehen.

• *Zeitungen* Deutschsprachige Zeitungen im **Gizem Market** neben der Albatros Bar an der Maraş Cad.

• *Zweiradverleih* Bei **Kaunos Tours** gegenüber der Post zahlt man für ein Mountainbike pro Tag 11–14 €. ✆ 2842816, www.kaunostours.com. Scooter hat immer irgendjemand im Angebot, die Adressen wechseln häufig.

Übernachten/Camping

Jede Menge Pensionen und etliche Hotels bieten Zimmer für jeden Geldbeutel – immerhin gibt es knapp 7.500 Gästebetten. Mit die schönsten liegen ganz im Süden am Fluss, doch je mehr von diesem entfernt, desto moskitofreier die Nächte. Im Zentrum geht es nachts recht lebhaft zu.

Happy Caretta (15), schöne Anlage mit Palmen- und Zypressengarten im Süden des Städtchens direkt am Wasser, kleiner Boots- und Liegesteg. Auch das Frühstück gibt's mit Flussblick. Die DZ zu 40 € sind recht klein, aber gepflegt. Sehr freundlicher Hausherr. Ada Sok. ✆ 2842109, www.happy-caretta.com.

Mandal-inn (5), etwa 300 m vom Fluss in der 11. Sok 1. Kleine Hotelanlage mit nur 13 Zimmern. Alle dafür sehr groß, sehr sauber, hell und angenehm kühl – die Aircondition muss nicht unbedingt eingeschaltet werden. Marmorboden. Pool mit kleiner Bar. Ganzjährig geöffnet. DZ inkl. Frühstück 39 €. ✆ 2842286, www.mandalinnhotel.com.

Dalyan Pension (17), nahe dem Happy Caretta. Ebenfalls mit Garten samt Hängematten direkt am Wasser. Auf zwei Stockwerke verteilen sich 40 kleine Zimmer mit z.T. neuen Bädern, 6 davon mit Balkon. DZ inkl. Frühstück 25 €. ✆ 2842370, www.dalyanpension.com.

Hotel Caria (8), von der Georgierin Maria geführtes, sympathisches Haus nahe dem Fluss. Große Dachterrasse mit Felsengrabblick, Zimmer mit Plastikblumen (!), Aircondition und großen Balkonen, z. T. mit Flussblick. DZ mit Frühstück 25 €. Yalı Sok., ✆ 2843134, ℻ 2843046.

Hotel Palmyra (18), gepflegte, kinderfreundliche Anlage mit Pool im Süden der Stadt nahe dem Fluss. Freundliche, gut ausgestattete Zimmer mit Aircondition im Reihenbungalowstil. Mehmet aus Karlsruhe kümmert sich liebevoll um seine Gäste, serviert auf Wunsch auch das Frühstück um 13 Uhr. Sehr gutes Preis-Leistungs-Ver-

Dalyan Karte S. 177

hältnis: DZ 23 €. ✆ 2844550, www.pansionpalmyra.com.

Gül Pension (7), in der 10. Sok., einer Parallelstraße zur Einkaufsmeile. Äußerst gepflegt, diskrete Atmosphäre. Sehr gutes Frühstück mit Honig aus der eigenen Imkerei. Von der Dachterrasse Blick auf die Felsengräber. Angenehme Zimmer mit Bad und kleinen Balkonen, für Familien gibt's Dreibettzimmer. DZ mit Aircondition 17 €, ohne 13 €. ✆ 2842467, ✆ 2844803.

Zakkum Pension (12), kleine Pension mit Gartenterrasse direkt am Fluss. Die 5 Zimmer sind einfachst und spartanisch ausgestattet, für das DZ mit Bad bezahlt man 14 €. ✆ 2842111.

• *Camping* **Dalyan Camping (17)**, im Süden Dalyans bei der Disco Sweet Sixteen in schöner Lage direkt am Wasser. Kleiner, einfacher Platz mit ein paar Bäumen. Sanitäreinrichtungen sind o. k. Vermietet werden auch Holzbungalows (große mit Bad 19 €, kleine ohne Bad 14 €). Campen für 2 Pers. mit Wohnmobil teure 14 €. ✆ 0544/5277156 (mobil).

• *Außerhalb* **Villa Gökbel (14)**, nahe dem Dorf Gökbel, von der Straße zum İztuzu-Strand (von der „Villa" ca. 4 km entfernt) ausgeschildert. Architektonisch interessantes Landhaus in dörflicher Idylle. Von der Lounge mit großem Kamin traumhafter Blick aufs Delta. 6 großzügige, sehr komfortable Zimmer, deren Einrichtung mit dicken Teppichböden, schweren Möbeln und aufdringlichen Kunstdrucken allerdings Geschmackssache ist. Pool im Garten. Sehr freundliche Betreiber. Pro Person mit Frühstück 30 €, auf Wunsch wird abends lecker gekocht. ✆ 2890046, www.villagokbel.com. Nur für Selbstfahrer geeignet.

Essen & Trinken/Nachtleben (siehe Karte S. 177)

Dutzende Restaurants am Kai, in der langen Parallelstraße dahinter und um den Dolmuşbahnhof bieten türkische und internationale Gerichte in allen Preisklassen. Spezialität ist Fisch aus dem See – am idyllischsten in einem der lauschigen Restaurants am Fluss.

Restaurant Riverside (9), am Fluss (Richtung Süden). Schönes Ambiente im großen Garten, Blick auf die Felsengräber, große Auswahl an Vorspeisen, Lamm, Fisch und Meeresfrüchten. Guter Service. Hg. 5–14 €. ✆ 2845269.

Dostlar Sofrası (1), schräg gegenüber der Dolmuşstation. Während die Lokale nebenan oft nur halb besetzt sind, findet man hier am Abend – ob drin oder draußen – kaum einen Platz mehr. Gegrilltes, leckere Meze, Eintöpfe, *Mantı* und billige Tagesgerichte. Von Lesern vielfach gelobt. ✆ 2842156.

Metin Pizza & Pide Restaurant (2), für alle, die es einfach und preiswert mögen. Schaut nach nichts Besonderem aus, bietet aber eine vielfältige, wirklich gute Küche. Erwähnenswert ist auch der unaufdringliche, gute Service. Terrasse. Eines Lesers und unser Lieblingslokal im Ort. Pide 1,40–1,90, Hauptgerichte 2,80–6,60 €. 11. Sok.

Gerda's Café (3), neben dem Rathaus. Nettes Gartencafé unter deutscher Leitung. Im Angebot sind stets ein paar hausgemachte Kuchen.

Demet Café (4), in der Flaniermeile Maraş Cad. Ein weiterer Tipp für Schleckermäuler. Sehr guter Kaffee und vorzügliche Baklava. Von Lesern empfohlen.

• *Nachtleben* Abends ist mehr los im Städtchen, als dass man am Tage glaubt. Anlaufstellen sind u.a. das **Albatros (6)** mit Hippiesound, lauschigen Lümmelecken und Straßentheke an der Maraş Cad., dazu gleich daneben die auf Höhle gestylte **Crazy Dancing Bar (6)**, deren Name nach Meinung einiger Türken Bände spricht.

Die Diskothek vor Ort ist das **Sweet Sixteen (16)** am südlichen Ortsende (direkt am Fluss): sehr gemütlich, wenn die Musik passt.

İstanbul Café (11), lauschiges Gärtchen mit viel Orientambiente. Man streckt und reckt sich auf weichen Polstern und kann dazu Wasserpfeife (4,50 €) rauchen. Zum Bier gibt es nur Snacks. Maraş Cad.

Blue(s) Bar (10), gleich in der Nähe. Konventionelle Musikkneipe. Fast tägl. Livegigs, es geht jedoch erst später los. Maraş Cad.

Baden/Sport

• *Baden* Der 4 km lange **İztuzu plajı** (oft auch als *Turtle Beach* bezeichnet) trennt das Delta vom Meer. Es handelt sich um einen Sandstrand vom Feinsten, das Meer davor ist meist wellenlos und ausgesprochen kinderfreundlich. Außerdem sind immer

Plätze zu finden, an denen man nicht den Sonnenölgeruch des Nachbarn in der Nase hat. Sonnenschirm- und Liegestuhlverleih. Über den Landweg (10 km) gelangt man an das Westende des Strandes. Wer mit dem eigenen Auto kommt, zahlt 1,70 € Parkgebühren. Die Bootsfahrt (→ Bootsausflüge) ab Dalyan führt zur Ostseite und dauert etwa 45 Min. Für die Schildkröten wurde übrigens eine badefreie Zone reserviert: Von 20–8 Uhr ist der Strand geschlossen.

Aşi Koyu (Aşi Beach): Ein idyllischer Fleck, allerdings nur für Selbstfahrer erreichbar. Kurz bevor die Straße zum İztuzu-Strand hinabführt, ist der Weg zum Aşi Beach ausgeschildert, von da noch acht überaus holprige Kilometer. Die von Felsen umrahmte, traumhafte Bucht besitzt einen feinen grauen Kiesstrand. Ein kleiner Steg führt ins Wasser, dazu eine freundliche Taverne, in der beste türkische Hausmannskost serviert wird. Strandeintritt pro Auto 3,30 €, pro Person 0,80 €. Man kann auch campen. Eine nette Abwechslung (vor allem für Selbstfahrer oder Wanderer, → S. 181) verspricht auch ein Ausflug zum Strand der **Ekincik-Bucht**, den man mit öffentlichen Transportmitteln bislang nur schwer erreichen kann.

- *Kajak* Auf dem Meer bietet **Kaunos Tours** (→ Adressen/Zweiradverleih). Pro Person 30 €.
- *Mountainbiking* Adventuretouren in Verbindung mit Felsenklettern und Wasserfallspringen ebenfalls bei **Kaunos Tours**. Pro Person 38 €.
- *Rafting* Auf dem harmlosen Dalaman-Fluss (entfällt im Hochsommer wg. Wassermangel) organisiert ebenfalls **Kaunos Tours**. Inkl. Transfer und Lunch pro Person 53 €.
- *Tauchen* **Blue Diving Center**, an der Maraş Cad. 2 Bootstauchgänge mit Equipment und Lunch 50 €. Leider nicht deutschsprachig. ✆ 2882821, www.mavidalis.com.tr.

Umgebung von Dalyan

Felsengräber: An der steilen Felswand auf der Dalyan gegenüberliegenden Flussseite sind sie eindrucksvoll in den Stein geschlagen: karische Königsgräber im ionischen Stil, griechischen Tempeln ähnlich. Manche hatten einst kolossale Drehtüren. Beim Bau der Gräber arbeiteten sich die Steinmetze in der Regel von oben nach unten vor, d.h. sie fingen mit dem Giebel an. Das mächtigste Grab der Felswand ist unvollendet, es besitzt lediglich Säulenansätze unterhalb der Kapitelle. In den Grabkammern selbst wurden, obgleich ursprünglich nicht vorgesehen, im Laufe der Jahrhunderte mehrere Persönlichkeiten bestattet.

Felsengräber über Dalyan

Kaunos (antike Stadt): Vor gar nicht allzu langer Zeit war Kaunos noch eine nahezu unbeachtete Ruinenstadt mit wenigen, weit verstreuten Überresten der antiken Kultur. Die Ruinen sind immer noch mittelmäßig, aber alle Welt macht sich plötzlich auf, um sie zu bewundern. Der Grund ist einfach: In Ermangelung anderer kultureller Attraktionen in der Region wurde die Trümmerstätte im letzten Jahrzehnt vom Tourismusmanagement (insbesondere in Marmaris) derart hochgepuscht, dass der Ausflug nach Kaunos mittlerweile zum obligatorischen Programmpunkt geworden ist. Die Schiffsanfahrt durch das Dalyan-Delta ist dabei noch der interessanteste Teil des Ausflugs.

Oben am Burgberg liegt die *Akropolis*. Wer sich der Mühe des Aufstiegs unterzieht, wird immerhin mit einem schönen Rundumblick belohnt. Noch relativ gut erhalten sind das *römische Theater* und das allerdings völlig schmucklose *Nymphäum*. Von der *Agora* ist nichts weiter übrig geblieben als ein hübscher antiker Kreis im verbrannten Gras. Die spätrömische *Therme* gehörte zu den monumentalsten Badeanlagen Kleinasiens. Daneben stehen die Reste einer frühchristlichen *Basilika*, im Innern liegen Säulentrommeln, verzierte Kapitelle und Architekturfragmente mit griechischen Inschriften.

In der Geschichte spielte Kaunos, ein bescheidenes Landstädtchen an der Grenze zwischen Karien und Lykien, nie eine bedeutende Rolle. Man lebte vom Schiffbau und vom Export von Salz, Sklaven und dem Harz des Amberbaumes. Es gab zwei Grundübel, die die Bewohner über Jahrhunderte plagten und an denen die Stadt letztlich auch zugrunde ging: die Malariafliege und die fortschreitende Verschlammung des Hafens, die ihn am Ende verlandete.

- *Öffnungszeiten* Tägl. 8–18 Uhr. Eintritt 2,20 €.
- *Anfahrt* Kaunos liegt schräg gegenüber von Dalyan auf der anderen Seite des Flusses. Entweder setzt man mit einem Ruderboot über (vom Hafen 200 m flussabwärts) und geht 20–25 Min. zu Fuß bis zum Eingang der Ausgrabungsstätte (→ Wanderung 5) oder man lässt sich mit einem Ausflugsboot hinbringen. Diese fahren meist einen Sightseeing-Umweg durchs Delta (→ "Dalyan/Ausflüge").

Einmal sich wie ein Schwein im Schlamm suhlen: das „Mudbath"

Mudbath: Das „Schlammbad" liegt links des Flusses auf dem Weg zum See und wird im Rahmen der Bootsausflüge angelaufen. Den Ausflüglern macht es sichtlich Spaß, sich im Schlamm zu suhlen, doch der angepriesene Verjüngungseffekt tritt mit Sicherheit nicht ein. Seit Jahren wird der Schlamm zum Bad wegen des großen Besucherandrangs von auswärts angefahren. In der Hochsaison springen bis zu 1.000 Menschen täglich in das kleine Becken. Achtung: Wer's mit dem Herzen hat, sollte von einem Bad absehen!

Öffnungszeiten Tägl. 9–19 Uhr. Eintritt 1,70 €. Vormittags liegt das Bad noch im Schatten.

Wanderung 5: Von Dalyan zur Ekincik-Bucht

Route/Dauer: Dalyan – Kaunos – Çandır – Dikmen Tepe – Ekincik-Bucht. Gehzeit ca. 3½ Std.

An- und Weiterfahrt: Wer nicht auf demselben Weg, den er gekommen ist, von der Ekincik-Bucht wieder zurückmarschieren möchte, gelangt auf dem Landweg nur per Taxi (teuer, ca. 70 €!) oder Dolmuş (nur eines um 17.30 Uhr nach Köyceğiz/Stand 2004) über Köyceğiz zurück nach Dalyan. Alternativ dazu bietet sich auch eine Bootsfahrt entlang der Küste und durch das Delta zurück nach Dalyan an. Eine solche wäre an sich der krönende Abschluss der Tour, doch vor allem in der Nebensaison kann's ebenfalls mächtig teuer werden. Es ist nämlich durchaus möglich, dass man mangels Masse ein Boot für sich allein chartern muss, und das kostet mindestens 40 € (in der Hauptsaison kommen gewöhnlich mehr Leute zusammen, so dass man sich die Gebühren teilen kann und nur ca. 7,50–10 € fällig werden). Um unliebsamen Überraschungen vorzubeugen, sollte man sich vorher bei einem Reisebüro in Dalyan erkundigen, wann eine organisierte Bootstour in die Bucht angeboten wird und ob die Möglichkeit besteht, mit zurückgenommen zu werden. Eine entsprechende Auskunft kann man auch bei der Bootskooperative Ekinciks einholen (✆ 2660192).

Allgemeines/Voraussetzungen: Die Wanderung führt durch schattige, grüne Nadelwälder mit Blick auf das tiefblaue Meer. Der größte Teil der Strecke verläuft auf schmalen Pfaden. Einkehrmöglichkeiten bestehen unterwegs nur in einem Café in Çandır. Achtung: Sehen Sie Bienenkästen auf der Strecke, machen Sie darum besser einen großen Bogen.

Wegbeschreibung: Bevor die Wanderung als solche beginnt, muss man erst den Fluss überqueren; Ruderboote setzen auf Höhe des Hotels Caria über (ca. 200 m flussabwärts vom Kai der Ausflugsboote, pro Person 1,40 €). Auf der anderen Flussseite folgt man dem gepflasterten Weg, der an ein paar einfachen Cafés vorbeiführt und kurz darauf in einen Schotterweg übergeht. Rechter Hand liegt ein Friedhof, darüber erheben sich die imposanten Felsengräber. Der Weg verläuft relativ eben, passiert ein paar Felder und schwenkt schließlich nach rechts leicht bergauf zum Eingang des antiken Kaunos. Wer auf eine Besichtigung der Ruinen verzichtet, wandert einfach rechts des umzäunten Ausgrabungsgeländes weiter; der Schotterweg führt direkt in das Bauerndorf Candır.

Dort geht es – mittlerweile auf einem Sträßlein – links an der Moschee des Ortes vorbei. Kurz darauf steigt der Weg in Serpentinen an. In der dritten Rechtskurve (rechter Hand eine Natursteinmauer) verlässt man die Straße und geht geradeaus auf einem Schotterweg weiter. Von diesem zweigt man nach ca. 200 m (erste Möglichkeit) auf einen bergauf führenden Waldweg ab (linker Hand zu Beginn eine erste rote Markierung). Etwa 100 m später hält man sich bei einem Strommast links. Nun beginnt der markierte und schönste Teil der Wanderung – auf alten Pfaden und Wegen über den Hügel Dikmen Tepe (200 m) bis in die Ekincik-Bucht. Der Wegverlauf ist überwiegend mit roten Pfeilen markiert, teils auch mit roten Punkten. Sollten Sie längere Zeit keine Markierung mehr sehen, dann haben Sie sich verlaufen. Drehen Sie bis zur letzten Markierung um, und überprüfen Sie bei allen Weggabelungen, ob sie nicht eine Abzweigung übersehen haben. Am häufigsten verpasst man folgende Abzweigungen: Beim Aufstieg zum Dikmen Tepe verbreitert sich der Pfad und schließt auf einen

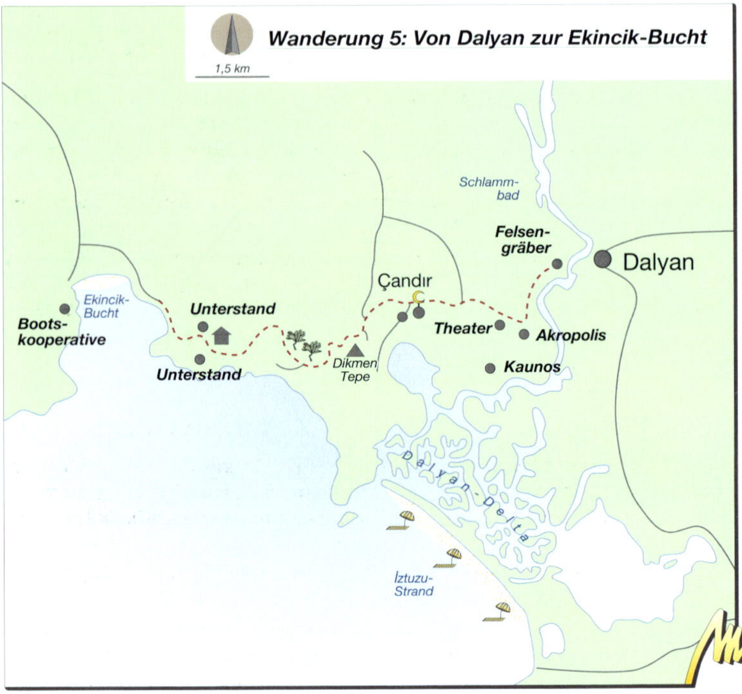

befahrbaren Waldweg auf; hier hält man sich rechts und keine 10 m weiter wieder links – alles markiert, nur geht der Pfad so fließend in den Waldweg über, dass man leicht in Versuchung gerät, diesem zu folgen.

Den Dikmen Tepe überquert man bei einem alten Friedhof, den man links liegen lässt. Dahinter geht es auf einem breiteren Schotterweg (die Küste zur Linken) bergab. Das Gatter mit Stacheldrahtzaun braucht dabei nicht zu stören, es ist stets geöffnet. Kurz darauf passieren Sie etliche Bienenkästen – Vorsicht!

Wenn Sie ein kleines Häuschen und zwei einsam gelegene, verfallene Unterstände passieren, liegen noch ungefähr 1½ Wegstunden vor Ihnen. Haben Sie unmittelbar hinter den Unterständen Schwierigkeiten mit der Orientierung, halten Sie linker Hand etwas bergab nach Markierungen Ausschau.

Ca. 10–15 Min. nach den Unterständen trifft Ihr Pfad auf einen Waldweg. Diesen läuft man geradeaus leicht bergab (nicht nach rechts bergauf) weiter. Hier fehlen die Markierungen! In einer Linkskurve nach ca. 200 m verlässt man den Waldweg wieder und zweigt nach rechts auf einen bergauf führenden Pfad ab (die Stelle ist hier ausnahmsweise mal durch einen gelben Punkt an einem Stein markiert). Von nun an ist Ihr Weg wieder mit roten Pfeilen und Punkten markiert. Sehen Sie andersfarbige Markierungen, darunter in alle Himmelsrichtungen zeigende Pfeile, so ignorieren Sie diese!

Der Pfad, der nun keine Schwierigkeiten mehr machen sollte, endet schließlich an einer Schotterstraße, wo Sie sich rechts halten, also gen Westen, und so in die Bucht von Ekincik gelangen.

Zwischen Dalyan und Marmaris

Luftlinie ist es ein Katzensprung von Dalyan nach Marmaris, auf dem Landweg jedoch führt die Straße in einem weiten Bogen um das Ostufer des Köyceğiz-Sees und weiter durch das Landesinnere zum nordwestlich gelegenen Golf von Gökova. Dort zweigt die von Antalya kommende, entlang der Südküste verlaufende Nationalstraße 400 gen Süden nach Marmaris ab. Geradeaus weiter Richtung Norden führt die Nationalstraße 550 in Richtung Selçuk/Ephesus.

Zwischen Dalyan und Marmaris bietet sich ein Besuch des Städtchens Köyceğiz am gleichnamigen See an, außerdem ein Ausflug zu den Thermen von Sultaniye. Wer lieber im Meer badet, kann die Thermen links liegen lassen und zur Ekinicik-Bucht weiterfahren. Auch am landschaftlich reizvollen Golf von Gökova findet man gute Bademöglichkeiten, z. B. bei Akyaka oder auf der Sedir-Insel.

Köyceğiz

(ca. 7.000 Einwohner)

Tagsüber döst das Städtchen vor sich hin, abends sind die Stühle der Uferpromenade traurig verwaist. In Köyceğiz am gleichnamigen See herrscht alles andere als reges Treiben – die Touristen tummeln sich in Dalyan und sparen Köyceğiz aus.

Auf den ersten Blick macht das Städtchen einen freundlichen Eindruck: Eine palmengesäumte Eingangsallee führt ins Zentrum. Doch angesichts der freien Sitzplätze an der breiten Uferpromenade und der Ständer mit den verblichenen Postkarten überfällt den Besucher schnell die Melancholie. Köyceğiz ist einer der wenigen Orte an der lykischen Küste, dem die Teilnahme am großen, profitablen Geschäft mit dem Tourismus verwehrt bleiben will. Lediglich ein paar türkische Familien belegen zur Ferienzeit die Hotels, was das Seestädtchen für „Rummelflüchtige" auch wieder attraktiv macht. Es besticht noch durch seine Natürlichkeit. Manche Einwohner des Ortes wünschen sich, dass sich am gegenwärtigen Zustand nie etwas ändert – Dalyan ist für sie ein abschreckendes Beispiel. Andere dagegen blicken neidvoll das Seeufer hinab.
Zu den wenigen Attraktionen des Ortes zählt der große Markt, der allwöchentlich montags stattfindet.

Information/Verbindungen/Sonstiges

- *Telefonvorwahl* ✆ 0252.
- *Information* **Tourist Information** beim Hauptplatz. Türkische Gastfreundlichkeit auf Englisch oder Deutsch, kompetent. Mo–Fr 8.30–17.30 Uhr, Sa/So geschl. Atatürk Kordonu, ✆ 2624703.
- *Verbindungen* Der Busbahnhof liegt weit außerhalb des Zentrums nahe der Küstenstraße (Taxi ins Zentrum 2,20 €). Mehrmals tägl. **Busse** nach Marmaris und Antalya, stündl. nach Fethiye und halbstündl. nach Muğla.
- *Baden* In Köyceğiz selbst lockt nur ein kleiner Strand beim Delta Camping. Leicht salziges Süßwasser, nichts Umwerfendes, dafür meist wellenlos und beim Hinausschwimmen haben Sie zur Abwechslung Bergpanorama statt der Weite des Meeres vor der Nase.
- *Bootsausflüge* Werden am kleinen Hafen und an der Promenade am Paşa Parkı angeboten. Die Standard-Tagestour führt zum İztuzu-Strand, nach Kaunos, zu den Thermen von Sultaniye und zum Schlammbad (pro Person 8,50 €).
- *Ärztliche Versorgung* Das städtische **Krankenhaus** liegt an der Straße nach Marmaris. ✆ 2624718.

• *Auto- und Zweiradverleih* **Özay Turizm Travel**, gegenüber der Moschee am Hauptplatz. Autos ab 28 € pro Tag, Scooter 14 €, Fahrrad 5,50 €. ✆ 2621822, www.pzaytours.com.

• *Einkaufen* Am besten auf dem **Montagsmarkt**, einem der größten und schönsten Märkte der Region, den sich auch Urlauber aus Dalyan nicht entgehen lassen.

• *Polizei* An der Eingangsallee, ✆ 2623766.

• *Post* Westlich der Eingangsallee, vorletzte Straße rechts abzweigen.

• *Veranstaltungen* **Altın Arslan** („Goldener Löwe"), das hiesige nationale Filmfestival, findet Mitte August statt und dauert fünf Tage. Es kann voll werden! **Beach-Handball-Festival** mit Teams in- und ausländischer Universitäten Anfang Juli.

Der Köyceğiz-See

Der 65 qkm große und durch einen schmalen Fluss mit dem Meer verbundene Köyceğiz-See ist eine verlandete Meeresbucht. Einen Zufluss hat der See nicht, er wird aus teilweise warmen Quellen gespeist. Da die meisten Uferbereiche schilfbestanden und unzugänglich sind, ist es mit dem Schwimmen im See aufgrund schlechter Einstiegsmöglichkeiten weniger gut bestellt.

Neben einer fast unberührten Natur und einer einzigartigen Fauna bietet der Köyceğiz-See auch eine biologisch-kulinarische Besonderheit: Steigt das Meer, fließt Salzwasser in den See und bringt Meeräschen *(kefal)* und Seebarsche *(levrek)* mit, die in dem ruhigen Gewässer laichen. Den Weg zurück ins offene Meer finden aber die wenigsten. Nach getaner Arbeit werden sie im schmalen Fluss gefangen, schmackhaft zubereitet und verzehrt.

Eine botanische Rarität in den sumpfigen Gebieten rund um den See sind Auwälder mit Amberbäumen, die zur Gattung der Zaubernussgewächse gehören. Sie werden anderenorts bis zu 45 m hoch, erreichen hier jedoch selten die halbe Größe und haben Blätter ähnlich denen des Ahorns. Diese seltenen Bäume liefern durch Anritzen ein Harz, das im Altertum für medizinische Zwecke genutzt wurde. Das Amberharz sollte nicht mit dem Amberöl verwechselt werden, einer wachsartigen grauen Masse, die bis in die Mitte des letzten Jahrhunderts aus dem Darm des Pottwals gewonnen wurde und als wohlriechend (!) und appetitanregend (!) galt.

Übernachten/Camping

Hotel Alila, 3 Sterne gleich an der Seepromenade. Komfortables Haus mit 20 Zimmern, alle mit Aircondition. Bis auf zwei haben alle Seeblick. Sehr gepflegt. Gutes Restaurant. Kleiner Pool. Das ganze Jahr geöffnet. DZ 28 €, EZ 19 € inkl. Frühstück. ✆/℻ 2621150.

Flora Pension & Pub, im Westen der Stadt direkt an der Uferstraße. Hellgrün gestrichene, ordentliche Zimmer. Freundlicher Service, gesellige Bar davor. Pro Person 11 € inkl. Frühstück. ✆ 2624976, www.florahotel.info.

Oba Pension, etwas im Abseits, in der Gümüşlü Cad. 10. Von der Eingangsallee ausgeschildert. Einfache Familienpension mit 10 Zimmern, alle mit Balkon. Ganzjährig geöffnet. Von Lesern empfohlen. DZ 17 € mit Frühstück. ✆ 2624181, ℻ 2624972.

Fulya Pension, rosafarbenes Haus in der Parallelstraße zur Uferstraße. Dachterrasse, 17 ordentliche, saubere Zimmer mit Balkon und Du/WC. Gutes Preis-Leistungs-Verhältnis. Pro Person 5,50 €, Frühstück 1,70 €. Ulucami Mah. Aliislan Kalmaz Cad., ✆ 2622301.

Çiçek Pension, ein hübsches Haus aus dem 19. Jh., zentral gelegen, am Ende der Eingangsallee links. Innen überaus spartanisch, außen originell. Mit gemütlichem Café und Restaurant. Du/WC auf dem Gang. DZ mit Frühstück 11 €. Fevzi Paşa Cad. Çarşı Meydanı, ✆/℻ 2623038.

• *Camping* **Delta Camping**, eine ruhige Oase 1,5 km westlich des Orts an der Uferstraße. Viel Schatten unter hohen Bäumen, sonst aber kein Komfort. Billig. Zukunft leider ungewiss.

Essen & Trinken/Nachtleben

Mehrere einfache und gute Lokantas im Zentrum. Frischen Fisch aus dem See, der bis zu seiner Zubereitung in einem Aquarium auf der Terrasse schwimmt, bekommt man im **Thera Restaurant**. Innen etwas nüchtern. Große Terrasse, nur durch einen Grünstreifen vom See getrennt. Faire Preise. ✆ 2623514.

Das **Maremonte** direkt am See serviert guten Kaffee und leckere Baklava – von Lesern empfohlen. Große Portionen!

• *Nachtleben/Frühstück* Nachts ist außer dem Zirpen der Grillen wenig Unterhaltung geboten. Die einzige Diskothek **Han 48** nahe dem Hotel Özay ist leider auch nichts Besonderes. Dafür kann man am nächsten morgen gut ausgeschlafen und umso besser frühstücken: z. B. im **Paşa Parkı** am Atatürk-Platz vor dem See.

Yuvarlakçay Restaurant, mitten im Wald gelegen. Man hat eine Terrasse über einen Gebirgsbach gebaut, dessen Rauschen die idyllische Lage des Lokals vervollkommnet. Serviert werden frische Bachforellen oder das berühmte *Tandır Kebap*, eine Hammelfleischspezialität aus dem Backofen. Nach der Hitze des Tages ist es hier angenehm kühl. Anfahrt: Von Köyceğiz 10 km Richtung Fethiye, dann links ab (Hinweisschild), nach 5 km rechts im Wald das Restaurant. Wer noch ein paar Kilometer weiter fährt, findet weitere Restaurants.

Umgebung von Köyceğiz

Thermen von Sultaniye: 10 km von Köyceğiz am Südwestufer des Sees speist eine 39°C warme, schwefelhaltige und leicht radioaktive Quelle den See. Die Thermen sind eine ursprünglich römische Anlage, die von den ebenfalls hier kurenden Osmanen architektonisch verändert wurde. Für die Touristen von heute kamen noch Außenbecken, Schlammbad, Cafeteria etc. hinzu. Das Wasser hilft gegen Depressionen, Gallenleiden, Darmerkrankungen und Ähnliches mehr (ohne Gewähr).

• *Verbindungen/Eintritt* Nur im Rahmen eines Bootsausflugs oder mit einem Privatfahrzeug erreichbar. Von der Zufahrtsstraße zur Ekinicik-Bucht aus beschildert. Kein Dolmuş. Eintritt 1,40 €.

• *Übernachten* **Hotel Garden Eden**, der Name ist zwar etwas hoch gegriffen, aber dennoch: Das Hotel liegt weit abseits jeglichen Trubels und besitzt einen schönen Garten, der – wäre die Bestuhlung nicht so kitschig – fast an einen bayerischen Biergarten erinnert. Zudem Hängematten, Schaukel und Pool. Zehn etwas in die Jahre gekommene Zimmer. Wer Ruhe sucht, ist hier richtig. Freundlicher Service. DZ 20 € inkl. Frühstück. ✆/℻ 0252/2660140. Von der Straße zu den Thermen ausgeschildert.

Bucht von Ekincik

Die ruhige, von hohen Bergen umrahmte Bucht liegt etwa 40 km südwestlich von Köyceğiz. Ein Ausflug lohnt nicht nur wegen des sichelförmig geschwungenen, rotbraunen Kiesstrandes – allein die Anfahrt entlang dem Köyceğiz-See ist ein Erlebnis. Die Bucht ist traditioneller Anlaufpunkt für Segelyachten und Ausflugsboote aus Marmaris, deren Passagiere auf dem Weg ins Dalyan-Delta hier in kleinere Boote umsteigen. Hinterm Strand und an der Straße zu diesem findet man ein paar nette Pensionen und Hotels und einen provisorischen Campingplatz, dazu die etwas triste Ruine einer nie fertig gestellten Clubanlage. Ansonsten steckt die touristische

Infrastruktur noch in den Kinderschuhen – eigentlich sehr angenehm. Das gleichnamige Dörfchen Ekincik liegt übrigens ein paar Kilometer hinter der Uferfront.

- *Anfahrt/Verbindungen* In Köyceğiz der Uferstraße (vorbei am Delta Camping) gen Westen folgen. Auf dieser gelangt man (vorbei an Obstplantagen) zum Dörfchen Hamitköy. Am Ortsende von Hamitköy links ab (auf Pensionsschilder achten), etwa 1 km hinter dem Ort beginnt eine gut ausgebaute Straße nach Ekincik. Bislang lediglich im Sommer 1-mal tägl. ein **Dolmuş** von Köyceğiz (nach Ekincik gegen 9.30 Uhr, zurück um 17.30 Uhr).
- *Bootsausflüge* Am kleinen Hafen im Westen der Bucht bietet die lokale Bootskooperative Ausflüge ins Dalyan-Delta an, ✆ 2660192.
- *Übernachten* **Ekincik Hotel**, in der ersten Reihe am Strand. Überschaubare Anlage mit 27 klimatisierten Zimmern. Zimmer o. k., aber nichts Besonderes – die Lage macht's. DZ mit VP 78 €. ✆ 0252/2660203, www.hotelekincik.com.

Hotel Akdeniz, 5 Fußmin. vom Strand. Große, helle und gepflegte Zimmer mit Balkon und Aircondition. Super Dachterrasse. Sehr freundlich und sehr sauber – man spricht mit schwyzerdütschem Einschlag. Pro Person 25 € inkl. HP – exzellente Küche. Ganzjährig geöffnet. Von Lesern empfohlen. ✆/📠 0252/2660255, www.akdenizotel.com.

Pension Ekincik, neben dem Akdeniz. 18 ebenfalls sehr saubere, aber etwas einfachere Zimmer und ein Apartment, alle mit Balkon oder Terrasse. Die kleine Bar davor ist in einem Verschlag untergebracht. Von Lesern ebenfalls gelobt. Freundliche Inhaber. DZ 33 € inkl. HP (sehr leckeres Essen). ✆ 0252/2660179, www.ekincikpansiyon.com.

Akyaka

Am Fuße der *Kıran-Berge* und zugleich am östlichen Ende des Golfs von Gökova liegt der kleine Ferienort, für dessen sympathischen Charakter ein Mann verantwortlich zeichnet: Nail Çakırhan, preisgekrönter Architekt aus dem nahe gelegenen Ula, der hier die traditionell-ägäische Bauweise mit viel Holz und Erkern wiederbelebte. Akyaka ist im Vergleich zum nahen Marmaris noch eine ruhige und beschauliche Oase, angenehm auch, dass hier stets eine leichte Brise weht. Da in Akyaka überwiegend Türken Urlaub machen – der internationale Tourismus hält nur langsam Einzug – herrscht Hochbetrieb lediglich während der türkischen Ferienzeit. Schon kurz darauf schließen die ersten Kneipen hinter dem schmalen, von Palmen gesäumten Strand. Gen Westen führt ein nur anfangs geteertes Sträßlein von Akyaka entlang der Küste und vorbei an herrlichen Kiesbuchten und schattigen Pinienwäldern bis nach Ören – so reizvoll wie holprig.

- *Telefonvorwahl* ✆ 0252.
- *Verbindungen* Im Sommer 2-mal tägl. mit dem **Dolmuş** nach Marmaris, ansonsten Dolmuşverbindungen nur nach Muğla, dort Umsteigemöglichkeit auf Busse entlang der Küste. Die Fahrt mit dem **Taxi** nach Marmaris kostet rund 18 €.
- *Autoverleih/Ausflüge* Wenige Angebote, da das hiesige Klientel vornehmlich mit dem eigenen Auto anreist.
- *Bootsausflüge* In den Golf von Gökova werden am Hafen angeboten. Tagestouren mit Lunch ab 8,50 €.
- *Übernachten* Gutes Angebot an Pensionen und Hotels der Mittelklasse. Das Gros der Gäste nächtigt in Apartments.

Otel Çobantur, am Westende von Akyaka, noch nach dem Campingplatz. Freundliche Anlage in einer kleinen Bucht (nach hinten ein paar unschöne Rohbauten). Garten mit Ententeich, Einstiegsmöglichkeiten ins Meer von einem Steg, nettes Terrassenrestaurant. Hübsche Mosaikfußböden in den Gängen, geräumige Standarthotelzimmer – lassen Sie sich unbedingt eines mit Meeresblick geben. DZ 66 €, die größeren Suiten 83 €. ✆ 2434550, www.cobantur.com.

Hotel Erdem, eine Häuserzeile vom Strand entfernt. Kleine, gepflegte, zweistöckige Anlage mit Pool, 22 Zimmer (DZ mit Frühstück 25 €), vier Apartments (für bis zu 4 Pers. 50 €) – alle mit Terrasse oder Balkon. ✆ 2435849, www.erdemhotel.com.

Yener Apart Pansiyon, nahe dem Erdem, keine 200 m vom Strand. Vier gut ausgestattete Apartments mit Klimaanlage, alle mit

Balkon. Die Vermieterin spricht nur Türkisch. Für bis zu 4 Pers. 40 €. Etwas günstiger, aber auch etwas einfacher sind die Apartments der **Pension Fatih** gleich gegenüber. ✆ 2435858.

• *Camping* **Gökova Orman Camping**, durch Akyaka hindurch und geradeaus weiter. Großer, schön angelegter Platz in einem Pinienwald (Schatten!) mit eigenem Strand. Einfache Sanitäranlagen. Vermietet werden zudem Bungalows, nicht die klassischen Holzschachteln, sondern richtige kleine Häuschen mit Balkon und Terrasse. Außerdem idyllisch gelegenes Restaurant. Nicht billig. Campen für 2 Pers. mit Wohnwagen 14 €, Bungalows für bis zu 6 Pers. 44–55 €. ✆ 2434398.

• *Essen & Trinken* Gute und im Vergleich zu Marmaris sehr günstige Restaurants sowohl am Strand wie im Ort. Einen guten Namen haben sich die Fischlokale am Hafen gemacht.

Weiter in Richtung Marmaris

Insel Sedir: Die Insel im Süden des Golfs von Gökova ist auch als *Kleopatra-Insel* bekannt. Denn einer liebenswürdigen Legende nach ließ Mark Anton für seine geliebte Kleopatra eine Bucht mit Kalksand aus Ägypten aufschütten. Schade nur, dass es ihm kein Sultan für seinen Harem gleichtat, denn dann wäre der Strand größer ausgefallen. So ist er heute leider von Ausflugsgästen gnadenlos überlaufen. Auf der Insel befinden sich zudem die Reste der antiken Stadt *Kedreia* mit den Ruinen eines Theaters, Apollontempels, einer Agora, Nekropole usw. Die Bewohner sollen laut Xenophon halbe Barbaren gewesen und allesamt 405 v. Chr. von den Spartanern versklavt worden sein. Bis vor wenigen Jahren war die Insel noch größtenteils in Privatbesitz, heute ist sie dem Ministerium für Tourismus unterstellt.

• *Verbindungen/Anfahrt* Die Insel ist am einfachsten mit einer organisierten Tour von Marmaris aus zu erreichen, am preiswertesten mit dem Dolmuş (4-mal tägl.). Überfahrt pro Person 5,50 €, „Inseleintritt" zusätzliche 5,50 € (für Türken nur 1,70 €!). Von der Straße nach Muğla ist die Abzweigung zur Fährstelle beim Dorf Çamlı mit „Sedir Adası" ausgeschildert.

• *Hinweis* Man darf keinen Sand von der Insel als Souvenir mitnehmen. Auf der Insel befindet sich ein teures, seine Monopolstellung ausnutzendes Restaurant.

• *Essen & Trinken* Auf der Straße zur Fährstation passiert man das Restaurant **Çınar**, ein liebevoll angelegtes Gartenlokal. Man sitzt im Schatten unter Bäumen, ein Bach fließt hindurch, Enten quaken, alte Karrenräder stehen zur Zierde da. Gehobeneres Preisniveau. Sehr beliebt, manchmal sogar überfüllt. Es werden auch nette Zimmer vermietet. ✆ 0252/4958080.

• *Übernachten/Camping* **Motel Sedir**, in der Taşbükü-Bucht gegenüber der Sedir-Insel (an der Ablegestelle zur Insel vorbei und noch ca. 5 km). Unter Leitung der lieben Kadriye, die viel Zeit ihres Lebens in Böblingen verbracht hat und einige schwäbische Stammgäste hat. 16 einfache Zimmer mit zusammengewürfeltem Mobiliar, Balkon/Terrasse und privaten Bädern. DZ mit Klimaanlage 28 €, ohne Klimaanlage 22 €. Ganzjährig geöffnet. Der nächste Strand ist ca. 1 km entfernt, nach Marmaris sind es 21 km. ✆ 0252/4958109.

Boncuk Camping, an der Anlegestelle zur Insel vorbei und noch ca. 7 km (die letzten 2 km sind unbefestigt), ausgeschildert. Traumhaft-idyllisch gelegener Platz in einer palmenbestandenen Bucht mit schmalem Sandstrand. Durchschnittliche sanitäre Anlagen, Vermietung von spartanischen Zimmern. Bei unserem letzten Besuch gerade unter neuer, recht konservativer Leitung. Pro Wohnwagen oder Wohnmobil 8,50 €. 24 km bis Marmaris. ✆ 0252/4958116.

Karacasöğüt-Bucht: Die Bucht im Süden des Golfs von Gökova, vor der die kleine Insel Karaca liegt, ist ein Treffpunkt von Seglern, die in der dortigen Marina mit 60 Liegeplätzen einen Stopp einlegen. Nur zum Baden lohnt die lange Anfahrt nicht, es gibt schönere Buchten in der näheren Umgebung von Marmaris. So manche wohlhabende Türken leisten sich hier ein Ferienhaus.

Anfahrt Von Marmaris die Straße Richtung Muğla nehmen, nach ca. 14 km geht es links ab. Von da aus sind es noch 12 km. Kein Dolmuş.

Seglermekka Marmaris

Marmaris

(ca. 30.000 Einwohner)

Marmaris – das bedeutet, Urlaub zu machen und alle Zwänge abzulegen, das Jackett, die Krawatte, das Hemd und die Hose. In Marmaris kann man in Badeshorts essen gehen, was zugleich den Vorteil birgt, dass man nicht am T-Shirt in einen Laden gezerrt werden kann. Dem einen gefällt's, der andere kann sich Schöneres vorstellen.

In dem Städtchen mit der Sonnenscheingarantie (an die 300 Sonnentage jährlich) herrschen andere Sitten, keine türkischen, sondern die freizügigen des Massentourismus. Auf der gepflegten Uferpromenade, die rund um den alten Stadtteil bei der Burg verläuft, geben sich Maler, Gaukler und Musikanten ein Stelldichein. Zur See hin liegt Luxusyacht an Ausflugsboot vertäut, gegenüber stehen die Aufreißer der Restaurants Spalier und laden zum Candle-Light-Dinner auf ihre gepflegten Terrassen ein. Dazwischen trägt man offen seinen sonnenverbrannten Bauch spazieren, tagsüber Schatten spendend über den noch weißen Füßen. Marmaris präsentiert sich hier schicker als sein Publikum – so tätowiert wie durstig. Allabendlich fällt es von der Hotelvorstadt ins Zentrum ein, vor allem dann, wenn die *Big Screens* der dortigen Bars schwarz bleiben, da keine Spiele der *Premiers League* auf dem Programm stehen. Dann wird auch der moderne, alles andere als orientalische Basar durchstreift. Alles, auf das sich der Schriftzug bekannter Designer drucken lässt, wird hier an jeder Ecke und auf jedem Meter angeboten. Die Aufdringlichkeit der Händler hat mittlerweile ein Maß erreicht, dass sogar die Polizei hie und da eingreifen muss.

Ansonsten steht Marmaris ganz und gar im Zeichen des Segelsports. Weit über 1.500 Liegeplätze bietet die Bucht. In der größten und schicksten Marina, der *Netsel*

Marina östlich der Burg, trifft sich auch die Schickeria des Landes. Ins Zentrum spaziert sie selten: Die nationalen Promis wollen mit den internationalen „Prollis" nichts zu tun haben.

Orientierung: Das alte Zentrum mit dem Basar, den Restaurants und den Bars liegt rund um die Burg. Gen Westen, Richtung İçmeler, erstreckt sich rechts und links des K. Seyfettin Elgin Bulvarıs, der fließend in den Kenan Evren Bulvarı übergeht, die Hotelvorstadt *Siteler*. Von dort erreicht man das Zentrum per Dolmuş rund um die Uhr. Steigt man an der Atatürk-Statue am Beginn der Kordon Caddesi aus, kann man rund um die Burg zum Yachthafen schlendern.

Geschichte

Marmaris, als *Phiscus* um 1000 v. Chr. von dorischen Einwanderern gegründet, war einst Handelshafen und Tor Kleinasiens nach Rhódos und Ägypten. Im 6. Jh. v. Chr. geriet die Ansiedlung unter die Herrschaft Lydiens. Im 5. Jh. v. Chr. bezeichnete sie Herodot schon als Marmarissos – man nimmt an, dass sich der Name von den Marmorvorkommen in der Umgebung ableitete. Vom 4. bis zum 2. Jh. v. Chr. dominierte Rhódos den Hafen. Danach war Marmaris ständig wechselnden Machtverhältnissen ausgesetzt, bis schließlich die Osmanen 1408 die ganze Gegend besetzten; seitdem ist Marmaris türkisch. Die Bucht von Marmaris spielte für Strategen seit jeher eine wichtige Rolle: Wo einst Süleyman der Prächtige seine Expedition nach Rhódos startete und Lord Nelson seine Flotte zum Angriff auf die Franzosen bei Abukir klarmachte, befindet sich heute ein NATO-Stützpunkt (die Aksaz-Bucht östlich von Marmaris ist militärisches Sperrgebiet).
Die größten Veränderungen in der Geschichte von Marmaris brachten jedoch weder Römer noch NATO-Militärstrategen, sondern Touristen. Übernachteten noch Anfang der 1980er lediglich ein paar Globetrotter in der Bucht, so sinken heute jede Sommernacht annähernd 100.000 Urlauber aus aller Herren Länder in ihre Gästebetten. Das einst verschlafene Fischernest ist einer der größten internationalen Rummelorte der Türkei geworden. Sämtliche Baulücken an der Küste sind verschwunden, auch in zweiter, dritter und gar in neunter oder zehnter Reihe ist kein grüner Fleck zu sehen. Die Roh- und Neubauten ziehen sich immer weiter ins Hinterland und zeugen von einer ungebrochen optimistischen Zukunftssicht. Viele der neuen Apartments beziehen Ausländer. Für das Gros der Türken sind die Preise zu hoch. Selbst das Leben ist für Ali-Normalverdiener in Marmaris zu teuer geworden. So konnte eine neu eingerichtete Bankfiliale erst einmal nicht eröffnet werden, weil sich kein Personal fand, das es sich leisten konnte, in Marmaris für das landesübliche Gehalt zu leben und zu arbeiten.

Marmaris Karte S. 190/191

Information/Verbindungen/Ausflüge/Veranstaltungen

• *Telefonvorwahl* ✆ 0252.

• *Information* **Touristinformation** an der Uferpromenade Richtung Burg. Professionell, sehr zuvorkommend und informativ. Im Sommer tägl. 8.30–18 Uhr, im Winter Mo–Fr 8–17 Uhr. İskele Meydanı, ✆ 4121035, 📠 4127277, www.mugla-turizm.gov.tr.

• *Verbindungen* **Busse** fahren mehrmals tägl. nach Denizli/Pamukkale (6,50 €, 4 Std.), Datça (4 €, 1,5 Std.), Ephesus (z. T. mit Umsteigen in Aydın, 7 €, 4 Std.), Fethiye (5 €, 3 Std.) und Antalya (12,50 €, 6,5 Std.). Busbahnhof etwas außerhalb des Zentrums am Mustafa Münir Elgin Bul. Zweigstellen der

verschiedenen Busgesellschaften findet man nahe dem Supermarkt Tansaş an der Mustafa Muğlalı Cad. Von dort betreiben fast alle Gesellschaften einen Shuttle-Service zum Busbahnhof, ansonsten steigt man gegenüber dem Tansaş-Supermarkt in ein Dolmuş mit der Aufschrift „Otogar". Für Verbindungen zum Flughafen Dalaman → Adressen/Turkish Airlines.

Dolmuş: Die Wagen nach İçmeler und zum Uzunyalı-Strand (ständig) starten vor dem Supermarkt Tansaş an der Ulusal Egemenlik Cad., halten aber auch an der Rechtskurve bei der Atatürk-Statue am Hafen und

Marmaris Karte S. 190/191

entlang der Atatürk Cad. Die Dolmuşe nach Muğla, zum Busbahnhof und zur Cennet Adası fahren gegenüber dem Supermarkt Tansaş ab; die Dolmuşe nach Turunç vom Dolmuşbahnhof etwas weiter nördlich an der Ulusal Egemenlik Cad.; jene nach Datça starten am Busbahnhof.

Bootsdolmuşe bzw. **Taxiboote** zu den Stränden rund um Marmaris legen von mehreren Stellen an der Uferpromenade ab, z. B. alle 20 Min. nach İçmeler und Turunç (hin/zurück 5,50 €).

Taxi: Taxis stehen an fast jeder zweiten Kreuzung bereit. Zum Flughafen Dalaman oder nach Datça rund 60 €, nach İçmeler 10 € und nach Turunç 25 €.

Fährverbindung nach Rhódos: Mit dem **Katamaran** erreicht man die griechische Insel von Anfang April bis Ende Oktober mehrmals tägl. in nur 40–60 Min. (→ „Ausflug nach Rhódos", S. 204), keine Fahrten im Winter. Mit der **Autofähre** im Sommer 1-mal wöchentl., im Winter 2-mal wöchentl. Die Einschiffungsformalitäten beginnen 1 Std. vor der Abfahrt. Hin und zurück am gleichen Tag oder oneway 35 €; das offene Rückfahrtticket kostet 65 €. Für das Auto zahlt man zusätzlich jeweils 145 €. Informationen z.B. bei **Yeşil Marmaris**, Barbaros Cad. 11 (Uferpromenade), ✆ 4122290, yesilmarmaris@superonline.com.

• *Bootsausflüge* Hunderte von Schiffen an der Mole locken mit demselben Motto: Just-for-fun-Fahrten mit Badestopps, Touren rund um die Bucht von Marmaris und zu den Badeorten der Umgebung. Auf den ersten Blick scheinen die Angebote identisch, es ist jedoch ein Unterschied, ob der Strandaufenthalt 30 Min. oder 3 Std. dauert oder ob ein Boot bis zum Anschlag mit Holzbänken vollgestellt ist oder genug Platz zum bequemen Aufenthalt bietet. Oft wird an Bord Livemusik geboten. Auch sie kann die Stimmung heben oder senken. Normalerweise legen die Schiffe um 10 Uhr ab und kehren zwischen 17 und 19 Uhr zurück. Mondscheinfahrten beginnen um 18.30 Uhr und enden gegen 22.30 Uhr. Rechnen Sie für einen Bootsausflug pro Person inkl. Lunch mit ca. 8,50 €.

• *Organisierte Ausflüge* Unzählige Agenturen bieten organisierte Ausflüge für alle Geschmäcker und in alle Richtungen, wahlweise mit Boot oder Bus. Die Palette ist riesig. Der gängige Preis für eine Fahrt nach Dalyan/Kaunos beträgt rund 15 €, nach Rhódos 35 €, nach Ephesus 45 €, nach Pamukkale 25 €, ein Zweitagestrip nach Ephesus und Pamukkale 65 €, und ein Ausflug in die „Türkei" (sprich: in ein ländliches Dorf, das zufällig ein Teppichknüpfzentrum ist) kostet 15 €.

• *Veranstaltungen/Festival* Anfang Mai einwöchiges internationales **Yacht-Festival** mit Ausstellungen und Vorträgen. Ende Oktober/Anfang November die internationale Regatta **Marmaris Race Week.** Im August häufig **Konzerte** und **Theateraufführungen**.

• *Yachtcharter* Im Eldorado des Yachtsports gehört es fast zum guten Ton, sich für eine Woche eine Yacht mit Besatzung und Kapitän zuzulegen – die Garantie für den reinsten Genuss der türkischen Küste. Reichlich Angebote in den Reisebüros oder direkt am Yachthafen bei den einzelnen Kapitänen oder Bootsbesitzern. Eine renommierte Chartergesellschaft ist **Eser Yachting**, 35. Sokak 21. Eine einwöchige Tour kostet pro Person als Last-Minute-Angebot mit VP (ohne Getränke) rund 250 €. Ansonsten kann man für ein 8-Kabinen-Boot pro Tag mit 1.150 € rechnen, für ein 4-Kabinen-Boot mit 500 €. ✆ 4123527, www.eser-yachting.com.

Adressen

• *Ärztliche Versorgung* In der **Privatklinik Ahu Hetman** in der 167 Sok. wird ein wenig Deutsch, in jedem Fall aber Englisch gesprochen. ✆ 41314115.

Dr. Hülya Elmas, die Deutsch sprechende **Zahnärztin**, bohrt an der G. Mustafa Muğlalı Cad. 8 (Efe Apt.). ✆ 4126342.

• *Autoverleih* Zahllose Agenturen, darunter nationale (ab ca. 40 € pro Tag inkl. Versicherung) und internationale Verleiher (ab ca. 65 €). **Avis**, Atatürk Cad. 10/D, ✆ 4122771, ✆ 4126413. **Thrifty**, Ulusal Egemenlik Cad. 13, ✆ 4134669, ✆ 4134670.

• *Einkaufen/Souvenirs* Die Gassen des alten Ortskerns, von einer modernen Glas-Stahl-Konstruktion überdacht, sind ein einziger riesiger und etwas steriler **Basar**, aufgelockert durch türkische Fastfoodlokale und einige Cafés.

Diverse Läden, die sich vom dortigen Imitatenangebot unterscheiden, findet man im Shoppingcenter **Solaris (6)** an der Atatürk Cad. Dazu gehört **Mudo City**, ein schickes, großes Geschäft, das neben Qualitätskleidung auch hübsche Accessoires wie Vasen, Handtücher, Kerzenständer usw. anbietet. Bei **Paşabahçe** bekommt man hingegen Glas aus dem gleichnamigen İstanbuler Bosporusdorf.

Ein weiteres Shoppingcenter mit einer Reihe von guten Bekleidungsgeschäften und einem Supermarkt ist das **Point Center (21)** hinter dem Uzunyalı-Strand. Noch edlere Boutiquen findet man in der **Netsel Marina.**

Eine große Auswahl an Lebensmitteln hält der Supermarkt **Tansaş** an der Ulusal Egemenlik Cad. bereit.

Außerdem jeden Do **Markt** nördlich der G. Mustafa Muğlalı Cad.

Grundsätzlich gilt: Für Souvenirs wie Teppiche liegen die Preise etwa 70 % über dem Landesniveau. Ein gutes Mitbringsel ist der berühmte **Tannenhonig** *(Çam Balı)* aus der Gegend.

• *Geld* Etliche Wechselstuben gegenüber dem Supermarkt Tansaş.

• *Post* Etwas zurückversetzt von der Kordon Cad. im Basar.

• *Polizei* Mehrere Polizeistationen vor Ort, z. B. im Basar und etwas zurückversetzt von der Atatürk Cad. ✆ 4121494.

• *Turkish Airlines* Das THY-Büro liegt in der Atatürk Cad. 26 B. ✆ 4123751, ℻ 4123753. Nur 2-mal tägl. fährt ein **Havaş**-Bus zum Dalaman-Airport (Abfahrtsstelle gegenüber dem THY-Büro). Offiziell werden nur THY-Passagiere mitgenommen, in der Praxis jedoch meist alle. Pro Person 11 €.

• *Türkisches Bad (Hamam)* Ein namenloses, historisches Bad befindet sich in der Altstadt nahe der alten Karawanserei. Eintritt mit Massage 14 €.

• *Waschsalon* Es gibt mehrere, z.B. die **Çağdaş Laundry** an der 33 Sok. (in der Nähe des Yachthafens). Eine Trommel waschen 4 €.

• *Zeitungen* In deutscher Sprache v. a. entlang der Atatürk Cad. und der Seyfettin Elgin Cad. erhältlich.

• *Zweiradverleih* Z.B. bei **Best motorcycle rental** in der 158 Sok., ✆ 4129436, www.bestmotortr.com. Mountainbike pro Tag 10 €, Scooter (100 ccm) 25 €, Motorräder von 35 € (z. B. Suzuki TS 125) bis 150 € (Harley Davidson Sportster 1200). Bei längerer Mietdauer etwas billiger.

Übernachten/Camping (siehe Karte S. 190/191)

Das Gros der Unterkünfte, das in den letzten Jahrzehnten entstand, wurde für den billigen Massentourismus geschaffen. Freundliche Pensionen und kleine Hotels mit Stil gibt es mittlerweile so gut wie keine mehr. Für wen auch – Individualreisende machen um Marmaris einen großen Bogen. Die meisten Hotels stehen westlich der Altstadt hinter der Atatürk Cad. und noch weiter westlich, rund um den Seyfettin Elgin Cad. im Hotelviertel Siteler, hier ist die Unterkunftsdichte am höchsten. Je näher die Hotels am Zentrum liegen, desto älteren Baujahrs sind sie in der Regel, desto abgewohnter die Ausstattung. Wer moderne Zimmer sucht, egal welcher Kategorie, aber ohne Brandlöcher im Teppich, nächtigt außerhalb des Zentrums fürs gleiche Geld komfortabler. Empfehlenswerte Ausweichorte sind Akyaka, Turunç und die Ortschaften auf der Halbinsel Bozburun. Vor Ort haben Sie die Wahl zwischen rund 800 Quartieren, im Folgenden eine kleine Hilfe bei der Vorauswahl.

• *Hotels/Pensionen* **Grand Azur (1)**, an der Straße nach İçmeler linker Hand. Extravagante, 2001 eröffnete 5-Sterne-Herberge, von außen fast futuristisch. Herrlicher Eingangsbereich mit Marmorsäulen und elegant-minimalistischer Einrichtung. Geschmackvolle, komfortable Zimmer, jedes mit Balkon. Großer Pool, Hallenbad und eigener Strandabschnitt, Tennisplätze. DZ satte 280 €! ✆ 4174050, www.hotelgrandazur.com.

Club Bella Monte (15), im Südosten der Bucht von Marmaris, ca. 6 km vom Zentrum entfernt. Gepflegte Hotelanlage mit 112 Zimmern, auf mehrere Gebäude in einem Pinienwald am Meer verteilt. Viele Öger-Tours-Gäste. Eine der ruhigsten und freundlichsten Unterkünfte rund um Marmaris. Alle Zimmer komfortabel ausgestattet. Großer Pool. Fitnesscenter. Animationsteam. Einziger Haken: schmaler Strand. Für das Gebotene recht preiswert. All-Inclusive-Preis pro Person 50 €. Anfahrt: Das Zentrum über die Ulusal Egemenlik Cad. verlassen, dann Richtung Otogar/Günlüce fahren und weiter bis ausgeschildert. Dolmuşverbindung ins Zentrum. ✆ 4133430, ℻ 4133434.

Candan Otel (9), in der Atatürk Cad. 66. 2001 eröffnetes Haus. 39 klassisch-moderne Zimmer in hellen Farbtönen. Gepflegt und komfortabel, einladender Eingangsbereich. Die Zimmer nach vorne mit Palmen- und Meeresblick, jedoch laut. Nach hinten ist's ruhig, dafür blickt man aufs triste Nachbarhotel. EZ 40 €, DZ 60 €. ✆ 4129302, ℻ 4125359.

Marina Hotel (19), unterhalb des Kastells an der Promenade. Familiäres, älteres Hotel mit eigener Note. Ganz unterschiedliche Zimmer, nicht schick, aber irgendwie nett. Dachterrasse mit Restaurant. Diese Alternative zu den langweiligen Durchschnittshotels ist allerdings eher eine Bleibe für Partygänger als für Ruhebedürftige. EZ 25 €, DZ 35 €, Dreibettzimmer 50 €. Die

Marmaris Karte S. 190/191

Bucht von Marmaris

Zukunft des Hauses ist leider ungewiss. Barbaros Cad. 39, ☏/℻ 4120010, www.marmarismarinahotel.com.

Gülşah Pansiyon (10), gepflegte, kleine Familienpension in zentraler Lage. Etwas zurückversetzt von der Atatürk Cad., daher auch etwas leiser. Zimmer mit Laminatböden und Balkon, lockere Betreiber. DZ 22 €. Im Winter wird nur längerfristig vermietet. Atatürk Cad. 52, ☏ 4126642, gulsahpansiyon@hotmail.com.

Öktem Motel (4), 156 Sok. 1. Keine 10 Min. vom Strand und Zentrum entfernt. Kleineres, sauberes Haus mit 14 einfachen, rustikal ausgestatteten Zimmern. Zuvorkommende Vermieter. Pool. DZ mit Klimaanlage und Frühstück 19 €. ☏ 4125383.

Interyouth Hostel (7), mitten im Basar, 42. Sok. 45. Kleine schwarzweiß gehaltene Mehrbettzimmer (max. 4 Pers., pro Pers. 7 €) und DZ zu 15 €. Freundlicher Service. Wer Kontakte knüpfen will, ist hier richtig. Laundry, Internetcafé. ☏ 4123687, interyouth@turk.net.

• *Apartments* Man findet zwar viele Aparthotels, insbesondere ab der vierten Reihe, doch verfügen nur wenige über Kapazitäten, die an Individualreisende vergeben werden, da meist große Reiseveranstalter die gesamten Häuser belegen. Allgemein gilt: Was die Häuser von außen versprechen, halten sie von innen nicht. Zwei Adressen:

Gözpınar Hotel & Apartments (18), familiäres Hotel hinter dem Uzunyalı-Strand. Zimmer und Apartments, geblümte Tagesdecken und Blumenleisten an den Wänden (die man übrigens mal wieder streichen könnte), sorgen für etwas Romantik. Vornehmlich englisches Publikum. Im Winter geschl. DZ 30 €, Apartment für 2 Pers. 35 €. Seyfettin Kemal Elgin Bul. 230, ☏ 4122316, www.gozpinarhotel.com.

Selenya Apart's Otel (11), an der 160. Sok. nahe dem Kemil Engin Bul. Sauberes Haus mit 15 soliden Apartments. Planschpool. Apartment für bis zu 4 Pers. 40 €. ☏ 4135306, ℻ 4139346.

• *Camping* Der nächstgelegene Campingplatz ist der **Pekuz Camping (12)** 5 km östlich der Stadt (das Zentrum über die Ulusal Egemenlik Cad. verlassen, dann Richtung Otogar/Günlüce fahren und weiter bis ausgeschildert). Einfacher Platz an einem wenig reizvollen Küstenabschnitt. Das Schönste dort ist die Bar am Meer. Mäßige Sanitäreinrichtungen, Schatten, günstig. Dolmuşverbindung ins Zentrum. ☏ 0555/3438963 (mobil).

Schönere Plätze auf dem Weg nach Datça (→ S. 210) und nahe der Sedir-Insel (→ S. 187).

Essen & Trinken (siehe Karte S. 190/191)

Die Auswahl ist riesig: türkische, englische, französische, italienische, deutsche, asiatische Küche, alles ist vorhanden, selbst die international operierenden Fastfoodrestaurants sind vertreten. Für jeden Geldbeutel ist etwas dabei. Am teuersten speist man an der Uferpromenade rund um die Burg, wo die Cola dreimal so viel kostet wie anderswo, dafür manche Speisekarte sogar ins Finnische übersetzt ist. Übrigens immer billig ist das Bier.

• *Restaurants* **An der Uferpromenade** von der Tourist Information Richtung Yachthafen reiht sich ein Restaurant ans andere. In der Regel handelt es sich um gehobene, nicht gerade billige Touristenlokale mit Fisch und internationalen Gerichten, oft mit einer schönen Dachterrasse und fast immer mit einem mehr als aufdringlichen Schlepper vor dem Haus. Wir empfehlen das **Fellini (22)**, das auf *Hassle* verzichtet und eine korrekte Rechnung präsentiert. Äußerlich hebt es sich durch gelbe Stühle ab, zudem nette Dachterrasse. Neben türkischer Hausmannskost auf höherem Niveau gibt es Fisch und verschiedene Schmortöpfe im Tontopf. Hg. 5,50–10 €. ✆ 4130826.

Das einfachste Lokal an der Uferpromenade ist die **Fiskos Bar (20)** mit freundlichen Betreibern, viel türkischem Publikum und schlichten, relativ günstigen Gerichten zum Bier.

Edler und dezenter geht es in den teueren Restaurants der **Netsel Marina** zu. Sie gelten als die besten von Marmaris.

• *Lokantas* Die Lokantas im und nahe dem **Basar** sehen zwar günstig aus, verstehen sich aber letztendlich in erster Linie aufs Abkassieren – wo keine Preise aushängen, sollte man jeden Preis (auch für die Cola) im Voraus erfragen. Ehrlicher geht es etwas weiter entfernt in den Lokantas in der **36. Sok.** zu. Wir empfehlen hier das **Sofra Restaurant (5)**: etliche Sorten Kebab, Pide, Vorspeisen, Topfgerichte. Sehr beliebt und dazu noch 24 Std. geöffnet. Gleich in der Nähe liegt das **Marmaris Lokantası (13)**, das wohl mit Abstand billigste Lokal in der Altstadt. Eine Suppe bekommt man hier für 0,90 €, ein einfaches Topfgericht mit Reis für 2,50 €.

Gut und preiswert isst man ferner in den einfachen Lokantas gegenüber dem Supermarkt Tansaş an der **Ulusal Egemenlik Cad.** Das dortige **Ali Baba (2)** ist für eine Lokanta sogar ganz nett eingerichtet und bietet Spieße, Döner und Topfgerichte. Freundlicher Service. Pro Person mit einem Bier ca. 5 €. Einziger Haken: Es liegt recht laut an der Straße!

• *Süßes* **Karen Patisserie (9)**, an der Atatürk Cad. neben dem Candan Hotel. Moderne Konditorei, leckere Kuchen, Torten, Süßspeisen und Frühstück. Außergewöhnlich ist eine Reihe von anatolischen Spezialitäten, die an der Küste sonst nur schwer zu bekommen sind.

Özsüt (3), eine weitere gute Adresse für Schleckermäuler. Türkeiweite Süßspeisenkette mit Tradition. Atatürk Cad. (neben Avis).

Nachtleben (siehe Karte S. 190/191)

Es gibt zwei Zentren, zunächst einmal am Strand von **Uzunyalı** (parallel zur Seyfettin Elgin Cad.): In unzähligen austauschbaren Bars (gleiche Musik, manchmal sogar gleiche Bestuhlung) vergnügt sich hier Abend für Abend eine feuchtfröhliche englische Gemeinde. Im **Beach Club (23)** kann man als Tina Turner oder Freddy Mercury verkleideten Spaßmachern zujubeln, im **Talk of the Town (25)** finden abgefahrene Transvestitenpartys statt. Zu den größten Discos der Stadt gehört das **Daisy (24)**, und nebenan im **High End (24)** gehen hin und wieder Schaumpartys über die Bühne.

Der zweite Nightspot ist die **Bar Street**, die parallel zur Uferpromenade Richtung Netsel Marina verläuft (ausgeschildert) und unzählige Bars und Discobars aufweist. Beliebt sind dort der eigentlich ganz stilvolle und mit Aquarien bestückte Club **Green House (14)**, wo es hin und wieder Lasershows gibt, und die Openair-Sommeradresse **Back Street (8)**, wo unter Bäumen getanzt wird. Ruhigere Naturen zieht es in die **Galon Türkü Bar (16)** mit allabendlicher türkischer Livemusik oder in das originelle Wasserpfeifencafé **Ali Baba (17)** mit Orientambiente und Backgammonspielern.

An der Uferpromenade von Marmaris

Baden/Sport

Der Stadtstrand von Marmaris, eingeklemmt zwischen Meer und Hotelklötzen, ist in der Saison mit Liegestühlen so vollgepflastert, dass nicht einmal Platz zum Sandburgenbau bleibt – besser mit dem Dolmuş oder dem Ausflugsboot zu einem der schönen Badeplätze in der Umgebung aufbrechen.

• *Aquapark* **Atlantis Waterpark** am Uzunyalı-Strand nahe dem Shoppingcenter Point Center. Große Rutschen. Eintritt ca. 15 €.

• *Strände in der Umgebung* **Çiftlik**: einer der schönsten Strände rund um Marmaris. Am bequemsten mit dem Schiff zu erreichen, man passiert unterwegs die Kumlubükü-Bucht (→ S. 199). Mühsam ist dagegen die Anfahrt mit dem Auto (→ „Halbinsel Bozburun", S. 202).

Bucht von İçmeler: an sich schöner Strand, aber mit Liegestühlen zugepflastert. → S. 197.

Sedir-Insel: im Golf von Gökova, am einfachsten per organisierter Ausflugstour zu erreichen (→ „Weiter in Richtung Marmaris", S. 187).

• *Tauchen* Angeboten werden Wrack-, Höhlen- und Rifftauchgänge. Die Schiffe der Tauchbasen liegen am Hafen. Kaum Preisunterschiede. 2 Bootstauchgänge inkl. Mittagessen für rund 35 €. P.A.D.I.-Openwater-Kurs (4 Tage) 300 €. Hinweis: Erkundigen Sie sich nach der Teilnehmerzahl bei Bootstauchgängen. Von manchen Booten springen bis zu 50 Taucher gleichzeitig ins Wasser. Deutsch spricht man bei **Sea Star**, ✆ 0535/4806180 (mobil).

• *Sonstige Wassersportarten* Reichliches Angebot an allen größeren Stränden – Wasserski, Kanu, Bananaboat usw.

• *Wandern* → Wanderung 6, S. 200. Mehr zum ausgedehnten Spazieren als zum Wandern lädt die **Cennet Adası**, die „Paradiesinsel" im Süden der Bucht von Marmaris ein. Zu erreichen mit dem Dolmuş (Aufschrift „Adaağzı", Abfahrt gegenüber Tansaş, bis zur Endstation fahren).

Sehenswertes

An kulturhistorischen Sehenswürdigkeiten hat Marmaris so gut wie nichts zu bieten. Vom antiken *Phiskus* sind lediglich noch ein paar spärliche Mauerreste auf einem Hügel im Norden der Stadt erhalten. Einen Besuch lohnt schon eher das

Marmaris Kalesi, das ursprünglich mittelalterliche Kastell, das Süleyman der Prächtige 1522 ausbauen ließ. Arg viel mehr als einen schönen Blick über Altstadt und Hafen genießt man von ihm aber nicht. Das bis vor ein paar Jahren im Inneren des kleinen Gevierts eingerichtete Museum mit Öltiegelchen, Töpfchen, Väschen, Näpfchen und Amphörchen ist dicht, seitdem sich Stadt und Region über die Zuständigkeit streiten. Der Burg zu Füßen (nahe der Tourist Information) ließ Süleyman der Prächtige 1545 eine **Karawanserei** errichten. Deren Gewölbe belegen heute ein paar Cafés.

Umgebung von Marmaris

Landschaftlich ist die Gegend rund um Marmaris äußerst reizvoll. Insbesondere die sich südwestlich erstreckende Halbinsel Bozburun lädt zu ausgedehnten Ausflügen oder Aufenthalten ein. Durch Wälder und Täler mit Bächen, in denen Forellen tanzen, gelangt man zu abgeschiedenen Buchten und Dörfern. Aber auch nördlich von Marmaris, am Golf von Gökova, findet man idyllische Plätze (→ „Weiter in Richtung Marmaris“, S. 187). Als Grundregel gilt: Je weiter man sich von Marmaris entfernt, desto ruhiger und gemütlicher wird es.

İçmeler (10.000 Einwohner)

„Früher gab es angeblich Heilwasser in İçmeler, aber suchen Sie nicht danach, begnügen Sie sich mit abgefüllltem Mineralwasser.“ (Zentrale für Tourismus, Muğla) Früher war İçmeler auch noch ein völlig unbedeutendes Dörfchen am westlichen Rand der Marmaris-Bucht. Aber suchen Sie nicht danach, heute gehört İçmeler zum unmittelbaren Einzugsgebiet der Urlaubshochburg. Damals war der Strand

Die Bucht von İçmeler

von İçmeler auch ein weites unberührtes Paradies, aber suchen Sie nicht danach, heute finden Sie sich in einem Sonnenschirmwald wieder, in dem für ein mitgebrachtes Badetuch gar kein Platz bleibt. İçmeler ist fest in der Hand von britischen Pauschaltouristen. Viele, die sich in der gesichtslosen, aber gepflegten Hotelzone einquartiert haben, schaffen es kaum weiter als bis zum Strand mit seinem großen Wassersportangebot und zu den Cafés im Grünstreifen dahinter. Wer mehr sehen will, findet aber auch diverse Zweigstellen von Tourenveranstaltern, Auto- und Zweiradverleihern aus Marmaris.

- *Telefonvorwahl* ✆ 0252.
- *Verbindungen* **Dolmuş** im 10-Min.-Takt von 7–1.30 Uhr nach Marmaris. Die Endstation liegt im Süden der Bucht. Schöner ist die Fahrt mit dem **Taxiboot** nach Marmaris (ca. alle 30 Min., retour 5,50 €). Außerdem mehrmals tägl. Taxiboote nach Amos, Kumlubükü und Çiftlik.
- *Markt* Mi großer **Markt** am Çevre Yolu (der Straße nach Turunç und Datça).
- *Übernachten* Die Anzahl der Hotels ist gigantisch, die Anzahl empfehlenswerter für Individualtouristen jedoch gering, nicht zuletzt deshalb, da viele Unterkünfte nur im Rahmen eines Pauschalarrangements vom Ausland aus zu buchen sind.
- *Essen & Trinken* Im Ortskern viel Austauschbares.
- *Nachtleben* Angesagtester Treffpunkt war zum Zeitpunkt der letzten Recherche die etwas außerhalb gelegene **Diskothek Pleasure** (Zubringerservice mit Doppeldeckerbus vom Zentrum).

Eine außergewöhnliche Adresse ist das Restaurant **Mona Titti**, abseits vom Schuss (von der Straße nach Turunç ausgeschildert). Gemütliche Terrasse, Tische rund um einen kleinen Pool, dazu duftender Jasmin. Serviert werden so verführerische Gerichte wie *Spagetitti*, *Chicken Titts* oder *Moby's Dick* – lassen Sie sich überraschen. Das alles betört die Sinne: Allein von 2002 bis 2004 wurden hier 37 Heiratsanträge ausgesprochen (und keiner abgelehnt). Reservierung erforderlich (✆ 4554046). Geöffnet ab 19 Uhr, Abholservice vom Hotel. Preislich höher angesiedelt, aber auch nicht teurer als an der Uferpromenade von Marmaris. Ach ja: Vergessen Sie nicht, zum Aperitif die „Geschichte der Mona Titti" zu lesen.

Turunç (2.500 Einwohner)

Turunç ist der türkische Name für eine bittere Orangensorte. Dabei ist Turunç im Vergleich zu Marmaris oder İçmeler ganz süß. In dem kleinen Ex-Fischerdörfchen geht es noch immer beschaulich zu, auch wenn der Ort in den letzten Jahren in touristischer Hinsicht aufgeholt hat wie kaum ein anderer der Gegend. Turunç, an einer langen, teilweise feinsandigen Bucht südlich von İçmeler gelegen, ist mit seinen vielen Cafés und Restaurants nicht mehr nur ein beliebtes Ausflugsziel, sondern mittlerweile auch Anlaufpunkt v. a. holländischer und englischer Pauschaltouristen. Rechts, links und über der Bucht haben sich einige Clubhotels angesiedelt, die keine Wünsche offen lassen. Dennoch findet man auch noch einfache, freundliche Unterkünfte. Die Cumhuriyet Caddesi, die Hauptstraße hinter dem Strand, wird allabendlich zu einer für den Verkehr gesperrten Fußgängerzone. Juweliergeschäfte und Teppichhändler, Bars und Reisebüros säumen sie.

- *Telefonvorwahl* ✆ 0252.
- *Verbindungen* Alle 30 Min. mit dem **Dolmuş** nach Marmaris. Im Sommer nahezu stündl. **Taxiboote** nach Marmaris und İçmeler, 1-mal tägl. nach Amos, Kumlubükü und Çiftlik.
- *Ausflüge* Diverse Anbieter offerieren die gleichen Touren wie in Marmaris, Gleiches gilt für Bootstouren.
- *Auto- und Zweiradverleih* **Star Moto**, an der Cumhuriyet Cad, der Hauptstraße des Örtchens. Scooter ab 26 € pro Tag, Autos ab 38 €. ✆ 4767286, ℻ 4767286.

• *Übernachten* **Internationale Akademie Marmaris**, eine Adresse für Kreative nahe der Hotelanlage Loryma Resort (Zubringerservice mit deren Traktor-Shuttle) oberhalb von Turunç. Kunst- und Kulturzentrum, in dem neben Workshops auch Übernachtungsmöglichkeiten geboten werden. Die Anlage wurde von türkischen Künstlern gestaltet und besitzt Ateliers und ein Amphitheater. Zum Frühstück am Pool lauscht man klassischer Musik. Vermietet werden 23 sehr freundliche Zimmer mit Bad, größtenteils mit Balkon. Da der Kommerz nicht im Vordergrund steht, sind sie verhältnismäßig preiswert. EZ mit HP 36 €, DZ mit HP 58 €. ✆ 4767081, buchbar auch in Deutschland unter ✆ 02233/686734, www.akademionline.net.

İffet Hotel, freundliches Hotel ganz im Norden der Bucht in ruhiger Lage. Nur durch den eigenen Pool vom Meer getrennt. 31 große helle Zimmer mit gefliesten Böden, knapp die Hälfte davon mit Meeresblick. Pro Person 27 € mit Frühstück. ✆ 4767040, www.iffethotel.com.

Hotel Han, direkt am Meer gelegen. 15 schlichte, aber ordentliche und saubere Zimmer mit Klimaanlage – nach vorne mit traumhaftem Meeresblick. Tolle Terrasse mit Restaurant. Freundlicher Service. DZ mit Frühstück 28 €. ✆ 4767006, ✆ 4767021.

Şule Pansiyon, in erster Reihe direkt am Meer – ein Wunder, dass dieses Haus noch keinem teuren Hotel gewichen ist. Vermietet werden spartanische Zimmer mit eigenem Bad, die eigentlich nicht der Rede wert wären, gäbe es nicht die herrliche Terrasse mit Blick aufs Meer. Hoffentlich bleibt dieses „Pensionsfossil" aus früheren Zeiten noch länger erhalten. DZ 16 €, kein Frühstück, dafür Gemeinschaftsküche. ✆ 4767314. Falls niemand da ist, im Burak Supermarket 100 m landeinwärts fragen.

• *Essen & Trinken* **Dionysos Sea Club**, nahe dem İffet Hotel im Norden der Bucht. Sehr schönes Gartenrestaurant unter alten Bäumen am Wasser. Kleine ausgewählte Karte mit gehobenen Preisen (Fisch-Carpaccio 9,50 €, Riesengarnelen mit Knoblauch 14 €). ✆ 4767832. Günstiger (und vorrangig gegrillten Fisch) isst man im einfachen **Aydede Beach Café** daneben.

Arcade, an der Hauptdurchgangsstraße. Zu Recht sehr beliebt. Gepflegt-gediegenes Lokal mit Terrasse, dezente Musik, sehr zuvorkommender deutschsprachiger Service. Reiche Auswahl – neben einfacheren Topfgerichten, Pide und Pizza, auch leckere Vorspeisen und fantastische Güveç-Variationen. Zum Schluss gibt es eine Überraschung! Hg. 3,30–11 €. ✆ 4767372.

Gepflegt und auf einer schönen Terrasse direkt am Meer isst man auch im **Sürmen** an der Cumhuriyet Cad. Spezialität ist das im Ofen gebackene Lamm. Ansonsten neben türkischen Gerichten auch internationale Standards zu Touristenpreisen.

• *Nachtleben* Spielt sich in diversen Musikkneipen, vorrangig jedoch im **Fidan** an der Hauptstraße hinter dem Strand ab: Restaurant zur Meeresseite, Terrasse zur Straße (gelegentlich Fußballübertragungen). Laut Lesermeinung eine „wirklich nette Disco", die in der Saison tägl. bis 4 Uhr morgens geöffnet ist.

• *Wassersport* Von Jetski bis Parasailing wird alles angeboten.

Amos und Kumlubükü-Bucht

Von Turunç führt eine Stichstraße hoch über der Küste gen Süden. Nach ein paar Kilometern zweigt ein schmales Sträßlein nach links steil hinab in die kleine, schöne Amos-Bucht. Den ca. 100 m langen Sandkiesstrand mit Liegestuhl- und Sonnenschirmverleih sowie dem guten Amos Restaurant erreicht man vorbei an den Ferienhäuschen des Lehrkörpers der Universitäten *Marmara* und *Anadolu*.

Lässt man die Abzweigung außer Acht, passiert man bald darauf den *Asarcık-Hügel*, auf dem die steinernen Überreste des antiken Amos liegen und der die Amos-Bucht von der Kumlubükü-Bucht trennt. Umgeben von beeindruckenden Mauerresten der *Stadtumwallung* sind u. a. ein schlecht erhaltener *Tempel* und ein gut erhaltenes *Theater* zu besichtigen. Apollon, der in dieser Gegend *Samnaios* genannt wurde, war der Schutzgott der Stadt.

In der Kumlubükü-Bucht fällt sofort eine riesige, weitläufig ummauerte Villa ins Auge. Sie gehört dem Vorsitzenden der *Garanti Bankası*. Ansonsten gibt die Bucht nicht viel her, der Kiesstrand zählt auch nicht zu den schönsten der Gegend. Man findet einige Restaurants und Unterkünfte, Letztere sind jedoch wenig attraktiv. Rund zwei Kilometer südlich der Bucht kann man eine Höhle besuchen, lassen Sie sich den Weg zeigen.

Verbindungen Zwischen 10.30 und 13 Uhr fahren **Taxiboote** von Turunç und İçmeler nach Amos, zurück geht es um 17 Uhr.

Wanderung 6: Von Turunç nach İçmeler

Route/Dauer: Von Turunç geht es auf einem alten Pfad über einen Höhenrücken nach İçmeler, die wohl kürzeste Verbindung zwischen den zwei Ortschaften. Gehzeit ca. 3 Std.

An- und Weiterfahrt: Ausgangspunkt der Wanderung ist die Abzweigung zur Hotelanlage Loryma Resort, 1,5 km oberhalb von Turunç an der Straße nach İçmeler.

Wer in Marmaris einquartiert ist, kann die Wanderung mit einer Taxibootsfahrt verbinden, eine schöne Ergänzung der Tour. Wählt man diese Anreisevariante, durchquert man nach der Ankunft in Turunç den Ort in nördlicher Richtung und folgt danach für ca. 1,5 km der bergauf führenden Straße nach İçmeler bis zur Hotelanlage Loryma Resort. (Die Hotelleitung setzt allerdings auch ein Pendelfahrzeug – einen Traktor mit gelbem Freiluftanhänger – zwischen Turunç und der Anlage ein; wer Glück hat, kann aufspringen.) Am Ende der Wanderung bietet sich für die Rückfahrt von İçmeler nach Marmaris ebenfalls eine Taxibootsfahrt an.

Selbstverständlich kann man auch auf dem Landweg per Dolmuş von Marmaris über İçmeler nach Turunç gelangen, sie verkehren jede halbe Stunde auf dieser Strecke. Steigen Sie dann aber nicht erst in Turunç aus, sondern bereits an der Dolmuşhaltestelle vor der Hotelanlage Loryma Resort. Im Winter fährt kein Taxiboot, auch über Land sind die Verbindungen dann stark eingeschränkt.

Allgemeines/Voraussetzungen: Die herrliche Wanderung bietet z. T. großartige Ausblicke auf die weite Bucht von Marmaris. Da man bis auf annähernd 400 m ansteigt, ist der Weg im Hochsommer trotz Schatten äußerst schweißtreibend. Achten Sie darauf, die Wanderung vor Einbruch der Dunkelheit abzuschließen, da der Weg teilweise durch den Wald führt und sonst zu einer endlosen Stolperfalle werden kann. Einkehrmöglichkeiten bestehen in Turunç und İçmeler.

Wegbeschreibung: Von der Verbindungsstraße zwischen Turunç und İçmeler führt ein Sträßlein in die Hotelanlage Loryma Resort. Wenn diese unmittelbar hinter dem Pool nach links bergauf abschwenkt, wandert man geradeaus weiter; ein Schotterweg führt unterhalb des Tennisplatzes der Anlage vorbei. Dieser endet bei einem Haus vor einem Waldstück, der Internationalen Akademie Marmaris (→ Übernachten). An einem mit einem blauen Strich auf der Rückseite markierten Baum beginnt der Fußpfad nach İçmeler. Der Weg ist gut ausgetreten und klar zu erkennen, verläuft zuerst auf mehr oder weniger gleicher Höhe gen Osten und bietet herrliche Ausblicke auf Turunç.

Nach ca. 10 Min. schwenkt der Pfad nach links steil bergauf ab, er ist von nun an markiert. Nachdem Sie ca. 6 Min. angestiegen sind, erreichen Sie einen kleinen Sattel, von dem sich ein schöner Blick auf einen neuen Küstenabschnitt auftut. Hier müssen Sie Obacht geben, denn nun gabelt sich der Weg. Sie müssen sich links weiter bergauf halten und dem roten Pfeil folgen. Der Weg nach rechts (leider auch markiert) führte einst ebenfalls entlang der Küste nach İçmeler, ist mittlerweile wegen Felsabbrüchen jedoch lebensgefährlich!

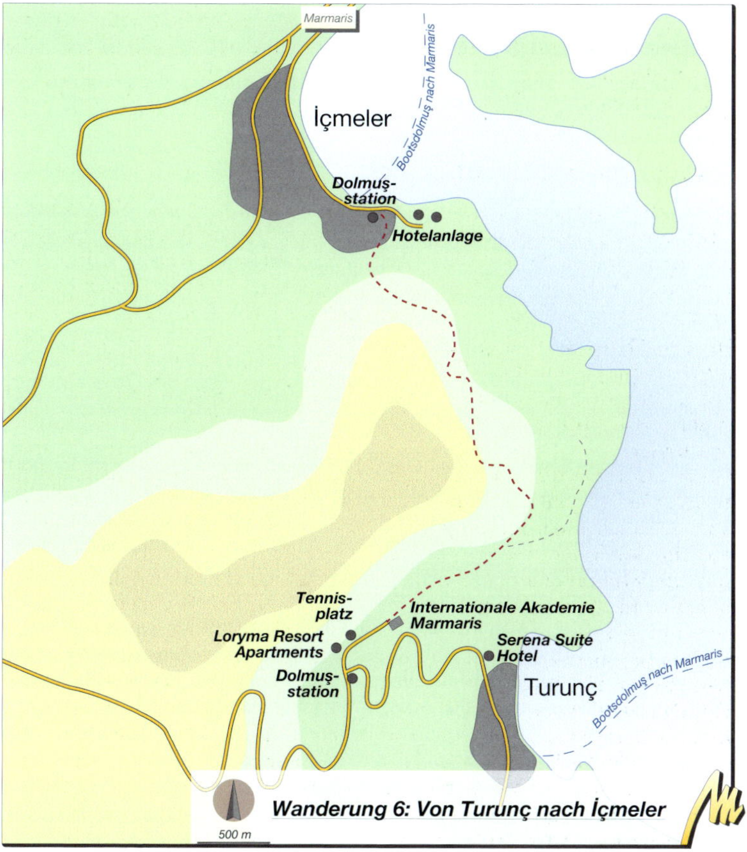

Wanderung 6: Von Turunç nach İçmeler

Fortan gibt es keine Schwierigkeiten mehr: Bis auf ein paar Ziegenpfade zweigen von dem weitgehend breiten Fußpfad keine Wege ab. Sollten Sie längere Zeit keine Markierung mehr sehen, drehen Sie um bis zur letzten Markierung, und versichern Sie sich, ob Sie nicht vom Weg abgekommen sind. Auf mehreren Abschnitten begeistert die grandiose Aussicht über die üppige, fast tropisch anmutende, grüne Vegetation hinweg aufs Meer und die weite Bucht von Marmaris.

In stetem Bergauf und Bergab geht es weiter, bis Sie schließlich von oben auf die Bucht von İçmeler blicken können. Von hier zweigt ein Pfad in den Süden der Bucht ab. Wollen Sie mit dem Dolmuş (egal, ob Boot oder Minibus) sofort zurück nach Marmaris, gehen Sie hier hinab.

Verlassen Sie den Pfad nicht, kommen Sie in der alten Ortschaft İçmeler heraus, die ein wenig vom Meer zurückversetzt liegt. Von dort sind es nur noch wenige Minuten, bis Sie die Straße nach Turunç erreichen, wo Sie auf ein Dolmuş aufspringen können, das Sie zurück zum Ausgangspunkt der Wanderung bringt.

Halbinsel Bozburun

Südwestlich von Marmaris erstreckt sich die lange, wenig verbaute und landschaftlich reizvolle Halbinsel Bozburun, die nach ihrer größten Ortschaft benannt ist.

Das verschlafene Städtchen **Bozburun** liegt 54 km von Marmaris entfernt und ist ein traditionelles Zentrum des Bootsbaus. In den letzten Jahren hat sich der Ort ein wenig herausgeputzt, um am einträglichen Geschäft mit dem Tourismus teilhaben zu können. Dabei setzte Bozburun ganz und gar auf den Yachttourismus und ließ eine Marina bauen, verzichtete aber auf Hotelklötze. Das verleiht dem noch immer beschaulichen Ort mit der gemütlichen, aber kurzen Uferpromenade Charme und Natürlichkeit. Bislang hat sich erst ein Teppichverkäufer eingefunden.

Die restlichen Orte der kargen Halbinsel sind überwiegend Bauern- oder Fischerdörfer oder beides zusammen, wie **Söğütköy**. Die eine Hälfte des Ortes liegt hoch am Hang mit tollen Ausblicken über die Küste und bis nach Sými, die andere in der ruhigen *Saranda-Bucht*.

Im verschlafenen **Bayırköy** treffen sich die Männer in den Teehäusern in der Dorfmitte um die alte, angeblich 2.000 Jahre zählende Platane. Zu ihrer Unterhaltung – viel Abwechslung gibt es hier ja nicht – haben die Dörfler ein Schild an den Baum gebastelt, das darauf hinweist, dass jedem, der die Platane umrunde, ein glückliches Leben beschert werde. Anfangs wurde noch geschmunzelt, wenn Touristen ihre Runden zogen, mittlerweile schenkt man dem aber keine Beachtung mehr.

Über Bayırköy gelangt man in die reizvolle **Çiftlik-Bucht** , deren Strand zum Besten gehört, was die Gegend rund um Marmaris zu bieten hat. Weil zu viele das Idyll aufsuchen wollten, ist es heute allerdings keines mehr. Täglich macht sich von Marmaris eine Armada von Ausflugsbooten mit mehreren Tausend Gästen zur Einnahme der Bucht auf den Weg und verschreckt die dortigen Russen und Deutschen, die das bislang einzige Clubhotel belegen. Damit die „Cluberer" nicht mehr in der Minderzahl sind, sollen neue Hotelanlagen gebaut werden.

Ganz im Norden der Halbinsel, wo Ödnis die Pinienwälder abgelöst hat, kann man vom vergessenen Dorf **Taşlıca** mit seiner spacigen Moschee zu den Ruinen des antiken **Loryma** wandern (weiter Weg, Einstieg zeigen lassen!). Erhalten blieben u.a. Mauern einer Festung zum Schutz der **Bozukkale-Bucht** – ein beliebter Stopp auf der Blauen Reise.

Die Ortschaft **Turgutköy** ist Programmpunkt der Jeepsafaris und jener Ausflugsfahrten, die für gewöhnlich mit dem Label „Visit Turkey Tour" versehen werden. Versprochen wird der Besuch eines typisch türkischen Dorfes, das man sich selbstverständlich als Teppichzentrum vorzustellen hat. Verbunden wird diese Tour in der Regel noch mit einem Stopp bei einem nahe gelegenen **Wasserfall** (mit „Şelale" ausgeschildert). Auch hiervon sollte man nicht allzu viel erwarten. Im Sommer rauscht's kaum mehr als die heimische Klospülung. Das Wasser sammelt sich dafür in mehreren kleinen Becken, in denen man auch baden kann. Am Bachlauf findet man Forellenrestaurants.

Landschaftlich schön gelegen präsentiert sich die **Selimiye-Bucht**, die von den Ruinen eines alten Kastells überragt wird. Die Bucht ist jedoch im ganzen mehr etwas fürs Auge, Badestrände sind Mangelware. Einladend sind dafür die dort unmittelbar am Meer gelegenen Restaurants. In den letzten Jahren entstanden hier auch ein paar Hotels, nicht jedoch Klötze, sondern kleine, charmante Häuser.

Ein paar einfache Unterkünfte und gute Restaurants findet man auch in der fjordartigen **Orhaniye-Bucht**. Am Eingang zu dieser liegt eine Marina. Kapitäne, die mit ihrem Boot noch weiter in die Bucht einlaufen wollen, müssen aufpassen: Knapp unter der Wasseroberfläche erstreckt sich eine Sandbank.

Einen langen, aber schmalen und zum Teil auch ungepflegten Strand besitzt die weite **Bucht von Hisarönü**. Dahinter liegen ein paar Pensionen, Hotels und Campingplätze verstreut.

• *Anfahrt/Verbindungen* Per **Dolmuş** sind die Buchten und Ortschaften der Halbinsel größtenteils gar nicht oder nur schwer zu erreichen. Eine Ausnahme bildet das Städtchen Bozburun, das von Marmaris (Dolmuşbahnhof) aus bis zu 6-mal tägl. angefahren wird.

• *Bozburun* Die Qualität der **Restaurants** ist durchwegs gut. Eines der gemütlichen Lokale explizit hervorzuheben, wäre unfair. Für den Abend bietet sich die **Bar Arşipel** 200 m südlich des Hafens an, eine nette „World Music Bar" (Eigenwerbung) im Natursteingemäuer mit Dachterrasse. Häufig Livemusik, eigene Einstiegsmöglichkeiten ins Meer.

Vorrangig einfache, freundliche Pensionen und Hotels findet man entlang der Uferpromenade. Die meisten Touristen jedoch nächtigen auf ihren Yachten. Eine nette Unterkunft ist das **Hotel Möwe** am Hafen. 6 Zimmer mit Bad und Südamerika-Flair: farbenfrohe Wände, Flickerlteppiche, Muscheldekor. Liebenswert, aber simpel. Die 3 Zimmer im OG besitzen Balkons mit traumhaftem Meeresblick. Gutes Lokal angeschlossen. DZ mit Frühstück 22 €. ✆ 0252/4562661, www.moewe-tr.com.

Sabrinas Haus, eine außergewöhnliche Adresse in einsamer Lage nahe Bozburun. 20-Zimmer-Anlage unter deutsch-türkischer Leitung vollkommen abseits des Trubels. Angenehme, großzügige Zimmer, wunderbarer Garten. Klassische Musik zum Frühstück, gut ausgestattete Bibliothek, Kaminecke, Restaurant mit internationaler (natürlich auch türkischer) Küche und einige Annehmlichkeiten mehr. Frühzeitige Reservierung – am besten von zu Hause aus – ist nützlich. Informationsmaterial wird zugeschickt. DZ mit Frühstück in der HS pro Person 40–60 €. Adresse in Deutschland: Christl Koser, Kochenmühle 2, 70771 Leinfelden-Echterdingen, ✆ 07157/4187 (ab 18 Uhr 0711/7977926), www.sabrinashaus.com. In der Türkei ✆ 0252/4562045, 📠 4562470. Anfahrt: Vor Ort ausgeschildert, aber nicht mit dem Auto zu erreichen. Man kann nur bis zum Hotel Mete fahren, von dort noch 15 Min. zu Fuß; oder anrufen und sich mit dem Boot abholen lassen.

Halbinsel Bozburun

• *Söğütköy* Bei Söğütköy, unmittelbar am Bootssteg von Kızılyer, liegt die **Aşkın Pension** (ausgeschildert). Ruhiger und beschaulicher kann man es kaum haben. Außer ein paar Yachten, die sich hierher verirren, kaum Betrieb. Zwölf sehr gepflegte Zimmer mit Bad, z.T. mit einem kleinen Garten davor, keine 20 m vom Meer, leider kein Sandstrand. DZ mit Frühstück und Klimaanlage 33 €. Das angeschlossene **Octopus Restaurant** ist zudem ein gutes Fischlokal, idyllisch, unmittelbar am Wasser gelegen. ✆ 0252/4965047, askinpension@hotmail.com.

Falls voll, kann man sich auch an die etwas günstigere **Saranda Pansiyon** ganz im Süden der Bucht (ebenfalls ausgeschildert) wenden. Unter holländisch-türkischer Leitung, netter Garten, ebenfalls direkt am Meer. ✆ 0252/4965057, ℻ 4965088.

• *Selimiye* **Beyaz Güvercin Hotel**, ganz im Westen der Bucht. Die „Weiße Taube" überzeugt in erster Linie durch ihren wunderschönen Garten mit Hängematten, Palmen und einem Kinderspielplatz. Die 20 Zimmer sind dagegen nichts Besonderes, aber okay. Schmaler Strand, man kann sich auch auf Stegen über dem Meer sonnen. DZ mit Frühstück 55 €. ✆ 0252/4464274, www.beyazguvercin.com.

Sardunya, erstklassiges Fischlokal mit romantischer Terrasse unmittelbar am Meer. Fantastische Ägäisküche mit bestem Olivenöl. Guter Service. Gehobeneres Preisniveau. Zudem werden gepflegte Zimmer und Bungalows (DZ mit Frühstück 40 €) vermietet. ✆ 0252/4464003, ℻ 4464286.

Außerdem gibt es noch eine **Reihe von einfachen Pensionen** vor Ort, wo man für 9 € pro Person übernachten kann.

• *Orhaniye* **Zuhal Restaurant**, ein von Seglern empfohlenes Terrassenlokal nahe der Marina. Leckere Salate, bester Fisch, nicht ganz billig.

• *Hisarönü* **Hisar Camping**, schattiger Platz, nur durch die Strandbar vom Meer getrennt. 2 Pers. mit Wohnwagen 5,50 €. Mai–Okt. ✆ 0252/4666194.

Club Rena, eine wunderschöne Adresse in idyllischer Lage, 2003 eröffnet. Clubanlage in Miniformat – bislang erst fünf sehr gemütliche Bungalows (mit Bad, Fliesenböden und großer Glasfront), weitere fünf sollen folgen. Davor ein Pool, ein Restaurant (hervorragende Küche zu günstigen Preisen), Palmen und das Meer. Ungezwungene Atmosphäre, sehr zu empfehlen. DZ mit Frühstück 42 €. ✆ 0252/4666096 o. 0536/6267806 (mobil).

Ausflug auf die Insel Rhódos (Griechenland)

Von Marmaris und Fethiye bestehen im Sommer regelmäßige Fährverbindungen nach Rhódos, der größten Insel des Dodekanes. Aufgrund seiner Lage zwischen Europa und Asien blickt Rhódos auf eine wechselvolle Geschichte zurück. Sehenswert ist insbesondere die Altstadt von Rhódos-Stadt, es lohnen aber auch Ausflüge zur Ost- und Westküste.

Rhódos gehört zu den meistbesuchten Inseln Griechenlands. Über 700.000 Urlauber werden jährlich registriert. Die 77 km lange und 38 km breite Insel selbst zählt nur 100.000 ständige Einwohner (davon die Hälfte in Rhódos-Stadt an der Nordspitze der Insel).

Der Inselhauptort begeistert durch seine verwinkelte Altstadt mit einem mittelalterlichen, labyrinthartigen Straßensystem, das in ganz Griechenland seinesgleichen sucht. Beim Schlendern durch die Gassen, vorbei an schattigen Hinterhöfen, urigen Kneipen, halb verfallenen Moscheen und herausgeputzten Ritterhäusern, glaubt man, die Zeit sei stehen geblieben. Ganz anders dagegen die ernüchternde Neon-Beton-Moderne der angrenzenden Neustadt – ein quadratisch aufgeteiltes Viertel mit Hotels, Diskotheken, Restaurants, Fastfoodlokalen, Souvenirgeschäften und Menschen dicht an dicht. Hier ist Rhódos-Stadt nichts weiter als ein großer touristischer Rummelplatz.

Information/Verbindungen/Adressen in Rhódos-Stadt

• *Telefonvorwahl* Internationale Landesvorwahl für Griechenland ✆ 0030.

• *Information* **Griechische Fremdenverkehrszentrale EOT** unweit des Busbahnhofs an der Straßenecke Alexandrou-Papagou 31/Makariou (zwischen Alt- und Neustadt). Mo–Fr 8.30–14.30 Uhr. Sehr hilfsbereit. Aktuelles Informationsmaterial zu Öffnungszeiten, Eintrittspreisen, Busverbindungen und Schiffabfahrtszeiten, außerdem Stadtpläne, Inselkarten, Broschüren usw. ✆ 2241035226, www.ando.gr/eot.

• *Fährverbindungen in die Türkei* → Marmaris/Verbindungen, S. 192 und Fethiye/Verbindungen, S. 156.

• *Verbindungen auf Rhódos* Es gibt zwei große Busbahnhöfe in Rhódos-Stadt: In der Odos Averof (an der Rückseite der Nea Agora) fahren die Busse zum westlichen Teil der Insel ab, an der Platia Rimini (Sound & Light) die Busse zur Ostküste. Eine weitere Busstation befindet sich an der Hafenfront (Nea Agora), hier fahren nur die Stadtbusse ab.

Busse zur Ostküste: U. a. halbstündl. nach Kallithéa, etwa stündl. nach Afandou, 9-mal tägl. nach Kolímbia, 1-mal (morgens, zurück am Nachmittag) zum Tsambiká-Beach, rund 15-mal tägl. nach Líndos/Pefkí. **Busse zur Westküste**: U. a. 2-mal tägl. zum Schmetterlingstal, 2-mal tägl. (außer Mo) zum antiken Kamiros, 9-mal tägl. nach Kalavarda, 1-mal tägl. nach Monólithos, 4-mal tägl. nach Salákos.

• *Autoverleih* Die internationalen Verleiher wie **Europcar** (✆ 2241083105, www.europcar.com.gr) haben Büros in Rhódos-Stadt und am Flughafen. Die kleineren einheimischen Firmen sind allerdings günstiger. Billigste Fahrzeuge ab 50 € pro Tag (mit 100 Freikilometern, jeder weitere gefahrene Kilometer 0,20 €). Unser Tipp: **Motocar Rent a Car**, Agios Ioannou 32, zu Fuß etwa 10–15 Min. vom Mandráki-Hafen. Etwas herber, aber doch freundlicher und hilfsbereiter Service. April–Okt. ✆ 2241074538.

• *Taxis* Große Taxistation an der Platia Rimini (Mandráki-Hafen), nicht zu übersehen. Die Preise sind auf einer Tafel angeschlagen. Z. B. ins Schmetterlingstal 20 €, Lindos 30 €. Wartezeiten pro Stunde ca. 7,10 €.

• *Polizei* **Touristenpolizei**, Eingang auf der Rückseite der EOT in der Odos Karpathou. ✆ 2241027423.

• *Zweiradverleih* Ein 50-ccm-Moped bekommt man pro Tag ohne Kilometerbegrenzung ab 15 €, für Fahrräder (meist ohne Gangschaltung) zahlt man 6 €. Verleiher gibt es fast an jeder Straßenecke, vor allem in der Neustadt. In der Altstadt ist **Mandar Moto** eine gute Adresse, Platia Martyron. April–Okt. ✆ 2241034576.

Übernachten in Rhódos-Stadt

Hotels an jeder Straßenecke in der Neustadt – auf Pauschaltouristen spezialisiert. Die hier ausgewählten Hotels liegen alle in der Altstadt, wo es ruhiger und weniger touristisch zugeht. Außerdem ist es hier preisgünstiger.

Hotel Paris, sehr ruhig und trotzdem relativ zentral gelegen. DZ mit Bad und Frühstück 60–80 €. Nur April bis Okt. Odos Fanouriou 88, ✆ 2241026356, 📠 2241021095.

Pension Andreas, in der Odos Omirou (Hinweisschild). Idyllisches Ambiente, gepflegt, geräumige, freundliche Zimmer, z. T. mit Dachterrasse und romantischem Blick über die Dächer der Stadt. DZ ab 60 €. Waschmaschine. ✆ 2241034156, www.hotelandreas.com.

Apollo Tourist House, neben der Pension Andreas vermietet Besitzer Umberto, der vorher in den Niederlanden gelebt hat, einfache Zimmer, Gemeinschaftsküche und -bad, viele junge Reisende. In dem von Weinreben überdachten Innenhof wird das Frühstück serviert (4 € pro Person), DZ ab 35 €. Omirou-Str. 28c, ✆ 2241032003, www.apollo-touristhouse.com.

Rooms to let Maria, eine gute Adresse, nur 50 m von der Odos Sokrates entfernt, absolut im Zentrum, dennoch nicht laut. DZ ab 25 €. Von Lesern empfohlen: „Sehr sauber, hübscher Innenhof, sehr nette Vermieterin." Odos Menekleous, ✆ 2241022169.

Essen & Trinken in Rhódos-Stadt

Griechische, chinesische oder deutsche Küche, Straßencafé oder Luxusetablissement – alles ist vorhanden. Die meisten Restaurants, in der Regel typische Touristenlokale, befinden sich in der Neustadt. Wer preiswerter und besser essen will, sollte sich in der Altstadt (jedoch nicht unbedingt in der Odos Sokrates) umsehen. Eine Auswahl:

Restaurant Manolis Dinoris, Fischkenner schwören seit vielen Jahren auf das mehrfach ausgezeichnete Traditionslokal in einem ehemaligen Reitstall im Zentrum der Altstadt. Meeresfrüchte aller Art: Hummer, Krabben, Tintenfisch. Für ein dreigängiges Menü sollte man mit mindestens 45-55 € rechnen. Versteckt an der Platia Mousiou 14 a, ✆ 2241025824.

Taverne Alexis, Traditionslokal inmitten der Altstadt. Die Gäste – darunter waren übrigens auch Mikis Theodorakis und Jackie Onassis – sitzen dicht gedrängt an der Odos Sokrates 18 und genießen auch hier, was aus der Ägäis gefischt wird. Eine Spezialität ist die Shrimpssuppe. Das Essen ist besser als der Service. Man sollte pro Person mit ca. 50 € rechnen. So Ruhetag.

Restaurant Oasis, an einem stillen Platz gegenüber der halbverfallenen Redjab-Pascha-Moschee. Nikos Blalaskas und seine Familie bieten griechische Hausmannskost an – deftig und sehr preisgünstig. Zum Nachtisch gibt es Obst auf Kosten des Hauses. Herrlich zum Sitzen unter schattigen Bäumen, netter Service, empfehlenswert. Platia Dorieos 12.

Fischrestaurant Pizanias, der „Seestern". Unauffällig, einfach, abseits der gängigen Touristenrouten, unser Tipp! Zur Auswahl stehen nur frischer Fisch und Salate, dazu eine große Auswahl an Meeresfrüchten (hervorragende Muscheln). Mittags und abends geöffnet, Odos Sofokleous 24 (am gleichnamigen Platz), ✆ 2241031884.

Astra, recht unscheinbare Taverne, in einer Seitengasse der Pythagoras-Str., keine 50 m von der Platia Ippokratou entfernt. Gut und außerordentlich günstig, einfache Hausmannskost.

Baden

An der Nordspitze und der anschließenden Westflanke von Rhódos-Stadt liegen ausgedehnte Kies-/Sandstrände mit allen touristischen Einrichtungen, jedoch sind diese von Juni bis Anfang September restlos überlaufen. Das Gleiche gilt für die meisten Strände an der Westküste zwischen Trianda und Rhódos-Stadt. Empfehlenswert sind Ausflugsfahrten zu den Stränden der Ostküste (per Bus oder per Schiff vom Mandraki-Hafen). Abgelegenere Buchten an der Westküste findet man lediglich nahe der Straße Richtung Flughafen.

Kallithea: an der Ostküste, 10 km von Rhódos-Stadt. Der kleine, von Palmen gesäumte Sandstrand zählt zu den Attraktionen der Insel. Oft machen kleine Ausflugsschiffe Halt, um ihren Gästen in der Bucht eine Schnorchelpartie im kristallklaren Wasser zu ermöglichen. Außerdem werden vom Mandráki-Hafen in Rhódos-Stadt Tauchausflüge hierher unternommen. Gute Bademöglichkeiten auch in der Umgebung, allerdings Felsküste.

Tsambika-Bucht: Sand, Sand, Sand. Zwischen hohen, gewaltigen Bergen liegt die wohl schönste Badebucht der Insel. Der Strand ist gut besucht, aber selbst im Hochsommer kaum überfüllt. Am nördlichen Rand der Bucht ein steiler, 240 m hoher Berg, auf dessen Gipfel eine blendend weiße Wallfahrtskirche thront. Eine 2,5 km lange, befestigte Straße führt hinauf. Nach 20-minütigem Aufstieg hat man einen der schönsten Aussichtspunkte der Insel erreicht.

Eines der sieben Weltwunder: der Koloss von Rhódos

Der über 30 m hohe Gigant wurde um 290 v. Chr. in zwölfjähriger Arbeit zu Ehren von Helios (Sonnengott und Schutzpatron der Insel) errichtet. Mit breit gespreizten Beinen und einer Fackel in der Hand soll er am Eingang des Mandráki-Hafens gestanden haben. Doch das ist mehr Legende als historische Wahrheit, schon aus Gründen der Statik wäre ein solches Unternehmen gescheitert. Wahrscheinlich stand die Riesenstatue in der Nähe des heutigen Großmeisterpalastes – aber nur 63 Jahre, dann brach sie infolge eines Erbebens zusammen. Wie der Koloss aussah, erfährt man in jedem Souvenirladen – Kitsch und Kult sind auch nach über 2.000 Jahren lebendig.

Sehenswertes in Rhódos-Stadt

Die Altstadt ist von einem wuchtigen, 4 km langen Befestigungswall mit bis zu 14 m breiten Mauern umgeben. Die Ritter des Johanniterordens ließen diesen, während sie auf der Insel weilten (1308–1523), aus Furcht vor türkischen Angriffen ausbauen (Di und Sa Rundgänge gegen 14.45 Uhr, Eintritt 4 €). Ihre Viertel und das Türkische Viertel sind besonders sehenswert.

Ritterviertel: Den nördlichen Teil der Altstadt bildet das alte Ritterviertel, das leicht am alles überragenden Großmeisterpalast zu erkennen ist. Die originalgetreu restaurierte *Odos Ippoton (Ritterstraße)*, die hangaufwärts zum Palast führt, ist ein Musterbeispiel für die Architektur aus der Zeit der Johanniterherrschaft. Spätgotische Häuserfassaden reflektieren das einfache, strenge Leben der Ordensritter. Auf den ersten Blick wirkt die schnurgerade kopfsteingepflasterte Straße enttäuschend. Eine Ritterherberge sieht wie die andere aus. Doch wer genauer hinschaut, entdeckt an den Hauswänden viele interessante Details.

Wenige Schritte abseits der Ritterstraße befindet sich im einstigen Hospital des Ordens das **Archäologische Museum** (im Sommer Di–Fr 8.30–19 Uhr, Sa/So 8–14.30 Uhr, Eintritt 2,50 €). Es beherbergt eine umfangreiche Sammlung von Statuen, Reliefs, Grabstelen aus hellenistischer und römischer Zeit, darunter die berühmte „Kauernde Aphrodite" aus dem 1. Jh. v. Chr. Sehenswert ist auch der 51 m lange Krankensaal im Obergeschoss.

Der zinnenbekrönte **Großmeisterpalast** (Grundfläche 80 x 75 m) am Ende der Ritterstraße hat sein heutiges Gesicht erst sehr viel später erhalten, als es sein Name vermuten lässt. Er wurde im Jahr 1940 während der Herrschaft der italienischen Faschisten nach alten Plänen fertig gestellt. Im ersten Stock gibt es mehr als ein Dutzend Räume, deren Besichtigung sich vor allem wegen der Mosaikböden lohnt (im Sommer tägl. 8 bis 19 Uhr, Mo ab 12.30 Uhr, Eintritt 4 €).

> Wer jeden Winkel der Altstadt und der gesamten Insel erkunden will, kann auf unser **Reisehandbuch „Rhódos"** von Hans-Peter Siebenhaar zurückgreifen.

Türkisches Viertel: Der lebendigste Teil der Altstadt liegt südlich der Ritterstraße. Sein Herz ist die *Sokratesstraße* mit ihren Schuh-, Pelz- und Schmuckläden. Dazwischen findet man immer volle Cafés und Restaurants. Doch wer sich nur ein paar Schritte davon entfernt, lernt die beschaulicheren Seiten des Türkischen Viertels kennen. Am Ende der Sokratesstraße steht die *Suleiman-Moschee,* keine 200 Jahre alt, ihr Vorgängerbau stürzte ein. Damit es die neue Moschee der alten nicht gleich tut, wird sie gerade mit EU-Geldern restauriert und ist nicht zu besichtigen.

Weitere Sehenswürdigkeiten: Besuchenswert ist zudem die *Städtische Galerie von Rhódos* an der Platia Symi (Mo–Sa 8–14 Uhr, Eintritt 2 €). Ausgestellt sind Bilder griechischer Künstler, darunter naturalistisch-realistische Darstellungen, aber auch abstrakt-expressionistische Arbeiten. Als Tipp für Liebhaber byzantinischer Kunst sei das kleine *Byzantinische Museum* in der *Panagia tou Kastrou* (Marienkirche, Di–So 8–19 Uhr, Eintritt 2 €) schräg gegenüber dem Archäologischen Museum genannt. Interessant ist auch der Besuch der *Kahal-Shalom-Synagoge,* des ältesten jüdischen Gotteshauses in Griechenland (tägl. 10–17 Uhr, Spende erwünscht). Im angeschlossenen Museum ist das Leben der jüdischen Gemeinde bis zum Beginn des 2. Weltkriegs dokumentiert – die Nazis besorgten deren Untergang. Sehenswert ist ferner die in der Odos Apollonion gelegene *Agios-Georgios-Kirche* aus dem 14. Jh. (beim Georgstor), die während der türkischen Herrschaft eine Koranschule beherbergte.

Die schönsten Ausflugsziele der Insel

Wer die Insel in ihrer Ursprünglichkeit kennen lernen möchte, sollte sich von Rhódos-Stadt aus in Richtung Süden auf den Weg machen. Dort gibt es weitgehend verlassene Dörfer, kilometerlange Kiesstrände, schnurgerade, traumhafte Sandstrände und im Inselinneren eine wilde, herbe Gebirgslandschaft.

Líndos: Das zweifellos schönste Dorf der Insel liegt 55 km von Rhódos-Stadt entfernt an der Ostküste. Gleich einer Fata Morgana leuchtet der Ort strahlend weiß aus der kargen, felsgrauen Küstenlandschaft. Durch enge Gässchen geht es hoch zur legendären **Akropolis** (im Sommer tägl. 8–19.40 Uhr, Mo ab 12.30 Uhr, Eintritt 6 €), vorbei an einem über zwei Jahrtausende alten, in die Felswand gemeißelten *Schiffsrelief*, bis man durch die mächtige *Johanniterzitadelle* zur antiken *Tempelterrasse* gelangt. Blickfang ist eine einst 87 m breite *Säulenformation*, die teilweise wieder aufgebaut wurde. Im Zentrum steht der *Athenetempel* – 166 m über dem Meeresspiegel. Wer den mühsamen Aufstieg per pedes zur Akropolis scheut, kann sich auch von einem Esel hinauftragen lassen. Und wer Ruhe sucht, biegt von der Hauptgeschäftsgasse (hangabwärts) einfach rechts ab und geht zur 1,5 km entfernt gelegenen *Apostel-Paulus-Bucht* mit ihrem kleinen Sandstrand und dem türkisfarben glitzernden Meer.

Tal der Schmetterlinge (Petaloúdes): Tausende und Abertausende von Schmetterlingen tummeln sich in dem wildromantischen Tal an der Westküste von Rhódos zwischen Juni und Ende September! Die hier wachsenden Storaxbäume enthalten ein spezielles Harz, das die Schmetterlinge anzieht. Zwar sind die Quadrigaschmetterlinge im Ruhezustand kaum auszumachen, aber im Flug blinken ihre Flügel in kräftigem Weiß, Rot, Braun und Schwarz (tägl. 7.30–18 Uhr, Eintritt 5 €).

Kamirós: Die Ruinen der antiken Stadt, die vor rund 2.600 Jahren ihre Blüte hatte, liegen an einem sanften Berghügel 34 km von Rhódos-Stadt entfernt. Die Grundrisse der Häuser und Straßen sind noch gut zu erkennen. Wer den Hang hinaufspaziert, hat nicht nur einen phantastischen Ausblick, sondern stößt auch auf die Reste eines ausgeklügelten Wasserversorgungssystems mit einer großen *Zisterne*. Auf dem Plateau stand einst eine 200 m lange Stoa mit dorischen Säulen. Dahinter Reste eines *Athenetempels* (im Sommer tägl. Di-So 8–18.30 Uhr, Eintritt 4 €).

Berg Prophítis Ilías: 48 km entfernt von Rhódos-Stadt findet man eine Bergkulisse wie im Schwarzwald. Ausgedehnte Nadelwälder und zwei Hotels im alpenländischen Stil am Gipfel – ein ganz anderes Rhódos. Zum knapp 800 m hohen Prophítis Ilías führt eine gut ausgebaute, 16 km lange Asphaltstraße. An heißen Sommertagen ein ideales Ausflugsziel. Hier oben weht stets ein frisches Lüftchen.

Zeitvertreib am Sonntagnachmittag: Stierkampf auf der Halbinsel Reşadiye

Halbinsel Reşadiye

Westlich von Marmaris reckt sich die dünn besiedelte Halbinsel Reşadiye lang und schmal ins Meer. Ihren würdigen Abschluss findet sie in den Ruinen der antiken Stadt Knidos. Auf dem Weg dorthin stößt man auf viele, fast unberührte Buchten, die zu den schönsten des Reisegebiets zählen.

Noch bis vor wenigen Jahren verlangten die unzähligen Serpentinen auf der bergigen Strecke nach Datça, dem Hauptort der Halbinsel, von Fahrer und Wagen das Äußerste. Mittlerweile wurde die Straße ausgebaut – nur noch Geduld ist erforderlich. Unterwegs wird man mit immer neuen Ausblicken auf wilde Schluchten, türkisblaue Buchten und schroffe, kahle Felshänge belohnt. Viele Ortschaften abseits der Straße sind noch eine Welt für sich, natürlich und ursprünglich – insbesondere im Vergleich zu Marmaris. Selbst der Hauptort Datça ist alles in allem noch ein gemütliches Städtchen. Die Abgeschiedenheit der Halbinsel ging lange Zeit auch mit einer touristischen Rückständigkeit einher. Ob dem Ausbau der Straße nun ein großer touristischer Umbau folgt, bleibt abzuwarten. Besonders lohnend ist Reşadiye für Campingfreunde. Zwischen Marmaris und Emecik liegt eine ganze Reihe schöner Plätze.

Zwischen Marmaris und Datça

Fährt man von Marmaris gen Westen kommt bis auf ein paar Abzweigungen zu abgelegenen Buchten lange Zeit nichts. Einladende Campingplätze machen sich dort breit (s.u.). Gewissermaßen der Endpunkt der 50 km langen „Campingplatzstrecke“ ist das **Ferienzentrum Aktur**, dessen schönen Strand man von der Straße aus sieht. 8 km weiter taucht rechter Hand, abseits der Straße, die kleine, an einem Hang gelegene und für Touristen weitestgehend uninteressante Ortschaft **Emecik** auf. Ebenfalls für Ausländer uninteressant, ist der 3 km weiter gelegene, flach ins Meer verlaufende Sandstrand in der **Bucht von Karaincir** – er ist fest in der Hand von türkischen Urlaubern, die in dem gleichnamigen Feriendorf dahinter ihre Sommerresidenzen stehen haben. Rund 1 km hinter der Bucht von Karaincir beginnt jedoch der kilometerlange, weitestgehend unverbaute **Gebekum-Sandstrand**, dessen schönster und gepflegtester Abschnitt der östliche ist (Abzweigung links zum Nobelhotel *Sunsail Perili Club* nehmen). Von hier liegen noch rund 14 km bis Datça vor Ihnen.

• *Camping zwischen Marmaris und Emecik* **Çubucak Mesire Yeri**, an der Verbindungsstraße Marmaris–Datça (ca. 24 km westlich von Marmaris). Riesiges Gelände, sehr schön im Wald und gleichzeitig direkt an einem ansprechenden Kiesstrand gelegen. Zelten für 2 Pers. mit Wohnwagen oder Wohnmobil 5,50 €. ✆ 0252/4670043, www.cubucak.net.

İnbükü Orman Camping, 3 km hinter dem Çubucak Mesire Yeri, von der Hauptstraße Marmaris–Datça aus beschildert. Ebenfalls in einer Bucht mit Kiesstrand und mitten im Wald. Ungewöhnlich weitläufige Anlage mit z. T. völlig isolierten Stellplätzen. Für Leute, die in erster Linie ihre Ruhe haben wollen. Auch die Tagesgäste, die nur zum Baden kommen, stören nicht. Ähnliche Preise. ✆ 0252/4369119.

Amazon Camping, nach ca. 30 km auf der Straße Marmaris–Datça rechts ab, dann noch 10 km holprige Schotterstraße (beschildert). Nur für Selbstfahrer interessant. Abgelegener, fast paradiesischer Platz am Golf von Gökova, jedoch nicht direkt am Meer, sondern an einem Flussarm gelegen. Zum hauseigenen Strand fährt man mit dem Kanu. Schön angelegt, gut ausgestattet, familiär und freundlich geführt, aber verhältnismäßig klein: Wer mit dem Wohnmobil kommt, sollte besser reservieren. Gutes Restaurant (mit Monopolstellung), Planschpool. Campen 5 € pro Person, Bungalow mit HP pro Person satte 26 €. ✆ 0252/4369111.

Aktur Ferienzentrum, hinter einem Traumstrand inmitten eines Pinienwaldes erstreckt sich diese weitläufige Ferienanlage. Fast ein Ort für sich: Bank, Restaurants, Supermarkt, Ambulanz und dreimal wöchentlich türkischer Basar. Großes Freizeitangebot: Tennis, diverse Wassersportmöglichkeiten, Ausflüge zu Land und zu Wasser, Radverleih (nützlich zur Überwindung der Distanzen im Feriencamp) etc. Das Campinggelände (ordentliche sanitäre Einrichtungen, Kochgelegenheiten) liegt von einer Bungalowsiedlung getrennt, wo man von einfachen Hütten ohne Komfort (DZ 12,50 €) bis zur eigenen Ferienvilla (40–75 €) so ziemlich alles mieten kann, was das Herz begehrt. Campen für 2 Pers. ca. 8 €. ✆ 0252/7246168, ℻ 7246167.

• *Clubanlage* **Club Golden Key Bördübet**, auf dem Weg zum Amazon Camping (s. o.) mitten im Wald, ab der Straße Marmaris–Datça noch 6 holprige km. Idylle pur. Wenn schon Cluburlaub, dann hier: herrliche, weitläufige Anlage mit 22 geschmackvollen, äußerst komfortablen Suiten. Zwischen Palmen, Swimmingpool und Kinderspielplatz gackern Hühner. Zum privaten Strand fährt man mit dem Boot, zudem viele andere Sportmöglichkeiten. April bis Mitte Okt. Frühzeitige Buchung empfehlenswert. DZ mit HP 160 €. ✆ 4369230, www.goldenkeyhotels.com.

Datça

(10.000 Einwohner)

Datça, der Hauptort der Halbinsel Reşadiye, ist ein kleines, freundliches Küstenstädtchen, das mit den großen Nachbarorten des Massentourismus – im Norden Bodrum und im Osten Marmaris – noch wenig gemein hat.

Beliebt ist Datça, 76 km westlich von Marmaris, vor allem unter Seglern. Der kleine Yachthafen ist immer gut belegt, und rundherum hat sich ein durchaus charmantes Ensemble aus Bars, Restaurants und Souvenirläden angesammelt. In den Außenbezirken sieht das anders aus. Dort zieht man fleißig Hotels hoch und vermittelt den Eindruck, als wolle man den Urlaubsmetropolen Marmaris oder Bodrum

Die Bucht von Datça

nacheifern. Wenn Datça nicht aufpasst, wird es mit seiner übertriebenen Bautätigkeit all jene vergraulen, die dem Ort bislang gerade wegen seiner Überschaubarkeit und Freundlichkeit den Vorzug geben. Noch ist Datça aber nur ein schüchterner Ableger der großen Touristenzentren. Symptomatisch dafür ist auch die zurückhaltende Art der Aufreißer vor den Restaurants – sofern es überhaupt welche gibt. Den Mangel an kulturhistorischen Sehenswürdigkeiten will man mit dem Bau eines Museums beheben, das Funde aus Knidos beherbergen wird. An der Spitze der Landzunge beim Amphitheater soll es entstehen – seit mehreren Auflagen dieses Buches ist es aus dem Planungsstadium aber noch nicht herausgekommen.

Nur wenige Urlauber verirren sich bislang nach **Eski Datça** („Altes Datça"), ein verträumtes idyllisches Dörfchen mit engen gepflasterten Gassen, von dem der später hinzugekommene Küstenort überhaupt erst seinen Namen erhielt. Das Dorf, rund 2 km vor Datça im Landesinneren gelegen, lohnt eine Stippvisite. Nette Unterkunftsmöglichkeiten bestehen bereits.

Information/Verbindungen/Ausflüge

- *Telefonvorwahl* ✆ 0252.
- *Information* **Tourist Information** im Sommer in einem kleinen Holzhäuschen am Cumhuriyet Meydanı (tägl. 8.30–20 Uhr), im Winter im Regierungsgebäude Hükümet Konağı nahe der Atatürk Cad. (Mo–Fr 8–12 u.13–17 Uhr). ✆/℻ 7123546.
- *Verbindungen* Regelmäßige **Busse** nach Marmaris, ca. 4 € (Dauer 1,5 Std., der erste um 7 Uhr, der letzte gegen 21 Uhr). Für alle weiteren Ziele an der Südküste muss man in Marmaris oder Muğla umsteigen. Der Busbahnhof liegt etwas außerhalb des Zentrums an der Straße nach Marmaris. Die meisten Busgesellschaften haben jedoch Zweigstellen im Zentrum.

Dolmuş: Nach Palamutbükü und Mesudiye (Hayıtbükü und Ovabükü) im Sommer bis zu 6-mal tägl., im Winter 1-mal tägl. Einfach 1,70 €. Achtung: Am So nur sehr schlechte Verbindungen! Dolmuşstation zentral an der Atatürk Cad.

Taxi: Stand z.B. bei der Dolmuşstation. Nach Knidos mit 1 Std. Aufenthalt horrende 55 €. Mesudiye einfach 22 €, Palamutbükü 25 €.

• *Schiffsverbindung nach Bodrum* Im Sommer verkehren 2-mal tägl. (meist um 9 und 17 Uhr) Autofähren von Körmen Limanı (9 km von Datça entfernt) nach Bodrum. Die Überfahrt dauert 2 Std. Zu den Abfahrtszeiten verkehrt ein Bus von Datça nach Körmen Limanı. Im Okt. und Mai nur 3-mal wöchentl., im Winter keine Verbindung. Ticket pro Person 8,50 € einfach inkl. Bus nach Körmen, 14 € hin/zurück, Pkw mit Fahrer einfach 25 €, jede weitere Person 2,80 €. Tickets bekommt man im **Ferry Boat Office Datça** in einer Seitengasse der İskele Cad. nahe der Moschee. ✆ 7122143. Zusätzlich verkehrt in manchen Jahren im Sommer tägl. ein Hydrofoil-Boot nach Bodrum (35 Min.). Hin-/zurück ca. 20 €. Infos u. a. auch beim Ferry Boat Office Datça.

• *Schiffsverbindungen nach Sými und Rhódos* Von Mai bis Mitte Oktober legen Do u. Sa am Hafen nahe dem Büro von **Knidos Turizm** (s.u., zugleich der Ticketverkauf) Hydrofoil-Boote nach Sými (→ „Ausflug auf die Insel Sými", S. 221) ab, das Schiff am Sa fährt weiter bis Rhódos. Hin und zurück bis Rhódos 35 €, einfach 30 €, nach Sými 10 € weniger. Achtung: Der Fahrplan kann sich ändern. Zudem tuckern unregelmäßig auch kleinere Schiffchen nach Sými.

• *Bootsausflüge* Die Kapitäne im Hafen erwarten Sie zu diversen Unternehmungen, der Ausflug nach Knidos gehört zum Pflichtprogramm (→ „Knidos/Verbindungen", S. 218). Zudem werden in der HS Tagesausfahrten zu verschiedenen Buchten rund um die Halbinsel Reşadiye angeboten, inkl. Mittagessen 14 € pro Person. In der NS richten sich die Preise nach der Anzahl der Teilnehmer. Ein umfangreiches Angebot hält **Seher Tour** bereit (am Hafen, ✆/℻ 7123087, www.sehertour.com).

Adressen

• *Ärztliche Versorgung* **Dr. Taner Karaman** praktiziert im städtischen Krankenhaus, sehr freundlich. ✆ 7123082.

• *Autoverleih* Die Preise liegen weit über denen in Marmaris, die mangelnde Konkurrenz macht's möglich. Die lokalen Anbieter (z. B. **Seher Tour**, → Bootsausflüge) verlangen für die billigste Kategorie rund 55 € pro Tag.

• *Einkaufen* Verglichen mit anderen Urlaubsmetropolen ist das Angebot bescheiden. Datça-Thymianhonig und etliche andere Honigsorten gibt es bei **Uğurlu Balları (6)** an der İskele Cad. nahe der Ziraat Bankası. Ein schöner Laden mit Naturprodukten aus Datça (Seifen, Olivenöl, Honig oder Salbeitee) ist zudem **Zafet (8)** an der İskele Cad. 59. Freitagabend **Obst- und Gemüsemarkt**, Sa großer **Markt** (beide nahe der Post).

• *Polizei* Im Zentrum an der Atatürk Cad., zu erreichen über die Notrufnummer 155.

• *Post* Ebenfalls im Zentrum an der Atatürk Cad.

• *Reisebüro/Yachtcharter* Eines der größten Reisebüros ist **Knidos Turizm** am Hafen (✆ 7129464, ℻ 7122464). Das Hauptgeschäft der Agentur liegt im Bereich Yachtcharter.

• *Zeitungen* und Zeitschriften in deutscher Sprache (leider jedoch meist vom Vortag) im **Çağlar Market (1)** an der Atatürk Cad. nahe der Dolmuşstation.

• *Zweiradverleih* Wenige Anbieter und daher auch hohe Preise. Sowohl Mountainbikes als auch Scooter kosten an die 25 € pro Tag. Ein Verleiher ist **Eriman** an der Atatürk Cad. gegenüber der Dolmuşstation. ✆ 7122915.

Übernachten/Camping

Villa Carla (16), eine tolle Unterkunft in einem Neubau etwas außerhalb des Zentrums, an der Straße zur Kargı-Bucht ausgeschildert. 18 individuell und mit Liebe eingerichtete Zimmer, z.T. mit 200 Jahre altem Kachelschmuck. Buchen Sie eines mit Balkon und dem Über-Blick auf das Meer! Pool, super Terrasse, privater Kiesstrand. Freundliches, junges Personal. Frühzeitige Reservierung empfehlenswert. DZ 50–55 € mit Frühstück. ✆ 7122029, www.villacarladatca.com.

Villa Tokur (16), nahe der Villa Carla. Ebenfalls keine Villa, aber ebenfalls sehr empfehlenswert und an der Straße zur Kargı-Bucht ausgeschildert. Unter deutsch-türkischer Leitung. 13 sehr angenehme Zimmer mit gusseisernen Betten sowie 2 Apartments für max. 4 Pers., alle mit Balkon, Klimaanlage und Zentralheizung. Freund-

licher Poolbereich. Ganzjährig geöffnet. DZ mit Frühstück 40 €, Apartment 57 €. ✆ 7128728, www.hotel-tokur.com.

Hotel Luna (15), im Südwesten der Taşlık-Bucht. Angenehmes Haus ca. 250 m vom Meer. 19 Zimmer mit hellen Holzmöbeln. Dachterrasse. Pool. DZ 30 € inkl. Frühstück, ✆ 7122001.

Huzur Pansiyon (10), Pension mit schattigem Innenhof oberhalb des Hafens. 19 schlichte und etwas abgewetzte, aber saubere Zimmer mit eigenen Sanitäranlagen, kleinem Balkon, Klimaanlage und Kühlschrank. Gemeinschaftsküche. Zudem 4 Apartments für 2–5 Pers. Einziger Haken: Ein Teil der Zimmer befindet sich in unmittelbarer Nähe zu den Lautsprechern des Minaretts. DZ mit Frühstück 28 €, Apartments je nach Größe 28–44 €. Mevki Cami arkası, ✆ 7123364, ✆ 7123052.

Yavuz Apart Otel (3), sehr sympathische, gut geführte Unterkunft zwischen Dolmuşstation und Meer. Vermietet werden acht geräumige, sehr saubere und gut ausgestattete Apartments, alle mit Klimaanlage, guten Bädern und Balkonen, die Hälfte mit Meeresblick. Freundliche, familiäre Atmosphäre. Apartments für bis zu 4 Pers. 50 €. Von Lesern empfohlen. ✆ 7123578, www.yavuzapart.com.

Tuna Pansiyon (4), einfache, zentral gelegene Stadtpension mit tropfenden Wasserhähnen. Zimmer zur Straße hin laut, hinten raus jedoch ab der 2. Etage mit Meeresblick und Balkon. Sauber. DZ ohne Frühstück 19 €. Atatürk Cad., ☎ 7122014.

• *Camping* **Ilıca Camping (17)**, schönes Gelände am Südende der Badebucht (direkt am Kiesstrand), z. T. wenig Schatten. Ein Wermutstropfen sind die Sanitäranlagen. Vermietet werden große und kleine Bungalows fürs gleiche Geld, 10 € pro Person, 2 Pers. mit Wohnmobil 15 €. Nette Bar. ☎ 7123400.

• *In Eski Datça* **Dede Pansiyon**, an der Straße nach Datça ausgeschildert. Unser Pensionstipp in dörflicher Idylle. Vermietet werden sechs äußerst liebevoll und sehr individuell eingerichtete farbenfrohe Suiten, jede davon besitzt einen originellen Namen. Kleiner Pool mit Palmen, Cafébar, alles sehr gepflegt. Deutsch sprechende Inhaber. DZ mit Frühstück 60 €. ☎/📠 7123951, www.dedepansiyon.com.

Faruk und Ursula Dinç, die Besitzer des Restaurants Culinarium (→ Essen & Trinken), vermieten in Eski Datça zwei schnuckelig eingerichtete Apartments im Natursteinhaus für 2 Pers., das eine mit Terrasse und Garten, das andere mit kleinem Balkon. Pro Apartment und Tag 30–35 €. Infos über das Restaurant Culinarium, ☎ 7129770, www.peninsula-tr.de.

Essen & Trinken/Nachtleben (siehe Karte S. 213)

Das Gros der Lokale in Datça, darunter viele kleine günstige Lokantas, ist empfehlenswert. Die Preise sind durchwegs um 20 bis 30 % niedriger als in Marmaris, der Service dafür um 100 % besser.

Emek Restaurant (11), am Hafen. Eine gute Adresse für Gegrilltes und fangfrischen Fisch. Zudem Berge von delikaten Meze, die die Wahl schwer machen. Schöne Terrasse, auf der man all das genießen kann. Nicht ganz billig. ☎ 7123375.

Culinarium (11), eine 2004 eröffnete, außergewöhnliche Adresse in der Nachbarschaft des Emek. Unter deutsch-türkischer Leitung. Geboten wird eine kleine, aber feine Auswahl türkisch-mediterraner Crossoverküche, jedes Gericht wird frisch zubereitet und bringt Abwechslung zu Kebab und Grillfisch. Mit Feingefühl gestaltete Räumlichkeiten, tolle Dachterrasse mit einem Hauch Schiffsdeckambiente. Für das Gebotene faire Preise, ein Essen mit Bier ca. 10–14 €. ☎ 7129770.

Papatya (13), freistehendes altes griechisches Haus ein Stückchen oberhalb des Hafens. Man sitzt auf Korbsesseln oder bunten Holzstühlchen auf der hübschen Dachterrasse. Von Lesern, die „selten so gut wie hier gegessen haben", empfohlen. Nette Aussicht, ruhig. Für ein einfaches Gericht mit einem Bier is(s)t man schon mit rund 6 € dabei. ☎ 7122860.

Fevzi'nin Yeri (5), einfacheres, sehr beliebtes Fischlokal im Zentrum. Frischer und doch günstiger Fisch in spannenden Variationen. Ambarcı Cad., ☎ 7129746.

Zekeriya Sofrası (9), Lokanta an der İskele Cad. Ein paar Tische draußen auf der Straße, ein paar drinnen, Töpfe zum Reingucken und Auswählen auf dem Herd. Auch leckere Köfte. Preiswert und äußerst populär.

İmren Restoran (2), etwas abseits des Geschehens an der Şehit Ali Osman Çetiner Cad. Unauffällige, simple Lokanta mit freundlicher Bedienung und guter Küche. Wechselnde Tageskarte mit mehr als günstigen Topfgerichten. Pide, Gegrilltes. Hg. 1,40–1,70 €.

Café Inn (7), kleines Café im urbanen europäischen Stil. *Lavazza*-Kaffee – eine Wohltat nach so viel Nescafé! İskele Cad., gegenüber der Zekeriya Sofrası.

• *Nachtleben* Findet konzentriert auf dem kleinen Areal beim Yachthafen statt. Angesagt ist die **Marin Bar (12)** mit den buntesten Lichtspielen und dem dröhnendsten Sound. Beliebt ist auch die **Bambu Bar (12)** mit Bambusrohrsesseln und Laube. Die Präsentation der Getränke hat Stil. Wer tanzen will, besucht den **Club Gallus (14)** nahe dem Yachthafen an der Straße zur Kargı-Bucht.

Baden/Sport/Veranstaltungen

• *Baden* Datça verfügt über drei öffentliche Strände: den kinderfreundlichen **Kumluk Beach** nördlich des Hafens, den **Taşlık Beach** südlich des Hafens und den **Hastane Altı** genannten Strand unterhalb des Krankenhauses. Dieser ist der sauberste der stadtnahen Strände und mit der Blauen Flagge ausgezeichnet.

Auf dem Weg zur Armutlu-Bucht

Der schönste Strand, der von Datça aus noch mühelos zu Fuß (der Beschilderung „Kargı Koyu" bzw. „Yeşim Bar Restaurant" folgen), aber auch mit dem Dolmuş bis zu 10-mal tägl. zu erreichen ist, befindet sich in der südlich gelegenen **Kargı-Bucht**. Weitere Bademöglichkeiten bieten sich, wenn man in der Kargı-Bucht am Strand entlang auf das letzte Haus am Ende der Bucht zuwandert und dort den Weg nimmt, der zwischen zwei Olivenbäumen hindurch auf eine Anhöhe führt. So gelangt man auf einen Pfad, der entlang der Küste vorbei an winzigen Buchten verläuft und an der **Armutlu-Bucht** endet.

Die allerschönsten Badegelegenheiten rund um Datça sind jedoch nur per Bootsausflug (→ S. 212) zu erreichen. Für weitere Bademöglichkeiten → „Zwischen Marmaris und Datça", S. 209.

• *Tauchen* **Datça Diving**, am Taşlık Beach. Mit deutschsprachigen Tauchlehrern. Tagesbootsfahrt mit 2 Tauchgängen, Equipment und Mittagessen 50 €. ✆ 7123759, www.datcadiving.com.

• *Feste* In der Regel findet Ende August im örtlichen Amphitheater das **Datça-Knidos Kültür Ve Sanat Festivalı** statt. Auf dem Programm stehen Rock- und Folklorekonzerte, Tanzaufführungen, sportliche Wettkämpfe und manchmal sogar Stierkampfdarbietungen.

Umgebung von Datça

Körmen Limanı: Die Bucht am Golf von Gökova liegt 9 km nördlich von Datça und ist nichts anderes als der Fährhafen nach Bodrum mit einem Steg, einer Bar und einem Campingplatz an einem wenig attraktiven Küstenabschnitt. Drum herum stehen ein paar vereinzelte Häuser.

Verbindungen Zu den Abfahrtszeiten der Fähren verkehren **Busse** von Datça nach Körmen. Busfahrpreise sind im Fährticket inbegriffen. Der Hafen ist an der Straße nach Mesudiye mit „Feribot İskelesine gider" ausgeschildert.

Hayıtbükü- und Ovabükü-Bucht: Die beiden Buchten, die erst 1996 durch Teerstraßen erschlossen wurden, liegen unterhalb der weit verstreuten Siedlung **Mesudiye**, 13 km westlich von Datça Richtung Knidos. Die weite Ovabükü-Bucht im

Westen säumt ein herrlicher Strand, dahinter finden sich ein paar einfache Pensionen – die Infrastruktur ähnelt der von Çıralı vor 20 Jahren. Die beschauliche Hayıtbükü-Bucht im Osten von Mesudiye erinnert ein wenig an die idyllischen Buchten griechischer Inseln und wird unter Seglern als Geheimtipp gehandelt. Ein kleiner, nie überlaufener Strand lädt auch hier zum Baden ein. Doch Achtung: Wer hier auch nur einen Tag einplant, fährt in der Regel erst nach einer Woche wieder.

• *Verbindungen* Per **Dolmuş** im Sommer bis zu 5-mal tägl. von und nach Datça (1,70 €), So stark eingeschränkt.

• *Übernachten/Camping/Essen & Trinken* In beiden Buchten steht eine Reihe einfacher Pensionen (DZ ab 17 €) und Hotels zur Auswahl. Unsere Tipps:

Gabaklar Pansiyon & Restaurant, bislang einzige Pension in der Kızılbük, einer kleinen, palmenbestückten Nebenbucht der Hayıtbükü-Bucht. 24 Zimmer, zwölf davon auf 2003 gebaute, schöne Bungalows (moderne Sanitäranlagen, Klimaanlage und Kühlschrank) verteilt. Leider z.T. durch stacheldrahtumzäuntes Brachland vom Meer getrennt. DZ im Bungalow 55 €, die einfachere Version im Haus als DZ 40 €. ✆ 0252/7280158, www.gabaklar.com.

Hoppala Pansiyon, in der Ovabükü-Bucht. Alteingesessener Familienbetrieb, seit 2004 in einem Neubau ca. 100 m hinter dem Strand. Schöne Zimmer mit 1a-Bädern und Klimaanlage, gemütlicher Garten. Man spricht Deutsch und weiß, dass das türkische Hoppala – ein Kinderspiel – dem deutschen Hoppla klanglich entspricht. Von Lesern vielfach empfohlen. Im Restaurant gibt's türkische Hausmannskost mit Gemüse aus dem eigenen Garten und selbstgebackenen Brot. DZ mit Frühstück 28 €. Ganzjährig geöffnet. ✆ 0252/7280148, hoppalapansiyon@mynet.com.

Pansiyon & Restaurant Ortam, in der Hayıtbükü-Bucht. Unmittelbar am Strand in einem über 100 Jahre alten griechischen Haus. 4 winzige und schlichte, aber saubere Zimmer mit Gemeinschaftsbad. Zwei wunderschöne Terrassen zum Träumen. Im Restaurant gibt's beste türkische Kost und frischen selbst gefangenen Fisch. Die Betreiber Süleyman und Mahmut kümmern sich rührend um ihre Gäste. (Eine unserer persönlichen Lieblingsadressen). Ganzjährig geöffnet. DZ mit leckerem Frühstück 17 €. ✆ 0252/7280228, www.ortamrestaurantpansiyon.com.

Palamutbükü: 24 km westlich von Datça liegt an der Südküste der Halbinsel Reşadiye die weite Bucht von Palamutbükü. An deren westlichem Ende findet man einen kleinen Fischerhafen, in dem meist auch ein paar Yachten vor Anker liegen. Drum herum gibt's eine Handvoll Bars. Die Uferstraße zum östlichen Ende der Bucht säumen einige Restaurants und Pensionen. Der davor liegende Strand wird immer feiner und geht von Kies in Sand über. Auch hier steckt die touristische Infrastruktur noch in den Kinderschuhen – sehr angenehm. Gen Osten führt von Palamutbükü übrigens ein holpriges Sträßlein bis nach Mesudiye – unterwegs stößt man auf weitere kleine Sand- und Kiesbuchten.

• *Verbindungen* Im Sommer bis zu 6-mal tägl. per **Dolmuş** von und nach Datça (1,70 €), So stark eingeschränkt.

• *Übernachten* Vor Ort kann man in mehreren Pensionen übernachten. Die schönste Adresse ist die **Kumburnu Pansiyon**, ganz im Osten der Bucht. Weißes Haus mit blauen Fensterrahmen und Türen, schöne Terrasse. 20 einfache, aber freundliche DZ zu 28 € inkl. Frühstück. ✆ 0252/ 7255503. Ein paar Schritte davor liegt die **Bük Pansiyon**, ebenfalls mit einer Terrasse, auf der man eine ganze Woche verbringen könnte. Deren Zimmer (als DZ 23 €) sind zwar schon ganz schön heruntergekommen und die Wasserhähne tropfen, dafür bieten sie alle eine Kochgelegenheit. ✆ 0252/7255136.

• *Essen & Trinken* Als bestes Lokal gilt das **Café Vino** nahe dem Hafen mit guten frischen Fischgerichten zu fairen Preisen. Zum Zeitpunkt der letzten Recherche entstanden dahinter ein paar Apartmenthäuser, die vermietet werden sollen. Ebenfalls gut und preiswert ist das **Dostlar Restau-**

Die Ovabükü-Bucht

rant an der Uferfront. Die Terrasse ist hier der Strand, wo man idyllisch unter Schatten spendenden Bäumen Meze oder gegrillten Oktopus verzehrt.

Knidos

(antike Stadt)

Zwei Jahrtausende waren die beiden Häfen von Knidos verwaist. Im Kriegshafen ist – gottlob – weiterhin nichts los, doch im Handelshafen herrscht wieder rege Betriebsamkeit. Ausflugsboote und Segelyachten erfüllen ihn mit neuem Leben.

Knidos, die verfallene und nur z. T. ausgegrabene Stadt an der unwegsamen Spitze der Halbinsel Reşadiye, zieht viele Urlauber in ihren Bann. Dabei sind die Ruinen überhaupt nicht spektakulär, aber die Kombination aus steinernen Überresten antiker Kultur und wildzerklüfteter Landschaft lässt das Herz höher schlagen. Die Ruinenstadt ist ein schönes Ausflugsziel, das glasklare Wasser am kleinen Strand lockt zum erfrischenden Bad.

Geschichte: Ein erster Ort namens Knidos (auf dem Boden der heutigen Gemeinde Datça gelegen) wurde erstmals im 7. Jh. v. Chr. erwähnt. Aufgrund der zunehmenden Bevölkerung baute man im 4. Jh. v. Chr. eine neue gleichnamige Stadt an der Westspitze der Halbinsel. Diese entstand nach dem hippodamischen Plan, der ein rechtwinkliges Straßennetz vorsah. Umgeben war die Stadt landeinwärts von einem 4 km langen Wall. Um sich noch besser vor Agressoren von Land her zu schützen, plante man übrigens mehrmals, die Reşadiye-Halbinsel an ihrer engsten Stelle (ca. 30 km westlich von Marmaris misst sie nur 800 m) zu durchstechen.

Zu ihrer Blütezeit zählte die Hafenstadt rund 70.000 Einwohner. Innerhalb ihrer Stadtmauern stand das Apollonheiligtum, Zentrum des Dorischen Städtebundes und – im Vierjahresrhythmus – Schauplatz der Dorischen Festspiele. Bekannt war

Knidos auch für seine Ärzteschule – das Asklepieion gehörte neben denen von Pergamon, Kos und Epidauros zu den angesehensten und berühmtesten Heilorten der antiken Welt. Zugleich war Knidos ein Hort der Wissenschaft: Der Ingenieur Sostrates entwarf hier den Leuchtturm von Alexandria, eines der sieben Weltwunder. Auch die Kunst blühte in der wohlhabenden Stadt. Die meisten ihrer Werke gingen im Laufe der Jahrhunderte jedoch verloren. Andere befinden sich in ausländischen Museen, die berühmte Demeterstatue zum Beispiel im Pariser Louvre. Mit dem Beginn der hellenistischen Epoche wurde es ruhig um Knidos. Auf seiner Reise nach Rom machte der Apostel Paulus in der Stadt Halt, worauf sich hier sehr früh eine christliche Gemeinde entwickelte.

Zu Anfang des 19. Jh. erforschten erstmals englische Archäologen Knidos, bis in die Gegenwart finden Ausgrabungen statt, führend ist dabei die Universität Konya-Selçuk unter Leitung von Prof. Ramazan Özgen.

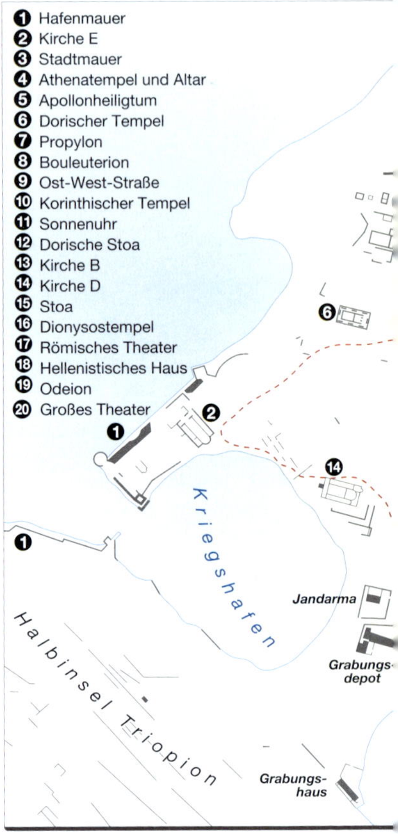

• *Anfahrt/Verbindungen* Die 35 km lange Straße von Datça nach Knidos ist mittlerweile komplett asphaltiert.

Ausflugsboote starten im Sommer jeden Morgen in Datça gegen 10 Uhr. Unterwegs wird immer wieder zum Baden gehalten. Preis 13 € mit Essen, in der NS Verhandlungssache. Boote auch ab Marmaris, doch sind die Tagestouren der Reisebüros unverhältnismäßig teuer (bis zu 40 €).

Mit dem **Taxi** zahlt man ab Datça 55 € (inkl. 1 Std. Aufenthalt).

Wesentlich billiger ist die Fahrt mit dem **Dolmuş** (2,30 €, nur während der Saison). Allerdings fährt er nur bis zum Dorf Yalıköy, den Rest des Weges muss man laufen oder trampen.

• *Öffnungszeiten* Im Sommer tägl. 8–19 Uhr, im Winter bis Sonnenuntergang. Eintritt 2,20 €.

• *Essen & Trinken* Restaurant am Handelshafen.

Kleiner Rundgang (Dauer ca. 1,5 Std.): Vom Parkplatz am Ende der Straße nach Knidos folgt man dem Weg hinab zur Bucht, dem einstigen *Handelshafen* – bei Nordwind liefen Schiffe aus der Ägäis ein, bei Südwind jene aus dem östlichen Mittelmeer. Von hier aus hat man eine wunderbare Aussicht auf die *Halbinsel Triopion* – der Name der Halbinsel rührt daher, weil man auf ihr das Triopionheiligtum vermutete, das jedoch bei Ausgrabungen nahe Emecik zum Vorschein kam. Es geht vorbei am noch gut erhaltenen *Kleinen Theater*, auch Römisches Theater genannt, das etwa 5.000 Besuchern Platz bot. Wenige Meter weiter westlich stand ein *Dionysostempel*, der später, wie nahezu alle Tempel der Stadt in eine Kirche umgewandelt

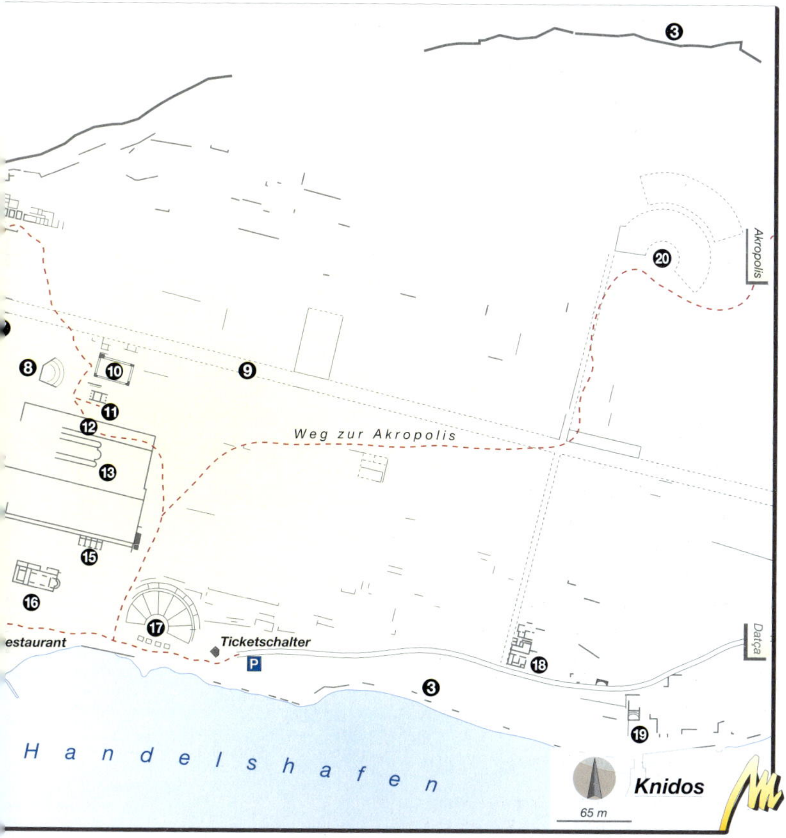

wurde – nur das Fundament blieb erhalten. Der Blickfang dahinter, ein paar wieder aufgerichtete Säulen, war Teil einer Stoa. In der gegenüber liegenden Jandarma-Station sind zwei Beamte stationiert, die darauf achten, dass keine Steine verschwinden. Auf dem Weg zum *Kriegshafen*, der durch einen Kanal mit dem Handelshafen verbunden war und in Zeiten der Bedrohung mit einer Eisenkette gesperrt werden konnte, stößt man auf die *Kirche D*, deren mittlere Apsis einst mit Bodenmosaiken in der Opus-sectile-Technik zweifarbig geometrisch ausgelegt war. Folgt man dem Weg weiter entlang der Bucht, erscheint wenig später die *Kirche E*, die ebenfalls mit reichen Bodenmosaiken geschmückt war.

Steigt man nun entlang der Küste bergauf, kommt man an den Fundamenten eines *dorischen Tempels* vorbei, dessen Unterbau aus hellem, rosafarbenen Kalkstein errichtet wurde. Weiter östlich lag das *Propylon*, das zugleich die Eingangshalle zum höher gelegenen *Apollonheiligtum* bildete. Nördlich des dortigen Altars mit einem Sockel aus graublauem Marmor lassen sich noch Sitzstufen für die Zuschauer erkennen, die bei den Riten anwesend waren.

Knidos: Blick vom Athenatempel

Steigt man noch eine Terrasse weiter bergauf, erreicht man den imposanten Rundsockel des *Athenatempels*. Lange Zeit vermutete man, dass dieser Tempel der Aphrodite geweiht war und mit der „Aphrodite des Praxiteles" (350 v. Chr.) eine der berühmtesten Skulpturen des Altertums beherbergte. Praxiteles hatte den Mut, die Göttin der Liebe erstmals unverhüllt zu modellieren. Ursprünglich sollte dieser Entwurf in Kós aufgestellt werden. Doch auf der konservativen Insel wollte man die Statue nicht, und so kam die Aphrodite nach Knidos, wo man sie als Schutzgöttin der Seefahrt verehrte. Man sagt, dass das Asklepieion von Knidos wegen der nackten Aphrodite in der Folgezeit mehr Besucher anzog als das von Kós. Wo der Tempel der Göttin stand, ist bis heute umstritten.

Von hier führt der Pfad leicht bergab von der Küste weg. Kurz bevor man die einstige Hauptstraße passiert, weist ein Schild den Weg zum *Demeterheiligtum* und zur *Akropolis* – wer den mühseligen Anstieg in Kauf nimmt, wird mit einem grandiosen Weitblick und auch dem unspektakulären Anblick des *Großen Theaters* belohnt. Folgt man jedoch dem Weg weiter bergab, gelangt man zum Trümmerhaufen eines *korinthischen Tempels* aus dem 2. Jh., hinter dem (zur Seeseite) eine Sonnenuhr aus hellenistischer Zeit steht. Besäße sie noch den Gnonom, den Bronzestab, würde sie funktionieren. Westlich des Tempels befand sich das *Bouleuterion*. Weiter bergab liegen die Reste der *dorischen Stoa*, die ehemals 113,8 m lang war, und die der *Kirche B* mit drei Apsiden und figürlichen Bodenmosaiken. Vorbei am kleinen Theater gelangt man wieder zum Handelshafen.

Sehenswert sind schließlich noch die Reste des *Odeions*, das etwas abseits am Handelshafen nahe der Küste liegt (unterhalb der Zufahrtsstraße, ca. 300 m nachdem man die Stadtmauer passiert hat). Es entstand im 3. Jh. v. Chr. und war kleineren Darbietungen vorbehalten.

Ausflug auf die Insel Sými (Griechenland)

Die Insel, gerade 10 km vor der türkischen Küste gelegen, ist ein beliebtes Ausflugsziel von Datça. Sými gleicht in weiten Teilen einer Steinwüste: kahl und unfruchtbar, bergig und nur schwer zugänglich. Doch so abweisend Sými auf den ersten Blick wirkt, so anziehend ist die Insel, wenn man etwas genauer hinschaut.

Auf der 67 qkm großen Insel gibt es nur ein Städtchen, Sými-Stadt, zwei Fischerdörfer, Pédi und Nimboriós, und drei Klöster. In einer fjordartigen Bucht liegt der Inselhauptort, dessen Hafen zweifelsohne zu den schönsten des Dodekanes gehört. Sými-Stadt besteht aus den beiden Ortsteilen *Gialós* (am Hafen) und *Chorió* (am Hang), die angeblich durch exakt 385 Stufen miteinander verbunden sind. Im Labyrinth der schmalen Gassen fallen Bürgerhäuser im klassizistischen Baustil auf. Doch viele davon sind verlassen und verfallen zusehends, denn mit der Schwammfischerei, der einstigen Haupteinnahmequelle der Insel, lässt sich längst kein Geld mehr verdienen. Entsprechend ist die Einwohnerzahl rapide gesunken, von 23.000 im Jahr 1912 auf etwas über 2.000 heute.

Die meisten Besucher Sýmis sind Tagestouristen aus Rhódos oder Segler, für die die Einfahrt in den Hafen zu den Höhepunkten ihres Törns zählt. Auf ihrem Sightseeingprogramm durch den Inselhauptort stehen zwei Museen: das liebevoll eingerichtete Heimatmuseum (Di–So 8.30–14.30 Uhr, Eintritt 1,50 €) in Chorió, das von Trachten bis zu alten Münzen ein buntes Allerlei bietet, und das Nautische Museum am Platz des 8. Mai (tägl. 10.30–15 Uhr, Eintritt 1 €), dessen Exponate im Vergleich zum Gebäude allerdings weniger begeistern. Am beeindruckendsten ist aber ein Spaziergang zu den **Windmühlen** hoch über der Stadt. Am besten geht man nachmittags los, wenn die untergehende Sonne in der Bucht von Sými ein einzigartiges Farbenspiel inszeniert.

Wer mehr als nur den Inselhauptort besichtigen will, kann in das kleine, knapp 2 km nordwestlich gelegene Fischerdorf **Nimboriós** wandern (dauert ca. 30 Min., mit dem Taxiboot geht es selbstverständlich schneller). Der verträumte Ort liegt an einer sichelförmigen Bucht und ist ein kleines Paradies für all jene, die die Einsamkeit lieben.

Zum verschlafenes Fischernest **Pédi** benötigt man ebenfalls etwa 30 Min. Im weiten Rund der dortigen Bucht dümpeln zahlreiche Boote. Ein paar Enten watscheln am Ufer entlang, und auf den Terrassen der Tavernen vergilben die Speisekarten. Lediglich in einer kleinen Werft herrscht Betriebsamkeit.

Zu den besonderen Attraktionen Sýmis gehört der Ausflug zum **Kloster Panormítis** am Südzipfel der Insel. Sehenswert ist der prachtvolle, blumengeschmückte Innenhof mit einem markanten Mosaikrelief und einem weißen Arkadenrundgang. Dunkel ist dagegen das Innere der kleinen, 1783 errichteten Kirche, von deren schwarz verräucherter Decke alte Weihrauchbehälter hängen. Zum Kloster gehört neben einer Bäckerei, deren Spezialität ein brezelartiges Gebäck ist, noch ein Museum, das ein Panoptikum sakraler und weltlicher Exponate bietet.

Von der Straße zwischen Sými-Stadt und dem Kloster Panormitis zweigt eine Piste zum **Kloster Ágios Roukouniótis** auf der Kefela-Halbinsel ab. Die Klosteranlage fußt auf den Mauern einer byzantinischen Festung, die wiederum auf den Überresten eines antiken Tempels gebaut wurde.

Auf einem 5 km langer Fußpfad (der Weg ist markiert) geht es von hier weiter nach Westen zum **Kloster Ágios Emilianós**, das fotogen auf einem großen Fels im Wasser thront. Über einen Steg ist es mit dem Festland verbunden.

Wer lieber badet, anstatt Klöster zu besichtigten, sollte wissen, dass die Möglichkeiten auf Sými eher begrenzt sind. Allerdings muss auf den Sprung ins Meer nicht gänzlich verzichtet werden. Täglich starten vom Hafen Ausflugsboote und Taxiboote zu verschiedenen Badebuchten und zum südlich vorgelagerten Inselwinzling Sésklia.

Verbindungen

- *Telefonvorwahl* Landesvorwahl von Griechenland ✆ 0030.
- *Schiffsverbindungen in die Türkei* → Datça, S. 212.
- *Verbindungen auf Sými* Ein **Bus** fährt zwischen 8 und 23 Uhr jede halbe Stunde von Sými nach Pédi (ca. 0,70 €).

Taxis gibt's auf der Insel insgesamt nur 5. Sie bedienen dieselbe Strecke wie der Bus – von Giaolós nach Pédi und zurück (ca. 3 €). Da die Chauffeure zu Fahrten zum Kloster Panormítis wegen der vielen Schlaglöcher kaum zu überreden sind, bietet sich als Alternative ein **Tagesausflug per Boot** dorthin an; in der Hauptsaison vor- und nachmittags, ca. 13 €.

Übernachten/Essen & Trinken in Sými-Stadt

Nicht selten gleicht die Zimmersuche einer Odyssee. In der HS ist eine frühzeitige Buchung empfehlenswert. Preiswerter als in den Hotels übernachtet man in Privatquartieren (ab 20 €). Es bestehen auch Übernachtungsmöglichkeiten in den Fischerorten Pédi und Nimboriós. Die Restaurants, insbesondere jene an der Hafenpromenade, sind eher teuer, denn Sými ist ein Promitreffpunkt.

Hotel Fiona, an der großen Treppe in Chorió. Farbenfrohe Zimmer. Herrliche Frühstücksterrasse mit Blick über Sými. DZ 45–60 €. ✆ 2241072088, www.symivisitor.com.

Hotel Aliki, zweistöckiges klassizistisches Haus in der Nähe des Campanile am Hafen. Repräsentative Lobby, große Dachterrasse und gediegene Atmosphäre. DZ mit Bad ab 40 €. ✆ 2241071665, www.simi-hotelaliki.gr.

Hotel Albatros, in einer engen Gassen südlich des Hafens. Helle und saubere Zimmer, freundlich eingerichtet. DZ inkl. Frühstück ebenfalls ab 40 €. ✆ 2241071829, www.albatrossymi.gr.

Taverne Georgios, an der Platia in Chorió. Von wildem Wein umrankte Pergola, maßvolle Preise, vorzügliche Küche (beste gefüllte Paprikas).

Taverna Meraklis, altes Restaurant mit freundlichem Service in der schmalen Stichstraße, die von der Hafenspitze abzweigt. Große Auswahl, üppiger Bauernsalat, zivile Preise.

Was haben Sie entdeckt?

Trotz gründlicher Recherche kann es immer wieder passieren, dass uns etwas entgeht. Wenn Sie ein empfehlenswertes Hotel, ein neues gutes Restaurant oder einen idyllischen Strand entdeckt haben, lassen Sie es uns wissen. Auch für Kritik und Verbesserungsvorschläge sind wir dankbar.

Schreiben Sie an:

Michael Bussmann
Stichwort „Türkei – Lykische Küste“
c/o Michael Müller Verlag
Gerberei 19
91054 Erlangen
E-Mail: michael.bussmann@michael-mueller-verlag.de

Das Tetrapylon von Aphrodisias

Ausflüge nach Pamukkale, Aphrodisias und Ephesus

Die Türkei besitzt faszinierende Naturlandschaften und steinerne Überreste verschiedener Hochkulturen, darunter nicht wenige von Weltrang. Manche der einzigartigen Attraktionen des Landes liegen von den Urlaubsorten zwischen Antalya und Marmaris zu weit entfernt, als dass man sie „mal eben" besichtigen könnte. Andere aber lassen sich in wenigen Fahrstunden von der Lykischen Küste erreichen.

Die Rede ist von den Sinterterrassen von Pamukkale und den berühmten Ausgrabungsorten Aphrodisias und Ephesus. Sie stehen auf dem Programm vieler Tourenveranstalter an Ihrem jeweiligen Urlaubsort (Preisbeispiele → „Organisierte Touren" im Reiseteil). Angeboten werden Tages- oder Zweitagesausflüge (inkl. Übernachtung) zu einem Ziel, aber auch mehrtägige Rundfahrten, auf denen alle Attraktionen abgeklappert werden.

Wer das Steuer selbst gern in die Hand nimmt, gelangt zu allen drei Ausflugszielen auch unproblematisch mit dem Leihwagen (Entfernungstabelle → S. 17). Teilen sich mehrere Personen die Kosten, ist diese Variante sogar die preiswertere. Außerdem besteht noch die Möglichkeit, mit den regulären Überlandbussen (Preise und Fahrtdauer → „Verbindungen" unter den jeweiligen Städten im Reiseteil) anzureisen. Gute Busverbindungen bestehen von Antalya, Fethiye und Marmaris nach Ephesus/Selçuk und Pamukkale. Lediglich nach Aphrodisias gestaltet sich die Anreise mit dem Bus etwas komplizierter.

Pamukkale/Hierapolis

Eines vorweg: Wer sich nach Pamukkale aufmacht und in den Sinterterrassen Badende erwartet, wird enttäuscht sein. Baden ist längstens verboten, und über den Publikumsmagneten wandert man heute im Gänsemarsch auf einem vorgegeben Pfad. Zur Entschädigung gibt es die oberhalb der Terrassen gelegene antike Stätte Hierapolis zu besichtigen.

Die Entstehung der außergewöhnlichen, weißen Kalksinterterrassen – ein Poster davon hängt in jedem zweiten deutschen Dönergrill – beruht auf einer einfachen chemischen Reaktion: Eine warme Quelle (53 °C) enthält große Mengen gelöstes Kalziumbikarbonat, das sich beim Abkühlen an der Oberfläche in Wasser, Kohlendioxyd und Kalziumkarbonat (Kalk) umwandelt. Das Kohlendioxyd entweicht, der Sinterkalk lagert sich ab und verstopft die Abflusskanäle des Wassers, das überquillt und sich fächerartig über die Abhänge ausbreitet und so die weißen Sinterterrassen formt: riesige, übereinander gestaffelte Bassins wie überdimensionale Badewannen. Von unten ähnelt der über 100 m hohe Abhang mit etwas Phantasie einem großen, vereisten Wasserfall.

Direkt unterhalb der Sinterterrassen liegt **Pamukkale Köy**, eine Siedlung aus Pensionen, Hotels, Restaurants und Bars. **Karahayıt**, ein paar Kilomter nördlich der Ter-

Es war einmal ein Weiß...

Pamukkale wird gerne, aber nicht unbedingt richtig mit „Baumwollschloss" übersetzt. Da Baumwolle („pamuk") hier aber als unterstreichendes Synonym für „weiß" zu verstehen ist (wie etwa „Schnee" bei schneeweiß) übersetzt man Pamukkale („kale" = Schloss) sinngemäß am besten mit „baumwollweißes Schloss". Doch das herrliche Pamukkaleweiß, das in so manchen Produktkatalogen wie selbstverständlich neben Bordeauxrot in der Farbpalette auftaucht, sucht man an vielen Stellen der Terrassen heute vergebens. Die Quittung für einen Jahrzehnte langen, respektlosen Umgang und eine rücksichtslose Vermarktung des Naturphänomens. Abermillionen Besucher karrte man mit Bussen an, baute für diese gar eine Straße mitten hindurch (heute durch zwei neue Auffahrten ersetzt) und ließ sie – ohne die Schuhe auszuziehen – über die weiße Pracht laufen. Noch verheerender aber wirkte sich der Bau von luxuriösen Hotelanlagen auf dem Plateau unmittelbar über den Terrassen aus. Diese speisten ihre Pools mit dem heißen Quellwasser. Zu viel kostbares Nass wurde auf diese Weise abgeleitet, das in den Pools abkühlte und danach auf den Terrassen keinen Kalk mehr ablagerte. Erst als die Sehenswürdigkeit zur „Sehensunwürdigkeit" verkommen war und schmutziges Grau das strahlende Weiß ersetzt hatte, erst als Waschkörbe empörter Protestbriefe eingingen und man dem Druck internationaler Umweltschutzorganisationen nicht mehr Stand halten konnte, begann man zu handeln. Im Jahr 2000 wurde das letzte Hotel oberhalb der Terrassen dem Erdboden gleichgemacht – und so mischen sich dort ein paar Fundamente der Neuzeit unter die der Antike. Das gesamte Gebiet rund um die Sinterterrassen ist zum UNESCO-Weltkulturerbe erklärt worden. Der Zustand der Sinterterrassen hat sich seitdem erheblich gebessert. Ob ein Besuch aber schon wieder lohnt, darüber gehen die Meinungen weit auseinander.

rassen, bildet das gepflegtere, wenn auch nicht attraktivere Pendant dazu. Die nächstgrößere Stadt ist **Denizli** mit rund 300.000 Einwohnern, eine lebhafte, meist smogverhangene Provinzstadt 18 km südlich von Pamukkale. Für Touristen ist sie eher uninteressant, die historische Bausubstanz wurde durch mehrere Erdbeben zerstört.

Badefreuden in einem Quellteich

Geschichte

Seit Jahrtausenden kennen und schätzen die umliegenden Einwohner die Heilkraft der Quellen. Hethiter und Phryger errichteten hier Altäre, doch erst der pergamenische König Eumenes II. gründete an der Quelle die Stadt Hierapolis als Gegengewicht zum nahe gelegenen makedonischen Laodikeia (dessen spärliche Ruinen sind von der Verbindungsstraße Pamukkale–Denizli ausgeschildert). Die Rivalität der beiden Städte, deren Reichtum in der Wollverarbeitung gründete, war so groß, dass sie sich gegenseitig in ihrer Entwicklung behinderten. Erst mit der Eingliederung in die römische Provinz Asia erlangte Hierapolis größere Bedeutung. Im Jahre 60 n. Chr. wurde die Stadt durch ein Erdbeben zerstört, aber kurz darauf wieder aufgebaut. Schon früh hatte sie eine starke christliche Gemeinde, und in byzantinischer Zeit wurde sie sogar Bischofssitz. Mit dem Eindringen der Seldschuken verödete die Stadt. Erste Grabungen unternahm 1887 der Pergamon-Entdecker Carl Humann, systematische Arbeiten führen seit 1957 insbesondere italienische Archäologen durch.

Informationen/Verbindungen/Ausflug

- *Telefonvorwahl* ✆ 0258.
- *Information* **Tourist Information**, oberhalb der Sinterterrassen direkt am zentralen Parkplatz (nördliche Zufahrt). Auskünfte nur auf Englisch. Tägl. 8.30–12 u. 13.30–18.30 Uhr. ✆ 2722077, www.pamukkale.gov.tr.
- *Anfahrt/Verbindungen* Mit dem **eigenen Fahrzeug** zwei Zufahrten. Die schönere Variante führt zuerst von Pamukkale Köy in Richtung Karahayıt und dann rechts ab und durch die Nekropole zum zentralen Parkplatz oberhalb der Sinterterrassen. Die kürzere Zufahrt führt von Pamukkale Köy direkt zum Parkplatz am Südeingang von Hierapolis; von dort zu Fuß weiter durch das byzantinische Tor aus dem 5. Jh. **Zu Fuß**: Von der Tourist Police bei der Bushaltestelle in Pamukkale Köy durfte man 2004 (ohne Schuhe!) zu dem Touristenpfad durch die Sinterterrassen aufsteigen. Netter Nebeneffekt: Auf diesem Weg wird kein Eintritt verlangt. Bis zu Ihrem Besuch können sich die Bestimmungen aber wieder geändert haben. **Dolmuş**: Verbindungen zwischen Sinterterrassen, Denizli und Pamukkale Köy mind. jede halbe Stunde.

Bus: von Pamukkale Köy und Denizli zu allen größeren Touristenorten der Südküste, z.B. Antalya oder Fethiye (jeweils 7 € und 5 Std.), zudem nach Selçuk (4,50 €, 3 Std.) und Marmaris (6,5 €, 4 Std.). Die Busse ab Denizli sind nur unwesentlich preiswerter als die Direktbusse ab Pamukkale.

• *Organisierte Touren* In Pamukkale Köy kann man Tagesausflüge nach Aphrodisias oder zu Attraktionen der näheren Umgebung für ca. 10 € (ohne Eintritt) buchen. Mehrere Anbieter.

Öffnungszeiten/Eintritt/Sonstiges

• *Öffnungszeiten* Das Gelände ist rund um die Uhr geöffnet, die archäologischen Stätten um das Theater werden nachts geschlossen. Museum tägl. (außer Mo) 9–12.30 und 13.30–17 Uhr.

• *Eintritt* Sinterterrassen und Ausgrabungsgelände Hierapolis 2,80 €. Das Ticket erlaubt den wiederholten Eintritt am Ausstellungstag. Mit gutem Zureden bekommt man am späten Nachmittag auch ein für den Folgetag noch gültiges Billett. Museum 1,10 € extra.

• *Erste Hilfe* Eine kleine Erste-Hilfe-Station befindet sich oberhalb der Sinterterrassen (nur in der Hochsaison geöffnet).

Übernachten/Essen & Trinken/Nachtleben

Vornehmlich auf Individualreisende eingestellt ist **Pamukkale Köy**. Einst gab es hier über 100 Unterkünfte, doch der Niedergang der Sinterterrassen bedeutete auch den Niedergang vieler Pensionen. Auch wenn sich der Zustand der Sinterterrassen wieder verbessert hat, kämpfen noch immer viele Quartiere ums Überleben. Geld für teils dringend nötige Renovierungen fehlt. Mit den im Folgenden beschriebenen Unterkünften treffen Sie eine gute Wahl, doch es ist schwierig, bis zu einer von diesen vorzudringen – das Schleppertum ist so ausgeprägt wie nirgendwo sonst in der Türkei. Übrigens leitet fast jede Pension das Wasser durch irgendeinen Kanal in den eigenen Pool. Luxusherbergen findet man auf der Nordseite des Ruinenfeldes von Hierapolis am Ortsrand von **Karahayıt**.

Polat Thermal Hotel, in Karahayıt, bestens ausgeschildert. 5-Sterne-Herberge mit 280 Zimmern und allem Schnickschnack: mehrere Restaurants, Thermalbecken, Aquapark, Türkisches Bad, Diskothek usw. Ein DZ mit HP ist bereits ab 77 € zu bekommen. ✆ 2714110, 📠 2714228. Als alternatives Komforthotel bietet sich der **Club Hierapolis** an, ebenfalls in Karahayıt, von Pamukkale Köy kommend, am Ortsbeginn rechter Hand. Thermalresort mit moderner Thermalbadanlage, Nightclub usw. DZ mit HP 55 €. ✆ 2714100, www.hierapolishotel.com.

Venüs Hotel, eine Leserempfehlung in Pamukkale Köy. Gepflegtes, familiäres Hotel. Ruhige Lage, unaufdringlicher Service. Alle Zimmer (schlicht, aber sehr sauber, Teppichböden) mit Balkon, TV und Klimaanlage. Netter Poolbereich. DZ mit Frühstück 28 €. ✆ 2722152.

Pansiyon Beyaz Kale, in Pamukkale Köy. Die „Weiße Burg" besitzt Motelambiente mit 15 schlichten Zimmern (darunter auch einige Mehrbettzimmer) mit Du/WC und Teppichböden, die neueren im ersten Stock. Leser loben die gute Küche und die Warmherzigkeit der Wirtsleute. Gemütliche Poolanlage, an der bei lustiger Belegschaft so manche Party steigt. Dachterrasse in Vorbereitung. DZ mit Frühstück 20 €. ✆ 2722064, www.geocities.com/weisseburg.

Pansiyon Kervansaray, schräg gegenüber der Beyaz Kale, von Mevlüt Kaya und seiner Familie liebevoll geführt. Bessere Zimmer (alle mit Du/WC, Balkon, Klimaanlage, Heizung und z. T. Blick auf die Sinterterrassen) als in der „Weißen Burg", dafür nur ein Minipool. Sehr sauber. Restaurant auf dem Dach. DZ mit Aircondition und Frühstück 18 €, ohne Aircondition 16 €. Wer diesen Reiseführer zeigt, bekommt 10 % Rabatt. Kostenloser Pickup-Service vom Busbahnhof, auch von Denizli. ✆ 2722209, www.geocities.com/kervansaray2tr.

Meltem Guest House, im Zentrum von Pamukkale Köy nahe der Moschee. Größere Pension mit internationaler Backpackeratmosphäre. Gepflegte Zimmer mit guten Bädern, schöner Poolbereich, eigenes Internetcafé. Gut organisiert, zurückhaltender Service. Für Low-Budget-Reisende gibt es auch Schlafsäle. Radverleih, Laundry-

Sinterterrassen

service. Pro Person ab 8 € mit Frühstück. ✆ 2723134, www.meltemguesthouse.com.

• *Camping* Bei vielen Pensionen, die über einen (leider oft ungepflegten) Garten verfügen, sind auch Camper willkommen. Die empfehlenswerten Adressen ändern sich jedoch von Jahr zu Jahr.

• *Essen & Trinken* Dass die meisten Gäste nur einmal in ihrem Leben nach Pamukkale kommen und das per Bus in der Gruppe für 2–3 Std., ist der Gastronomie nicht förderlich. Lästige Türsteher, schleppender Service, kleine Portionen, hohe Preise und auf die Schnelle mit wenig Aufwand zubereitete Gerichte bestimmen das Bild. Ein paar einfache Lokale findet man im Zentrum von Pamukkale Köy nahe der Moschee – man wird satt, aber mehr auch nicht. Überprüfen Sie Ihre Rechnung!

Zufrieden waren Leser mit dem **Restaurant Mustafa** nahe der Pansiyon Kervansary: „Hier kocht die Mama etliche Leckereien. Freundlicher Service."

• *Nachtleben* Die Diskotheken vor Ort kann man allesamt der Kategorie „kläglich" zuordnen. Beliebt ist die **Laila Disco Bar** in Pamukkale Köy, Atatürk Cad., von deren Terrasse man dem nächtlichen Treiben auf der Straße zuschauen kann.

Sehenswertes

Sinterterrassen – die Sehenswürdigkeit schlechthin. Der total versinterte Abhang ist über 100 m hoch und mehr als 5 km breit. Die Quelle sprudelt nach wie vor kräftig, und ein eigens angestellter Wassermeister reguliert durch Schieber den Wasserlauf in den breiten Kanälen, um die zentralen Terrassen auf diese Weise langsam wieder weiß zu bekommen. Angeblich überspült man jede Terrasse mindestens einmal wöchentlich einen ganzen Tag lang. Das Wasser wird unterhalb des Hangs gefasst, dann den Pensionen und danach den Feldern in der Ebene zugeführt. Einige Becken sind nachts beleuchtet. Ob tagsüber oder nachts, vor dem Spaziergang über die Terrassen gilt: Schuhe ausziehen!

Pamukkale-Therme: Da es mit dem Bad in den Sinterterrassen einstweilen vorbei ist, bietet sich als Entschädigung ein Bad in der Pamukkale-Therme an. Die heutige

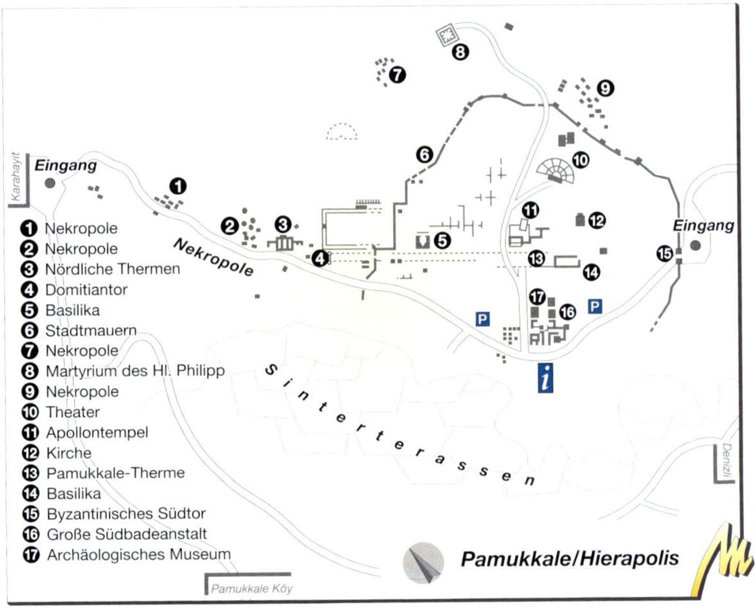

Hauptquelle liegt im offenen Innenhof des einstigen Pamukkale-Motels. Sie speist einen zwischen Palmen wunderschön angelegten Quellteich, in dem antike Säulen liegen – daher auch „Antique Pool" genannt. Das Baden im 35 °C warmen Wasser ist eine wahre Lust. Angeblich hilft es gegen Magengeschwüre, Bronchitis, Herz-Kreislauf-Beschwerden, Darmträgheit und vieles mehr.

Öffnungszeiten Im Sommer tägl. 8–20 Uhr, im Winter bis 17 Uhr. Eintritt 9 €, Kinder 3,30 €.

Hierapolis: Die Sehenswürdigkeiten der Antike liegen weit verstreut auf dem Plateau oberhalb der Sinterterrassen. Unübersehbar an der Straße zur Pamukkale-Therme stehen die Ruinen der *Großen Therme* von Hierapolis, deren wuchtige Gewölbe einst mit Marmor ausgelegt waren. Sie beherbergt heute das kleine, aber schöne und interessante *Archäologische Museum* mit Funden aus Hierapolis und Laodikeia, insbesondere reich verzierte Sarkophage, Statuen und Reliefs. Besuchenswert sind zudem:

Apollontempel und Plutonium: An den Apollontempel erinnert noch ein 2,5 m hohes Podest mit einer kleinen Freitreppe, dazu einige Kapitellteile, die verstreut an Ort und Stelle liegen. Die fast imposanter wirkende Ruine davor, einst aus großen Quadern errichtet, war einmal ein monumentaler Brunnen. Ein paar Schritte weiter befand sich das Plutonium, eine Grotte, die Pluto, dem Gott der Unterwelt, geweiht war. Hier sprudelte ursprünglich die Quelle. In der großen Vorhalle verpesteten giftige Gase die Luft – unbefugte Eindringlinge, Vögel und selbst Ochsen starben. Nur die Priester konnten unbeschadet passieren: Sie krochen am Boden entlang und hielten die Luft an. Die Grotte ist weitgehend verschüttet, nur noch eine Kammer mit überwölbter Tür ist zu sehen. Der Eingang ist versperrt, denn noch immer strömen Schwefelgase aus.

Theater: Gut erhalten ist das nahezu vollständig ausgegrabene Theater (2. Jh. v. Chr.) mit über 100 m Seitenlänge, 20 Sitzreihen im ersten und 25 Sitzreihen im zweiten Rang. Acht Treppen führen nach oben. An die 10.000 Zuschauer fanden hier Platz. Marmorfriese und Statuen am behutsam restaurierten Bühnenhaus geben einen Eindruck von der einstigen Pracht.

Martyrium des Heiligen Philipp: Das Mausoleum des Diakons Philipp (mit „San Filip Kilisesi" ausgeschildert) liegt 600 m nördlich des Theaters. Ein Grab hat man nie gefunden, und so ist nicht sicher, ob der Heilige hier wirklich bestattet worden war. Das höchst ungewöhnliche Gebäude wurde Anfang des 5. Jh. errichtet und kaum hundert Jahre später durch ein Erdbeben zerstört. Die Wälle sind teilweise noch mannshoch, deutlich ist der quadratische Grundriss auszumachen. An den Außenseiten liegen jeweils acht von außen zugängliche, rechteckige Kammern, die als Herberge für Pilger gedeutet werden. Einen Altar sucht man vergebens, doch die halbrunde Sitzreihe für den Bischof und die Gemeindeältesten ist noch zu erkennen.

Nekropole: Man durchquert das imposante Gräberfeld automatisch, wenn man die nördliche Zufahrtsstraße auf das Plateau nimmt. Spaziert man hingegen von der Pamukkale-Therme die antike Hauptstraße von Hierapolis entlang, passiert man als erstes die Grundmauern einer *Basilika*, dann das *byzantinische Stadttor* und danach auf einer *Säulenstraße* das unter der Herrschaft Domitians aufgestellte und diesem gewidmete *Domitiantor*. Die sich anschließenden *nördlichen Thermen*, im 5. Jh. zu einer gewaltigen *Basilika* umgebaut, liegen schon auf dem Gelände der Nekropole. Mehr als tausend Gräber aus verschiedenen Epochen sind hier zu finden: Grabtempelchen, kreisrunde Tumulusgräber, die einst von phallusähnlichen Steinen gekrönt wurden, Steinsarkophage etc. Einige sind im Lauf der Zeit bis zur Hälfte im Sinterkalk versunken, andere liegen wie das geborstene Spielzeug eines Riesen regellos verstreut ...

Aphrodisias (antike Stadt)

„Stellen Sie sich vor, Sie kommen in eine Stadt, die so reich an archäologischen Schätzen ist, dass Ihnen Skulpturen vor die Füße rollen, Marmorköpfe aus Wänden fallen oder dicht an dicht in Bewässerungsgräben liegen!"

So enthusiastisch äußerte sich der 1990 verstorbene türkische Archäologe Kenan T. Erim, der die Erforschung von Aphrodisias zu seinem Lebenswerk gemacht hatte, im Magazin „National Geographic". Und ein andermal soll er auf die Frage, warum er nie geheiratet habe, geantwortet haben: „Heiraten? Ich? Ich bin doch verheiratet. Wie soll ich eine bessere Frau finden als Aphrodite?".

Aphrodisias war eine der Hauptstätten des Aphroditekults. Die Göttin der Liebe, der Schönheit und der Verführung drückte der Stadt ihren Stempel auf. Der Kult und die ihn begleitenden, z. T. ausschweifenden Festlichkeiten bescherten Aphrodisias Besucher aus der ganzen antiken Welt. Schließlich wurde die Göttin vom Christengott vertrieben, und die Stadt verfiel. Das heutige Ausgrabungsgelände weist zwar im Vergleich mit Ephesus vielleicht die weniger spektakulären Ruinen auf, dafür kann man sie ohne Gedränge genießen. Zudem liegt Aphrodisias reizvoller, inmitten einer Hochebene. Im Frühling, wenn zwischen den antiken Monumenten Blumen blühen, und die umliegenden Berggipfel noch schneebedeckt sind, ist ein Besuch am schönsten.

Antike Kunst in Aphrodisias

Geschichte

Der nahe Fluss Mäander und sein fruchtbares Tal zogen schon in grauer Vorzeit Menschen an. Erste Spuren einer dauerhaften Ansiedlung auf dem Boden von Aphrodisias stammen aus dem 7. Jh. v. Chr. Der Ort war damals ein assyrisches Städtchen namens *Ninoe*. Im 2. Jh. v. Chr. wurde Ninoe durch einen Verwaltungsakt des Römischen Reichs in Aphrodisias umbenannt. Angeblich erhielt der römische Diktator Sulla vom Orakel in Delphi den Rat, der griechischen Göttin der Liebe zu huldigen, die die Römer als Venus verehrten. Von nun an ging es mit Aphrodisias bergauf, zwischen dem 1. Jh. v. Chr. und dem 3. Jh. n. Chr. erlebte die Stadt ihre Blütezeit. Aphrodisias erhielt viele Privilegien, war unabhängig und so heilig, dass es bis ins 4. Jh. n. Chr. keine Stadtmauer benötigte. Doch nicht nur der Aphroditekult machte die Stadt in der späten Antike berühmt. Auch das literarische und wissenschaftliche Leben brachte bedeutende Ergebnisse hervor, zudem verbreitete sich der Ruhm der lokalen Bildhauerschule im ganzen Imperium. Das Rohmaterial, Marmor feinster Güte aus einem nahe gelegenen Steinbruch, wurde in der Stadt meisterhaft bearbeitet und überallhin verschickt. Skulpturen aus Aphrodisias wurden im griechischen Olympia wie im afrikanischen Leptis Magna aufgestellt, auch viele Plätze Roms waren mit ihnen geschmückt. Die aphrodisischen Künstler warben erfolgreich mit dem guten Ruf der Stadt, indem sie ihrem jeweiligen Vornamen den Künstlernamen „Aphrodisieus" anfügten.

Die Spaltung des Römischen Reiches leitete den Niedergang von Aphrodisias ein. Unter der Herrschaft von Byzanz wurde die Stadt Bischofssitz. Im 7. Jh. versuchten die Christen, die heidnische Vergangenheit zu übertünchen und tauften die Stadt in *Stauropolis* („Stadt des Kreuzes") um. Später hieß sie *Karia,* dann *Geyre*. Mit den Eroberungsfeldzügen der Seldschuken im 11. und 13. Jh. sank das bereits vorher von Erdbeben in Mitleidenschaft gezogene Städtchen zur Bedeutungslosigkeit herab.

• *Telefonvorwahl* ✆ 0256.

• *Verbindungen/Anfahrt* **Organisierte Touren** nach Aphrodisias sind oft gekoppelt mit der Besichtigung von Pamukkale. Außerdem bieten Reisebüros von Pamukkale Tagesausflüge nach Aphrodisias an.

Wer mit dem **eigenen PKW** anfährt, zweigt (von Aydın kommend) ca. 16 km hinter Nazilli nach Karacasu ab. Ab hier ausgeschildert (noch ca. 37 km). Vor dem Gelände befindet sich ein gebührenpflichtiger Parkplatz (2,20 €).

Gute **Bus**verbindungen von Selçuk (1,5 Std.), Pamukkale (1,5 Std.) und Antalya (6 Std.) nach Nazilli, von dort weiter per **Dolmuş** nach Karacasu. Von Karacasu verkehren im Sommer bis zu 10 Dolmuşe tägl. nach Aphrodisias, im Winter weniger.

• *Öffnungszeiten* Ausgrabungsgelände und Museum im Sommer tägl. 9–18 Uhr, im Winter 8–17 Uhr. Eintritt 4 €.

• *Übernachten/Essen & Trinken* Die wenigen Unterkünfte vor Ort genügen nur bescheidenen Ansprüchen – besser plant man seine Tour so, dass man hier nicht übernachten muss.

Das noch beste Haus vor Ort ist das **Aphrodisias Hotel** (bei Geyre an der Hauptstraße). Unter türkisch-französischer Leitung. 25 schlichte, in die Jahre gekommene Zimmer mit nicht mehr ganz zeitgemäßer Ausstattung, immerhin sauber. Teueres Restaurant, im Sommer im Garten, im Winter unterm Dach. DZ für das Gebotene fast unverschämte 30 €. Campingmöglichkeiten. ✆ 4488132, ℻ 4488422.

Alternativ dazu kann man sein Glück auch in der von Lesern empfohlenen **Pension Elmas** (von Karacasu kommend die erste Unterkunft an der Straße nach Aphrodisias) probieren. Halb so teuer, ebenfalls französischsprachig, leider jedoch häufig geschlossen. ✆ 4412637.

Die **Unterkünfte in Karacasu** (das Otogar Moteli am Busbahnhof und die zentrale Pansiyon Aphrodisias) kann man ganz und gar vergessen.

• *Camping* Zwischen Karacasu und Aphrodisias bieten nahezu alle Restaurants und Unterkünfte einfache, in der Regel kostenlose Campingmöglichkeiten, sofern man im Restaurant isst.

Zu den Ausgrabungen: Die Ruinen liegen innerhalb und in der nächsten Umgebung des alten Dorfes **Geyre**, dessen Bewohner in den 1960ern umgesiedelt wurden, weil sie den Ausgrabungen im Wege standen. Erste Ausgrabungen, besser: Plünderungen, unternahm 1904 der französische Eisenbahningenieur und Hobbyarchäologe Paul Gaudin. Die dabei geborgenen Funde sind teils im Museum von İstanbul ausgestellt, teils auf verschlungenen Wegen in die Museen von Boston, Brüssel, Berlin und in andere Winkel der Welt gelangt. 1937 wurden Ausgrabungen unter italienischer Leitung durchgeführt. Stücke des prächtigsten Fundes – der mit geradezu lebensechten Gesichtern verzierte Fries des Tiberius-Portikus – befinden sich sowohl im Museumsgarten von Aphrodisias als auch im Museum von İzmir. Ab 1961 wurde Aphrodisias systematisch von einem türkisch-amerikanischen Team unter Kenan T. Erim erforscht, das jedes Jahr ein paar Säulen aufrichtete und herabgestürzte Kapitelle wieder in ihre alte Position hievte. Das Grab des berühmten Archäologen liegt gleich beim wiedererrichteten Tetrapylon. Die Grabungen werden heute von der New York University mit einem internationalen Team fortgesetzt.

Rundgang

Die Besucher sind gehalten, sich nur auf den angelegten Pfaden zu bewegen. Der übliche Rundgang geht entgegen dem Uhrzeigersinn und beginnt, von der Kasse kommend, hinter dem Museum, das zum Schluss besichtigt wird.

Tetrapylon: Es handelt sich vermutlich um einen Teil eines großen, von vier Seiten zugänglichen Zeremonientores aus dem 2. Jh. Insgesamt bestand das Tor aus vier Viererreihen von Säulen, die – soweit möglich – samt Gebälk wieder aufgerichtet wurden. Besondere Aufmerksamkeit verdient die kunstvolle Spiralkannelierung der Säulen, eine Meisterarbeit der örtlichen Steinmetze. Vielleicht war das Tor der Eingang zum heiligen Hain rund um den Aphroditetempel, dessen Säulen links im Hintergrund zu sehen sind.

Stadion: Es gilt als das besterhaltene antike Stadion im Mittelmeerraum und ist zugleich das eindrucksvollste Monument von Aphrodisias. Mit einem Fassungsvermögen von 30.000 Menschen kann es mit Bundesligastadien konkurrieren. Die 262 m lange und 59 m breite Anlage schließt an den Enden halbkreisförmig, so dass alle Zuschauer einen guten Blick hatten. Hier liegen auch die völlig intakten Eingangstunnel, durch die die Sportler ins Stadion einliefen. In der Mitte der nördlichen Seite pflegte der Kaiser in seiner Loge Platz zu nehmen. Die Löcher in den Sitzreihen dienten als Halterungen für Sonnendächer. Ursprünglich überragte eine umlaufende Säulenreihe den oberen Teil des Stadions. In der Arena fanden hauptsächlich athletische Spiele, Gladiatorenkämpfe sowie Ring- und Boxkämpfe statt.

Tempel der Aphrodite: Vom berühmten Aphroditetempel (mit „Tapınak" ausgeschildert) stehen noch 14 Säulen und eine Stirnwand der Cellamauer. Ursprünglich war die Cella von je 13 Säulen an den Längs- und je 8 an den Schmalseiten umgeben. In byzantinischer Zeit riss man jedoch das Bauwerk nieder, baute an seiner Stelle eine christliche Kirche und ließ nur die umliegende Säulenhalle stehen. Grabungen brachten zudem Funde ans Tageslicht, die auf ein erstes Heiligtum aus archaischer Zeit schließen lassen. Nördlich des Tempels liegen die Trümmer der antiken Bildhauerschule.

Bischofspalast und Odeion: Südwestlich des Aphroditetempels finden sich die Reste eines als Bischofspalast bezeichneten, stattlichen Wohnhauses mit bemerkenswerten Säulen aus bläulichem Marmor. Über das Südostende des Bischofspalastes wurde im 2. Jh. n. Chr. das gut erhaltene Odeion gebaut. Überdauert haben von dem ursprünglich überdachten Gebäude die untersten 9 *Sitzreihen* (die oberen waren aus Holz) mit Löwenfüßen als Symbol der Macht, die *Orchestra* und die schmale *Bühne*. Die Marmorverkleidung, der Mosaikboden und die vielen Skulpturen des Odeions wurden ins Museum gebracht.

Agora: Südlich des Odeions und des Bischofspalastes erstreckte sich die Doppelagora der Stadt, zwei mit Säulenarkaden umgebene Plätze, die das Verwaltungs- und Handelszentrum von Aphrodisias bildeten. Die 202 x 72 m große nördliche Agora ist bisher nur ansatzweise ausgegraben, zuletzt stießen die Archäologen hier auf einen Brunnen und das Fundament eines möglichen Altars. Münzfunde belegen zudem, dass hier bis ins 7. Jh. gehandelt wurde.

Hadriansbäder: Die Thermen sind eine typische römische Badeanlage mit großem Kaltwasserbad, Warm- und Heißwasserräumen sowie Sauna. Bemerkenswert die beiden Marmorbecken des *Caldariums* (Heißwasserbad).

Südagora: Der Platz misst 212 x 69 m. Nach dem ihn umgebenden Säulengang, dem *Portikus des Tiberius*, trägt er auch den Namen Tiberiusagora. An seiner Westseite wurde das bekannte *Preisedikt Diokletians* gefunden. Mit überall im Reich öffentlich angeschlagenen Festpreisen versuchte der Kaiser, letztlich erfolglos, die schon damals galoppierende Inflation in den Griff zu bekommen. Das *Agorator* wurde nach einem Erdbeben im 4. Jh. in ein *Nymphäum* umgebaut, das dann zum Ärger der Bürger immer wieder die Agora flutete.

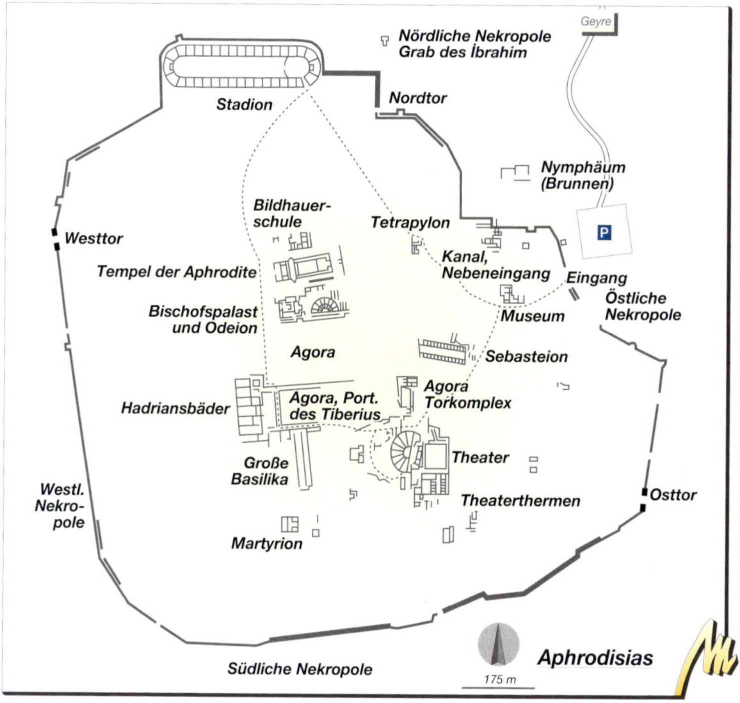

Theater: Der Hügel, an den sich das Theater schmiegt, ist ein *Höyük*, eine riesige Schutthalde aus Trümmern uralter, bis 5800 v. Chr. zurückreichender Siedlungen. Vom Theater (1. Jh. v. Chr.) sind die *Sitzreihen* fast vollständig erhalten, das *Bühnenhaus* ist in einem weniger gutem Zustand. Von seiner Anlage her hellenistisch, wurde das Theater in römischer Zeit mehrmals umgebaut. Der *Zuschauerraum* mit Marmorsitzen wurde größtenteils in den Hang gegraben. Die halbrunde *Orchestra* wurde unter Mark Aurel vertieft und die unteren Sitzreihen abgerissen, um auch Gladiatoren- und Tierkämpfe aufführen zu können, ohne die Zuschauer zu gefährden. Durch einen Wassergraben konnte die Orchestra nach solchen Kämpfen zur Reinigung geflutet werden. Vor der Bühne errichtete man ein tunnelartiges Gewölbe, in dem Jäger und Gejagte auf ihren Auftritt warteten. Vom Bühnenhaus wurde nur der untere Teil und eine Halbsäulenreihe wieder aufgerichtet.

Tetrastoon und Theaterthermen: Nachdem sich die Aphrodisianer seit dem Beben im 4. Jh. auf ihrer Agora beständig nasse Füße geholt hatten, legten sie vor dem Theater einen neuen Marktplatz an, der auf allen vier Seiten mit einem Säulengang (Tetrastoon) umgeben war und im Süden mit einer älteren, basilikaähnlichen Halle verbunden wurde. An deren Westseite grenzen die bis in byzantinische Zeit benutzten Theaterthermen, deren Mittelpunkt ein bis heute erhaltener, fast 10 m hoher Rundbau war – ein *Caldarium,* der Schwitzraum des Bades.

Sebasteion: Es stand am Ostende der nördlichen Agora, heute liegt es versteckt hinter dem Grabungsgebäude auf dem Weg zum Museum. Die Architektur des Sebasteions wird von 80 m langen Säulengängen an den beiden Längsseiten bestimmt. In ihm wurde von Augustus bis Nero den vergöttlichten Kaisern der julianisch-claudischen Dynastie gehuldigt. Im 4. Jh., als das Christentum die Oberhand gewann, wurde die Kulthalle in ein Kaufhaus umgewandelt.

Museum: Das Museum im Eingangsbereich des Grabungsgeländes platzt schier aus allen Nähten. Überall wird deutlich, dass der Ruhm von Aphrodisias nicht zuletzt auf seiner Bildhauerschule gründete. Um den offenen Innenhof gruppieren sich mehrere Räume:

Kaisersaal: Büsten diverser Kaiser, Prinzen und Musen. Im anschließenden Gang stellt ein Relief aus dem 1. Jh. v. Chr. die Ehrung des verdienten Bürgers Zoilos durch die Stadt dar.

Melpomenesaal: Skulpturen der Tragödienmuse Melpomene und die große Apollstatue.

Odeionsaal: Statuen sitzender Dichter und Philosophen, die man im Odeion fand. Im angrenzenden Gang unfertige Skulpturen aus dem Bildhaueratelier.

Penthesileiasaal: Die zentrale Gruppe zeigt Achilles, der die sterbende Amazonenkönigin Penthesileia vom Schlachtfeld trägt. Außerdem zwei Versionen eines Satyrs, der den jungen Dionysos in den Armen wiegt.

Aphroditesaal: Kopie der Kultstatue der Aphrodite (Original nicht gefunden) aus ihrem Tempel. Weitere Skulpturen bedeutender Bürger und Bürgerinnen von Aphrodisias.

Ephesus

(Efes, antike Stadt)

Ephesus war schon eine Weltstadt, als Athen noch tiefste Provinz und Rom noch nicht einmal gegründet war. In ihren besten Zeiten zählte die antike Metropole eine viertel Million Einwohner, für damalige Verhältnisse eine schier unvorstellbare Zahl. Heute gehört Ephesus zu den faszinierendsten Ausgrabungsstätten der Antike. Wer länger bleibt, übernachtet meist in der angrenzenden Ortschaft Selçuk.

Ephesus war die reichste Stadt Kleinasiens und wurde auch als „Bank Asiens" bezeichnet. Der große Hafen war das Tor zu den Schätzen Anatoliens und Persiens. Aber nicht nur auf Geldgeschäfte verstanden sich die Epheser: Ihre Stadt galt als das Zentrum der Artemisverehrung und damit als Wallfahrtsort ersten Ranges. Das *Artemision,* der riesige Artemistempel, wurde zu den Sieben Weltwundern gezählt.
Doch Ruhm und Reichtum sind vergänglich. Der Hafen versandete, und die Stadt ging unter. Erst Ausgrabungen zwischen 1866 und 1922 brachten Ephesus zurück ans Tageslicht. Auch wenn vieles in Trümmern liegt – an nur wenigen Orten der Welt konnte eine derart intakte Stadtanlage ausgegraben werden. Sie wird in Spitzenzeiten von bis zu 15.000 Touristen täglich besucht.

Geschichte

Die Besiedlung der Gegend geht bis in das 2. Jt. v. Chr. zurück. Damals ließen sich Leleger auf dem Zitadellenhügel von Selçuk nieder, wo auch ein Heiligtum für die Fruchtbarkeitsgöttin Kybele stand.
Den Grundstein der Stadt Ephesus legten ionische Siedler im 11. Jh. v. Chr. Ihr Anführer war Androklos, der zuvor das Orakel von Delphi befragt hatte, wo die neue

Stadt zu gründen sei. Die Antwort hatte gelautet: „Ein Fisch und ein Keiler werden dir den Ort anzeigen." Mit dieser Weisung ausgestattet, zogen die Siedler los. Als sie eines Tages einen noch zappelnden Fisch über dem Feuer grillen wollten, sprang dieser vom Rost und setzte durch die mitgerissene Kohle einen Busch in Brand, aus dem ein Keiler sprang. Dieser machte sich auf und davon und kam erst an der Mündung des heute verlandeten *Kaystro-Flusses* zum Stehen. Hier errichteten die Siedler ihre Stadt – so zumindest die Legende.

Artemis von Ephesus

Ephesus entwickelte sich dank seines Hafens und seiner günstigen Lage schnell zu einer ansehnlichen Stadt. Der griechische Artemiskult verschmolz mit der archaischen Verehrung der Kybele zur eigentümlichen ephesianischen Variante der Artemisverehrung, die ihren sichtbaren Ausdruck in einem riesigen Artemistempel finden sollte, mit dessen Bau im 6. Jh. v. Chr. begonnen wurde. Bis zu seiner Fertigstellung vergingen allerdings mehr als 200 Jahre.

Um 550 v. Chr. wurde die Stadt vom Lydierkönig Krösus angriffen. Die Bewohner wussten sich nicht anders zu helfen, als Tempel und Stadt mit einem Tau zu umspannen, um sich so symbolisch unter göttlichen Schutz zu begeben. Krösus zeigte sich daraufhin milde. Er schonte den noch nicht fertig gestellten Tempel und plünderte nur die Stadt. Knapp 200 Jahre später wurde der Tempel dann aber doch zerstört. 356 v. Chr. zündete Herostratos das gerade vollendete Bauwerk an, um seinen Namen unsterblich zu machen – was ihm damit auch gelang. Als Alexander der Große 334 v. Chr. sämtliche Baukosten für den Wiederaufbau des riesigen Tempels übernehmen wollte, lehnten die stolzen Epheser das Anerbieten ab. Sie finanzierten den prunkvollen Neuaufbau aus eigenen Mitteln und erweiterten den Bereich des Tempelasyls, in dem Gewaltanwendung verboten war. So amortisieren sich die Tempelkosten bald – manch reicher Geächteter rettete sich hierher und dankte der Göttin mit großzügigen Spenden.

Vermutlich ab 294 v. Chr. ließ Lysimachos, einer der Feldherren Alexanders des Großen und Herrscher von Pergamon, das Stadtgebiet, das sich bis dahin rund um den Artemistempel erstreckte, an den heutigen Standort verlegen. Außerdem wurde auf sein Betreiben ein neuer Hafen ausgehoben und die Stadt mit einer Schutzmauer von 9 km Länge umgeben.

133 v. Chr. fiel Ephesus an die Römer und wurde bald darauf Hauptstadt der Provinz Asia. Lange Zeit aber war Rom aufgrund hoher Steuerabgaben für viele

Einwohner mehr Feind als Freund. 88 v. Chr. kam es im Zuge der Revolte des Mithridates von Pontus gegen die römische Herrschaft auch in Ephesus zum Aufstand: Bei der sog. Ephesischen Vesper wurden in ganz Kleinasien rund 80.000 Kaufleute, Steuereintreiber und andere römische Bürger getötet. Dennoch, unter Rom entwickelte sich die Stadt zu einer blühenden Metropole mit mehr als 250.000 Einwohnern. Die meisten ausgegrabenen Sehenswürdigkeiten stammen aus dieser Zeit.

In die Zeit der römischen Herrschaft fällt auch der Besuch des Apostels Paulus, der auf seiner zweiten Missionsreise 55–58 hier weilte. Paulus' Predigten hatte einen solchen Zulauf, dass die alteingesessenen Devotionalienhändler kaum noch eine Artemis an den Mann brachten. Ein Silberschmied namens Demetrios mobilisierte daraufhin den Mob gegen die Christen – im Theater skandierten sie den viel zitierten Spruch: „Groß ist die Artemis der Epheser!" Nach den ersten Tumulten verließ Paulus die Stadt. Als weiterer Apostel soll der Evangelist Johannes in Ephesus gewirkt haben (→ Selçuk, S. 244).

262 n. Chr. verwüsteten die Goten Stadt und Tempel – der Wiederaufbau erfolgte in bescheidenem Rahmen. Der Hafen versandete, andere Handelsplätze liefen Ephesus den Rang ab. Im 7. Jh. wurde die Siedlung in der Ebene aufgegeben. Man zog sich auf den nahe gelegenen Zitadellenhügel (von Selçuk) zurück, in dessen Schutz das Christenstädtchen *Hagios Theologos* einige Jahrhunderte überdauerte, während die einstige Weltstadt nebenan langsam in Vergessenheit geriet. In der Mitte des 13. Jh. eroberten die Seldschuken Hagios Theogolos. Unter dem neuen Namen *Ayasoluk* erlebte die Zitadellenstadt im 14. Jh. als Handelsplatz und Residenz der Aydınoğulları noch einmal eine kurze Blütezeit, die mit der osmanischen Eroberung 1423 endete.

1866 entdeckte der Engländer J. T. Wood das *Artemision* und begann zu graben. Seit 1896 werden die Arbeiten unter der Regie des Österreichischen Archäologischen Instituts durchgeführt. *Ayasoluk* wurde 1914 in *Selçuk* umbenannt.

- *Verbindungen* → Selçuk, S. 244.
- *Öffnungszeiten* Im Sommer tägl. 8–18.30 Uhr, im Winter bis 16.30 Uhr. Eintritt 8,50 €. Ein Besuch der Hanghäuser kostet weitere 8,50 € (Tickets im Grabungsgelände am Eingang zu den Häusern). Es lohnt sich, früh da zu sein, das Gros der Ausflugsbusse trifft nicht vor 9.30 Uhr ein. Parken 1,40 € extra.
- *Öffentliche Toiletten* Kurz hinter dem unteren Eingang.
- *Touristenfalle* Das Grabungsgelände besitzt neben dem Haupteingang nahe der Straße nach Kuşadası einen zweiten Zugang an der Straße nach Meryemana. Findige Geschäftsleute sind auf die Idee gekommen, Touristen an einem der Zugänge freundlich anzubieten, sie am anderen abzuholen, so dass diese sich den Weg zurück durchs Ausgrabungsgelände (ohne Krücke dauert dieser gerade 15 Min.) sparen können. Willigen Sie ein, landen Sie garantiert bei einem Bruder oder einem sonstigen Anverwandten des Wohltäters, der zufällig einen Teppichhandel betreibt...

Rundgang durch das (kostenpflichtige) Grabungsgelände

Im Abseits, etwas versteckt, stehen die Ruinen der *Marienkirche*, einer einst dreischiffigen Basilika. Man vermutet, dass sie im 4. Jh. aus einer Markthalle entstand. 431 fand darin das III. Ökumenische Konzil statt. Außer ein paar Mauerresten, Säulen und einem Taufbecken ist nicht mehr viel zu sehen. Wer sich davon überzeugen will, zweigt zwischen Kassenhäuschen und Toiletten nach rechts auf einen Weg ab.

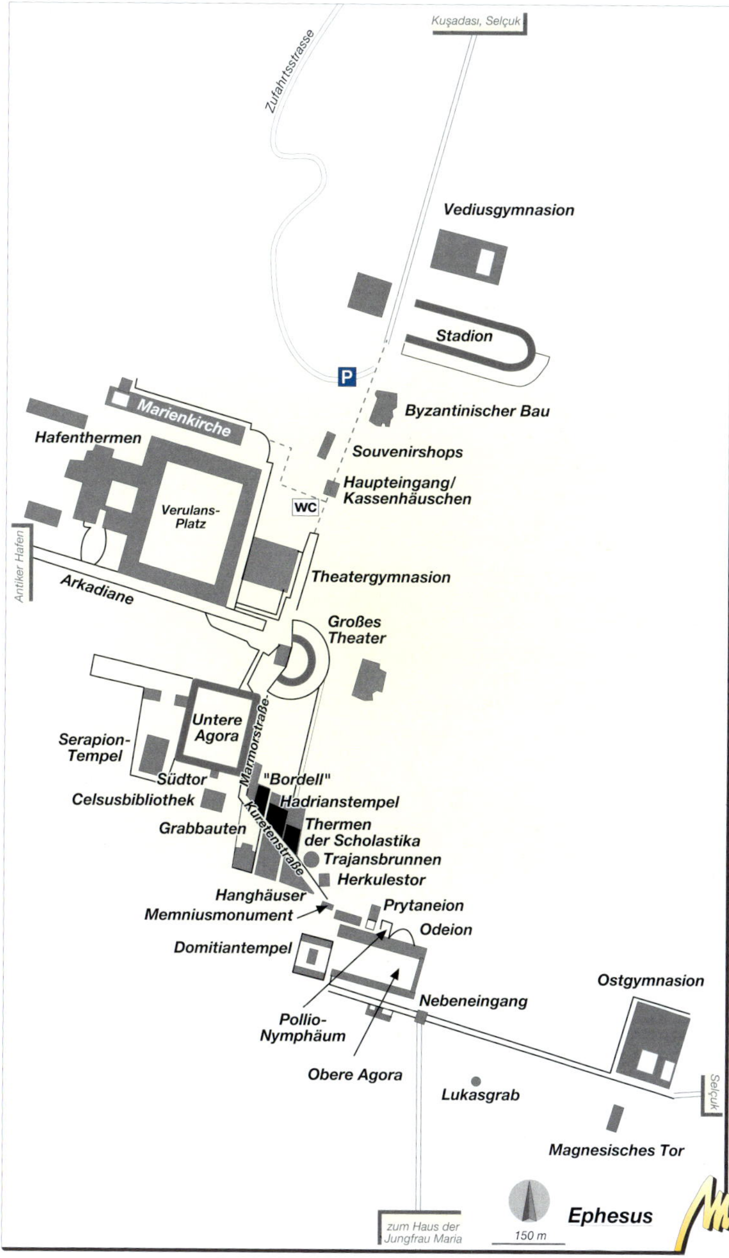
Kuşadası, Selçuk
Zufahrtsstrasse
Vediusgymnasion
Stadion
P
Marienkirche
Byzantinischer Bau
Hafenthermen
Souvenirshops
Haupteingang/
Kassenhäuschen
WC
Verulans-
Platz
Antiker Hafen
Arkadiane
Theatergymnasion
Großes
Theater
Untere
Agora
Marmorstraße
Serapion-
Tempel
Südtor
"Bordell"
Celsusbibliothek
Hadrianstempel
Grabbauten
Kuretenstraße
Thermen
der Scholastika
Trajansbrunnen
Herkulestor
Hanghäuser
Memniusmonument
Prytaneion
Odeion
Domitiantempel
Ostgymnasion
Nebeneingang
Pollio-
Nymphäum
Obere Agora
Lukasgrab
Selçuk
Magnesisches Tor
zum Haus der
Jungfrau Maria
150 m
Ephesus

Ausflüge

Vor der Bibliothek von Ephesus

Ansonsten folgt man der schattigen Allee, die vom Eingang direkt zur Arkadiane und dem Großen Theater führt. Rechts von ihr lag einst der *Verulansplatz*, ein 200 x 240 m großer Hof mit umlaufenden Arkadengängen – heute sieht man davon aber so gut wie keine Spur mehr. Linker Hand tauchen nach wenigen Metern die Reste des *Theatergymnasions* auf.

Arkadiane: Die mehr als 500 m lange Prunkstraße führte vom Theater zum Hafen, heute endet sie im Dickicht. Unter Kaiser Arcadius wurde sie 400 n. Chr. renoviert und war dann auf ihrer ganzen Länge beidseitig von Säulen und Arkadenhallen umgeben, mit Marmor ausgelegt und als erste Straße der Welt nachts beleuchtet. Sie befindet sich in hervorragendem Zustand. Der Belag wurde rekonstruiert, viele Säulen wurden wieder aufgestellt. Um sie vor den Massen zu schützen, darf auf der Arkadiane allerdings nicht mehr gelustwandelt werden.

Großes Theater: Effektvoll an den Hang gebaut, bot das Theater 24.000 Zuschauern Platz. Im Sommer finden hier oft Pop- und Klassikkonzerte statt. Ursprünglich ein hellenistischer Bau aus der Zeit um 270 v. Chr., verdankt es sein heutiges Aussehen den Umbaumaßnahmen unter den römischen Kaisern Claudius und Trajan. Der Durchmesser des Theaters beträgt 130 m, seine Höhe 38 m, die 66 Sitzreihen sind in drei Ränge unterteilt. Vom ursprünglich dreistöckigen Bühnengebäude (18 m) stehen noch die Mauern des ersten Stockwerks, davor der Säulenwald der Orchestra. Besonders beeindruckend sind die Akustik und der Blick auf die Arkadiane bis zum verlandeten Hafen.

Marmorstraße: Die einstige Arkadenallee (ähnlich wie die Arkadiane) verläuft vom Theater an einem Brunnenhaus vorbei bis zur Celsusbibliothek (s. u.). Ihren Namen verdankt sie dem Belag aus schweren Marmorplatten, darunter ein mannshohes Kanalisationssystem.

Untere Agora: Der allseitig von Kolonnaden umgebene Marktplatz liegt rechts der Marmorstraße und misst 110 x 110 m. Phantastisch erhalten ist das *Südtor* der Agora (neben der Celsusbibliothek, s.u.), das nach seinen Stiftern, zwei dankbaren freigelassenen Sklaven, auch *Mazeus- und Mithridatestor* genannt wird. Wen diese mochten und wen nicht, erfährt man aus der zweisprachigen Stiftungsinschrift: In der lateinischen Version erwähnen sie die römischen Herren, in der griechischen sparen sie diese aus.

Celsusbibliothek: Sie wurde 135 n. Chr. am Ende der Marmorstraße von einem gewissen C. Aquila zum Gedenken an seinen Vater Celsus, einst Statthalter der Provinz Asia, erbaut. Die zweistöckige Bibliothek hatte in der oberen Etage eine umlaufende Galerie, von der aus man in den unteren Lesesaal sehen konnte. Da die österreichischen Archäologen nicht weniger als 850 Originalbausteine fanden, gelang ihnen ab 1970 in acht Jahren Bauzeit eine vollständige Rekonstruktion der Fassade; sogar die Statuen stehen wieder an ihren ursprünglichen Plätzen. Sie verkörpern von links nach rechts Bildung, Rechtschaffenheit, Tugend und Weisheit. Im Inneren der Bibliothek finden sich informative Schautafeln. Schriften gibt es übrigens nicht mehr: Sie wurden von den Goten zum Heizen der Thermen verwendet.

Serapeion: Seine spärlichen Reste liegen hinter der Agora und waren zum Zeitpunkt der letzten Recherche nicht zugänglich. Der Tempel aus dem 2. Jh. n. Chr. muss gewaltige Ausmaße gehabt haben. Über eine Freitreppe kam man in eine Säulenvorhalle, die von acht 14 m hohen korinthischen Säulen getragen wurde. Jede einzelne Säule war aus einem Stück und wog mehrere Tonnen. Das eiserne Tor zur Cella war so schwer, dass es auf Rollen lief. Die Becken und großen Nischen in der Cella dienten rituellen Waschungen.

24.000 Zuschauern bot das Theater in Ephesus Platz

Kuretenstraße: Von der Celsusbibliothek führt die Kuretenstraße zur oberen Agora (s. u.). Arkaden säumten sie, Mosaike glänzten vor den angrenzenden öffentlichen Bauten. Unter der Straße befand sich ebenfalls ein Kanalisationssystem. Gleich zu Beginn linker Hand glaubten Archäologen lange Zeit, ein *Bordell* entdeckt zu haben, da hier eine Figur des Gottes Priapos (ausgestattet mit einem Penis, den sich so mancher Mann und manche Frau wünschen würden) sowie das Bild einer abgetakelten Matrone gefunden wurden. Daran schloss eine öffentliche Latrine an: in der Mitte ein von Säulen geschmückter Brunnen, drum herum an den Wänden die Toilettensitze. Gegenüber befinden sich drei *Grabbauten*, das sog. *Oktogon* zieren Inschriften. Dahinter markiert ein futuristisches Schutzdach die sog. Hanghäuser.

Hanghäuser: Die neueste Attraktion von Ephesus wurde in einer mehrjährigen Grabungskampagne freigelegt, in deren Verlauf erstaunlich gut erhaltene Fresken und Mosaikböden gefunden wurden. Ein Besuch schlägt noch einmal extra zu Buche, ist aber spektakulär. Der Rundgang vermittelt hautnah, wie sich in der Antike die Oberen Zehntausend ihre Anwesen einrichteten, Fußbodenheizung, Thermalbad und fließendes Wasser inklusive.

Hadrianstempel und Thermen der Scholastika: Weiter entlang der Kuretenstraße folgt linker Hand der imposante, weitgehend rekonstruierte Hadrianstempel (130 n. Chr.). Der Schlussstein des Architravs zeigt die Göttin Tyche, sie stand für das Glück der Stadt. Ein Fries zeigt die Legende von der Gründung der Stadt.

Daneben liegen die Ruinen der mehrgeschossigen Thermen der Scholastika. Sie boten bis zu 1.000 Besuchern Platz, es gab auch eine Bibliothek und Vergnügungsräume. Die Statue der Stifterin ist bis auf den Kopf erhalten. Von den Thermen konnte man durch Glasfenster das Treiben auf der Straße beobachten.

Trajansbrunnen und Heraklestor: Ein paar Schritte weiter, ebenfalls linker Hand an der Kuretenstraße, steht der gut erhaltene Trajansbrunnen, ein prächtiges Nymphäum, das 114 n. Chr. Kaiser Trajan gewidmet wurde. In den Nischen standen einst 12 Statuen und eine große des Kaisers darüber, ein Fuß erinnert noch an ihn. Ein paar Meter weiter bergauf passierte man früher einen Triumphbogen. Da Herakles die Seitenpfeiler ziert, wird er auch Herakles-Tor genannt. Heute fehlen allerdings die oberen, horizontalen Abschlusssteine.

Memmiusmonument: Wieder ein paar Schritte weiter bergauf steht linker Hand das Memmiusmonument, das später in einen Springbrunnen verwandelt wurde. Es war Gaius Memmius gewidmet, einem Enkel des römischen Feldherrn und Diktators Sulla, der die Stadt 84 v. Chr. zur Strafe für die Ephesische Vesper gebrandschatzt hatte.

Domitiantempel: Vorbei am *Pollio-Nymphäum*, das einst wie der Trajansbrunnen reich mit Statuen geschmückt war, gelangt man zum mächtigen Unterbau des Domitiantempels. In ihm fanden Archäologen das Haupt einer Monumentalstatue des im Jahre 96 ermordeten Kaisers Domitian. In die Geschichte ging er als Christenhasser ein. Er war es übrigens auch, der den Limes anlegen ließ. Im Unterbau befindet sich heute eine Art Inschriftenmuseum, das jedoch nicht immer zugänglich ist. Jeder gefundenen Steinplatte werden der lateinische Originaltext und die englische Übersetzung gegenüber gestellt.

Kuretenstraße in Ephesus

Staatsagora, Prytaneion und „Odeion": Der 160 x 58 m große Platz war der politische Mittelpunkt der Stadt. Etwas nördlich davon stand das Prytaneion, ein Versammlungshaus. Hier brannte das ewige Feuer der Stadt, von Kureten (Priestern) und Vestalinnen (priesterliche Jungfrauen) gehütet. In diesem Gebäude fand man die überlebensgroße Artemisstatue, die heute im Archäologischen Museum von Selçuk steht. Durch einen Bogengang geht es hinüber zu einen Bau, in dem man das Bouleuterion vermutet, das Rathaus. Seiner Form nach wird es „Odeion" genannt. Die Sitzreihen sind ausgezeichnet erhalten, auf 27 Rängen konnten etwa 1.400 Zuschauer die Ratsversammlungen verfolgen. Zwischen Rathaus und Staatsagora stehen die Säulenstümpfe der 160 m langen, nach ihren eigenartigen Kapitellen benannten *Stierkopfhalle.*

Sehenswertes in der Umgebung von Ephesus

Außerhalb des kostenpflichtigen Grabungsgeländes: Was rund um Ephesus keinen Eintritt kostet, lohnt auch nicht unbedingt den Besuch. Hinter dem oberen Ausgang des Grabungsgeländes liegt rechter Hand der Straße das sog. *Lukasgrab*, das Rundmausoleum eines unbekannten Toten aus dem 1. Jh., das in christlicher Zeit zu einer Kirche umfunktioniert wurde. Eine Zeit lang glaubte man, der Evangelist Lukas sei hier bestattet worden. Etwas weiter steht das *Magnesische Tor*, nordwestlich davon die spärlichen Überreste des *Ostgymnasions*, das nach den hier gefundenen Mädchenstatuen auch Mädchengymnasion genannt wird.

Nahe dem Parkplatz vor dem unteren Eingang stehen die Ruinen eines *byzantinischen Baus*, vermutlich ein Palast oder eine Bäderanlage, insgesamt wenig spannend. Etwas weiter an der Straße nach Selçuk lag zudem das unter Kaiser Nero erbaute *Stadion* mit der klassischen Länge von 192 m. Erhalten ist etwa ein monumentales *Eingangstor*. Alle Steintribünen wurden abgetragen und zum Bau des Kastells auf dem Zitadellenhügel verwendet. 50 m weiter befinden sich zudem die von einem Zaun umgebenen Trümmer des *Vediusgymnasions*, gestiftet von Publius Vedius Antonius, einem reichen Bürger der Stadt. Es besaß u. a. ein Bad mit Fußbodenheizung.

Von den Zufahrtsstraßen zum oberen und unteren Eingang ist ferner die *Höhle der Siebenschläfer* mit „Grotto of the Seven Sleepers" ausgeschildert. Während der Christenverfolgungen sollen sich sieben Jünglinge in diese Höhlen geflüchtet haben. Römische Soldaten, die dies bemerkten, vermauerten den Eingang. Darauf versanken die Flüchtlinge in einen 200 Jahre währenden Schlaf. Als sie durch ein Erdbeben erwachten und die Mauer einstürzte, war das Christentum längst Staatsreligion geworden, die Verfolgungen Vergangenheit. Kaiser Theodosius II. ließ an dieser Stelle später eine Wallfahrtskirche errichten, in welcher angeblich die Leichname der Jünglinge begraben liegen. Zum Zeitpunkt der letzten Recherche war das Betreten der Höhle wegen Einsturzgefahr verboten, durch einen Zaun lässt sich das Kirchenschiff aber noch deutlich ausmachen.

Artemision: Das einst so berühmte Artemision liegt auf halbem Weg an der Straße von Ephesus nach Selçuk. Antipatros notiert in seiner Abhandlung über die Sieben Weltwunder der Antike hingerissen: „Doch als ich dann endlich den Tempel der Artemis erblickte, der in die Wolken sich hebt, verblasste das andere. Ich sagte: Hat Helios' Auge außer dem hohen Olymp je etwas Gleiches gesehen?" Heute sieht Helios, der Sonnengott, zwar immer noch den Olymp, aber anstatt auf das Artemision blickt er nur noch auf eine kümmerliche Ruine. Die Überreste des Weltwunders sollen rekonstruiert werden, doch seit Jahren ragt nur eine einzige Säule einsam in den Himmel – nur für speziell Interessierte sehenswert.

Öffnungszeiten Das Gelände ist frei zugänglich. Gelegentlich wird Eintritt verlangt.

Archäologisches Museum von Selçuk: Es zählt zu den angesehensten Museen seiner Art in der Türkei. In themenbezogenen Sälen wird eine Auswahl der schönsten Funde aus Ephesus aufbewahrt. Erster Höhepunkt ist der *Saal der Funde aus den Hanghäusern* (erster Raum links), in dem ein buntes Sammelsurium an Kostbarkeiten, die einst römische Edelvillen zierten, präsentiert wird: u. a. ein kleiner bronzener Eros, auf einem Delphin reitend, eine ägyptische Priesterstatuette aus dem 7. Jh. v. Chr., ein Marmorfresko des Sokrates, die Häupter von Venus und Zeus. Im folgenden *Saal der Monumentalbrunnen* beeindruckt v. a. die Figurengruppe des Pollio-Nymphäums, bei der Odysseus die Blendung Polyphems vorbereitet. Im *Garten* stehen ein paar Kapitelle, dazwischen werden Andenken verkauft. Sehenswert ist hier der große Sarkophag des Belevi-Mausoleums, der nördlich von Selçuk gefunden wurde.

Vorbei am *Saal der Grabobjekte*, der sich der antiken Sterbekultur und Grabbeigaben widmet, erreicht man den schönsten und beeindruckendsten Saal des Museums, den *Artemissaal:* Neben einer Artemisstatue ohne Kopf werden stimmungsvoll zwei römische Marmorkopien des uralten Artemiskultbildes präsentiert. Die größere Kopie ist 3,20 m hoch, das Original muss aus Holz gewesen sein. Das Brustgehänge der Artemis wird als Fruchtbarkeitssymbol gedeutet, wobei sich die Experten nicht einig sind, ob es Stierhoden, Brüste oder Eier darstellen soll.

Auch die *Ethnologische Abteilung* ist mehr als einen Blick wert: Zu sehen sind nicht nur das übliche Nomadenzelt und bäuerliche Arbeitsgeräte. Im Innenhof wurde eine Art kleines Marktviertel nachgebaut, darunter ein Berbersalon, eine Rosenwassermanufaktur und ein Hamam.

Adresse/Öffnungszeiten Im Zentrum von Selçuk schräg gegenüber der Tourist Information. Tägl. (außer Mo) 8.30–12 u. 13–17 Uhr. Eintritt 5,50 €.

Wohn- und Sterbehaus der Jungfrau Maria (Meryemana): Über das Leben der Maria nach Jesu Geburt ist wenig bekannt, und so ist auch ihr Sterbeort unklar. War es der Berg Zion in Jerusalem oder der Berg Aladağ 9 km südlich von Selçuk? Für Letzteren spricht folgende Geschichte: Auf einer Vision beruhend, fertigte die deutsche Nonne Katharina Emmerich (1774–1824) Aufzeichnungen über die Lage und das Aussehen des Wohn- und Sterbehauses Marias an. Die gute Nonne besuchte die Türkei niemals. Dennoch entdeckten 1891 Lazaristen-Mönche aus İzmir auf dem 7 km südlich von Selçuk gelegenen Aladağ ein Haus, das ihren Beschreibungen entsprach und daraufhin zur Pilgerstätte wurde. Es handelt sich um einen kuppelbedeckten Steinbau mitten im Wald. Durch ein Vestibül kommt man in den Hauptraum, in dessen Apsis ein Altar mit schwarzem Marienbild steht. Der Raum seitlich soll das Schlafzimmer der Maria gewesen sein. Direkt unter dem Haus entspringt eine Quelle, die hangabwärts zu Tage tritt und in einem Becken aufgefangen wird. Hier entnehmen Gläubige das Wasser, dem besondere Kräfte innewohnen sollen. Zu Mariä Himmelfahrt, wenn hier Gottesdienste abgehalten werden, kommen Pilger scharenweise.

• *Anfahrt* Vom Ortszentrum von Selçuk die Straße nach Aydın nehmen, nach etwa 2 km rechts ab (mit Meryemana ausgeschildert). Von da ab schlängelt sich die Straße noch etwa 6 km bis zum Haus.

• *Öffnungszeiten* Tägl 8–19 Uhr. Die von der Stadt Selçuk erhobene Eintrittsgebühr für den „Meryemana-Kulturpark" beträgt satte 5,50 € pro Person.

Selçuk (25.000 Einwohner)

Die Kleinstadt drei Kilometer östlich von Ephesus ist ein angenehmer Stützpunkt für nichtorganisierte Ephesusbesucher. Sehenswertes bietet Selçuk auch: Neben dem Archäologischen Museum (s.o.) lohnen die Ruinen der *Johannesbasilika* auf dem Ayasoluk-Hügel einen Besuch. Die Basilika zählte einst zu den größten byzantinischen Kirchen und wurde unter Kaiser Justinian im 6. Jh. über dem angeblichen Grab des Apostel Johannes errichtet. Um 1330 wurde sie in eine Moschee umgewandelt, später diente sie als Markthalle, bevor sie schließlich einem Erdbeben zum Opfer fiel. Bei einer Teilrestaurierung wurden einige sehr schöne Säulen und die südliche Langhausarkade wieder aufgerichtet. Man betritt die Kirche durch ein Tor, das wegen des Reliefs über dem Torbogen auch *Tor der Verfolgung* genannt wird (tägl. 8–18.30, im Winter bis 17 Uhr, Eintritt 2,20 €). Zu Füßen der Basilika liegt die *İsa-Bey-Moschee,* die 1375 unter dem seldschukischen Sultan İsa Bey I. gebaut wurde. Weiter nördlich erhebt sich die *Zitadelle.* Sie entstand im 6. Jh. Ihr Mauerkranz und die 15 Türme befinden sich in ausgezeichnetem Zustand. Leider ist die Zitadelle nicht zugänglich.

Von und nach Ephesus: Drei Kilometer oder 30 Gehminuten trennen Selçuk von Ephesus. Dafür folgt man von der Kreuzung beim Busbahnhof, an welcher auch die Tourist Information liegt, dem Dr. Sabri Yayla Bul., der Zufahrtsstraße nach Ephesus. Parallel dazu verläuft ein schattiger Gehweg. Etwa halbstündlich verkehren auch **Minibusse** vom zentralen Busbahnhof zum Grabungsgelände. Eine Fahrt mit dem **Taxi** sollte einfach nicht mehr als 2 € kosten. Die meisten Unterkünfte bieten einen kostenlosen Transferservice nach Ephesus an.

Information/Verbindungen/Ausflüge/Parken

- *Telefonvorwahl* 0232.
- *Information* Gegenüber dem Museum. Sehr hilfsbereit – Auskünfte in Englisch (gut) und Deutsch (mittel). Literatur zu Ephesus gibt es hier günstiger als am Grabungsgelände. Tägl. 8.30–12 u. 13-30–17 Uhr. Efes Müzesi Karşısı 23, ✆ 8926328, 📠 8926945.
- *Verbindungen* **Bus**: Busbahnhof zentral an der Atatürk Cad. Wann der neue Busbahnhof etwas außerhalb des Zentrums an der Straße nach Aydın eröffnet werden soll, war z.Z. der Recherche noch fraglich, das Gebäude steht aber schon. Regelmäßige Verbindungen nach Pamukkale (4,50 €, 3,5 Std.), Antalya (8 €, 8–9 Std.) und entlang der Küste gen Süden, z.B. nach Marmaris (7 €, 4 Std.). **Zug**: Bahnhof im Zentrum. 3-mal tägl. über Aydın nach Denizli, Information und Reservierungen unter ✆ 8926006.
- *Parken* Vom Benutzen der öffentlich ausgewiesenen Parkplätze am Museum und vor der Johannesbasilika raten wir ab: Wucherpreise. Es gibt genug anderweitigen Parkraum.

Adressen/Einkaufen/Sonstiges

- *Ärztliche Versorgung* Staatliches Krankenhaus **Devlet Hastanesi** an der Straße nach Ephesus gegenüber der Tourist Information. ✆ 8922500.
- *Auto-/Zweiradverleih* Autos werden ab 40 € pro Tag z.B. von **Helios Travel Agency** (✆ 8926717, www.helios-travel.com) nahe dem Museum verliehen. Räder verleihen viele Unterkünfte.
- *Baden* Die nächste Badegelegenheit bietet sich am ausgedehnten Strand von **Pamucak** ca. 8 km westlich von Selçuk.
- *Einkaufen* Beliebt ist Wein aus dem nahe gelegenen Dorf Şirince (die Flasche ab 3 €),

Im Innern der İsa-Bey-Moschee in Selçuk

z. B. bei **Şirince Şarapçılık (7)** an der Atatürk Cad. 1. Sa großer **Wochenmarkt** nahe dem Busbahnhof.

• *Polizei* In der 1006 Sok. im Zentrum beim Hamam. Die **Touristenpolizei** befindet sich in einem Kiosk beim Busbahnhof. ✆ 8926004.

• *Post* An der Cengiz Topel Cad. im Zentrum.

• *Türkisches Bad (Hamam)* **Selçuk Hamamı** in der 1006 Sok., ausgeschildert. Auch gemischtes Baden möglich. Eintritt 11 € mit Massage. Bis Mitternacht geöffnet.

• *Veranstaltungen* Mitte Januar die berühmten **Kamelkämpfe** von Selçuk. Von Ende April bis Anfang Mai im Großen Theater von Ephesus die **Ephesus-Festspiele**, eine beliebte Folklore- und Volkstanzveranstaltung. Das Theater ist im Juli und August auch Veranstaltungsort des **Internationalen İzmir-Festivals** (Pop- und Klassikkonzerte, oft mit Starbesetzung).

• *Waschsalon* **Pamukkale Laundry**, in der 1005 Sok. Reinigung und Wäscherei. Nicht billig.

• *Zeitungen* und Zeitschriften in deutscher Sprache gibt es – allerdings in der Regel nur im Sommer – an mehreren Kiosken in der Stadt, z. B. im **Sultan Dağı Market (9)** an der Atatürk Cad.

Übernachten/Camping (siehe Karte S. 247)

Die einst bösen Abschleppsitten von Pensionsbesitzern am Busbahnhof haben sich unter den wachen Augen der Obrigkeit zwar gebessert, aber noch lange nicht verabschiedet. Für Neuankommende existiert ein kleines Vermittlungsbüro am Busbahnhof. Wer weiß, wo er hin will, sollte am besten reservieren oder vom Busbahnhof aus anrufen: Fast alle Pensionen betreiben einen kostenlosen Abholservice.

Hotel Kale Han (1), gehobene Zwei-Sterne-Unterkunft etwas außerhalb des Zentrums an der Straße nach İzmir. Altes, mit Geschmack restauriertes Haus. 52 stilvolle, urgemütliche Zimmer, dunkles Holz kombiniert mit weißen Wänden. Sehr gutes Restaurant, Bar, Sonnenterrasse, Pool. Nach hinten raus ruhig, die Zimmer zur Straße hin besitzen doppelverglaste Fenster. Klimaanlage in allen Räumen. DZ mit Bad 60 €, EZ 35 €. Atatürk Cad. 49 (neben einer Shell-Tankstelle), ✆ 8926154, ergirh@superonline.com.

Hotel Akay (3), von Lesern empfohlen. Gepflegtes Haus bei der İsa-Bey-Moschee. 25 Zimmer mit Bad auf zwei Gebäude verteilt, 16 davon (DZ 30 €, EZ 18 €) um einen kleinen Innenhof gruppiert, darüber ein vorzügliches, gediegenes Dachrestaurant (preislich in der Mittelklasse). Die anderen neun Zimmer (DZ 50 €, EZ 30 €) in einem auf Alt gemachten Neubau und sehr stilvoll-komfortabel ausgestattet. Pool, Internetzugang.

Der hilfsbereite Besitzer Etem Akay spricht Deutsch. Serin Sok. 3, ✆ 8923172, www.hotelakay.8m.com.

Hotel Nilya (6), eine der schönsten Unterkünfte der Stadt. 11 liebevoll ausgestattete Zimmer mit Klimaanlage um einen begrünten, schattigen Innenhof. Von der Veranda der zweiten Etage schöner Blick. Familiäre Atmosphäre, sehr freundlich. Unser Tipp für Romantiker. DZ 47 €, EZ 30 €. 1051 Sok. 7, etwas versteckt gelegen, von der Johannesbasilika ausgeschildert. ✆ 8929081, www.nilya.com.

Diana Pension (4), 9 sehr schöne, geschmackvoll eingerichtete Zimmer mit sauberen Bädern. Dachterrasse mit Bar, Orientecke und Panoramablick auf die Burg. DZ 17 €, mit Klimaanlage 25 €. 3004 Sok. 30, 5 Min. vom Zentrum, im Ostteil der Stadt (vom Bahnhof ausgeschildert), ✆ 8921265, www.dianapension.com.

Barım Pension (14), in Museumsnähe, ein altes Haus aus dem 18. Jh., auf dem Schornstein nistet ein Storch. Sauberer Familienbetrieb, diskret, freundlich und englischsprachig. 12 Zimmer mit Du/WC, im Winter beheizt, gruppieren sich um den reich bepflanzten Innenhof. Entspannte internationale Atmosphäre. DZ mit Frühstück 22 €. Turgutreis Sok. 34, ✆ 8926923, barim_pansiyon@hotmail.com.

Pension Homeros (8), 12 äußerst schnuckelige, orientalisch-kitschige Zimmer auf 2 Gebäude verteilt, 7 davon mit privatem Bad. Mit Teppichen ausgelegte Dachterrasse – wunderschöner Blick zum Sonnenuntergang, zu dem ein Gläschen „homemade" Wein serviert wird. Auf Wunsch gibt es danach auch ein leckeres Abendessen für 5,50 €. Übernachtung pro Person mit gutem Frühstück 10–12 €. Asmalı Sok. 17, im recht ruhigen Viertel oberhalb des Museums, ✆ 8923995, homerospension@yahoo.com.

Kiwi Pension (17), relaxte Pension unter englischer Leitung südlich des Zentrums. 11 freundliche Zimmer verschiedener Größe mit und ohne Bad, 2 mit Balkon. Eigener privater Pool ca. 2 km abseits in der Pampa, von Mandarinenbäumen umringt (freier Transfer). Zudem wird noch einiges mehr geboten: Laundryservice, Grillabende, Internet etc. Pro Person mit Frühstück ab 8,50 €. 1038 Sok. 26, ✆ 8924892, www.kiwipension.com.

• *Camping* **Garden Camping**, von der İsa-Bey-Moschee ausgeschildert. Ca. 600 m abseits des Trubels gelegenes, lauschiges Plätzchen im Mandarinengarten. Mit dabei ein altes seldschukisches Hamam (außer Betrieb) und ein Restaurant. Sanitäranlagen in ausreichender Zahl, leider aber ziemlich versifft. 2 Pers. zelten für 9 €, im Wohnmobil 12 €. ✆ 8922489, garden@superonline.com.

Dereli Motel Camping, direkt am Meer in Pamucak, ca. 8 km von Selçuk entfernt. Der große Platz unter deutscher Leitung bietet alles, was das Herz begehrt: Schatten, blitzsaubere Duschen und Toiletten, kleiner Laden, sehr gutes, preiswertes Restaurant in wunderschöner Lage, gepflegter Strandabschnitt (Palmen à la Südostasien), fotogener Sonnenuntergang über dem Meer. Vermietet werden auch Bungalows mit spiegelblanken Bädern und kleinen Terrassen, für 2 Pers. 37 € inkl. Frühstück. Campen pro Person 5 €. Nov.–Febr. geschl. Regelmäßige Direktdolmuşe vom Camping nach Selçuk. ✆ 8931205, www.dereli-ephesus.net.

Essen & Trinken/Nachtleben

Jede Menge Restaurants und Lokantas ringen allabendlich um Kundschaft. Spezialität der Gegend ist *Çöp Şiş* („Abfallspieß"): Keine Sorge, der Spieß kommt nicht frisch aus der Mülltonne, sondern besteht aus zarten kleinen Lammstückchen. Über sehr gute Restaurants verfügen auch die Hotels **Akay** und **Kale Han** sowie der **Dereli Motel Camping** in Pamucak (→ Übernachten).

Okumuş Mercan Restaurant (12), bei der Post. Achten Sie auf das „Mercan" im Namen, denn „Okumuş" nennen sich viele Restaurants. Sehr freundlich und sehr gut. Erfrischender Hühnchensalat, exzellente Kalamares und ebensolche Lammkoteletts. Ein Menü mit Getränken kommt auf ca. 10 €. ✆ 8926196.

Zevk'ü Sefa Restaurant (15), im Gebäude der Handelskammer *(Ticaret Odası)* an der 1066 Sok. nahe dem Museum. Freundlicher Natursteininnenhof. Neben Topfgerichten und *Güveç* auch Gegrilltes und Meze. Hg. 2,20–5 €. ✆ 8929443.

Selçuk Köftecisi (16), nahe dem Busbahnhof. Einfache Lokanta mit Außenterrasse, gut besucht und das in erster Linie von Einheimischen. Kleine Auswahl an leckeren Grillgerichten wie *Köfte* oder *Çöp Şiş*. Guter Salat und fantastisches *Cacık* (Zaziki). Äußerst faire Preisgestaltung, ein gutes Abendessen pro Person für ca. 4,30 €. Şahabettin Dede Cad.

Köşk Pide Salonu (10), in der Siegburg Cad. 17/A. Einfaches Lokal wie viele in diesem Eck. Leser loben das leckere Frühstück und die hervorragende Pide (1,10–1,70 €). Auch leckere Gerichte im Tontopf.

Karameşe (2), ein lauschige Gartenlokal bei der İsa-Bey-Moschee. Traditionelle anatolische Dorfküche zu gemäßigten Touristenpreisen.

Café Carpouza (5), nahe dem Hamam in der 1006 Sok. Gepflegtes, alkoholfreies Café mit schattiger Terrasse, davor ein Rasen von Golfplatzqualität. Eine gute Frühstücksadresse. Zudem Salate, Pizzen, Pasta und gute Süßspeisen. Hg. 1,40–3 €.

• *Nachtleben* Bierselig! Mehrere Bierkneipen, oft rustikal eingerichtet und voller trinkfreudiger Traveller aus Australien oder England, finden Sie entlang der Cengiz Topel und der Siegburg Cad. Empfehlenswert für einen feucht-fröhlichen Abend sind z. B. die **Ekselans Bar (13)** (Wasserpfeifen, Backgammon und viel Bier) oder die **Casa Café & Bar (11)** gleich gegenüber in der Siegburg Cad.

Etwas Türkisch

Herkunft und Aussprache

Das Türkische gehört zu den ural-altaischen Sprachen. Während der osmanischen Zeit wurde es mit unzähligen Wörtern aus dem Arabischen und Persischen verfremdet. Auch wenn Atatürk durch eine Sprachreform versuchte, die Sprache wieder zu "türkisieren", sind im Türkischen immer noch viele Fremd- und Lehnwörter aus dem Arabischen und Persischen zu finden. Das Türkische wird seit 1928 in lateinischen Buchstaben geschrieben. Die Schreibung älterer türkischer Namen beruht auf Transkription aus der arabischen Schrift. Dadurch wird man immer wieder auf Inkonsequenzen in der Schreibweise treffen.

Die Hauptbetonung liegt in der Regel auf der ersten Silbe. Vokale werden außer bei Fremdwörtern stets kurz gesprochen. Nur wenige der insgesamt 29 Buchstaben – Umlaute zählen im Türkischen als eigene Buchstaben – sind im Deutschen unbekannt oder werden anders ausgesprochen:

C, c wie Dsch (nie wie K!)

Ç, ç wie Tsch

ğ nach dumpfen Vokalen ein schwach hörbares, gutturales G, nach hellen Vokalen hingegen ähnlich dem deutschen J

h am Silbenende wie ein schwaches Ch

I, ı ein bei uns unbekannter Vokal; kehliges I, eine Art Mischung zwischen I und E

J, j wie J in Journal

Ş, ş wie Sch

V, v wird stets stimmhaft ausgesprochen wie W in Wiesel

Y,y wie deutsches J in ja

Z,z stimmhaftes S (nie Tz!)

Grundlegende Wörter und Sätze

Evet/Hayır	*Ja/Nein*
Teşekkür ederim/Lütfen	*Danke/Bitte*
Affedersiniz	*Entschuldigen Sie bitte*
Merhaba	*Hallo*
Allaha ısmarladık	*Auf Wiedersehen (sagt der Gehende)*
Güle Güle	*Auf Wiedersehen (sagt der Bleibende)*
Hoşça kal	*Tschüss*
Günaydın	*Guten Morgen*
İyi günler	*Guten Tag (auch als Verabschiedung)*
İyı akşamlar	*Guten Abend*
İyi geceler	*Gute Nacht*
Nasılsın/Nasılsınız?	*Wie geht es dir/Ihnen?*
İyiyim	*Mir geht es gut.*
...var mı?	*Gibt es/Haben Sie...?*
Saat kaç?	*Wie viel Uhr ist es?*
Büyük/Küçük	*Groß/Klein*
İyi/Kötü	*Gut/Schlecht*

Unterwegs

Ortsbezeichnungen

Tren İstasyonu	*Bahnhof*
Garaj/Otogar	*Busbahnhof*
Havalimanı/Havaalanı	*Flughafen*
İskele	*Fähranlegestelle*
Saray	*Palast*
Sokak	*Gasse*
Cadde	*Straße*
Meydan	*Platz*
Cami	*Moschee*
Hisar	*Festung*
Kule	*Turm*
Kilise	*Kirche*
Müze	*Museum*
Banka	*Bank*
Hastane	*Krankenhaus*
Köprü	*Brücke*
Ada	*Insel*
Kütüphane	*Bibliothek*
Kitabevi	*Buchhandlung*
Eczane	*Apotheke*
Bakkal	*Krämerladen*
Süpermarket	*Supermarkt*
Pazar	*Wochenmarkt*
Çarşı	*Ständiger Markt*
Postane	*Post*
Seyahat acentası	*Reisebüro*

Zur Orientierung

Nerede...?	*Wo ist...?*
Ne zaman?	*Wann?*
Sağ	*Rechts*
Sol	*Links*
Doğru	*Geradeaus*
Otobüs	*Bus*
Tren	*Zug*
Araba	*Auto*
Taksi	*Taxi*
Vapur	*Fähre*
Yaya	*Zu Fuß*
Bilet	*Fahrkarte*
Varış/Kalkış	*Ankunft/Abfahrt*

Hinweise

Giriş	*Eingang*
Çıkış	*Ausgang*
Tuvalet	*Toilette*
Bay	*Herren*
Bayan	*Damen*
Açık/Kapalı	*Offen/Geschlossen*
Polis	*Polizei*
Girilmez	*Eintritt verboten*

Zahlen

Bir	*1*
İki	*2*
Üç	*3*
Dört	*4*
Beş	*5*
Altı	*6*
Yedi	*7*
Sekiz	*8*
Dokuz	*9*
On	*10*
On bir	*11*
On iki	*12*
On üç	*13*
On dört	*14*
On beş	*15*
On altı	*16*
On yedi	*17*
On sekiz	*18*
On dokuz	*19*
Yirmi	*20*
Yirmi bir	*21*
Otuz	*30*
Kırk	*40*
Elli	*50*
Altmış	*60*
Yetmiş	*70*
Seksen	*80*
Doksan	*90*
Yüz	*100*
Iki yüz	*200*
Bin	*1.000*
On bin	*10.000*
Yüz bin	*100.000*
Beş yüz bin	*500.000*
Bir milyon	*1.000.000*
Beş milyon	*5.000.000*
Beş buçuk milyon	*5.500.000*
On milyon	*10.000.000*

Essen und Trinken

Allgemein

Afiyet olsun!	*Guten Appetit!*
Şerefe!	*Prost!*
Yemek listesi	*Speisekarte*
Bunu ısmarlamadım	*Das habe ich nicht bestellt*
Hesap, lütfen!	*Zahlen, bitte!*
Kahvaltı	*Frühstück*
Öğle yemeği	*Mittagessen*
Akşam yemeği	*Abendessen*
Tabak	*Teller*
Çatal	*Gabel*
Bıçak	*Messer*
Kaşık	*Löffel*

Frühstück

Beyaz Peynir	*Schafskäse*
Kaşar Peynir	*Milder gelber Käse*
Bal	*Honig*
Reçel	*Marmelade*
Tereyağı	*Butter*
Yumurta	*Eier*
Ekmek	*Brot*
Şeker	*Zucker*
Tuz	*Salz*

Getränke

Kahve	*Kaffee*
Türk Kahvesi	*Türkischer Mokka*
Neskafe	*Nescafé*
Çay	*Tee*
Süt	*Milch*
Meşrubat	*Alkoholfreie Getränke*
Su	*Wasser*
Soda	*Mineralwasser mit Kohlensäure*
Meyve Suyu	*Fruchtsaft*
Ayran	*Getränk aus Joghurt, Wasser und Salz*
İçki	*Alkoholische Getränke*
Bira	*Bier*
Fıçı Bira	*Bier vom Fass*
Şarap	*Wein*
Beyaz Şarap	*Weißwein*
Kırmızı Şarap	*Rotwein*
Viski	*Whisky*
Votka	*Wodka*

Vorspeisen

Meze	*Türkische Vorspeise*
Ezme	*Creme aus Gemüse oder Joghurt, kann in den verschiedensten Varianten auftauchen*
Haydari	*Joghurtdip mit Minze und Knoblauch*
Humus	*Kichererbsenpüree*
Patlıcan Salatası	*Auberginensalat*
Zeytinyağlılar	*Kaltes Gemüse in Olivenöl, verschiedenste Variationen möglich*
Piyaz	*Salat aus Bohnen, Olivenöl und Zitrone*
Sigara Böreği	*Mit Schafskäse gefüllter, frittierter Blätterteig in Zigarrenform*
Çerkes Tavuğu	*"Tscherkessenhuhn" (Hühnerfleisch in Walnusssauce)*
Beyin Salatası	*Kalbshirnsalat*
Çiğ Köfte	*Frikadellenart aus rohem Hackfleisch und Weizengrütze*
Çorba	*Suppe*
Mercimek Çorbası	*Linsensuppe*
Yayla Çorbası	*Almsuppe (Joghurtsuppe mit Zitrone und Minze)*
Domates Çorbası	*Tomatensuppe*
Tavuk Çorbası	*Hühnersuppe*
İşkembe Çorbası	*Kuttelflecksuppe*

Hauptgerichte

Dolma	*Gefülltes Gemüse*
Yaprak Dolması	*Gefüllte Weinblätter*
Biber Dolması	*Gefüllte Paprikaschoten*
Patlıcan Dolması	*Gefüllte Auberginen*
Kabak Dolması	Gefüllter Zucchini
İmam bayıldı	*"Der İmam ist in Ohnmacht gefallen" (Gebackene Aubergine mit Zwiebeln und Tomate)*
Güveç	*Gemüseschmortopf, oft mit Fleischstückchen*
Köfte	*Hackfleischbällchen*
Hindi	*Putenfleisch*

Tavuk	*Huhn*
Piliç	*Brathuhn*
Sığır	*Rind*
Dana	*Kalb*
Kuzu	*Lamm*
Pirzola	*Kotelett (meist Lamm)*
Karışık Izgara	*Mixed Grill*
Şiş Kebap	*Spieß*
Adana Kebap	*Scharfer Hackfleischspieß*
Bursa Kebap	*Dönerfleisch mit Tomatensauce und Joghurt*
Tas Kebap	*Lammschmortopf*
Arnavut Çiğeri	*"Albanische Leber" (Leberstückchen)*

Fisch und Meeresfrüchte

Balık	*Fisch*
Barbunya	*Meerbarbe*
Levrek	*Seebarsch*
Lüfer	*Blaubarsch*
Kılıç	*Schwertfisch*
Sardalya	*Sardine*
Kalkan	*Steinbutt*
Hamsi	*Schwarzmeersardine*
Uskumru	*Makrele*
Dil Balığı	*Seezunge*
Midye	*Muscheln*
Yengeç	*Krebs*

Gemüse und Beilagen

Sebze	*Gemüse*
Bamya	*Okraschoten*
Kuru Fazulye	*Getrocknete Bohnen*
Taze Fazulye	*Grüne Bohnen*
Bezelye	*Erbsen*
Havuç	*Möhren*
Ispanak	*Spinat*
Karnıbahar	*Blumenkohl*
Lahana	*Kraut*
Domates	*Tomate*
Zeytin	*Olive*
Soğan	*Zwiebel*
Salatalık	*Gurke*
Sarmısak	*Knoblauch*
Salata	*Salat*
Çoban Salatası	*Hirtensalat (gemischter Salat mit Schafskäse)*
Yeşil Salata	*Grüner Salat*
Cacık	*Joghurtsauce mit Knoblauch und Gurke*
Makarna	*Nudeln*
Patates	*Kartoffeln*
Pilav	*Reis*
Bulgur	*Weizengrütze*
Yoğurt	*Joghurt*

Obst

Meyve	*Obst*
Armut	*Birne*
Elma	*Apfel*
Karpuz	*Wassermelone*
Kavun	*Honigmelone*
Üzüm	*Weintrauben*
Muz	*Banane*
Portakal	*Orange*
Ayva	*Quitte*
Çilek	*Erdbeeren*
İncir	*Feige*
Kayısı	*Aprikose*
Şeftali	*Pfirsich*
Kiraz	*Kirsche*
Vişne	*Sauerkirsche*
Nar	*Granatapfel*
Limon	*Zitrone*

Süßes

Tatlı	*Süßes Dessert jeder Art*
Sütlaç	*Gebackener Milchreis*
Baklava	*Gefüllter Blätterteig in Zuckersirup*
Tel Kadayıf	*Gebackene Teigfäden mit Walnüssen oder Pistazien, in Sirup getränkt*
Helva	*"Türkischer Honig"*
Lokum	*Gallertartiges Konfekt aus Stärke und Zucker, verschiedenartigste Varianten*
Dondurma	*Eis*
Kek	*Kuchen*
Pasta	*Torte*

Zwischendurch

Börek	*(Gefülltes) Blätterteiggebäck*
Gözleme	*"Türkischer Pfannkuchen" (gefüllt)*
Lahmacun	*Türkische Pizza*
Simit	*Sesamkringel*
Turşu	*Eingelegtes Gemüse*

Verlagsprogramm

Deutschland
- Allgäu
- Altmühltal
- Berlin & Umgebung
- *MM-City* Berlin
- Bodensee
- Franken
- Fränkische Schweiz
- Mainfranken
- Nürnberg, Fürth, Erlangen
- Ostseeküste – von Lübeck bis Kiel
- Schwäbische Alb

Niederlande
- *MM-City* Amsterdam
- Niederlande
- Nordholland – Küste, IJsselmeer, Amsterdam

Nord(west)europa
- England
- Südengland
- *MM-City* London
- Schottland
- Irland
- Island
- Norwegen
- Südnorwegen
- Südschweden

Osteuropa
- Baltische Länder
- Polen
- Polnische Ostseeküste
- *MM-City* Prag
- Westböhmen & Bäderdreieck
- Ungarn

Balkan
- Mittel- und Süddalmatien
- Kroatische Inseln & Küste
- Nordkroatien – Kvarner Bucht
- Slowenien & Istrien

Griechenland
- Amorgos & Kleine Ostkykladen
- Athen & Attika
- Chalkidiki
- Griechenland
- Griechische Inseln
- Karpathos
- Kefalonia & Ithaka
- Korfu
- Kos
- Kreta
- Kreta – der Osten
- Kreta – der Westen
- Kykladen
- Lesbos
- Naxos
- Nord- u. Mittelgriechenland
- Paros/Antiparos
- Peloponnes
- Rhodos
- Samos
- Santorini
- Skiathos, Skopelos, Alonnisos, Skyros – Nördl. Sporaden
- Thassos, Samothraki
- Zakynthos

Türkei
- *MM-City* Istanbul
- Türkei – gesamt
- Türkei – Mittelmeerküste
- Türkei – Südküste
- Türkei – Westküste
- Türkische Riviera – Kappadokien

Frankreich
- Bretagne
- Côte d'Azur
- Elsass
- Haute-Provence
- Korsika
- Languedoc-Roussillon
- *MM-City* Paris
- Provence & Côte d'Azur
- Südfrankreich
- Südwestfrankreich

Italien
- Apulien
- Chianti – Florenz, Siena
- Dolomiten – Südtirol Ost
- Elba
- Gardasee
- Golf von Neapel
- Italien
- Italienische Riviera & Cinque Terre
- Kalabrien & Basilikata
- Liparische Inseln
- Marken
- Oberitalien
- Oberitalienische Seen
- *MM-City* Rom
- Rom & Latium
- Sardinien
- Sizilien
- Südtirol
- Südtoscana
- Toscana
- Umbrien
- *MM-City* Venedig
- Venetien & Friaul

Nordafrika u. Vorderer Orient
- Ägypten
- Sinai & Rotes Meer
- Tunesien

Spanien
- Andalusien
- *MM-City* Barcelona
- Costa Brava
- Costa de la Luz
- Ibiza
- Katalonien
- Madrid & Umgebung
- Mallorca
- Nordspanien
- Spanien

Kanarische Inseln
- Gomera
- Gran Canaria
- *MM-Touring* Gran Canaria
- Lanzarote
- La Palma
- *MM-Touring* La Palma
- Teneriffa
- *MM-Touring* Teneriffa

Portugal
- Algarve
- Azoren
- Madeira
- *MM-City* Lissabon
- Lissabon & Umgebung
- Portugal

Lateinamerika
- Dominikanische Republik
- Ecuador

Österreich
- *MM-City* Wien

Schweiz
- Genferseeregion
- Tessin

Malta
- Malta, Gozo, Comino

Zypern
- Zypern

Aktuelle Informationen zu allen Reiseführern finden Sie im Internet unter www.michael-mueller-verlag.de

Gerne schicken wir Ihnen auch das aktuelle Verlagsprogramm zu.

Michael Müller Verlag GmbH, Gerberei 19, 91054 Erlangen, Tel. 0 91 31 / 81 28 08-0; Fax 0 91 31 / 20 75 41; E-Mail: mmv@michael-mueller-verlag.de

Sach- und Personenindex

Geographischer Index

Was haben Sie entdeckt?

Trotz gründlicher Recherche kann es immer wieder passieren, dass uns etwas entgeht. Wenn Sie ein empfehlenswertes Hotel, ein neues gutes Restaurant oder einen idyllischen Strand entdeckt haben, lassen Sie es uns wissen. Auch für Kritik und Verbesserungsvorschläge sind wir dankbar.

Schreiben Sie an:

Michael Bussmann
Stichwort „Türkei – Lykische Küste“
c/o Michael Müller Verlag
Gerberei 19
91054 Erlangen
E-Mail: michael.bussmann@michael-mueller-verlag.de